劉君祖易經世界

身處變動的時代，易經教你掌握知機應變，隨時創新的能力。

〔從易經看〕莊子

ZHUANGZI THROUGH
THE LENS OF I CHING

劉君祖 著

目錄

推薦序／

宏大而辟，深閎而肆；唯變所適，道不虛行

——劉君祖《從易經看莊子》

林安梧

老友劉君祖兄，又要出書了，他的奮進，厚德載物、自強不息，真讓人望塵莫及也。

這一系列的「從易經看……」，我數了數：《從易經看鬼谷子》、《從易經看孫子兵法》、《從易經看冰鑑》、《從易經看黃帝陰符經》、《從易經解心經》、《從易經解金剛經》、《從易經看老子道德經》、《從易經解六祖壇經》，現在要出版的這本是《從易經看莊子》。看來更是讓人驚嘆不已！真是漪歟盛哉！洋洋乎與造物者遊，而不知其所窮也。

《易經》、《老子》、《莊子》，此三玄也。這「三玄」，可「玄」得很，玄遠幽深、微妙難測。說真的，世俗人對這三玄多是霧裡看花，迷迷濛濛，惝恍迷離；或有見者，也常是瞎人摸象，說只一端，未能見其全象也。正因如此，這三部書，應該是漢字文化圈，最為奧秘難懂，也是最為大眾最想懂的書，雖不一定可以比得上流行小說的暢銷，但卻是長銷不怠。若再論起他的諸多翻譯與解讀，那《易經》、《老子》、《莊子》這三玄，極可能是排在最前面的，甚至是第一的。

《易經》者，絜靜精微之教也。我講習《易經》多年，蓋括的說，「易經者，參造化之微，審心念之幾，觀事變之勢也。」

參造化之微者，於現象而見本體，即用顯體也。「變易」中自有「簡易」者在，由此「簡易」而入於「不易」也。這是從現象界的「變易」，做了深層的本體現象學直觀，而體會得「簡易」，調適而上遂，至乎其極，契於「不易」之地也。

審心念之幾者，既契入本體，承體啟用也。蓋「不易」之常，必得開顯，「乾以易知，坤以簡能」，得此「簡易」，「簡」說的是「得其大體」，「易」說的是「明其入路」，如此，自能理解得「變易」也。

觀事變之勢者，即用顯體，承體啟用也。船山解易，說易經有「貞一之理」，有「相乘之幾」，因幾而成勢，即勢而言理也，繼之「以理導勢」也。蓋太上治時，其次先時，再其次者隨時以應幾也。不知時，不知道，逆之而動，是所謂亂時者也。

君祖兄，深於易道，明於易理，知幾審時，往往於勢之未發，洞燭機先，給了許多防微杜漸之法；並於其中點化抒筆，即事言理，於世俗蒼生大有裨益焉！蓋易者，簡易、變易，不易也。此三者，君祖兄深有得焉！

君祖兄，以《易經》之慧眼，細品《莊子》之玄思，其間深蘊之聯繫，非獨哲理之共鳴，亦人生態度與宇宙觀之交響。《莊子》所崇，心靈之翱翔，超越塵網之羈絆，與《易經》所倡「變」與「通」之境，若合符節。《易經》曰：「變動不居，周流六虛。」人當悟此，順應萬化，以臻心靈之自在與圓融。《莊子》之「道」，乃宇宙之始源，無形無象，而《易經》之「太極」，亦宇宙之根本，超越形相，二者皆指向無限之宇宙觀。

且夫莊子養生之道與《易經》，深有相契者。莊子主張順乎自然，修心養性，《易經》則強調陰陽之調和，五行之平衡，二者皆倡導人與自然之和諧，以期身心之康泰與長生。至若，莊子之寓言，《易經》之象數，二者手法雖異，而旨趣相通。莊子以寓言闡幽顯微，《易經》以卦象揭示天機，皆以象徵與隱喻，使深奧之哲理，化為具體而生動之圖景。要以言之，君祖兄自《易經》之視角，探《莊子》之深邃，揭示兩者於哲學思想、人生態度、宇宙觀及表達方式之深刻聯繫。此跨文本之對話，不僅深化吾人對《莊子》哲學之理解，亦為吾人開啟一扇窗，以窺《易經》之智慧。

當然「願解莊生真實意」，其果為真實耶，又如何之為真實耶！此又難言，但若拿《莊子》〈天下〉篇的話來說，「獨與天地精神往來，而不敖倪於萬物，不譴是非，以與世俗處」，當然這本書也就能「瑰瑋而連犿無傷也，其辭雖參差而諔詭可觀」。「彼其充實不可以已，上與造物者遊，而下與外死生、無終始者為友」。無可懷疑地，莊子真能參造化之微，審心念之幾，而觀事變之勢的。「其於本也，宏大而辟，深閎而肆；其於宗也，可謂調適而上遂矣」。這些話語連著「至人無己、神人無功，聖人無名」，自有其存在律動之和諧成奏，似若太和之情境也，又於人間萬有，無入不自得也。

依船山之《莊子通》所言「凡莊生之說，皆可因以通君子之道，類如此。故不問莊生之能及此與否？而可以成其一說」。船山說的仍有些保留，其實，儒道同源而互補。蓋「魚相造乎水，人相造乎道。相造乎水者，穿池而養給；相造乎道者，無事而生定。故曰：魚相忘乎江湖，人相忘乎道術。」江湖相忘，魚兒樂游。道術相忘，天地位焉，萬物育焉，堯舜之治，恭己正南面而已矣！

這讓我聯想起朝鮮李栗谷（李珥，1536-1584）摘抄老子《道德經》所做成的詮釋，鑄成了《醇言》一書，我以為這正是儒道同源而互補的最佳實例。約莫十七年前，我還為此寫了一篇《《醇言》《道德經》與儒道同源互補》的文章。我自己講習《老子》多年，也常與學生說，其實《老子》就是一部小《易經》。《莊子》講的沒《老子》多，但內七篇、天下篇講習超過了十次，特別是〈天下〉篇，所說的「內聖外王」、「神聖明王」那更是與儒家義理是和合互協的。莊子者，「以謬悠之說，荒唐之言，無端崖之辭，時恣縱而不儻，不以觭見之也。以天下為沈濁，不可與莊語；以卮言為曼衍，以重言為真，以寓言為廣。獨與天地精神往來」，無可懷疑地，莊子深於易者也。

三玄，其有所似者，亦有所異也。《易經》之於儒家來說，重在「範圍天地之化而不過」、重在「曲成萬物而不遺」，重在「觀乎天文以察時變，觀乎人文以化成天下」，開物成務，成就人倫志業，所謂「人人親其親、長其長，而天下平」。「天行健，君子以自強不息」「地勢坤，君子以厚德載物」，他所重視的是三才之道的圓滿實現，是開天闢地，乾坤交泰，乃致男女交感，情愛婚配，締造家庭，人倫永續。

孟子有言「可欲之謂善，有諸己之謂信。充實之謂美，充實而有光輝之謂大，大而化之之謂聖，聖而不可知之之謂神」。這六階段，與夫子自述為學歷程之「吾十有五而志於學，三十而立，四十而不惑，五十而知天命，六十而耳順，七十而從心所欲，不踰矩。」是相互呼應的。它們都可以從《易經》的六爻結構，看出端倪來。這都是生命之氣的感通，充實而不可以已的極致表現，所謂「妙運造化」者，莫過於此也。《易經》一方面說「陰陽不測之謂神」，又說「神也者，妙萬物而為言者也」。真爾如此也，果爾如此也。

《易經》者，天人性命貫通以為道之要典也。此見道體之本然也。本然者，誠也。誠者，天之道也。有此本然而自覺焉，自覺者，據天道而覺也，誠之者，人之道也。孔子、曾子、子思、孟子，皆深於易，深造自得也。

《易經》見道體之本然，老子見道體之自然，而莊子見道體之超然也。蓋「超然」而能「自然」，自然而能「本然」也。

十七年前，我也曾寫過有關《莊子》之短論散文，〈我讀莊子、莊子讀我〉有言：

年青時，喜讀《莊子》，讀的是他的瀟灑，在瀟灑中見到莊嚴。

到了中年，再讀《莊子》，讀的卻是他的詼諧，在詼諧中見到血淚。

到了壯年，又讀《莊子》，讀的則是他的智慧，在智慧中見到慈悲。

《莊子》，金聖嘆說它是「天下第一才子書」！我認為莊子是空前的，也難說不是絕後！即不絕後，二千餘年來，他可還是空前的！

《莊子》其文如萬斛泉源，洸洋自恣，行於所當行，止於不可不止。或為寓言、或為重言，或為卮言；或做謬悠之說，或為荒唐之言，或成無端崖之辭。是奇亦是正、是諧亦是莊，莊子就是莊子。

即在都市叢林，其猶若烏何有之鄉；即在五濁惡世，其猶若曳尾泥塗。他可超拔於俗塵之上，放乎天壤，像大鵬鳥舉著垂天之翼，乘天地之正，御六氣之辯，由北溟而屣於南溟，摶扶搖而上者數千里也！

莊子他可以這樣的做他的逍遙遊，說是由小而大，由大而化；他解消了主體，但卻因而擴大了視野，他悠遊於太虛之中，無罣無礙！

年青時，讀《莊子》，雖說是讀的是他的瀟灑，但我那能了解什麼是瀟灑；其實，免不了的是少年輕浮之病！當然，看到的莊嚴美好，亦難免浮光掠影，那能識得個中要妙！

到得中年，讀《莊子》，自也識得幾分詼諧，在詼諧中看到了血淚。經幾分歷世，便得幾分智慧；狂氣既斂，身心肅然！在這肅穆中，卻不免赧然、慚然，愧然難已！

最近這些年來，愈發覺得莊子之能「逍遙遊」，是因為他能「齊物論」；齊得物論，方得「養生主」，生主既養，在「人間世」中，自可「德充符」，如此「大宗師」，當然也就能「應帝王」。從〈逍遙遊〉、〈齊物論〉、〈養生主〉、〈德充符〉、〈人間世〉、〈大宗師〉、〈應帝王〉，這七篇剛好構成了莊子的內七篇。這裡有著生命情境的邏輯，有著「道生之、德蓄之」的呼喚。

五十已過，到得壯年，讀《莊子》，讀的則是他的智慧，在智慧中見到慈悲。但我要真切地說，我雖已然頭腦清楚了，但心裡未必明白；即如心裡明白了，但卻未必能身體之、力行之。真的，人世之難，就在「踐形」、就在「任化」；經由身體的體現這樣的「踐形」，回歸自然無為的「任化」。莊子啊！莊子！爾可真任自然之化、踐天地之形了！

莊子深知物之不齊，物之性也。但他亦能了知，物者，名以定形、文以成物也。如此之物，是「道生一、一生二、二生三、三生萬物」如此之物，這是對象物，並不是真如物，不是物之真如，不是物之在其自己。話語可解、當解，亦為有解，才能「恢詭譎怪，道通為一」，話語既解，如其自如，物還為物，隨之而化，這物化是化於天壤、化於自然，化於「天地人我通而為一」的「道源」。

五十過了，六十回甲，也已過了多時，光陰倏忽，七十將至。君祖兄稍長於我，我們都不再年青，也不再是中壯之年，我們似乎都到了，或過了「七十從心所欲，不踰矩」之年。七十者，回甲之第十年也，回甲者，回返到最先一甲子之源頭也。此正乃「道」之原也。

容我在「年青、中年、壯年」之後，再加上個「老年」，言曰：

年青時，喜讀《莊子》，讀的是他的瀟灑，在瀟灑中見到莊嚴。

到了中年，再讀《莊子》，讀的卻是他的詼諧，在詼諧中見到血淚。

到了壯年，又讀《莊子》，讀的則是他的智慧，在智慧中見到慈悲。

到了老年，愛讀《莊子》，讀的正是他的通達，在通達中見到從容。

老年者，生生之年也。以其生生之德，是以從容應之也。

從容者，「孔德之容，惟道是從」也。「一陰一陽之謂道，繼之者善，成之者性」。存在的律動、實踐的參贊、教養的習成，「喜怒哀樂之未發，謂之中；發而皆中節，謂之和。中也者，天下之大本也；和也者，天下之達道也。致中和，天地位焉，萬物育焉。」作為一活生生實存而有的人，參贊天地之化育，能超然，也就自然，契於本然，本然而覺，天人合德，從從容容，老老實實的。

我讀經典、經典讀我，彼此熟了，相與相契，參贊化育，都在天地裡，都在造化中：至人無己，所以成萬物之己也；神人無功，所以成造化之功也；聖人無名，無名以就實，實實在在的、老老實實的，所以歸返存在自身也。老者，生生而永續也；實者，真誠而無妄也。這便是「老實」，這正是「從容」。但可要記得，真真正正的「老實、從容」是：「變動不居，周流六虛，上下无常，剛柔相易，不可為典要，唯變所適」；進一層叩問：如何「唯變所適」，曰：「其出入以度，外內使知懼，又明於憂患與故，无有師保，如臨父母，初率其辭，而揆其方，既有典常，苟非其人，道不虛行」。

君祖兄，通於莊生之旨，宏大而闢，深閎而肆；精於易經之奧微，唯變所適，道不虛行，可以知之矣！是為序！

甲辰之秋，中元節前一日，西曆二〇二四年八月十八日寫於台中元亨書院

推薦序／

莊子夢為易經與，易經夢為莊子與？

白培霖

莊子是一本奇書，也是一本好看的書。清初金聖嘆的六才子書，沒有易經，沒有老子，卻讓莊子列名第一。我常常覺得讀孔子的經典，像是正襟危坐在一個嚴厲的老師面前；讀老子道德經，像聽一個名嘴分析事情發生的原委以及提供框架之外的解決方案；但徜徉在莊子的書中，就像和知交老友，一起遊山玩水，心情愉悅，又暢談人生歷練智慧！莊子書好看！

自古解莊的書不少，但君祖兄這本大作，卻天然渾成地將易經和莊子相互註解，真讓人有「不知易經解莊子與？莊子解易經與？」讀這一本著作，讓我們對兩本經典都有更深刻的理解。君祖兄更有一個獨特的解讀莊子的方法。他在許多地方引用卜卦來解釋莊子裡面的意義。這種天人互通，感應道交的方法，常常可以協助我們突破前人的窠臼，而用一個嶄新的觀點，來解釋莊子。這樣不但對莊子一書有新的詮釋，甚至對易經也有新的領域。

翻開歷史，開明盛世，儒家都被提出來點綴門面，莊嚴朝廷。但遇到亂世，黃老、或老莊學說，更經常被用來安撫人心，休養生息。今天二十一世紀，人心更加漂浮，對立更加嚴峻，各地衝突不止，戰亂不息。如果我們午夜夢迴，似乎回到戰國時期，或魏晉期間，莊子這本奇書，將比任何心靈雞湯來得有效。如同君祖兄在書中處處引用的易經解釋，莊子這本書在「天地閉，賢人隱」的時候，更是指示我們的明燈。

莊子在春秋戰國，百家齊鳴的時代，是一個很特別的異數。諸子百家多半都是列出結論，所以孔子說：「學而時習之，不亦樂乎！」孟子說：「民為貴，社稷次之，君為輕。」韓非子說：「儒以文亂法，俠以武犯禁。」墨子說：「是故國有賢良之士眾，則國家之治厚，賢良之士寡，則國家之治薄。」但這些開宗立派的祖師，都沒有告訴我們他們是如何達到這些結論的。這就好像我們想要學游泳，教練只是一直不停地播放游泳名將最後抵達終點的英姿，而沒有教我們真正想學的技巧！同樣的，我們也想要知道這些諸子百家，是經歷那些思想論證的過程，才能夠達到他們名垂千古的結論。

莊子的風格就迥然不同，他用各式各樣的方式，不論是驚世駭俗的誇張語言，或是嘻笑怒罵的諷刺，也有時候用寓言，或假借古人之口說他想說的話。他主要的目的，就是希望我們能夠和他一樣，對許多事物看得更清楚，想得更明白，而做出對自己有利的決定，追求沒有副作用的快樂。這是為什麼莊子這本書好看！

莊子一書最主要的概念是泯小大。在開宗明義內篇第一篇，〈逍遙遊〉裡面，他舉了好幾個例子讓我們明白小有小的用處，大有大的功能。安於小大，就自適其境，無所欣羨了。君祖兄在逍遙遊最後，也用屯卦第五爻爻辭：「屯其膏，小貞吉，大貞凶。」來解釋「小鳥不必羨慕大鵬，強求翱翔萬里，小有小用，大有大用，各得其所，物皆逍遙。」

由於泯小大的觀念在莊子書裡面太重要了，所以在外篇裡面的名作〈秋水篇〉，又再一次假河伯與海神的七段對話，反覆討論。君祖兄也數數引用先秦諸子來引證，尤其用易經恒卦〈彖傳〉：「天地之道，恆久而不已也。利有攸往，終則有始也。」講述天長地久之道，在恆而不息。小大長短，並不在意！

讀莊子，讓人心曠神怡。讀君祖兄的《從易經看莊子》，更有一舉數得的快樂。期待您和我一樣，在裡面讀到莊子的豁達，也讀到易經的奧妙，更能讀出莊子加易經的「致廣大而盡精微」的妙味。

推薦序／

《從易經看莊子》的功夫、本體、境界

賴賢宗

道文化是五千年中國文化的根本，混混沌沌而充滿生機，所謂的聖人懷之，到了春秋戰國才有諸子百家的哲學家的分門立派，所謂的哲人辯以示之，其中包含了原始儒家與原始道家兩派。其實，在中國第一代哲學家老子與孔子等人分門立派闡釋其不同的本體理解與相應的功夫境界而表達救世之方之前，已經有淵源流長的道文化綿延在西元前三千年或五千年前，此一古老道文化傳統見於《易傳》所說的伏羲畫先天八卦以及占卦制象以曲盡天地密義、《莊子》所載的廣成子傳道於黃帝、《尚書》洪範九疇一篇所說的皇極大中之神聖大中之永恆象徵與夫王道蕩蕩平平之為生民立命之憲章。今日舉世濁濁滔滔之中，有劉君祖先生發揚蹈厲完成《從易經看莊子》一書，以易經之學入於老莊詮釋之中，更以老莊出乎易經象術之外，如此不惟擴大了易經的義理之學，也是回到道文化根源的混沌之中為中華傳統文化再造新機。這是一種「以易入莊」的詮釋方法，詮釋的過程在於逐步闡釋淺層意義、深層意義、隱藏意義，而詮釋的最高階段在於跨界的詮釋應用，君祖「以易入莊」能夠跨界乎易經與莊子以及詮釋應用於當代世變與回應人本身的複雜的情意問題，確實已經達到了書院講學之中國思想當代詮釋的最高階段。尤其有趣的是在講解

《莊子》一書的過程之中，君祖也常常為難解的問題向混沌易體占卜一卦，此中的神機靈感以及卦爻象傳的詮釋往往發人深省。例如占卜問《莊子》一書，得到的是遯卦，「試占莊子之道的特色，得出不變的遯卦」，「遯卦〈彖傳〉稱：遯而亨也⋯與時行也⋯遯之時義大矣哉！」，機器人的文本生產當前正方興未艾，然而這些不過是虛擬表象的積累而已，並不是真正的人生智慧。而君祖為經典詮釋上的難解問題向混沌易體占卜一卦，乃是回到宇宙與人的本身，回到混沌的根源，祈求其靈感而開啟生機，其妙用大矣哉，我個人對於這一部分是特別欣賞，如此也突破了傳統解經的呆板形式，其中有君祖的易經解經的細密功夫。底下就《從易經看莊子》一書的功夫、本體、境界從事隱藏意義的詮釋，特別著重於「以易入莊」的詮釋方法的揭露，以及如何向混沌易體占卜一卦求取詮釋妙義。

《從易經看莊子》一書的功夫、本體、境界，特別可以三重「以明」，加以統合。

《道德經》多次講到「明」，明是一種智慧的光明，哲學是一種愛智之學。例如「襲明」、「知人者智，自知者明」、「是謂微明」、「明道若昧」、「見小曰明」。而最值得注意的是「知常曰明」（第十六章），知道生命的常道叫做明。莊子繼承了老子這個觀念而闡明「以明」，如何運用智慧的光明。

莊子《齊物論》的三重以明加以闡明。以明的第一個面向是相反相成，乃是善用理論理性的知性分析與綜合的面向，在此面向，事物的用都落入某種限定性之中，甚至於由概念的相對性而相反相成的更為全面的掌握物論也是如此，就其後更為辯證性的開展而言，掌握片面性中的關係性與其中的動力，而朝向整體性。君祖以易入莊而闡釋說「離為明，〈大象傳〉稱：『明兩作，大人以繼明照于四方』。正因為大家陷在自以為是的習氣中難以真知，一旦闡明澈悟後方可盡復真性，光照天下四方。習坎尚稱君子，繼明改稱大人。」在發展中的事物盡管可以相反相成來把握，但是最後終不免仍然落入某一種系統性的限定性之中，而所謂的朝向整體性乃是理性的設準，因此需要第二個面向的「以明」也就是無的智慧的以明。

第二個面向的「以明」是無的智慧的面向，在這裡，「無用之用」是陳鼓應所說的開放的心靈與平等的價值觀，也是牟宗三所說的老子的「無」是讓開一步來達到「作用的保存」，這裡的「無用之用」是主體性所呈現的主觀境界，而其呈現是無的境界型態的形上學，因此牟宗三強調老莊的生是「不生之生」。這裡的「無用之用」是通過無（讓開一步）而達到「作用的保存」的「無用之用」。因此，吾人進入《齊物論》的第三個面向的「以明」，是以本體妙用來加以詮解「無用之用」。君祖以易入莊而「占何謂以明？得出解卦二、五爻動，齊變有萃卦之象。解卦之前為家人、睽、蹇卦，世人習於各家各派門戶之見，很難和合，大家都陷於蹇困難行之境，正需清明的智慧解開糾結。」

第三個面向的以明則是葆光、天倪的面向，呼應於《齊物論》一開始所說的「天籟」，則和下一節所說的「物化」相關。在這裡，「無用之用」是本體妙用，此一本體妙用是天鈞大化之中的「為是不用而寓諸庸」，「無用之用」是如此的「不用寓庸」。這裡的「庸」是常道的意思，正如《齊物論》所說的「庸也者常也」。

老莊的「不生之生」不可以只限定在「作用的保存」，而是大道玄德的道生與人法，大道玄德的道生一生二生三都包含在《齊物論》「天地與我並生」的生的境界之中。逍遙齊物的生

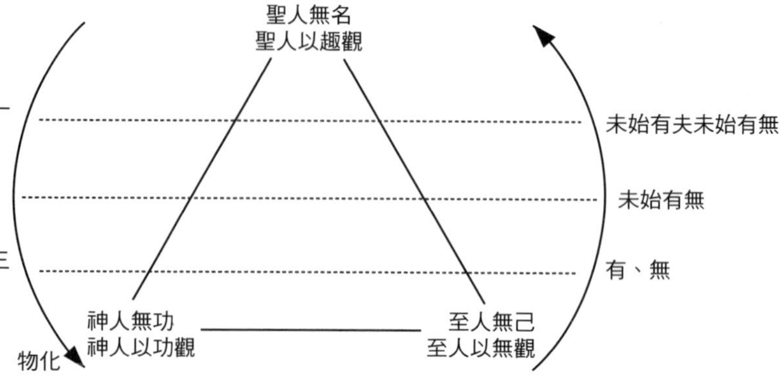

《莊子》的功夫論、境界論與上下迴向

命境界包含了一二三的道生，關於這裡的一二三的道生如何詮釋，不管是《道德經》詮釋史之中的氣論的方式，如河上公的養生修練的詮釋，以道生一為整體之終極原理（太極），以一生二之二為陰陽二氣，以二生三為之三為陰陽二氣相沖之和氣，沖和之氣養育萬物則是三生萬物。或是如王弼的哲學詮釋，以本體論乃至於超存有論來詮釋一二三的道生。也就是與道合真為道生一，本無屬於一生二，相對的有與無屬於二生三，天地之中萬物各殊則是三生萬物。莊子在《齊物論》之相關闡釋則包含了氣論的與本體論的一二三的道生之詮釋，而又莊子闡釋了言（宇宙精神，理Logos）則是他更進於老子之處。研究莊子的「以明」的三個面向，並與海德格所說的「解蔽」與「林中空地」（Lichtung 澄明）的真理觀加以會通。言自言（Die Sprache spricht）不只是無自無。無自無更且是物物化（Die Dingen dingen）。逍遙齊物的生命境界「天地與我並生，而萬物與我為一」，真我與天地並是道生，道生一生二生三生萬物都在莊子的齊物的生（並生）的生命境界之中，萬物物化，大化流行。劉君祖先生《從易經看莊子》一書強調說：齊物的境界「天地與我並生，萬物與我為一。」孟子亦有類似的壯語：「萬物皆備於我矣，反身而誠，樂莫大焉。強恕而行，求仁莫近焉。」「君子所過者化，所存者神，上下與天地同流。」復見天地之心，仁即本心自性的發用，剝極而復，碩果含仁，生命種子裡含蘊無限的生機。仁字既是相人偶，也是天地人三才互通之意。求仁莫遠求，正合復卦初爻爻辭「不遠復」之旨，〈彖傳〉贊稱「復其見天地之心乎！」如此乃是見道之語。

《易經．繫辭》「易有太極，是生兩儀，兩儀生四象」的生化歷程實本於《道德經》第四十二章「道生一，一生二，二生三，三生萬物」，《道德經》闡釋大道玄德，道具有創造功能，德具有養育功能。《易經．繫辭》所謂的「窮神知化」在境界上達於莊子的出神入化的生命境界。劉君祖先生《從易經看莊子》一書說：〈繫辭下傳〉首章：「天下之動，貞夫一者也。」一這個說法與《道德經》「侯王得一以為天下貞」幾乎同義。孔子曾問道於老子，一致、致一、一以貫之應該有受到老子的啟發。〈彖傳〉講「大哉乾元」、「至哉坤元」，《春秋》講「改一為元」、「變一為元」，乃是孔子的創發，在一之上更強調生生不息的意涵。

《老子》哲學在第一章闡釋在功夫上的「觀無」、「觀有」、「重玄道觀」，莊子齊物逍遙的玄觀境界則在〈逍遙遊〉一篇分別發揮為「北冥」、「南冥」、「遊無窮者」來隱喻此三種功夫。至其終極而說出「至人無己，神人無功，聖人無名」的人格理想，在莊子的詮釋學史之中，關於「至人無己，神人無功，聖人無名」是同一個人格的三種面向或是不同的三個人格，歷來有所爭議，此處以本體詮釋學的立場，將至人無己、神人無功聖人無名，分為作為觀無、觀有、觀道所顯發的理想人格。

〈逍遙遊〉提出「至人無己，神人無功，聖人無名」的理想人格，至人、神人、聖人在世人的便利性的觀點之中的都是無用的，此處總結性地闡釋「無用之用」。〈大宗師〉將至人、神人、聖人的理想人格總和成為「真人」，並提出「有真人而後有真知」。

然而，以〈逍遙遊〉提出「至人無己，神人無功，聖人無名」並置而一體敘述的語式來看，以及文末以「無用之用」來統攝，應該說此三者是理想人格的三個面向，雖然在修行上可以說先從事至人無己，再依序從事神人無功以及聖人無名，但是並不能說三者有價值的高低，尤其是以聖人無名為層次最低者。在「堯治天下之民，平海內之政，往見四子藐姑射之山，汾水之陽，窅然喪其天下焉」的故事之中的堯帝，具足了「至人無己，神人無功，聖人無名」的理想人格，內聖外王，堯平定海內之政，而能往見神人，乃是學習神人無功而能成就之，所以窅然喪其天下，則是至人無己，而通達聖人無名。劉君祖《從易經看莊子》一書以易入莊，闡釋理想人格、內聖外王：《易經》比卦卦辭：「原筮，元永貞，无咎。」比是人際交往、國際外交之道，必須探問交往與關係的真實目的，若「元永貞」則可无咎。〈繫辭傳〉稱「原始反終」、「原始要終」，正本清源於元（根源），易獲善終。

緒言

我正式讀《莊子》是在台灣大學念環境工程研究所時，買了河洛本大部頭的精裝古籍自己在宿舍中翻看，當時年紀輕經歷淺，嘆賞其文采高妙，而於其透視人生諸相的睿智體會並不深。後來有機緣到毓老師的天德黌舍聽課，幾年工夫於四書五經略窺門徑，也有幸聽其講述《莊子》，再在社會職場歷練多年，才於莊生之道漸有悟入。那時我對華夏諸學發心全面涉獵，諸子百家及史記通鑑等勤覽無倦，一般皆以老莊稱述道家，然而看《莊子．天下篇》雖稱老子為博大真人深致讚揚，並未承認為其信徒，反而跌宕自喜其獨特的思想境界。老是老，莊是莊，雖於大道有會通，各存其異可能更好。

其實司馬遷《史記》編序人物，有《老子韓非列傳》串接道法兩家思想。老子記述不多，韓非〈說難〉則詳盡引用，應該也反映了司馬遷的怨望；莊子、申不害夾敘於二者之間。四人的生平極簡略，最後的「太史公曰」似乎說出何以這樣合傳的緣由，稱莊子「散道德，放論，要亦歸於自然。」又稱三者「皆原於道德之意，而老子深遠矣！」

《老子》五千言中論及治術者不少，如「治大國若烹小鮮」、「國之利器不可以示人」、「取天下常以無事」、「為之於未有，治之於未亂」、「受國之垢，是謂社稷主；受國不祥，是為天下王」等，確有深沉洞見。韓非集法家大成，受其啟發而有〈解老〉、〈喻老〉等篇的述作，可謂順理成章。莊子於政事似不措意，任何處境彷彿都有逍遙物外之思，其實並不盡然。

儒釋道三教為中華文化的核心內容。佛教確係外來，經過上千年的消化吸收已成本土文明的一部分，然而浩浩三藏幾無一字論政。道家思想則不然，精神再超脫仍然關注現實政治，「內聖外王之道」一詞即見於《莊子．天下篇》，稱讚儒家六經的博大精深。該篇為《莊子》一書的壓軸，與內七篇肯定為莊生親撰，其他外篇十五、雜篇另六水平參差不齊，有可能摻入後學之言。

儒家的《大學》、《中庸》二書，明確提出儒家思想內修心性外成事功的主張。明明德、新民、止於至善為三綱領，格致誠正修齊治平稱八條目，將宇宙人生全部網絡到一起，盡心盡力經綸，無所不用其極。天命即性，率性即道，修道即教，慎己之獨，情發中節，致中和而天地位萬物育，無入而不自得。孫中山終結帝制，建立民國，曾高度推崇其價值，確實如此。

願解莊生真實意

那麼莊子呢？我們看看內七篇的排序與主旨。〈逍遙遊第一〉談的是真自由，大鵬鳥乘雲氣上青天翱翔萬里是自由，小麻雀在蓬蒿間低飛盤旋展現自性也是自由。《易經》乾卦闡揚天道，〈彖傳〉稱：「乾道變化，各正性命。」各有天性莫羨人，自由方得自在。〈齊物論第二〉接著談真平等，物為眾，物論即各種不同的議論，所謂百家爭鳴各以為是，充分反映了莊子所處的時代背景。孟子好辯，力距楊墨，斥之為無父無君，既乏包容氣度，論述也不合邏輯。莊子在此篇中則展現了極強的思辨力，期能超越無謂的爭議，「得其環中，以應無窮」。〈齊物論〉所關切的主題深具時代意義，所提供的解法也值得有識之士參考。方今世勢鬥爭日熾，中美兩強間的激烈碰撞似已難免，溯其根源應該還是有深遠文化基因的影響。西方自產業革命成功之後，挾著科技領先船堅炮利的優勢訂定了許多國際行為的規範，加上兩次世界大戰民主自由國家的獲勝，以及柏林牆倒塌與前蘇聯的瓦解等，遂有日人福山所謂「歷史終結論」的粗率提出。凡是不合這種價值理念者都判為異端，需予摧毀或矯正，其實二十一世紀起所發生的許多變動並非其所能充分解釋，逼得論主一再修正補益，仍難自圓其說。可以嘲諷地說，所有「中國崩潰論」皆已崩潰，而「歷史終結論」亦可終結，至於「修昔底德陷阱」更讓世界淪於無止境的霸權鬥爭。為人類和平計，這些都需深刻檢討與精確批判。

易經六十四卦終於未濟而非既濟，其實就已鑑察且宣告任何人為的立論與事變永無終結之時，隨著形移勢轉，可能都會失去時效而需再創新猷。明儒呂祖謙言：「理未易明，善未易察。」漢儒董仲舒《春秋繁露．考功名》闡示：「明所從生，不可為源，善所從出，不可為端，量勢立權，因事制義。」真理的源頭與端緒永遠可能在更深處，不可輕易狂妄自以為已是真理大道的代表，而排斥抨擊與己不同的論說。廿世紀初物理學的研究以為已到盡頭，結果相對論與量子論橫空出世，徹底顛覆並更新了傳統的宇宙觀，直到現在還不能說終極理論在哪裡，就是明顯的前車之鑑。

《論語．為政篇》稱子曰：「攻乎異端，斯害也已。」《易經．繫辭傳》引述更完整：「子曰：天下同歸而殊途，一致而百慮，天下何思何慮？」《中庸》：「萬物並育而不相害，道並行而不悖，小德川流，大德敦化。」《金剛經》亦有透徹體悟：「是法平等，無有高下。」

《易經．說卦傳》稱：「帝出乎震，齊乎巽。」又稱：「萬物出乎震。」帝為主宰意，震卦象徵萬物皆有其自性主宰，各個不同，彼此得互相尊重平等對待，齊有和諧平等之意。按後天八卦發展的順序，接著是：「相見乎離，致役乎坤。」萬物光明相照，協同任事。「說言乎兌，戰乎乾，勞乎坎，成言乎艮。」實務中必有經驗交流對口討論，可能引發爭議衝突，雖然辛苦勞頓，卻可互相造就而獲成功。「萬物之所成終而所成始也。」歷經各種多采多姿的考驗後，再啟動未來新一輪的循環，後浪前浪波波相繼，豈不甚美？

西人總稱自由平等，認定是普世無上的價值，依天理人性考量可以接受，但落實施行卻有許多窒礙甚至悖反之處，應該深入檢討並予改善。臨卦卦形二陽在下、四陰在上，內兌和悅喜樂，外坤順勢包容，正有自由發展不受拘束之象。〈大象傳〉稱：「君子以教思无窮，容保民无疆。」鼓勵創意，思想自由，成就不可限量。卦辭稱：「元亨利貞，至于八月有凶。」卻嚴正提醒個人自由不可濫用，必須尊重別人的自由與遵守群體的正當規範，否則大好轉成大壞，所謂「潘朵拉的盒子」一打開，環境秩序瓦解，今世為所欲為的民粹亂象即如是。科技文明開發過度，導致自然環境汙染的生態危機亦是顯例。再如兩性平權、族群平等雖然多有改善，國際間強凌弱、眾暴寡以及貧富懸殊的現象仍極嚴重，也是不容諱言的事實。

莊子繼首、次二篇揭示自由與平等的真諦後，第三篇〈養身主〉以庖丁解牛為喻妙談養生之道，與頤卦之理相通，由個人修養身心談到養氣養賢養民。卦辭「自求口實」，〈彖傳〉「養正則吉」，上爻「由頤厲吉，利涉大川。」強調自由自在依理順勢的可貴，一旦參透，遇到問題便可迎刃而解。

前三篇若能通達，則可進入第四篇〈人間世〉接受歷練。篇中舉顏回欲諫暴虐的衛君、葉公子高將出使齊國為喻，請教孔子而遭痛切擊蒙，透析權慾中人的艱險，絕非單憑書生的熱情空想足以濟事。又以顏闔將傅衛靈公太子，擔心教導不成反遭禍患，請衛大夫蘧伯玉點撥之事，說出順處之道。最後藉楚狂接輿之口諷勸孔子「來世不可待，往事不可追」，切勿奢言救世自寇自煎，而提出「無用之用是為大用」的警醒與呼籲。

既關注人間世，當知世間苦人多，鰥寡孤獨廢疾者最好皆有所養，這就是〈德充符第五〉的主旨。篇中舉了好幾位醜陋或殘障者，內在的德性充實而外顯，以此提醒人別務外而虛內，應一視同仁。西方近代所標榜的自由、平等、博愛，於此完整顯現。

前五篇修行圓滿，即臻〈大宗師第六〉的境界，由內聖而外王，就是〈應帝王第七〉。應不是應該，而是與民同患的自然回應。史上許多梟雄自命不凡，以拯濟亂世為己任，每稱捨我其誰，這是應該。成功後大權在握，往往違背初衷，又成為新的禍亂之源，這樣的負面案例太多。老莊道家人物則不然，不忍坐視惡業橫行，或出謀劃策輔佐雄主或自任艱鉅，成功後飄然引退，這是智仁勇兼備的良知回應。《老子》書中屢稱：「生而不有，為而弗恃，長而不宰，是謂玄德，功成而弗居。」「功成身退，天之道。」「不自見，故明；不自是，故彰；不自伐，故有功；不自矜，故長。夫唯不爭，故天下莫能與之爭。」這其實就是「滿招損，謙受益」的古訓。易經六十四卦以謙卦為上善有終，〈繫辭傳〉記子曰：「勞而不伐，有功而不德，厚之至也，語以其功，下人者也。」顏回言志稱：「願無伐善，無施勞。」皆同此理。

總之，要依《莊子》內七篇的次第修行圓滿，仍得依老子「為道日損，損之又損，以至於無為，無為而無不為」的法門。損卦〈大象傳〉稱「懲忿窒慾」，才能做到益卦的「見善則遷，有過則改」。一般人接觸道家思想，多欣羨嚮往其無拘無礙自由自在，而忽略了少私寡欲的基本修練，一旦陷溺情慾，焉有真正的自由可言？

〈大宗師第六〉中，首先提出真人的境界為：「其嗜欲深者，其天機淺。」這幾乎是整部《莊子》中最重要的一句話，凡俗之人不能得悟天理大道，即因嗜好慾望太深，反之嗜欲淺者天機深，即可修真成道。後世道教尊稱高道為真人，應由此而來。「有真人，而後有真知。」〈人間世第四〉中孔子教顏回修「心齋」，〈大宗師第六〉顏回修成後報告已達「坐忘」的高深境界。這些都是參透莊子之學的關鍵，宜虛懷體悟。

遯世恆无悶

我曾試占莊子之道的特色，得出不變的遯卦。〈大象傳〉稱：「天下有山，遯，君子以遠小人，不惡而嚴。」卦象二陰在下、四陽在上，有陰暗浸長陽明漸消之象，象徵亂世惡勢力猖獗，正人君子宜暫避以全身遠害，雖不得罪小人，仍嚴守分際不與攪和。通都大邑巍巍廟堂既為小人盤據，天下之大盡多山林清修之處，足供遁隱休憩，所謂「天下名山僧佔全」，似有避世之意，其實冷眼旁觀保存實力，未來形移勢轉仍有復出可能。依易經卦序，遯後為大壯為晉，正是轉進之意。遯六爻全變的錯卦為臨，居高臨下面對治理，時勢不同應對自然有異。

乾卦初爻「潛龍勿用」，〈文言傳〉記子曰：「龍德而隱者也，不易乎世，不成乎名，遯世无悶，不見是而无悶，樂則行之，憂則違之，確乎其不可拔，潛龍也！」隱居潛修，耐得住寂寞，不受世俗影響，不求虛名，心中毫無愁悶，不被世俗肯定也不悶，高興做的事就做，不高興就不做，完全堅定不移，這就是潛龍啊！先師愛新覺羅毓鋆來台講經，弘揚中華文化逾一甲子，自述一生就堅守此爻精神。易尚隨時變化，乾卦第二爻「見龍在田」，由潛而見，所謂出潛離隱，並非一味遁隱，該出山時還是會出山。遯卦〈彖傳〉稱：「遯而亨也⋯與時行也⋯遯之時義大矣哉！」當遯而遯，甩掉包袱後可獲亨通，未來是否再進場依時而定，人生出處進退的智慧太重要了！

大過卦所述正是癲狂亂世，〈彖傳〉亦稱：「大過之時大矣哉！」卦中六爻或顯或隱多言男女生死愛慾之事，若失節制會有滅頂之凶，而〈大象傳〉稱：「君子以獨立不懼，遯世无悶。」獨為慎獨之獨，為人人內蘊最深的自性，一旦開發確立，不懼任何艱險，遯隱全無愁悶。莊子〈大宗師〉中亦論及慎獨：「朝徹而後能見獨，見獨而後能無古今，無古今而後能入於不死不生。」一朝大澈大悟，見證獨立自性，超越生死時空，經得起任何亂世的摧磨考驗，而這非折服化解嗜慾不為功。

再以遯卦六爻的發展歷程來看：遯尾厲、莫之勝脫、係遯、好遯、嘉遯、肥遯。從下而上由內而外逐漸擺脫罣礙，終獲灑脫自在，既得保全又與世無牴牾。由此看來，莊子之道術在遯卦相當精切，遠非一般的消極避世而已。乾卦上爻「亢龍有悔」，〈文言傳〉稱：「亢之為言也，知進而不知退，知存而不知亡，知得而不知喪。其唯聖人乎？知進退存亡而不失其正者，其唯聖人乎？」修練莊生之智，處世決不會有亢龍之悔。

治世有心裁

對莊子內七篇一以貫之的體裁清楚後，再看最後的〈天下篇〉便能有所會心。當年跟隨毓老師讀莊子，用的是晉郭象注、唐成玄英疏、清郭慶藩集釋，還參考葉玉麟太老師的白話譯解。郭象注莊自出機杼，幾乎另成一家之言，毓師說深悟善用可以之治平天下。莊子〈天下篇〉末批判惠施與公孫龍的思想空言無用，郭注深表同慼而稱：「吾意亦謂無經國體致，真所謂無用之談也！」郭象辯才無礙，口若懸河，官也做得不小，有從政的實務經驗，並非只尚空談的玄學之士。方今天下大亂，無經國體致的政客比比皆是，難解民生困苦，細究郭注會有甚深體悟。本書除了內七篇及〈天下篇〉外，還選了外篇的〈秋水第十七〉、〈田子方第二十一〉、〈知北遊第二十二〉，一共十一篇作譯解與詮釋發揮，已佔世傳本《莊子》三十三篇的三分之一，應屬莊學的精華所在。同時附上這十一篇全部郭注原文，供讀者對照賞析，總共一千三百四十七條，至於成玄英的疏，視需要亦有摘引，期望對大家有裨益。

郭慶藩集釋有請湖南同鄉王先謙撰序，王亦有《莊子集解》傳世，他在郭書的序文中言：「晉演為玄學，無解於胡羯之氛；唐尊為真經，無救於安史之禍。徒以藥世主淫侈，澹末俗利欲，庶有一二之助焉。」魏晉清談誤國，五胡亂華禍延深重；唐朝尊《莊子》一書為《南華真經》，救不了安史之亂。看來莊學強調嗜欲需淺，只對君王淫亂奢侈與俗民貪利略有提醒減輕而已，期待莊學濟世顯然不符實際。何止莊子如此，老孔孟荀都心存救世，提了那麼多學說方案，真發揮大用了嗎？然而經世之學還是不能不講，否則沉淪更甚。《中庸》稱：「博學之，審問之，慎思之，明辨之，篤行之。」學問思辨歸終於實踐，知行合一才於世道有裨益。既濟卦君位的第五爻代表成功的極致，爻辭稱：「東鄰殺牛，不如西鄰之禴祭，實受其福。」殺牛上供是大祭，鋪張浪費，不如真心誠意的薄祭。〈小象傳〉：「不如西鄰之時也！」即時且務實，為人生最高的智慧。我們讀一切經典，絕非迷信復古，而是藉古人的智慧啟發我們的智慧，以應對解決當代的問題。郭象注莊抒發己意，我們何嘗不可藉莊、郭二人的思想另闢天地，再創輝煌？

莊子才高，文采爛然，古今文學之士亦宗奉之，詩仙李白即為顯例。「我本楚狂人，狂歌笑孔丘，手持綠玉杖，朝別黃鶴樓。五嶽尋仙不辭遠，一生好入名山遊。」這首詩一則是受《論語．微子篇》影響：「楚狂接輿歌而過孔子曰：鳳兮鳳兮！何德之衰？往者不可諫，來者猶可追。已而已而，今之從政者殆而！」再則是《莊子．人間世》末所述同一事，態度卻更消極：「來世不可待，往事不可追也！天下有道，聖人成焉；天下無道，聖人生焉；方今之世，僅免刑焉。」往者已矣，追悔諫諍無益；來者尚未至，正應調度資源做最好的準備，怎可束手無策輕易放棄？固然末亂世從政掌權者多頑劣，賢良君子與之抗爭難免刑戮。前文講遯卦的智慧是要徐求解套，而非徹底放棄。「遯之時義大矣哉！」只要周旋得當，由係遯、好遯、嘉遯而至肥遯未嘗不可能。

依此思路，我們再看更糟糕的否卦，〈彖傳〉稱：「天地不交而萬物不通，上下不交而天下无邦也……內小人而外君子。小人道長，君子道消也。」言來沉痛，全是實際客觀的描述，也為卦辭「否之匪人，不利君子貞」做了合理的說明。〈大象傳〉警示明確：「君子以儉德避難，不可榮以祿。」連善行都得收斂，更不可出來做官。所謂「天地閉賢人隱」，問題是一味退讓能解決甚麼問題？〈大象傳〉一般不談吉凶禍福，任何環境下重視修德，像否卦這麼灰頹的實為罕見。數十年前毓師授課至此時就有批判，我還因而發心琢磨近月，改寫為：「大人以承敝起新，與民除患。」其實這與否卦由坤地轉乾天的時序相合，從包承、包羞，而休否、傾否之旨相應。

話說回來，李白另一篇名文〈春夜宴桃李園序〉首稱：「夫天地者，萬物之逆旅；光陰者，百代之過客。而浮生若夢，為歡幾何？古人秉燭夜遊，良有以也。況陽春召我以煙景，大塊假我以文章……」亦明顯受到莊子多篇行文的影響。唐代李商隱膾炙人口名詩：「莊生曉夢迷蝴蝶，望帝春心託杜鵑。」直接引用〈齊物論〉末莊周夢蝶的故事，亦眾所周知。

莊子以寓言說理，在文學與哲學上都有相當成就。他在〈天下篇〉自述：「以卮言為曼衍，以重言為真，以寓言為廣。」雜篇〈寓言第二十七〉還對此文體有細膩的解說，值得注意。儒家經典其實也廣泛採用象徵手法，如《易經》立象以盡意，《春秋》設況即事而言理，《詩經》比興以抒志趣，《尚書》首堯舜化私為公，《周禮》擬新制進大同等，皆須引申觸類，一以貫之。華夏文學之美，唐詩宋詞固臻上乘，漢文章與先秦典籍的文以載道更值得深究。〈繫辭傳〉行文極美，與《史記》同輝，但作者與司馬遷著述本意絕不在此。《詩經》興觀群怨落落大方，反映華北民風；南方的《楚辭》異想瑰麗，神采飛揚，自古譽為絕品，莊子的文思與此相近。毓師當年有言，認為屈原的《楚辭》非僅文藝，而是蘊含甚深思想的鉅典，熊十力先生亦有此意。

中華傳統文藝二字其實均非今日已窄化的意涵，而是皆指經綸治國之大業。文為經緯天地，藝為權變通神。帝堯稱文祖，文王非僅姬昌，而是文德之王，斯文未喪，人人皆足以當之。《論語・述而篇》稱：「志於道，據於德，依於仁，游於藝。」藝為道德仁皆備後的終極境界，《莊子・養生主》中所舉得心應手、遊刃有餘足以當之。六經古稱六藝，禮樂射御書數的全人教育亦稱六藝，絕非純屬小我個人的感性發抒而已。

因此，傳統中國教育重綜合，文史哲政經法不截然分割，與今世分科極細有別，應該仍和經世致用有關。話雖如此，真能統攝有成並不容易，例如蘇軾詩文驚才絕艷，半生心力所注的《東坡易傳》，嚴格講實不知所云。聞道先後，術業專攻，仍有其難以逾越的分際。理學家亦喜撰詩為文，總嫌枯澀，風華遠遜。詩文到了高境，強分軒輊多限主觀，不如各存特色的好。以前有人鑑賞評比中國三大頂尖詩人，得出結論：杜甫第一、屈原居次、李白第三。只怕難成方家共識，聽聽想想就好。

頂級思想家之中，莊子想像力的狂野飛揚與文采贍富確為特色，與同屬道家巨擘的老子行文截然不同。同樣，孟子好辯，發言行文氣勢雄渾，與《論語》中所記孔子言辭樸實簡練又見不同。孔老生當春秋時代，孟莊已居戰國，文風隨時運轉移無足怪。孔子有向老子問學請益，孟莊幾乎同時，卻全無往來，連提都沒提，值得玩味。錢穆先生考證後認為老子書在莊子後，倡導莊老哲學，但應和者甚寡。毓師當年亦當面質疑，卻被不快回嗆，但以文氣論應該莊子晚出才是。

莊子自視甚高，由〈天下篇〉最後的自我期許可看出：「獨與天地精神往來，而不敖倪於萬物，不譴是非，以與世俗處……彼其充實，不可以已，上與造物者遊，而下與外生死無終始者為友。其於本也，宏大而闢，深閎而肆；其於宗也，可謂調適而上遂矣。雖然，其應於化而解於物也，其理不竭，其來不蛻，芒乎昧乎，未之盡者。」既絕頂高明又和光同塵，可與大道相終始。是否如此，後世讀莊者可以自己衡斷，處今日世變之極，企望他的智慧能發揮些正本清源的作用。

劉君祖　夏曆癸卯年開春於台北家居

逍遙遊　第一【注1】

【郭象注1】夫小大雖殊，而放於自得之場，則物任其性，事稱其能，各當其分，逍遙一也，豈容勝負於其間哉！

郭象在每一篇前都有詮釋其主旨，寥寥數語講得太好，針貶俗情之弊精切到位。大鵬鳥展翅高飛，翱翔萬里，固然逍遙自在，蜩與學鳩低飛到樹梢有時會墜落到地，量力而為亦不強求。形體大小懸殊，精神皆放鬆愉悅，沒有甚麼不同，完全不必強爭勝負。任性、稱能、當分，超越不合理的競爭才是真正的逍遙。

方今世界之亂，天災人禍頻仍，與大國執意爭霸有莫大關係，還宣揚所謂「修昔底德陷阱」，認定不可避免。第一強權用盡一切手段遏阻打壓實力居次者，絕不容許超越。依《易經》卦序分析，頤卦為一宏觀穩定的生態體系，久了可能破壞失衡成其後的大過卦，各種力量拚搏較量即深陷坎卦的險境，必須智慧因應重振人文精神，才能再創離卦的燦爛輝煌。坎稱習坎，波波相續，霸道造業深重；離為繼明，光照天下，王道拯濟群生。

事稱其能的「稱」字，有勻稱、對稱、均衡相稱之義，做到了會消弭紓解許多社會矛盾。謙卦卦爻全吉，亨通善終，天地人鬼神皆福祐，〈大象傳〉稱：「君子以裒多益寡，稱物平施。」巽卦用心深細，行事低調以實現天命，〈繫辭傳〉推重為處憂患亂世的最高功夫：「巽，稱而隱。」《孫子兵法．形篇》：「稱生勝。」

《中庸》主張素位而行：「君子素其位而行，不願乎其外。素富貴行乎富貴，素貧賤行乎貧賤，素夷狄行乎夷狄，素患難行乎患難，君子無入而不自得焉。」同樣，素大鵬行乎大鵬，素小鳥行乎小鳥，天生萬物各有分位，做好自己就能自得。乾卦〈彖傳〉明示：「乾道變化，各正性命，保合太和，乃利貞。」萬物隨機變化各有特性，應順遂自然去發展，群體相處又應互相尊重以維持最大的和諧。

北冥有魚，其名為鯤，鯤之大，不知其幾千里也。鯤化而為鳥，其名為鵬【注2】。

【郭象注2】鵬鯤之實，吾所未詳也。夫莊子之大意，在乎逍遙遊放，無為而自得，故極小大之致，以明性分之適。達觀之士宜要其會歸，而遺其所寄，不足事事曲與生說，自不害其宏旨，皆可略之耳。

莊子開篇就講鯤化鵬的寓言，鯤本義應該是魚卵魚子的小魚，這裡卻大到難以想像，由小變大勿驚勿怪，總之別拘泥於形體的大小懸殊，而應重視其精神自性的奔放無礙。由魚變鳥，在物種演化上似乎算進化。《中庸》：「故君子語大，天下莫能載焉；語小，天下莫能破焉。詩云：「鳶飛戾天，魚躍于淵。言其上下察也。」鵬飛鯤躍，天地間生機洋溢。乾卦第四爻「或躍在淵」，第五爻「飛龍在天」，由躍而飛，應有進化含意。

卦爻辭中魚與鳥的取象很多，水裡游的與空中飛的自然入鏡。中孚為母鳥孵育幼雛之象，卦辭卻稱「豚魚吉」，提到小豬小魚。第二爻爻辭：「鳴鶴在陰，其子和之。」母鶴與子鶴共鳴，滿溢親子摯愛之情。上爻爻辭：「翰音登于天，貞凶。」鶴可天際翱翔，雞翅退化可辦不到。卦序中孚之後為小過，卦形就有飛鳥之象，卦辭稱「飛鳥遺之音」。為何稱不祥的遺音？即因剛孵育出來的小鳥翅膀還沒長硬，逞強高飛力有未逮，可能折翼墜地而亡。初爻「飛鳥以凶」，上爻「飛鳥離之，凶，是謂災眚。」輕率躁進必無倖理。明夷初爻：「明夷于飛，垂其翼。」上爻：「初登于天，後入于地。」未明言卻仍指鳥飛折翼由高墜地，前途晦暗。旅卦上爻最慘：「鳥焚其巢。」漸卦六爻皆以鴻雁群飛為象，鴻漸於干、磐、陸、木、陵、陸，由低而高循序漸進成功，象徵群策群力的團隊精神，足為天下表率。另外，解卦上爻「公用射隼」、旅卦第五爻「射雉」，分別有除暴與追求文明目標的意義，值得玩味。

姤卦為人生的機緣偶遇，二爻「包有魚，无咎。」四爻「包无魚，起凶。」游魚滑溜，不易捕獲，象徵人生際遇稍縱即逝，一為危機防治成功，一為管控失宜釀禍。剝卦岌岌可危，居君位的第五爻：「貫魚以宮人寵，无不利。」最高領導臨危不亂，能整合部屬逆轉敗局。

世間真有大鵬這種鳥類嗎？恐怕還是神話或寓言的成分居多。《說文解字》云：「朋及鵬，皆古文鳳字也。朋鳥象形。鳳飛，群鳥從以萬數，故以朋為朋黨字。」其實龍鳳皆非實際生物，乾卦以龍取象，坤卦相對應該以鳳為象，但易中可絕無鳳字，但多處稱朋字，提醒人廣結善緣的重要。坤卦卦辭：「西南得朋，東北喪朋。」豫卦第四爻「朋盍簪。」復卦「朋來无咎。」咸卦第四爻「朋從爾思。」蹇卦第五爻「大蹇朋來。」解卦第四爻「朋至斯孚。」兌卦〈大象傳〉：「君子以朋友講習。」坤為眾，領導人必須厚德載物，故而以百鳥朝鳳、鵬舉高飛況之。

郭象的注勸我們不必穿鑿附會去考證鯤化鵬是否屬實，寓言本是寓意說理，善會莊子的言外之意就好，無關宏旨之處皆可忽略。善讀易者亦復如是，〈繫辭傳〉闡釋得很清楚：「易者，象也。象也者，像也。」「聖人有以見天下之賾，而擬諸其形容，象其物宜，是故謂之象。」賾是形形色色複雜幽深之意。「書不盡言，言不盡意……聖人立象以盡意，設卦以盡情偽，繫辭焉以盡其言。」六十四卦、三百八十四爻，以及陰陽互變所形成的四千零九十六種變化，就是個龐大精緻的信息庫，供人查索參閱以為決策行事的參考。

王弼《周易略例》：「意以象盡，象以言著。故言者所以明象，得象而忘言；象者所以存意，得意而忘象。猶蹄者所以在兔，得兔而忘蹄；筌者所以在魚，得魚而忘筌也。」蹄筌是捕兔捕魚的工具，既然捕到工具就可放開了！這一段其實出自《莊子．外物第二十六》，屬雜篇。

鵬之背，不知其幾千里也；怒而飛，其翼若垂天之雲。是鳥也，海運則將徙於南冥；南冥者，天池也【注3】。

【郭象注3】非冥海不足以運其身，非九萬里不足以負其翼。此豈好奇哉？直以大物必自生於大處，大處亦必自生此大物，理固自然，不患其失，又何厝心於其間哉？

鯤化鵬之後，就可展翼高飛，趁海風大起由北冥轉徙到南冥。冥是無邊無際的汪洋大海，也有幽暗之意。北海幽深之處游弋的大魚變為大鵬，飛到千萬里遠的南海歇息，稱南海為天池，非人工所鑿，而是自然造化所成。高山上的湖泊多稱天池，大陸東北長白山、西北新疆天山皆有此勝景，甚至被人尊奉為神聖之地來膜拜。周易下經第一卦為咸，〈大象傳〉稱：「山上有澤，君子以虛受人。」就有天池之象。朱熹詩云：「半畝方塘一鑑開，天光雲影共徘徊，問渠哪得清如許，為有源頭活水來。」咸為無心之感，人生在世，虛心體會萬事萬物必有深悟。

《易經》中的冥字為昏暗不明之意。豫卦上爻「冥豫」，耽溺於原先的主觀設想而與現實脫節，必須立即調整。升卦上爻「冥升」，過度追求成長將臨夢幻泡影，若還執迷不悟必遭重挫。升卦卦辭稱「南征吉」；明夷卦第三爻有志「南狩」，審慎從事有望一舉成功，爻變為復卦，昏暗轉為光明。後天八卦方位離南坎北，南明北暗，鵬程萬里由北而南，似有棄暗就明之寓意。以北半球而言確實如此，況之今日則未必，南極與北極皆酷寒之地，北冥南冥之冥，作溟海解即可。

大物自生大處，偉大的環境自會孕育偉大的人事物，所謂鍾靈毓秀，完全不必擔心。龔自珍見清朝中葉國勢日衰，作詩云：「九州生氣恃風雷，萬馬齊喑究可哀，我勸天公重抖擻，不拘一格降人才。」今日寰宇亂象頻仍亦有末世情景，列國掌政者多昏昧無能，民受深殃，仁人志士憂心忡忡。然而天道好還，看似泰極否來，實則剝盡而復，舊秩序崩解重組未必不是好事。《陰符經》稱：「天發殺機，移星易宿；地發殺機，龍蛇起陸；人發殺機，天地反覆。天人合發，萬化定基。」華夏文明沒有末世觀念，不需要各宗教的仲介與救贖，天地人的殺機同步爆發，竟然不是永滅，而是給新的演化奠定了根基，終而復始，生生不息。

齊諧者，志怪者也。諧之言曰：「鵬之徙於南冥也，水擊三千里，摶扶搖而上者九萬里【注4】，去以六月息者也【注5】。」

【郭象注4】夫翼大則難舉，故摶扶搖而後能上，九萬里乃足自勝耳。既有斯翼，豈得決然而起，數仞而下哉！此皆不得不然，非樂然也。

【郭象注5】夫大鳥一去半歲，至天池而息；小鳥一飛半朝，搶榆枋而止。此比所能則有間矣，其於適性一也。

《齊諧》這部書專門記些怪異之事，其中有這麼一段：「大鵬遷徙到南海，因為翅膀太大，不能急遽飛起，須拍擊水面至三千里之遠，再鼓翼乘著海上的大風直上雲霄，拔高九萬里，這都是當六月海氣大動時才啟程。」

郭象將息字解為休息，應該有誤，下文接著談「生物之以息相吹」，息指大自然的氣息，包括風在內。陰曆六月海風大作有助大鵬飛翔，並非得花半年時間才抵達南海休息。易有十二消息卦，陰氣漸長稱消，陽氣漸長稱息，分別相應於一年的十二個陰曆月份，六月為遯卦，剛好與我占算莊子一書主旨相合。

摶是聚氣，老子「摶氣至柔」、「摶之不得名曰微」，亦有以專、摶二字解的。大鵬高飛需先聚體內之氣，扶搖指海中颶風，迴旋往上，這是可憑藉的外力，二者配合得當可直上雲霄。「鵬程萬里」、「扶搖直上」的成語，即源於此。依卦序，姤卦為天下有風，其後為萃、升二卦，所謂「聚而上者謂之升」，與此完全合轍。因為莊子下文講到蜩與學鳩，故郭象拿來做比較，強調量才適性以及順勢而為的重要，這是不得不然，跟喜不喜歡無關。其實莊子並沒說小鳥飛半天、大鵬飛半年，還是郭的誤解使然。

《齊諧》誌怪，《聊齋》誌異，都是姑妄言之，我們姑妄聽之就好。

野馬也，塵埃也，生物之以息相吹也【注6】。

【郭象注6】此皆鵬之所憑以飛者耳。野馬者，遊氣也。

野馬是春季陽氣發動時，人遙望藪澤之中遊氣如奔馬一般；飛揚小土為塵，更細的為埃。天地間一切生物相吹的氣息，無論大小多少，都可作為鵬程萬里的憑藉。人生要成功，既要用大也要用小，積小可以成大，所謂「泰山不辭細壤，江海不釋細流。」孟嘗君過險關，就靠了雞鳴狗盜之徒。老子稱：「大小多少……為大於其細。」「合抱之木，生於毫末；九層之臺，起於累土；千里之行，始於足下。」又稱：「受國之垢，是謂社稷主；受國不祥，是為天下王。」升卦上坤下巽，〈象傳〉稱：「柔以時升，巽而順……是以大亨。」〈大象傳〉：「地中生木，君子以順德，積小以高大。」巽卦為風，無形而深入，〈彖傳〉稱：「柔皆順乎剛，是以小亨，利有攸往。」道家順勢尚柔，用小致大，厚德載物以成功業。宇宙人生，天地萬物息息相關，豐滿招損，謙和受益。

泰卦卦辭「小往大來」，否卦「大往小來」，環境通泰或否塞，都要善用智慧處理好大與小間的往來關係。兩卦的初爻爻辭皆稱「拔茅茹以其彙」，地面茅草聚生，根植地下，可能還有連動關係，需全面考量審慎處理，組織高層引領基層亦然。老子稱：「貴以賤為本，高以下為基。」大過卦初爻：「藉用白茅，无咎。」〈繫辭傳〉記子曰：「夫茅之為物薄，而用可重也！慎斯術也以往，其无所失矣！」領導善待基層，得其擁護才在情勢危急時有個安全的鋪墊。澤水畔的白色茅草不是甚麼貴重東西，善加運用卻有重大功效，智者真心以此方法往前奮鬥，永遠不會失敗。

中孚卦強調誠信，卦辭稱：「豚魚吉，利涉大川，利貞。」〈彖傳〉：「孚乃化邦……信及豚魚。」小豬小魚並不貴重，用以祭祀可蒙福佑，度過一切險難。總之，我們對世間一切稍具靈性的眾生善意對待，勿起分別歧視，可能都會有意想不到的回饋與福報。泰卦天地交泰，第二爻爻辭稱「包荒」、「不遐遺」，再荒蠻落後的遠方都能包容，事業必可光大。〈繫辭傳〉：「範圍天地之化而不過，曲成萬物而不遺。」善心成就萬事萬物，一個也不遺棄。

天之蒼蒼，其正色邪？其遠而無所至極邪？其視下也，亦若是則已矣【注7】。

【郭象注7】今觀天之蒼蒼，竟未知便是天之正色邪？天之為遠而無極邪？鵬之自上以視地，亦若人之自地視天。則止而圖南矣，言鵬不知道里之遠近，趣足以自勝而逝。

我們所看到的蔚藍色天空，是它真正的顏色嗎？天的高遠是沒有窮盡的嗎？飛鵬從上空往下看，也跟人們從地面往上看差不多吧？同樣不知地的遠近，只是覺得自己力量足以勝任就去了。

且夫水之積也不厚，則其負大舟也無力。覆杯水於坳堂之上，則芥為之舟；置杯焉則膠，水淺而舟大也【注8】。風之積也不厚，則其覆大翼也無力。故九萬里，則風斯在下矣，而後乃今培風，背負青天而莫之夭閼者，而後乃今將圖南【注9】。

【郭象注8】此皆明鵬之所以高飛者，翼大故耳。夫質小者所資不待大，則質大者所用不得小矣。故理有至分，物有定極，各足稱事，其濟一也。若乃失乎忘生之主，而營生於至當之外，事不任力，動不稱情，則雖垂天之翼不能無窮，決起之飛不能無困矣！

【郭象注9】夫所以乃今將圖南者，非其好高而慕遠也，風不積則夭閼不通故耳，此大鵬之逍遙也。

水如果太淺，就不能夠浮起大船，在室中凹處倒一杯水，用小草作船還可以浮起，若再放上一個杯子就膠著不能動了，因為水淺而舟大啊。風如果積的不厚，就無力托起大鵬鳥的翅膀，既飛到九萬里之高，下面就都是風了，而後便可乘風而行。培風即憑風、乘風。大鵬背向青天前進全無阻礙，準備遠行至南海。夭是夭折，閼是阻止。連用兩次「而後乃今」，告訴我們即時乘勢的重要，所謂：「時來天地皆同力，運去英雄不自由。」時乖勢違，無法強求。《易經》有所謂十二時卦，〈彖傳〉中屢稱：「時義大矣哉！」「時用大矣哉！」「時大矣哉！」人生建功立業的關鍵在此。

郭象強調大鵬之所以能高飛是因為翅膀大，本質小的資取的外力大亦無用，本質大的若處小環境則不得發揮，所以得出結論：道理各有分際，事物有一定的止境，深入研究後找出最恰當的方法從事，才會成功濟世。若失掉大本而汲汲營營於分外之慾求，事難勝任，動逆人情，則大鳥奮飛無成，小鳥常處困境。大鵬南飛並非好高騖遠，必須各種條件具備才能成行，海風不積則困頓難行，這就是大鵬能夠逍遙的道理。

蜩與學鳩笑之曰：「我決起而飛，搶榆枋，時則不至而控於地而已矣。奚以之九萬里而南為【注10】？」適莽蒼者三飡而反，腹猶果然；適百里者宿舂糧；適千里者三月聚糧【注11】。之二蟲又何知【注12】？

【郭象注10】苟足於其性，則雖大鵬無以自貴於小鳥，小鳥無羨於天池，而榮願有餘矣。故小大雖殊，逍遙一也。

【郭象注11】所適彌遠，則聚糧彌多，故其翼彌大，則積氣彌厚也。

【郭象注12】二蟲，謂鵬、蜩也。對大於小，所以均異趣也。夫趣之所以異，豈知異而異哉？皆不知所以然而自然耳。自然耳，不為也。此逍遙之大意。

蜩即蟬，學鳩是一種小鳥。牠們看到大鵬高飛，笑道：「我們飛起來到榆枋林木上，氣力不夠時就降落在地上，何必要那麼辛苦等海風大起，高飛九萬里去南海呢？」去近郊的一日三餐就可回來，肚子還飽飽的；到百里以外去，得準備隔夜的糧食；到千里以外，得準備三個月的糧食。這兩個蟲怎麼會知道呢？

郭象終於講出來他的體悟：只要充分發揮自性，大鵬鳥並不會比小鳥高貴，小鳥完全不必羨慕遠行天池的壯舉，適性量力而為綽綽有餘裕。大小雖然懸殊，都可達到逍遙自在的境界。人要去的地方愈遠，需準備的糧食愈多，鳥的翅膀愈大，需積累的氣就得愈厚才能高飛。仁人志士欲做大事也是一樣，得集義養氣，結合各種力量方克有成。一般會以為二蟲指蜩與學鳩，責其弱小無知，郭象認為是鵬與蜩大小雖殊，並非故意純屬自然，因順自然勿妄生分別才是逍遙的大意。

小知不及大知，小年不及大年【注13】，奚以知其然也？朝菌不知晦朔，惠蛄不知春秋，此小年也。楚之南有冥靈者，以五百歲為春，五百歲為秋；上古有大椿者，以八千歲為春，八千歲為秋【注14】，此大年也。而彭祖乃今以久特聞，眾人匹之，不亦悲乎？

【郭象注13】物各有性，性各有極，皆如年知，豈跂尚之所及哉！自此以下至於列子，歷舉年知之大小，各信其一方，未有足以相傾者也。然後統以無待之人，遺彼忘我，冥此群異，異方同得而我無功名。是故統小大者，無小無大者也；苟有乎大小，則雖大鵬之與斥鷃，宰官之與御風，同為累物耳。齊死生者，無死無生者也；苟有乎死生，則雖大椿之與蟪蛄，彭祖之與朝菌，均於短折耳。故遊於無小無大者，無窮者也；冥乎不死不生者，無極者也。若夫逍遙而繫於有方，則雖放之使遊而有所窮矣，未能無待也。

【郭象注14】夫年知不相及若此之懸也，比於眾人之所悲，亦可悲矣！而眾人未嘗悲此者，以其性各有極也。苟知其極，則毫分不可相跂，天下又何所悲乎哉！夫物未嘗以大欲小，而必以小羨大。故舉小大之殊各有定分，非羨欲所及，則羨欲之累可以絕矣。夫悲生於累，累絕則悲去，悲去而性命不安者，未之有也。

智慧小的比不上智慧大的，壽命短的無法知曉年代久遠以後的事。為什麼這樣說呢？朝菌朝生夕死，不會知道一個月的終始；惠蛄即寒蟬，春生夏死，夏生秋死，不知道一年四季的演變。這是所謂壽命短的小年。楚國南部有叫「冥靈」的大龜，以五百年當春，五百年當秋；上古還有一種大椿樹，以八千年當春，八千年當秋。這是所謂壽命長的大年。人類之中傳說彭祖高壽活了八百歲，眾人要跟他相比，豈不可悲可嘆？

大龜叫冥靈很有意思，所謂千年不死的老烏龜，俗話又罵人冥頑不靈。頤卦談養生，初爻相當於自然生態系統最基層，爻辭稱：「舍爾靈龜，觀我朶頤，凶。」〈小象傳〉批判：「亦不足貴也！」龜不殘害其他生物以自存，象徵人的靈明自性，切不可爭逐食色慾望而喪失，否則必凶。大椿是像神木的巨樹，植物可以比動物活得更長，礦物是無生物，沒有生死可言。頤卦除了靈龜，還提到肉食的猛獸老虎，所謂「虎視眈眈，其欲逐逐」，活的就沒有烏龜長。大過卦提白茅，還有水邊的楊樹，所謂「枯楊生稊」、「枯楊生花」，藉植物的生死為喻講大道理。

曹雪芹的《紅樓夢》說林黛玉前世是一株仙草，賈寶玉是一塊補天遺石，轉世再續前緣云云。其實，這已違背了佛教六道輪迴的原始觀念，植物與礦物不墮輪迴，否則僧人吃素就有可能犯殺生之戒啊！我一位師妹有佛緣，曾說某位神通者稱她前世曾是觀音菩薩座前的蓮花。我聽了覺得好笑，後來還特地占了一卦，問植物可以輪迴嗎？得出恒卦第四爻動，爻辭稱：「田无禽。」〈小象傳〉：「久非其位，安得禽也？」爻變為升卦。田獵再久一無所獲，修一輩子也不能升級為人，答案很明確。

郭象這一段的解說很長，仍在發揮萬物各有其本性，本性各有其極致的道理。《中庸》稱：「唯天下至誠，為能盡其性。能盡其性，則能盡人之性；能盡人之性，則能盡物之性，則可以贊天地之化育；可以贊天地之化育，則可以與天地參矣！」《大學》則稱：「君子無所不用其極。」皆可與之相應。

小年大年，小知大知，物性各有不同，哪裡是可以主觀強求的呢？跂同企，尚是嚮往，踮起腳尖來企圖趕上，沒走幾步就不行了。老子稱：「企者不立，跨者不行。」沾尖取巧難成事，只能腳踏實地幹。

下文有談到列子御風飛行的神話，在此列舉小知大知、小年大年的差別，其實只是各方的本性不同自然成就，沒有誰壓倒誰勝過誰的問題。然後統合於無所待的人，遺忘掉彼此的分別差異，讓各方都有所成就而自己不任功名，這就是老子所謂無為而成的領導智慧。所以能統合小大的，是沒有小大分別的人，一旦執著於大小的區別，大鵬跟斥鴳、宰官和御風同樣都是累贅。能齊一看待死生的人，才能無死無生，

一旦有了死生的分別，那麼大椿與惠蛄、彭祖與朝菌都活的很短。所以能遊心於無小無大的人，才能達到無有窮盡的境界；通達不死不生，才能達到無極的境界。如果自以為逍遙卻繫於某一固定的方面，那無論去哪裡遊都有所窮，沒法做到無所待，也就不是真正的逍遙。

〈繫辭傳〉稱：「神無方而易無體。」又稱：「一陰一陽之謂道……陰陽不測之謂神。」大道自然統合陰陽，變化莫測，沒有固定方所與形體。占筮求解則稱：「蓍之德圓而神，卦之德方以智。」揲蓍起占前各種可能都有，算出卦象後則已定型，定型即受限制。所謂天圓地方非指幾何造形，而是變化的圓融無礙與成形後的恪守分寸。乾卦〈彖傳〉：「乾道變化，各正性命。」創造萬有，並無定方。坤卦卦辭：「西南得朋，東北喪朋，安貞吉。」才出現方位方法的區別。其他如蹇卦卦辭：「利西南，不利東北。」解卦卦辭：「利西南。」升卦卦辭：「南征吉。」明夷卦第三爻爻辭：「明夷于南狩。」都受一定方位的限制。益卦〈彖傳〉：「天施地生，其益無方；凡益之道，與時偕行。」則靈活無礙，不受固定方法與方位的拘限。

無待是沒有分別對待，不需要外界環境支持自能成事。需卦〈彖傳〉：「需，須也。」飲食供需失調，必須耐心等待，躁進會陷於險難。需卦六爻全變為晉卦，〈大象傳〉稱：「君子以自昭明德。」開發自性明明德得靠自己，不假外求，故無所待。賁卦為職場歷練，第二爻爻辭「賁

其須」，〈小象傳〉解釋：「與上興也。」想要升遷順利，必須跟對長官。然而孟子慨稱：「待文王而後興者，凡民也；若夫豪傑之士，雖無文王猶興。」歸妹卦第三爻：「歸妹以須，反歸以娣。」待價而沽，結果行情落空認賠殺出。〈小象傳〉批：「未當也！」第四爻：「歸妹愆期，遲歸有時。」〈小象傳〉稱：「愆期之志，有待而行也！」堅持等待終於得償宿願。

小知大知，小年大年，大小差距如此懸殊，一般說來似乎很可悲，為何眾人並不悲傷呢？因為本性各有極致，了解這個則不能企望超越本份，又有甚麼好悲傷呢？一般大的不會希望變小，都是小的羨慕大的，所以舉出小大的差別各有定分，不是羨慕希冀就可改變，悟了就可斷絕妄想。眾生的悲苦生於繫累，所謂求不得苦，一旦斷了繫累，悲苦自消，便能安心性命。

我多年前去福州，參訪黃花崗革命烈士林覺民故居，後來也是名作家冰心的居處。林覺民的〈與妻訣別書〉字字血淚，感人肺腑，兩岸皆有傳誦：「意映卿卿如晤：吾今以此書與汝永別矣……吾作此書，淚珠和筆墨齊下，不能竟書，而欲擱筆……吾自遇汝以來，常願天下有情人都成眷屬；然遍地腥羶，滿街狼犬，稱心快意，幾家能夠……吾今日死無餘憾，國事成不成，自有同志者在。」他犧牲時才廿四歲，我常想他這樣做究竟有何價值？歷史上許多豪傑之士能超越小我，成全大我，卻往往又為後之貪鄙小人竊取成果敗壞殆盡。毓老師當年勉勵我們不要只想做烈士，也要做元老以捍衛革命志業，憂思感喟其來有自。我得承認若是林覺民當年處境，我不會去革命赴死，多半找個理由偕意映赴歐洲遊歷考察，徜徉瑞士壯麗山河，待幾年後國內革命成功再返鄉從事創新的全面建設。

另外，辛亥革命前的戊戌變法失敗後，譚嗣同留中壯烈成仁，欲以鮮血喚醒民族魂，他的

《仁學》理境尚淺，男兒行事卻驚天地泣鬼神。南宋滅亡前文天祥誓死不降，〈正氣歌〉流芳百世。這皆非常人所能為，我們自忖也絕對辦不到。林覺民犧牲後數年，陳意映亦抑鬱過世，長子九歲夭折，次子還算留下血脈，蒼天未祐忠良？故居住的冰心享壽百歲，遠逾林覺民的人間時日，這是大年小年，他們都逍遙了嗎？

我當時徘徊二人故居，還用手機占了一卦，試問英魂猶在否？得出不變的蠱卦。清末國弱民疲，內憂外患不斷，仁人志士皆思撥亂反正的改革，甚至革命，蠱又為巽宮歸魂卦，先烈還真是英魂不滅！

湯之問棘也是已【注15】。「窮髮之北，有冥海者，天池也。有魚焉，其廣數千里，未有知其修者，其名為鯤。有鳥焉，其名為鵬，背若泰山，翼若垂天之雲，摶扶搖羊角而上者九萬里，絕雲氣，負青天，然後圖南，且適南冥也。」斥鴳笑之曰：「彼且奚適也？我騰躍而上，不過數仞而下，翱翔蓬蒿之間，此亦飛之至也，而彼且奚適也？」此小大之辯也【注16】。

【郭象注15】湯之問棘，亦云物各有極，任之則條暢，故莊子以所問為是也。

【郭象注16】各以得性為至，自盡為極也。向言二蟲殊異，故所至不同，或翱翔天池，或畢志榆枋，直各稱體而足，不知所以然也。今言小大之辯，各有自然之素，既非跂慕之所及，亦各安其天性，不悲所以異，故再出之。

棘是商湯的賢臣，《列子．黃帝篇》中記載他們的談話：「北極草木不生之處，有大海名天池，其中有大魚，寬廣數千里，沒有人知道牠多長，魚名叫鯤。有大鳥，其名為鵬，背脊像泰山一樣大，翅膀像天邊的雲，乘著旋風飛騰而上，高達九萬里。穿越雲氣，背靠青天，然後朝南飛行至南海。」小澤中的鴳雀笑道：「牠要到哪兒去啊？我飛騰而上不過數仞之高，就得降落下來，在蒿草之間盤桓，這也是竭盡我飛行的本事了。牠飛那麼高，要往哪兒去呢？」這就是一般人認定的小和大的區別。

郭象認為莊子引用這一段，還是肯定萬物各有其天生能力的極限，順性而為就能暢通。各各自得其性才是最高境界，充分發揮本能便到極致。前面講鵬與鴳翅膀大小殊異，能飛到的地方不一樣，或遠翔到天池，或只能到榆枋，與其本性相稱，一切自然而然。莊子本文談小大之辨，各有其道理，既然不是企盼嚮往所能辦到，就得各安天性，不要悲嘆彼此的不同，所以再申述一遍。

故夫知效一官，行比一鄉，德合一君，而徵一國者，其自視也亦若此矣【注17】，而宋榮子猶然笑之【注18】。且舉世而譽之而不加勸，舉世而非之而不加沮【注19】，定乎內外之分【注20】，辯乎榮辱之境【注21】，斯已矣【注22】。彼其於世未數數然也【注23】。雖然，猶有未樹也【注24】。

【郭象注17】亦猶鳥之自得於一方也。

【郭象注18】未能齊，故有笑。

【郭象注19】審自得也。

【郭象注20】內我而外物。

【郭象注21】榮己而辱人。

【郭象注22】亦不能復過此。

【郭象注23】足於身，故閒於世也。

【郭象注24】唯能自是耳，未能無所不可也。

所以一個人的智慧可以報效一官，行事可以庇護一鄉，德合於一個國君，能使一國人都信任，他自認為了不起，其實與鵬鴳自得於一方一樣。宋國的賢人榮子也在竊笑他們，他自信自肯，舉世之人都讚譽他也不會更努力，都批評他也不會更沮喪。他很清楚內修和外物的分別，以及榮辱的究竟，但也就是這樣了！這種人在世上已很罕見了，對名利沒有追求的渴望，但仍未能無所待而自行，沒有樹立更高的境界。

數數然，猶言汲汲然，拚命追求之意。人一旦有所渴求，求而不得則苦不堪言，不可能逍遙。莊子本文「辯乎榮辱之境」，郭慶藩釋文作竟，為究竟之意。一旦徹底明白了榮辱的究竟真相，自然不會受其影響，為所當為就是。

郭象對這一大段分節解釋發抒感想，值得玩味。自以為是的官人心胸眼界皆窄，跟前述的大鵬或小鳥沒甚麼不同。宋榮子笑他們沒有萬物平齊的觀念，他完全不在乎世俗的毀譽如何，我行我素，自得其樂。乾卦初爻「潛龍勿用」，〈文言傳〉記子曰：「龍德而隱者也。不易乎世，不成乎名，遯世无悶，不見是而无悶，樂則行之，憂則違之。確乎其不可拔，潛龍也！」大過卦談非常世的非常人，〈大象傳〉亦稱：「君子以獨立不懼，遯世无悶。」毓老師曾言，他一輩子就修潛龍這一爻，還曾以「仁勾遯者」為號，確實也真做到了！

人生行事確實不必在乎世俗的毀譽。《孟子．離婁篇》：「有不虞之譽，有求全之毀。」毀譽未必公正。《論語．衛靈公篇》記子曰：「吾之於人也，誰毀誰譽？如有所譽者，其有所試矣！」未認真測試驗核過的輕率毀譽，置之不理即可。曾國藩功高德重，確為一代人傑，而章太炎斷語：「譽之則為聖相，毀之則為元凶。」老子批判常人「寵辱若驚」，所謂「寵為上，辱為下，得之若驚，失之若驚。」何必這麼卑屈活著？范仲淹〈岳陽樓記〉先提「憂讒畏譏」，後言「寵辱偕忘」，超越的關鍵是「不以物喜，不以己悲」，遂悟出「先天下之憂而憂，後天下之樂而樂」的仁者胸懷，贏得後世的由衷讚嘆。

郭象注「榮己而辱人」顯然有偏差或語病，成玄英的疏有所指正：「忘勸沮於非譽，混窮通於榮辱，故能返照明乎心智，玄鑒辯於物境，不復內我而外物，榮己而辱人也。」一般疏不破注，這段非辨別清楚不可。

「足於身，故閒於世也。」閒字本作閑，門中有木可防範外敵侵入。人內修有成，不受外在物欲影響。易中幾處閑字，都有積極防控之意。家人卦初爻：「閑有家，悔亡。」〈小象傳〉：「志未變也。」大畜卦第三爻：「日閑輿衛，利有攸往。」〈小象傳〉：「上合志也。」乾卦第二爻：「見龍在田。」〈文言傳〉稱：「閑邪存其誠。」閒於世好像事不關己，閑於世則遏惡揚善撥亂反正，真正的道家應該是哪一種？內聖修為至大宗師後，接著不是外王治平的應帝王嗎？

莊子嫌宋榮子猶有未樹，所謂百年樹人，他建立典範亦有心治亂，卻未必真能無所不用其極，而使天下化成。易經賁卦、離卦的〈彖傳〉皆稱「化成天下」，恒卦〈彖傳〉則稱「天下化成」。前者應屬弘揚文化的過程，經過恆久的努力後才大功告成，依卦序賁為第二十二卦，離為第三十卦，恒為第三十二卦，次序井然。《大學》修齊治平，由內聖而外王，平天下是過程，即化成天下；天下平為結果，即天下化成。漸卦以雁行團隊為象，循序漸進，功成不必在我，〈大象傳〉稱：「山上有木，君子以居賢德善俗。」正是山區育林之象，樹木樹人無法躁進，先知覺後知，先覺覺後覺，分階段抓重點終成大業。春秋經世致用，撥亂反正，由亂世進致升平世，再致太平世，都是同一理路。

夫列子御風而行，泠然善也【注25】，旬有五日而後反【注26】，彼於致福者，未數數然也【注27】；此雖免乎行，猶有所待者也【注28】。

【郭象注25】泠然，輕妙之貌。

【郭象注26】苟有待焉，則雖御風而行，不能以一時而周也。

【郭象注27】自然御風行耳，非數數然求之也。

【郭象注28】非風則不得行，斯必有待也，唯無所不乘者無待耳。

像列子駕風飛行，泠然輕妙，十五天後回返，他並未汲汲於求福，不用辛苦在路上行走，卻仍得趁風才能飛翔，不能無所待。天地之間只有無所不乘的才能無所待，乾卦〈彖傳〉：「大明終始，六位時成，時乘六龍以御天。」甚麼環境都能隨時變化掌握主動，才是無所不乘。

「致福」二字，追求最大程度的幸福，應屬人心共同的嚮往，易經中亦有多處言及。震卦〈彖傳〉稱：「恐致福也。」人生行動須戒慎恐懼，才能歷經考驗而得福報。晉卦〈大象傳〉：「君子以自昭明德。」初爻〈小象傳〉：「晉如摧如，獨行正也。」開發獨立自性，不受外在環境摧抑，才有第二爻的蒙受福報：「受茲介福，于其王母。」困卦第五爻居君位，誠心為民祈福，〈小象傳〉：「利用祭祀，受福也。」承擔責任可以脫困。接著的井卦第三爻：「可用汲，王明並受其福。」〈小象傳〉：「求王明，受福也。」汲引開發自性，爭取到明王支持而皆受福報。既濟卦居君位的第五爻施政合乎時宜，〈小象傳〉：「實受其福，吉大來也。」務實而不務虛，全民受福，導致了偉大的成功。

《尚書．洪範》闡明為政大法，最終有五福六極的說法。五福為壽、富、康寧、攸好德、考終命。六極人所厭惡，凶短折、疾、憂、貧、惡、弱。悠悠人間世，如何致福避極，永遠是不滅的嚮往。

> 若夫乘天地之正，而御六氣之辯，以遊無窮者，彼且惡乎待哉【注29】？故曰：「至人无己【注30】，神人无功【注31】，聖人无名【注32】。」

【郭象注29】天地者，萬物之總名也。天地以萬物為體，而萬物必以自然為正。自然者，不為而自然者也。故大鵬之能高，斥鷃之能下，椿木之能長，朝菌之能短，凡此皆自然之所能，非為之所能也。不為而自能，所以為正也。故乘天地之正者，即是順萬物之性也；御六氣之辯者，即是遊變化之塗也；如斯以往，則何往而有窮哉！所遇斯乘，又將惡乎待哉！此乃至德之人玄同彼我者之逍遙也。苟有待焉，則雖列子之輕妙，猶不能以無風而行，故必得其所待，然後逍遙耳，而況大鵬乎！夫唯與物冥而循大變者，為能無待而常通，豈獨自通而已哉！又順有待者，使不失其所待，所待不失，則同於大通矣。故有待無待，吾所不能齊也；至於各安其性，天機自張，受而不知，則吾所不能殊也。夫無待猶不足以殊有待，況有待者之巨細乎！

【郭象注30】無己，故順物，順物而王矣。

【郭象注31】夫物未嘗有謝生於自然者，而必欣賴於針石，故理至則迹滅矣。今順而不助，與至理為一，故無功。

【郭象注32】聖人者，物得性之名耳，未足以名其所以得也。

若順天地自然的正道，而駕馭陰陽風雨晦明六氣的變化，便可遊於無窮之境，無須再等待甚麼。所以說：「至德的人忘去自己，無私無我；神人自然而然，功成不居；聖人無心求名。」六氣之辯的辯通變，無論怎麼變化，都可因應而掌握主動，正是「時乘六龍以御天」，完全體現了乾卦自強不息的精神。

郭象的注又是洋洋灑灑噴薄而出，闡明天地萬物無為自然之義，能高能下大小長短，無非自然稟賦，因順就好，不必也無法強求。最後說無所待而常通，並非自通而已，還能因順有所待者幫助他們得其所待，而成就大通。這已是慈悲濟世的胸懷，全無自以為是的貢高我慢，如此有待無待都不強求，前面那些有所待的更不必區分高下了，這才是真正究竟的逍遙。

老子書中許多觀念與此相應：「不自見故明，不自是故彰，不自伐故有功，不自矜故長。」「聖人無常心，以百姓心為心。善者吾善之，不善者吾亦善之，德善。」「挫其銳，解其紛，和其光，同其塵，是謂玄同。」

成玄英認為至人言其體，神人言其用，聖人言其名，其實一也。无己无功无名，老莊道家思想中不斷強調，修道者確應虛懷體悟，認真實踐。

堯讓天下於許由，曰：「日月出矣，而爝火不息，其於光也，不亦難乎？時雨降矣，而猶浸灌，其於澤也，不亦勞乎？夫子立而天下治，而我猶尸之，吾自視缺然，請致天下。」許由曰：「予治天下，天下既已治也【注33】，而我猶代子，吾將為名乎？名者實之賓也，吾將為賓乎【注34】？鷦鷯巢於深林，不過一枝，偃鼠飲河，不過滿腹【注35】。歸休乎君！予無所用天下為【注36】，庖人雖不治庖，尸祝不越樽俎而代之矣【注37】。」

【郭象注33】夫能令天下治，不治天下者也。故堯以不治治之，非治之而治者也。今許由方明既治，則無所代之。而治實由堯，故有子治之言，宜忘言以尋其所況。而或者遂云：治之而治者，堯也；不治而堯得以治者，許由也。斯失之遠矣。夫治之由乎不治，為之出乎無為也，取於堯而足，豈借之許由哉！若謂拱默乎山林之中而後得稱無為者，此莊老之談所以見棄於當塗。當塗者自必於有為之域而不反者，斯之由也。

【郭象注34】夫自任者對物，而順物者與物無對，故堯無對於天下，而許由與稷、契為匹矣。何以言其然邪？夫與物冥者，故群物之所不能離也。是以無心玄應，唯感之從，汎乎若不繫之舟，東西之非己也，故無行而不與百姓共者，亦無往而不為天下之君矣。以此為君，若天之自高，實君之德也。若獨亢然立乎高山之頂，非夫人有情於自守，守一家之偏尚，何得專此！此故俗中之一物，而為堯之外臣耳。若以外臣代乎內主，斯有為君之名而無任君之實也。

【郭象注35】性各有極，苟足其極，則餘天下之財也！

【郭象注36】均之無用，而堯獨有之。明夫懷豁者無方，故天下樂推而不厭。

【郭象注37】庖人尸祝，各安其所司；鳥獸萬物，各足於所受；帝堯許由，各靜其所遇；此乃天下之至實也。各得其實，又何所為乎哉？自得而已矣。故堯、許之行雖異，其於逍遙一也。

堯讓天下給許由，說：「日月出來了，而火把還不熄滅，光亮不是差太多了嗎？及時大雨已經降下，還搞人工澆灌，不是多此一舉勞而無功？夫子您若居天子之位，天下一定平治，我何必還佔著這個位子？我自覺能力不足，請將這重責交給您吧！」許由說：「你治理天下，天下已經安定，我還去代你接任，我是為了虛名嗎？名是實的從屬，我何必追求從屬呢？鷦鷯小鳥在深林裡築巢，有一根樹枝可棲息就夠了；偃鼠飲河水，喝飽就滿足。你回去吧！我要天下沒用。廚師不想燒飯，主持祭祀的尸祝不會越過祭器去代替他烹調的。」

「越俎代庖」的成語出處在此。樽俎是祭祀時用的酒器和肉器，尸是代表神靈受祭者，祝是向神禱告者。所謂人為刀俎我為魚肉，表示任人宰割。坎卦第四爻爻辭：「樽酒簋貳，用缶，納約自牖。」描述政治犯坐監的苦境。「移樽就教」是拿著酒壺移坐到他人席上共飲以便請教。「俎豆馨香」為虔誠祭祀的場面。「尸位素餐」是佔著主事的位子，卻吃白飯不做事。師卦第三爻：「師或輿尸，凶。」〈小象傳〉批判：「大无功也！」第五爻居君位，爻辭：「長子率師，弟子輿尸，貞凶。」〈小象傳〉批判：「使不當也！」輿為眾，戰陣將權為尊，不可眾人做主，否則必敗。君王任將猜忌另委他人監控，內部不和必凶。堯舜禪讓天下為公，自古傳為美談，代表儒家聖王的典型。許由為傳說中的隱士，辭帝位不受，還有嫌惡政治欲洗耳清靜的說法，常作為道家高人的象徵。庖人善烹飪，治國需調和鼎鼐兼容並蓄，助商湯伐夏成功的良相伊尹就是廚師出身，孟子稱為治亂皆進的儒家典範。鼎卦〈彖傳〉稱：「以木巽火，烹飪也。聖人烹以享上帝，而大烹以養聖賢。」尸祝主持祭祀鬼神，通曉天地自然，似道家人物，各有專業才能，不宜撈過界代理。《老子》：「夫代大匠斲者，希有不傷其手矣。」

堯讚許由大才，稱夫子立而天下治；而許由推許堯治天下，天下已治。治天下是過程，天下治為成功的結果。乾卦〈文言傳〉：「飛龍在天，上治也……乾元用九，天下治也。」上治是一個人高高在上治理國家，天下治則是全天下皆參與治理，正是「群龍无首，吉」的精義所在。「飛龍在天，乃位乎天德。」天德好生尚公，最高領袖大權在握正好施行，然而世間為君者戀棧權力每不如是，以致步上「亢龍有悔」的窮極之境，化解之道還在「乾元用九，乃見天則。」

蠱卦改革積弊，撥亂反正，〈彖傳〉稱：「蠱元亨而天下治也。」六爻一路幹蠱，至上爻終於成功，爻辭：「不事王侯，高尚其事。」〈小象傳〉稱：「志可則也。」王侯即封建亂制下世襲罔替的特權階層，依《史記．太史公自序》所述孔子春秋之志即在「貶天子，退諸侯，討大夫。」《禮記．儒行篇》又稱：「儒有上不臣天子，下不事諸侯。」蠱上爻變，成升卦，由亂世推進到升平世。卦序則進入開放自由的臨卦，〈大象傳〉稱：「君子以教思无窮，容保民无疆。」初、二爻陽剛在下，爻辭皆稱「咸臨」，全民皆可參與國家治理，充分體現「民惟邦本，本固邦寧」之道。乾卦〈彖傳〉以「首出庶物，萬國咸寧」作結，元首當從眾人之中選拔而出，解消殘酷的政權爭奪，天下萬國才能真正安寧。這還是有首的升平境界，離群龍无首的大同之治尚遠。堯舜禪讓並非究竟，在國史上卻是個好的開始。

《中庸》稱：「仲尼祖述堯舜，憲章文武，上律天時，下襲水土。」孔子稱述堯舜公天下之德行，吸收取法文武典章制度的謹嚴，還取法天地自然之道，故能超邁先聖先賢而為萬世立法。《孟子．公孫丑篇》中宰我感嘆：「以予觀於夫子，賢於堯舜遠矣！」確有真實見地。

老子稱：「人法地，地法天，天法道，道法自然。」易傳中的「天則」即自然之道，就顯現於「群龍无首」的究竟境界中，因此凡提到「則」字處都有深意。除蠱卦上爻「志可則」外，震卦挑選接班人，稱「後有則」；同人卦通天下之志，進致大同，第四爻稱「困而反則」；謙卦重讓，第四爻稱「不違則」；明夷卦黑暗痛苦民不聊生，上爻批暴政「失則也」、二爻救民於水火，稱「順以則也」。易法自然，一以貫之。

〈繫辭下傳〉次章追溯華夏文明的肇始，起於伏羲畫卦「以通神明之德，以類萬物之情」，結繩為網，而後神農氏教民耕作與市場交易，再到黃帝堯舜氏建立與時俱進的政治體制，所謂「窮則變，變則通，通則久」，便能「自天祐之，吉无不利」，最後「垂衣裳而天下治」。天祐不是迷信，天道本存人心，人依天道自強不息，獲得最好的結果。道家講無為而治，坤卦厚德載物，君位的第五爻稱「黃裳元吉」，都有「民為貴」的深刻體悟。「天下治」不只是泛泛的稱讚，而是華夏政治的最高理念。

一般人讀莊子這段敘述，很容易推崇許由有辭位之高，忽略了堯為天下求才的無私胸懷，其實莊子本意未必如此。郭象注洋洋灑灑寫了一大堆，提醒人別蹈儒道二分之過，值得深入體會。

世間梟雄有心刻意治理天下，覺得捨我其誰，拉幫結派排除異己，往往弄到難以善終。《論語‧泰伯篇》記子曰：「唯天為大，唯堯則之。」堯行天則，能令天下治。又推崇舜「有天下而不與焉。」這正是郭象講的「以不治治之，非治之而治者也。」與老子反覆申明的無為而治沒啥差別，孔子由衷讚嘆「巍巍乎」，頌其成功，民無能名，又稱「煥乎其有文章」。經天緯地曰文，指政治智慧；條理明確曰章，指法制嚴謹。堯舜治天下不僅胸懷坦蕩，還有知人善任的實幹本事，國史上享有盛譽並非虛致。易經噬嗑卦〈彖傳〉稱「雷電合而章」，〈大象傳〉稱「先王以明罰敕法」；賁卦〈彖傳〉稱「觀乎人文以化成天下」，〈大象傳〉稱「君子以明庶政无敢折獄」。二卦相綜一體，闡明立法權與行政權的制衡。中國的政法思想產生甚早，《尚書》的〈立政〉、〈君陳〉二篇中有明確主張。

郭象認為堯已做到無為而治，許由都已肯定，怎麼一般俗解會妄判有為而治屬堯，許由才是無為而治的境界呢？如果說隱遁山林不問世事就是無為，這種逃避現實假裝清高的所謂老莊之徒，難怪會被從政者摒棄。而從政者更銳意有為，離真正的無為越來越遠，天下平治就更不可能了！

勇於自任扛責者與物對沖，懂得順物的則與物無對，堯即無對於天下，故許由遁隱、稷、棄任職為臣，都一視同仁沒有甚麼不同。鐘鼎山林，各有天性，不必勉強。稷是周的始祖，棄是殷的始祖，都在堯的王庭任事。大家量才適性，各安其位，富國裕民有望。天下有餘財，即是〈禮運大同〉所稱道的「貨惡其棄於地也，不必藏於己，力惡其不出於身也，不必為己」，堯與許由行徑雖異，都得逍遙矣。

成玄英的疏對這段也頗有議論：「然睹莊文則貶堯而推許，尋郭注乃劣許而優堯者，何邪？」其實莊子本文未必有貶低堯而推崇許由的意思，但可能引起誤解，所以郭象才大力辯正，以免後世讀者墜入迷途，以為逍遙就是自由放任啥事不管。臨卦強調自由開放，卦辭：「元亨利貞，至于八月有凶。」元亨利貞為乾卦四德，顯現天道流行的自然規律，怎麼又會逆轉為八月之凶呢？八月指觀卦，卦序居臨卦之後，二卦相綜一體，意指自由雖好，卻不能放縱到為所欲為而顛覆掉社會群體的安寧秩序。今世許多標榜自由民主的國家地區，已出現不少負面的民粹亂象，以及人類過度開發而造成嚴重的環境危機，皆為顯例。天下仁人志士，當深致意焉。

老子書中好幾處警語，值得為政及修道者深思，以此讀莊也不致偏離本意：「聖人無為故無敗，無執故無失……以輔萬物之自然，而不敢為。」「聖人處上而民不重，處前而民不害，是以天下樂推而不厭。以其不爭，故天下莫能與之爭。」「取天下常以無事，及其有事，不足以取天下。」

肩吾問於連叔曰：「吾聞言於接輿，大而無當，往而不返，吾驚怖其言，猶河漢而無極也！大有逕庭，不近人情焉。」連叔曰：「其言謂何哉？」曰：「藐姑射之山，有神人居焉，肌膚若冰雪，綽約若處子【注38】。不食五穀，吸風飲露【注39】，乘雲氣，御飛龍，而遊乎四海之外。其神凝，使物不疵癘，而年穀熟。」吾以是狂而不信也【注40】

【郭象注38】此皆寄言耳。夫神人即今所謂聖人也。夫聖人雖在廟堂之上，然其心無異於山林之中，世豈識之哉！徒見其戴黃屋，配玉璽，便謂足以纓紱其心矣；見其歷山川，同民事，便謂足以憔悴其神矣；豈知至至者之不虧哉！今言王德之人而寄之此山，將明世所無由識，故乃託之於絕垠之外，而推之於視聽之表耳。處子者，不以外傷內。

【郭象注39】俱食五穀而獨為神人，明神人者非五穀所為，而特稟自然之妙氣。

【郭象注40】夫體神居靈而窮理極妙者，雖靜默閒堂之裡，而玄同四海之表，故乘兩儀而御六氣，同人群而驅萬物。苟無物而不順，則浮雲斯乘矣；無形而不載，則飛龍斯御矣。遺身而自得，雖淡然而不待，坐忘行忘，忘而為之。故行若曳枯木，止若聚死灰，是以云其神凝也。其神凝，則不凝者自得矣。世皆齊其所見而斷之，豈嘗信此哉！

肩吾問連叔道：「我聽到接輿講的話，誇大而未必恰當，一扯下去就回不了頭。我聽了很是吃驚害怕，像天上銀河一般的無邊無際，也像野外道路和門內庭院般相隔甚遠，完全不近人情。」連叔道：「他說些甚麼呢？」肩吾道：「他說遙遠的姑射山上有神人居住，肌膚像冰雪般潔白，容貌像處女一般柔美，不吃世間的五穀，只吸清風飲露水，乘著雲氣，駕馭飛龍，遨遊於四海之外。他的精神專注凝聚，可使萬物不遭災病變壞，五穀年年豐收。我不相信有這樣荒唐的事兒！」

這三人的名字顯然有所寓意。接輿見《論語．微子篇》，曾接近孔子的車駕唱歌諷勸他不用奔波徒勞，輿為車為眾，接輿也有接近群眾之意。肩吾只想到自己，連叔會關懷親戚，接輿則不獨親其親，推己及人。心量愈大，見識愈廣。

易經觀卦六爻由低而高，視野愈見遼闊。初爻童觀、二爻闚觀，只是粗淺和片面的看法；三爻觀我生仍屬小我，四爻觀國之光遊學增長見聞，五爻觀我生觀民成就大我。欲窮千里目，更上一層樓，修為層次低的難以理解層次高的，實無足怪。

大相逕庭因莊文亦為成語，以前的大戶人家，內室曰戶，出廳堂雙扇曰門，門外為庭院，出院牆大門為路，離得更遠為小徑。由在內的庭院到外野的小徑相隔甚遠，很難交通。節卦初爻「不出戶庭」、二爻「不出門庭」；明夷卦四爻「于出門庭」；豐卦上爻「闃其戶」、訟卦二爻「邑人三百戶」；同人卦「同人于門」；隨卦初爻「出門交有功」；艮卦「行其庭」；夬卦「揚于王庭」。層次井然，提點明確。

莊子往下這段文章寫得真是華麗動人。藐為遙遠，姑射山亦見於《山海經》、《列子》紀載，說在寰海之外，究竟是古已有之的傳說還是虛構，不得而知。這幾部書孰先孰後，不易完全確定，《列子》又稱《沖虛真經》，與老子《道德真經》、莊子《南華真經》並為道家重要典籍。《山海經》太神秘難解，裡面所敘述的地理與怪異生物是否上古曾經存在過呢？我發心研讀幾次，仍難明白。為此還占過一卦，得出損卦三、上爻動，齊變為泰卦。損下兌為澤海、上艮為山陵，還真是移山填海的乾坤大挪移，滄海變桑田，桑田變滄海，損益盈虛，與時偕行。

神人肌膚雪白，像處女一樣的柔美，超凡脫俗，中文裡還有「風姿綽約」的讚辭。乘雲氣御飛龍，與乾卦〈彖傳〉所稱「時乘六龍以御天」絕似，表示任何情況下都能掌握主動隨心所欲。其神凝的凝字是修為極重要的功夫，用心專注而落實，《中庸》：「苟不至德，至道不凝焉。」液體流動能凝固成形，學問思辨歸結於篤行，形上形下融合無間，由體生用，由用證體。乾卦天馬行空，坤卦厚德載物，乾坤合德便能生生萬物。鼎卦〈大象傳〉：「君子以正位凝命。」朝堂中執政為民服務，亦得專心致志，勿辜負天命。初爻為庶民階層，〈小象傳〉：「利出否，以從貴也。」權勢鬥爭利欲薰天就是否，在所必除。屯卦為山林草昧之象，由乾坤始交氣凝而成，初爻〈小象傳〉：「以貴下賤，大得民也。」在朝在野，都得盡心竭力以民為貴。屯、鼎二卦相錯，相反相成，昭示人「凝」的重要。范仲淹的名文〈岳陽樓記〉：「居廟堂之高，則憂其民；處江湖之遠，則憂其君。」後句今日可改成「則憂其國」，這才是讀書人處世的究竟。

台灣嘉義大林山上的南華大學於一九九六年創立，佛光山星雲大師請我老友龔鵬程教授任校長，我曾受邀去參觀，看看傳統書院的教學理念如何在現代大學裡落實。當晚驅車進入校園，與老友簡單茶敘後休憩，翌日再詳細各處看看。住的樓居名「藐姑射」，與校名相配，頗具巧思。

我這些年深觀世事有感，決定寫一部以北宋中末葉為背景的武俠小說，從王安石熙寧變法到靖康之難滅亡，書名《龍華洗心錄》，篇幅約百萬字出頭。斷斷續續寫了六、七年，仍未殺青。書裡即有男女主角共赴崑崙山玉虛峰求靈藥救師命的情節，山腹內的冰窟稱玄牝宮，靈藥名「藐姑射朝徹見獨丹」，朝徹與見獨在〈大宗師第六〉中有敘述，都從莊子取材。

郭象注文亦靈思勃發且精切到位，一語道破神話傳說的寓意：「此皆寄言耳！」這是譬喻，要善加體會其言外之意，得意忘象，得象忘言。海外仙山的神人與盡心從政的聖人並無不同，不會因境遇而拂亂其心，憔悴其神，這才是內外通達的至高境界。孟子名言：「居天下之廣居，立天下之正位，行天下之大道。得志與民由之，不得志獨行其道。富貴不能淫，貧賤不能移，威武不能屈，此之謂大丈夫。」立天下之正位，富貴不能淫，即鼎卦的正位凝命；行天下之大道，即天下為公。居天下之廣居，是說甚麼呢？廣居可不是權貴階層住的豪宅，而是天下人廣佈散居之地，為政者無論親疏遠近皆應固守照應，為其謀福。這是春秋大一統、大居正的思想。屯卦民眾居草野，初爻：「磐桓，利居貞。」〈小象傳〉：「志行正也。」磐是打地基，桓是樹棟樑，使民安居樂業。〈雜卦傳〉融貫易與春秋，稱：「屯，見而不失其居。」豐卦財雄勢大，本應安世濟民，若驕侈霸道則至上爻窮極之境：「豐其屋，蔀其家，闚其戶，闃其無人，三歲不覿，凶。」權貴高居華屋大廈，與庶民睽違，久了必至顛滅，而淪為下一旅卦「必失其居」的慘境。旅卦失時失勢失位，三爻「旅焚其次，喪其童僕」，上爻「鳥焚其巢，旅人先笑後號咷」，終至無地自容。清初孔尚任戲曲《桃花扇》：「眼見他起高樓，眼見他宴賓客，眼見他樓塌了！」豐極轉旅，足為今世大國爭霸者戒。

轉霸道為王道，具見於豐、旅、巽、兌之後的渙、節二卦。渙卦風行水上，傳播中心理念至世界各處，君位第五爻稱：「渙汗其大號，渙王居，无咎。」〈小象傳〉：「正位也。」節卦進一步建立可大可久的王道制度，〈大象傳〉稱：「君子以制數度，議德行。」〈彖傳〉稱：「當位以節，中正以通……節以制度，不傷財，不害民。」君位第五爻：「甘節吉，往有尚。」〈小象傳〉：「居位中也。」徹底弄通這些卦爻經傳的微言大義，才不致將廟堂與山林打成兩橛，或誤以為徜徉林泉才是逍遙自在。

郭象注辯明後，成玄英的疏再予強調：「聖人動寂相應，則空有並照，雖居廊廟，無異山林，和光同塵，在染不染。冰雪取其潔淨，綽約譬以柔和，處子不為物傷，姑射語其絕遠。此名堯之聖德窈明玄妙，故託之絕垠之外，推之視聽之表，斯蓋寓言耳，亦何必有姑射之實乎？宜忘言以尋其所況。」成玄英是唐朝人，號西華法師，曾應唐太宗之召前往長安，後參與佛、道辯論獲勝，任西華觀住持，為專業道士。看其文辭兼有佛道二家氣味，此處解釋得很清楚。

郭象繼續發揮莊文奧旨，體神居靈能窮理極妙，雖靜默於閒堂之裡，卻能玄同四海之表。這與老子書中稱「不出戶，知天下；不窺牖，見天道」道理相通。一般俗人慾令智昏，「其出彌遠，其知彌少。」聖人清心寡慾，故能「不行而知，不見而明，不為而成。」易經〈繫辭傳〉稱：「无思也，无為也，寂然不動，感而遂通天下之故。非天下之至神，其孰能與於此？夫易，聖人之所以極深而研機也。唯深也，故能通天下之志；唯機也，故能成天下之務；唯神也，故不疾而速，不行而至。」極深研機，通志成務，絕對是經世致用的想法與做法，智慧歷練深了，都可達到這種超凡入聖的境界。

易傳解釋「神」不涉玄虛，就是應世的最高功夫。〈說卦傳〉：「神也者，妙萬物而為言者也。」〈繫辭傳〉：「通變之謂事，陰陽不測之謂神。」「神無方而易无體。」「知變化之道者，其知神之所為乎？」「神以知來。」「利用出入，民咸用之，謂之神。」「精義入神，以致用也。」「窮神知化，德之盛也。」郭象稱體神居靈的靈字，指人與生俱來的靈明自性，應善加護養不為物慾所奪。頤卦談養生，身心靈都得調養，自養而後養人。初爻為在內的主宰，爻辭稱：「舍爾靈龜，觀我朵頤，凶。」四爻為外在的誘惑，爻辭稱：「虎視眈眈，其欲逐逐。」利欲傷身，靈性蒙塵。

坐忘行忘，槁木死灰，見後面的〈大宗師〉、〈齊物論〉等篇。郭象熟讀莊子，注莊時信手拈來。

聖人雖居廟堂之上治世，其心無異於山林之中。艮卦為山，止欲修行不分山上山下，孤峰頂上一如紅塵浪裡，反之亦然。〈大象傳〉稱：「兼山艮，君子以思不出其位。」獨善其身，亦能兼善天下。卦辭：「艮其背，不獲其身；行其庭，不見其人。无咎。」隱居山上面壁靜修，背對世間誘惑，好像忘掉了自身的存在，一旦走在大庭廣眾中，也不受周遭紛擾的影響。這與《金剛經》無我相、無人相、無眾生相、無壽者相的境界相通。再以渙卦而言，三爻「渙其躬」為化散我執、四爻「渙其群」無人相、「渙有丘」無眾生相、五爻「渙王居」無壽者相，儒釋道三教的修為極境於焉盡現。

連叔曰：「然，瞽者無以與乎文章之觀，聾者無以與乎鐘鼓之聲，豈唯形骸有聾盲哉？夫知亦有之【注41】。是其言也，猶時女也【注42】。之人也，之德也，將旁礴萬物以為一，世蘄乎亂，孰弊弊焉以天下為事【注43】？之人也，物莫之傷【注44】，大浸稽天而不溺，大旱金石流，土山焦而不熱【注45】。是其塵垢粃糠，將猶陶鑄堯舜者也，孰肯以物為是【注46】？宋人資章甫而適諸越，越人斷髮文身，無所用之。堯治天下之民，平海內之政，往見四子藐姑射之山，汾水之陽，窅然喪其天下焉【注47】。」

【郭象注41】不知至言之極妙，而以為狂而不信，此知之聾盲也。

【郭象注42】謂此接輿之所言者，自然為物所求，但知之聾盲者謂無此理。

【郭象注43】夫聖人之心，極兩儀之至會，窮萬物之妙數。故能體化合變，無往不可，旁礴萬物，無物不然。世以亂故求我，我無心也。我苟無心，亦何為不應世哉！然而體玄而極妙者，其所以會通萬物之性，而陶鑄天下之化，以成堯舜之名者，常以不為而為之耳。孰弊弊焉勞神苦思，以事為事，然後能乎！

【郭象注44】夫安於所傷，則傷不能傷；傷不能傷，而物亦不傷之也。

【郭象注45】無往而不安，則所在皆適，死生無變於己，況溺熱之間哉！故至人之不嬰乎禍難，非避之也，推理直前而自然與吉會。

【郭象注46】堯舜者，世事之名耳；為名者，非名也。故夫堯舜者，豈止堯舜而已哉？必有神人之實焉。今所稱堯舜者，徒名其塵垢粃糠耳。

【郭象注47】夫堯之無用天下為，亦猶越人之無所用章甫耳。然遺天下者，固天下之所宗。天下雖宗堯，而堯未嘗有天下也，故窅然喪之，而嘗遊心於絕冥之境。雖寄坐萬物之上，而未始不逍遙也。四子者蓋寄言，以明堯之不一於堯耳。夫堯實冥矣，其迹則堯也。自迹觀冥，內外異域，未足怪也。世徒見堯之為堯，豈識其冥哉！故將求四子於海外而據堯於所見，因謂與物同波者，失其所以逍遙也。然未知至遠之所順者更近，而至高之所會者反下也。若乃厲然以獨高為至而不夷乎俗累，斯山谷之士，非無待者也，奚足以語至極而遊無窮哉！

連叔聽了肩吾轉述接輿的話後，說道：「這就是了！瞎子看不見文章的景觀，聾子聽不到鐘鼓的樂聲。哪裡是只有形體上的瞎與聾呢？心智上也有，我就是說的你啊！那些神人的德行將混同萬物為一體，世人都期待天下安定，誰肯勞神苦思去治理天下瞎折騰呢？神人不會受到萬物的傷害，洪水滔天不會溺斃，大旱讓金石都熔化，土山枯焦，他們也不會感覺炎熱，身上隨便取一點塵垢廢物，都能造就出像堯舜一樣的明君，哪裡還肯以俗世為務呢？宋國人到越地去賣帽子，越人習俗剪斷頭髮，身上塗畫油彩，根本不戴帽子，中原的衣冠服飾對他們沒用。堯治理天下之民，海內政事安定後，去汾水北邊藐姑射山拜晤四位神人，見其逍遙自在，不禁茫茫然忘掉了平治天下的事。

世蘄乎亂，蘄是祈求，亂是治，世人當然望治，不希望亂。

《論語・泰伯篇》記武王曰：「予有亂臣十人。」此言亦見於《尚書・泰誓》，當然不是亂臣賊子，而是治亂之能臣。易經蠱卦時值亂世，正需幹蠱以撥亂反正；蒙卦蒙昧故須啟蒙，教學皆可相長。中文含意豐富而有張力，值得深入玩味。

前文說藐姑射山在寰海之中，這裡莊子本文又說在汾水之北，那就離堯的都城平陽不遠，既然是傳說寓言，就不必認真考證。又說去見四位神人，舊注指王倪、齧缺、被衣、許由，都先後出現於莊子文中，隱士結伴清修也甚平常。

先秦書中常以宋人為例說理，一般多有調侃意味。例如《韓非子・五蠹篇》就笑宋人守株待兔，不知與時變通。〈說難篇〉又譏笑宋有富人天雨牆壞，大亡其財而疑鄰人之父的偏狹愚昧等。

連叔說知也有聾盲，現代人常講的文盲理盲心盲，看不清楚事情的本質，愚昧不堪承教。老子說：「上士聞道，勤而行之；中士聞道，若存若亡；下士聞道，大笑之，不笑不足以為道。」肩吾就是下士，少見多怪，故連叔說知盲就是指他。「猶時女也」的時通是，女即汝，就是你啊！《論語・雍也篇》記子謂子夏曰：「女為君子儒，無為小人儒。」〈衛靈公篇〉記子曰：「賜也，女以予為多學而識之者與？」女都是汝的意思。但成玄英的疏卻說時女就是正當令的青春少女，接輿講的話就像綽約處子那樣動人，這肯定是誤讀。

神人水火不傷，似乎已修到金剛不壞身的境界。至於身上一點塵垢都能造就像堯舜一般的明君，就未免太扯了，既欠尊重，也讓人懷疑其修為的純淨。當然這只是連叔的過激之言，有沒有不經意流露出自許清高的傲慢呢？接著舉宋人為例，中土文化未必越人會接受，是比喻堯舜之治猶有所憾，山林野趣之人逍遙化外嗎？莊子的本意究竟如何？這一段讓人聯想起濟公活佛的故事，身上抓點穢物即可施藥濟眾云云。

另外，越人傳統不戴帽子就一定不能改變嗎？倒也未必。

這就像流傳商界已久的一個說法，有人想賣鞋子到非洲，別人笑他不知道非洲人多不穿鞋不會成功，他回答正因如此，市場潛力很大，只要改變其消費習慣即妥。易經困、井二卦一體相綜，轉換一下對立的觀點即得出不同的卦象，有人看澤中無水深陷困局，有人看到鑿井汲泉，汲引得當，一旦井水噴湧而出，取之不盡用之不竭。人類文明日新又新，許多研發出來的新事物不斷改變世界的風貌，為何定要抱殘守缺安於故習？易傳講的「開物成務」，還是比較積極而務實的吧！

當然，文明發展過度失衡，造成生態環境惡化也是需注意及調整的重大課題。《莊子．天地篇》中有一段子貢見漢陰丈人的故事，所謂「有機械者必有機事，有機事者必有機心，機心存於胸中，則純白不備，純白不備，則神生不定，神生不定者，道之所不載也。吾非不知，羞而不為也！」這話是有所見，卻不宜自詡為無上真理，極端化反而遏抑了文明正常的開發演進。

神人之德旁礴萬物以為一，一非量詞，而是整體不可分割之意。道家講到最高就是得一，老子書中屢屢提及：「道生一，一生二，二生三，三生萬物，萬物負陰而抱陽，沖氣以為和。」「載營魄抱一，能無離乎？」「此三者不可致詰，故混而為一。」「聖人抱一為天下式。」「萬物得一以生，侯王得一以為天下貞。」萬物皆有陰陽，陰陽合德、剛柔互濟即可生生不息。

郭象注：「夫聖人之心，極兩儀之至會，窮萬物之妙數，故能體化合變，無往不可，旁礴萬物，無物不然。」兩儀之至會，正是〈繫辭傳〉所稱「陰陽合德而剛柔有體」，聖人於此深用其心，處理事情就會有最高的妙招，能夠體察自然造化配合人事變動，無往不利，混同萬物無一例外。

安於所傷，則傷不能傷，物亦不傷之。老子稱：「治大國若烹小鮮。以道莅天下，其鬼不神；非其鬼不神，其神不傷人；非其神不傷人，聖人亦不傷人。夫兩不相傷，故德交歸焉。」郭象注莊，處處符合老學要旨。

一般人只見偉人的形迹，不了解其內在的修為，所以希聖希賢，反陷窒礙而不得逍遙。一旦開悟自性，人人皆可為堯舜。

惠子謂莊子曰：「魏王貽我大瓠之種，我樹之成而實五石，以盛水漿，其堅不能自舉也。剖之以為瓢，則瓠落無所容，非不呺然大也，吾為其無用而掊之。」莊子曰：「夫子固拙於用大矣。宋人有善為不龜手之藥者，世世以洴澼絖為事【注48】。客聞之，請買其方百金。聚族而謀曰：『我世世為洴澼絖，不過數金；今一朝而鬻技百金，請與之。』客得之，以說吳王。越有難，吳王使之將。冬，與越人水戰，大敗越人，裂地而封之。能不龜手，一也；或以封，或不免於洴澼絖，則所用之異也。今子有五石之瓠，何不慮以為大樽而浮乎江湖，而憂其瓠落無所容？則夫子猶有蓬之心也夫【注49】！」

【郭象注48】其藥能令手不拘坼，故常飄絮於水中也。

【郭象注49】蓬，非直達者也。此章言物各有宜，苟得其宜，安往而不逍遙也。

惠子對莊子說：「魏王送我大葫蘆的種子，我把它種到土裡結成有五石容量之大，拿來盛水質地不夠堅固，舉起會碎裂，剖開成瓢又嫌平淺裝不下甚麼東西。雖然大卻沒甚麼用，我把它砸碎丟了。」莊子說：「你真是不會用大的東西啊！宋國有人很會做防手龜裂的藥，世世代代以漂洗絲絮為業，冬日冰寒不受影響。有個外地人聽說此事，願意出百金收購其藥方。這個宋國人便聚集族人商議，說：『我們家族世代以漂洗絲絮為業，不過掙得數金，現在賣藥方就可獲利百金，就賣了吧！』外地人得到藥方，就去遊說吳王。越國進攻吳國，吳王拜他為將，冬天與越人水戰，因為有這藥方，士兵手腳不會凍裂，大敗越國，榮獲賞賜裂土封侯。同樣是防龜裂的藥，善用可獲封侯，不善用就只能漂洗絲絮終生，都因用法不同啊！現在你有五石容量的大葫蘆，為什麼不把它當成腰舟而浮游於江湖之上呢？你反而憂慮瓢太平淺，沒用而拋棄掉，你真是心思蒙昧太不開竅了啊！」

《論語．陽貨篇》記子曰：「吾豈匏瓜也哉？焉能繫而不食？」物盡其用，不能只是掛在枝上擺看，夫子用世心切，佛肸以中牟叛，子欲往，子路質疑。夫子自信經得起考驗，有意藉勢成事，對上智者而言，萬事萬物皆可善用，無所不用其極，無入而不自得。惠子囿於常規成見，認為大葫蘆沒用而予丟棄，可謂心有茅塞不通，莊子啟他之蒙，想到利用為渡水時的救生圈，遂得逍遙。老子有言：「有之以為利，無之以為用。」無用之用，是為大用。

我多年前曾偕妻帶子赴帛琉旅遊，乘獨木舟時不慎翻覆落海，因身繫極重的救生衣具保證安全，還能找回槳扶著覆舟游回岸邊。西太平洋海闊水深，腰舟之用大矣哉！樽本指酒器，坎卦第四爻：「樽酒，簋貳，用缶。」以周文王羑里之囚為喻，教人身處險境之道。李白〈將進酒〉：「人生得意須盡歡，莫使金樽空對月。天生我材必有用，千金散盡還復來。」天生萬物必有其用，善用都能成事。莊子這裡講的樽形似酒器，是栓在腰間可助水中漂浮的工具，古稱腰舟。惠子曾任魏國大官，魏王送他大葫蘆的種子，他培育種植後卻不知怎麼用，雖是莊子舉的譬喻，還是發人深省。

易經剝極而復的觀念眾所周知。剝卦上爻「碩果不食」，復卦初爻正是果實內藏的種子核仁，入土後生根發芽、伸枝展葉又能開花結果，生生不息。晉卦卦辭：「康侯用賜馬蕃庶，晝日三接。」周王嘉勉康侯對國家的貢獻，賜給他好馬，他拿去配對又生出好多小馬，這也是善用種子的智慧。〈大象傳〉稱：「君子以自昭明德。」明明德為大學之道的初步，治國平天下的根基，必須認真培育始克有成。

種子代表內在核心的創造力，方今之世高科技之戰打得如火如荼，例如半導體的芯片就是種子，光會代工做外殼肯定受制於人。一元復始，萬象更新，孰主孰從必須得有深刻的認識。

宋人發明的不龜手的藥方也是種子，不應貪小利賣斷給外人，至少應議定一套合作分成的方式。今世對各種申請專利智慧財的保護，值得參考。頤卦為一產銷分工的生態體制，初爻為內震之主，似復卦初爻象徵核心創意，爻辭稱：「舍爾靈龜，觀我朵頤，凶。」〈小象傳〉：「亦不足貴也！」靈龜代表靈明自性，受外在利慾誘惑而蒙塵，喪失了最值得珍貴的資產。爻變為剝卦，被剝削殆盡。外卦的第四爻爻辭：「虎視眈眈，其欲逐逐。」就像強權壟斷的行銷通路，獵取收購了許多初爻的原始創意，爻變為噬嗑卦，擺明的叢林法則，弱肉強食，大者恆大。

惠子謂莊子曰：「吾有大樹，人謂之樗。其大本臃腫而不中繩墨，其小枝卷曲而不中規矩。立之塗，匠者不顧。今子之言，大而無用，眾所同去也。」莊子曰：「子獨不見狸狌乎？卑身而伏，以候敖者；東西跳梁，不避高下；中於機辟，死於網罟。今夫斄牛，其大若垂天之雲，此能為大矣，而不能執鼠。今子有大樹，患其無用，何不樹之於無何有之鄉，廣莫之野，彷徨乎無為其側，逍遙乎寢臥其下，不夭斤斧，物無害者，無所可用，安所困苦哉【注50】！」

【郭象注50】夫小大之物，苟失其極，則利害之理均；用得其所，則物皆逍遙也。

惠子又對莊子說：「我有一棵大樹，人們叫它樗樹，主幹臃腫不中繩墨，小枝彎曲不合規矩。長在路邊，匠人看都不看一眼。現在你講的話，跟這棵樹一樣大而無用，大家都不會接受。」莊子回答道：「你沒看到那些野貓和黃鼠狼嗎？牠們低身伏地，等候出遊的小動物，東跳西跳，不顧高下，一不小心碰上捕獸器的機關，就會死在網罟陷阱中。再看山裡的斄牛，身軀龐大像天邊的雲彩，大是大卻不能捕老鼠。現在你有棵大樹，煩惱它沒用，為何不將它種在甚麼都沒有的鄉間廣闊的原野，人在它旁邊隨便逛逛，或者躺下來休息。這棵樹既然對人沒甚麼用，自然不會遭斧頭砍伐或其他的傷害，還有甚麼困苦呢？」

狸狌趴低準備撲殺小動物，卻可能忽略了人設的機關陷阱而身亡，正所謂「螳螂捕蟬，黃雀在後」，黃雀之後又有人拿著彈弓準備射牠，典出劉向著的《說苑》。還有「鷸蚌相爭，漁翁得利」，出自《戰國策》，都提醒人當心世間的險惡，必須對周遭的情勢有全盤的掌握。

〈逍遙遊〉結束於莊子與惠子的論辯，看不出來有誰被說服，就各言其是，各安其理吧！不必強人從己，這也是隨興適性的逍遙啊！郭象注稱：「此章言物各有宜，苟得其宜，安往而不逍遙也？」「夫小大之物，苟失其極，則利害之理均；用得其所，則物皆逍遙也。」

宜字本為陽根與女陰密切交合之象，表示陰陽相配、剛柔互濟，便能生生不息。易經特重因時因地制宜，〈繫辭傳〉稱伏羲畫卦「觀鳥獸之文與地之宜」，黃帝堯舜氏治天下「使民宜之」。屯卦草莽開創，〈彖傳〉稱：「天造草昧，宜建侯而不寧。」小過卦小鳥練飛，不能一下飛得太高，卦辭告誡：「不宜上宜下。」臨卦君位第五爻爻辭：「知臨，大君之宜，吉。」爻變為節卦，領袖懂得任用賢能開放授權，並承擔最後責任，一切恰到好處無過與不及。

我曾占問〈逍遙遊〉一篇的主旨為何？得出來的就是不變的節卦。卦辭稱：「亨。苦節不可貞。」人生在世，量材適性盡其在我去發展就好，千萬不要貪圖非分做自己做不來的事。《中庸》開宗明義：「天命之謂性，率性之謂道，修道之謂教……故君子慎其獨也。喜怒哀樂之未發，謂之中；發而皆中節，謂之和。中也者，天下之大本也；和也者，天下之達道也。致中和，天地位焉，萬物育焉。」在天曰命，在人曰性，在身曰心，在己曰獨。天命人性人心皆有共通處，獨可是各自不同，必須真誠對待護持，以期有最好的結果。個性發展還得重視群性的和諧，喜怒哀樂情發中節，推擴至極天清地寧，萬物化育無窮。其實，這與乾卦〈彖傳〉所稱的理想境界完全相同：「乾道變化，各正性命，保合太和，乃利貞。首出庶物，萬國咸寧。」

復卦初爻象徵生生不息的種子，內含物種基因，雖歷剝卦的侵蝕毀滅仍能俟機重生。這並非玄學想像，而是證據確鑿的科學事實。唐朝的蓮子經一千多年的沉埋，在美國加州復育成功又開花；中東沙漠埋藏兩千多年的棗椰種子復生；西伯利亞永凍層下三萬兩千年的柳葉蠅子草開出小白花等，在在顯示了造化的瑰麗奇蹟。依序復卦之後為无妄卦，善加培育即成〈大象傳〉所稱：「先王以茂對時，育萬物。」

〈逍遙遊〉的主旨還有一占，屯卦第五爻動，爻辭：「屯其膏，小貞吉，大貞凶。」爻變為復卦。屯是萬物新生，復是繁衍再生。小鳥不必羨慕大鵬，強求翱翔萬里，小有小用，大有大用，各得其所，物皆逍遙。

齊物論　第二【注51】

【郭象注51】夫自是而非彼，美己而惡人，物莫不皆然。然，故是非雖異而彼我均也。

郭象在每一篇前所寫的注都精切扼要，值得深入品味。世間眾說紛紜，每家每派都認為自己對別人不對，讚揚自己貶抑他人，這是非常普遍的現象。既然這樣，所以看起來是非好像不同，其實彼此的偏執都一樣。

莊子所處的時代，儒墨道法百家爭鳴，莫衷一是，許多大思想家對此都有議論。孟子特別激烈，〈滕文公篇〉裡痛斥：「天下之言不歸楊則歸墨。楊氏為我，是無君也；墨氏兼愛，是無父也。無父無君，是禽獸也！」自許為「能言距楊墨者，聖人之徒也。」荀子有〈非十二子篇〉，將在他之前的諸子包括孟子都修理了一遍，而歸宗於孔子。其實罵人無好口，這些嚴厲的批判細校都有問題。墨子兼愛就算無父就是禽獸？禽獸也有父啊！楊朱為我，所謂「拔一毛以利天下而不為」，應該不會是教人自私自利那麼狹隘，或有深意，人人若能各正性命，乾卦「群龍无首」的境界或可真正實現。

孟荀皆尊孔子，夫子的思想比他們兼容並蓄得多。〈繫辭傳〉解咸卦第四爻「憧憧往來，朋從爾思。」引述子曰：「天下何思何慮？天下同歸而殊途，一致而百慮……精義入神，以致用也；利用安身，以崇德也。過此以往，未之或知也；窮神知化，德之盛也。」《中庸》稱讚夫子：「辟如天地之無不持載，無不覆幬；辟如四時之錯行，如日月之代明。萬物並育而不相害，道並行而不悖，小德川流，大德敦化。」

《論語．為政篇》記子曰：「攻乎異端，斯害也已。」攻是攻擊而非攻治，任何事理皆有兩端，就像一體相綜的易卦，因觀察立場對反而有不同的解讀，如果執著己方為是而彼方為非，黨同伐異即成人間禍害的根由。

郭象稱「物莫不皆然」，可見立論者的我執深重。〈天下篇〉中慨歎百家之言「多得一察焉以自好……皆有所明，不能相通……不見天地之純，古人之大體，道術將為天下裂。」

齊物論有二解：一、物為眾，如物色即從眾中挑選，物議為眾人的批評意見。物論即眾多不同的言論，需均平看待而非執一以廢百。二、齊物之論，平等心看待宇宙萬事萬物，有參天地化育之意，參即平視，不俯不仰。

郭注「是非雖異而彼我均」，均字特別美，公平對待均勻分配，無強凌弱，無眾暴寡，所謂「均無貧，和無寡，安無傾」。易卦謙為第一，圓善有終，卦爻全吉，其〈大象傳〉稱：「君子以裒多益寡，稱物平施。」勻稱、對稱、相稱，可化解人世諸多不平。〈繫辭傳〉闡述處亂世的憂患九卦，巽卦為最高段的功夫，稱：「巽，德之制也；巽，稱而隱；巽以行權。」深入了解事情的本質，權衡輕重，不顯山不露水將之處理合宜。《孫子．形篇第三》：「數生稱，稱生勝。」

南郭子綦隱机而坐，仰天而噓，荅焉似喪其耦【注52】。顏成子游立侍乎前，曰：「何居乎？形固可使如槁木，而心固可使如死灰乎【注53】？今之隱机者，非昔之隱机者也【注54】。」

【郭象注52】同天人，均彼我，故外無與為歡，而荅焉解體，若失其配匹。

【郭象注53】死灰槁木，取其寂漠無情耳。夫任自然而忘是非者，其體中獨任天真而已，又何所有哉！故止若立枯木，動若運槁枝，坐若死灰，行若遊塵。動止之容，吾所不能一也；其於無心而自得，吾所不能二也。

【郭象注54】子游嘗見隱机者，而未有若子綦也。

南郭子綦與顏成子游是一對師生。郭是城郭，古人常以居處為號，如東郭先生，還有複姓西門、東門的，南郭即住在城南邊，子綦為其名。顏成也是複姓，子游為孔子弟子言偃，這裡莊子有藉名人發聲之意，稍後師父呼其名偃可知。机即几案，隱机是很放鬆很舒服地靠在几案前，寬袍大袖遮住了他人視線，看不到几案了。中國很晚才有椅子，一般都席地就榻而坐，我們吃日本料理時便能體會，中原漢族後來使用座椅跟胡床有關。渙卦有心神渙散之意，第二爻：「渙奔其机，悔亡。」有几則有靠，扶正後不至慌亂生悔。

南郭先生靠著几案，仰頭慢慢吐氣，好像渾然忘我的樣子。耦同偶，身心的聚合稱偶，似喪其偶形容心智的舒展，好像沒了肉身的負荷。荅即解體忘形貌，成語「嗒然若喪」應由此來。渙卦第三爻：「渙其躬，无悔。」義同止欲修行的艮卦：「艮其背，不獲其身。」《金剛經》講的「無我相」，老子所稱：「吾之所以有大患者，為吾有身，及吾無身，吾有何患？」

顏成子游侍立在老師面前，問道：「您現在是處於甚麼狀態啊？人的形體可以像枯槁的樹木，心神可以像死灰不復燃嗎？您今日靠著几案的樣子，和以前很不一樣啊！」

天人相通，彼我均平，沒有外在誘惑的貪歡，好像徹底擺脫了肉身的執著。從「彼我均」的認知到「均彼我」的實現，正是《大學》三綱領八條目的修為歷程，以及《中庸》致中和而天地位萬物育的理想。大易群龍无首天下治，《春秋》太平世人人皆有士君子之行，〈禮運〉大道之行天下為公，《周官》擬制重均與聯皆相通。莊子齊物論繼逍遙遊而來，眾生眾論各展特色各正性命，理應保合太和平等相待。

郭象全篇注稱「彼我均」是理想，內文首注又稱「均彼我」，努力付諸實踐。《大學》稱天下平是終極理念，奮鬥的歷程則修身齊家治國而平天下。賁卦〈彖傳〉：「觀乎人文以化成天下。」離卦〈彖傳〉：「重明以麗乎正，乃化成天下。」依卦序廿二至卅，為弘揚文化的歷程。恒卦為第三十二卦，〈彖傳〉：「聖人久於其道而天下化成。」歷經長期的努力，終於成就可傳之久遠的文明文化。

槁木死灰之喻，取其寂漠不染情欲，因任自然大道，忘卻塵俗的是非榮辱。〈文言傳〉孔子解釋潛龍勿用：「龍德而隱者也，不易乎世，不成乎名，遯世无悶，不見是而无悶，樂則行之，憂則違之。確乎其不可拔，潛龍也！」這才是真正的隱者風範。大過卦處非常亂世，〈大象傳〉

稱：「澤滅木，君子以獨立不懼，遯世无悶。」遺世而獨立，並非消極避難，而是培養自性核心的創造力，不隨俗飄移。獨是慎獨之獨，所謂：「在天曰命，在人曰性，在身曰心，在己曰獨。」《大學》、《中庸》、《荀子》皆言慎獨，莊子在〈大宗師第六〉中亦有論及：「朝徹而後能見獨，見獨而後能無古今。」獨的觀念源於復卦，第四爻稱：「中行獨復。」易傳亦有多處言獨。此段郭象注則稱：「其體中獨任天真而已。」

大過卦中就有槁木之象：五爻稱「枯楊生華」、二爻稱「枯楊生稊」，看似絕滅枯索中仍能迸發生機。頤卦排序在大過之前，論述調養身心之道。初爻爻辭：「舍爾靈龜，觀我朵頤，凶。」四爻爻辭：「虎視眈眈，其欲逐逐。」人與生俱來的靈明自性，切勿在無止境的欲望爭逐中消殞。

子綦曰：「偃，不亦善乎，而問之也！今者吾喪我，汝知之乎【注55】？女聞人籟而未聞地籟，女聞地籟而未聞天籟夫【注56】！」

【郭象注55】吾喪我，我自忘矣；我自忘矣，天下有何物足識哉！故都忘外內，然後超然俱得。

【郭象注56】籟，簫也。夫簫管參差，宮商異律，故有短長高下萬殊之聲。聲雖萬殊，而所稟之度一也，然則優劣無所錯其間矣。況之風物，異音同是，而咸自取焉，則天地之籟見矣。

子綦道：「偃，你問的很好啊。我現在進入了忘我的境界，你知道嗎？你聽過簫管吹奏的人籟，沒聽過地籟；就算聽過地籟，也沒聽過天籟啊。」

既然已到了忘我的境界，天下還有甚麼值得沉迷留戀的？故超越一切而能俱得。簫管樂器之聲雖各個不同，皆有其度。節卦前接兌卦，情發中節才能和，〈大象傳〉稱：「君子以制數度，議德行。」〈彖傳〉：「天地節而四時成，節以制度。」豫卦〈彖傳〉：「天地以順動，故日月不過而四時不忒。」〈大象傳〉：「先王以作樂崇德，殷薦之上帝以配祖考。」人籟本就嚮往期待能通地籟與天籟。〈繫辭傳〉稱：「易之為道也屢遷，變動不居，周流六虛，上下無常，剛柔相易，不可為典要，唯變所適。其出入以度。」郭象注：「聲雖萬殊，而所稟之度一也，然則優劣無所錯其間矣。」人籟怎麼千變萬化，只要洞悉掌握了度，就可以度控制萬殊，而且並不需要在各種樂聲中分個高下。

子游曰：「敢問其方。」

子綦曰：「夫大塊噫氣，其名為風【注57】。是唯無作，作則萬竅怒呺【注58】。爾獨不聞之翏翏乎【注59】？山林之畏佳【注60】，大木百圍之竅穴，似鼻似口，似耳似枅，似圈似臼，似洼者，似污者【注61】；激者，嗃者，叱者，吸者，叫者，譹者，宎者，咬者【注62】；前者唱于而隨者唱喁。泠風則小和，飄風則大和【注63】，厲風濟則眾竅為虛【注64】。而獨不見之調調之刁刁乎【注65】？」

【郭象注57】大塊者，無物也。夫噫氣者，豈有物哉？氣塊然而自噫耳。物之生也，莫不塊然而自生，則塊然之體大矣，故遂以大塊為名。

【郭象注58】言風唯無作，作則萬竅皆怒動而為聲也。

【郭象注59】長風之聲。

【郭象注60】大風之所扇動也。

【郭象注61】此列舉眾竅之所似。

【郭象注62】此列舉眾竅之聲殊。

【郭象注63】夫聲之宮商雖千變萬化，唱和大小，莫不稱其所受而各當其分。

【郭象注64】濟，止也。烈風作則眾竅實，及其止則眾竅虛。虛實雖異，其於各得則同。

【郭象注65】調調刁刁，動搖貌也。言物聲既異，而形之動搖亦又不同也。動雖不同，其得齊一耳，豈調調獨是而刁刁獨非乎！

子游問：「請問天地人三籟的道術如何？」

子綦道：「天地之間吐氣出聲，稱為風。不作則已，一旦吹起來所有洞穴都發出聲響。你沒有聽到長風嗚嗚吹過的聲音嗎？大風扇動山林，形狀各異的孔竅，有的像鼻孔，有的像嘴巴，有的像耳朵，有的像柱頭承載橫木的方孔，有的像圈圍的柵欄，有的像舂米的石臼，有的像窪地，有的像泥坑；發出的聲響似激流，似飛箭、似呵叱、似呼吸、似叫喊、似號哭、似烏鳴，前面發聲後面應和。風小和聲小，風大和聲大，暴風一止，一切又歸於沉寂。你沒有看到風吹過，樹枝還在搖動嗎？」

子游問方的方，郭象未注，成玄英的疏解為道術甚好。〈天下篇第三十三〉：「後世之學者，不幸不見天地之純，古人之大體，道術將為天下裂。」本篇以齊物為論，由此引入正宜。《禮記‧儒行篇》稱：「儒有合志同方，營道同術。」《說文解字》：「儒，柔也。術士之稱。」人生立說行事，都得講求最好的方法。

莊子藉子綦之口講的這一大段，顯現渲染鋪陳的文字工夫，難怪後世像李白這樣的文學大家對他傾慕之至，除了讀逍遙遊有〈大鵬賦〉外，還在〈春夜宴桃李園序〉中有言：「況陽春召我以煙景，大塊假我以文章。」

大塊究竟指甚麼？許多註解認為就是指大地，層巒疊嶂高低起伏，我們看美國西部大峽谷一望無際的風光，就有這種感覺。我年輕時喜登台灣海拔三千公尺以上的高山，跋涉其間心凝形釋直與萬化冥合，其中聖稜線上的大霸尖山狀如鐵拳擊向天空，赤褐色的陡壁上還嵌有貝殼等化石，顯示億萬年前地殼變動的滄海桑田。莊子此文講的風吹各種竅穴發出聲響，應該確有類似的眼見耳聞。此處繼人籟後講地籟，故以大塊為大地頗合情理。

郭象注不然，他說風無形無象，塊然自生故稱大塊。我想以天地之間稱大塊可能更宜，風吹巖穴就是有形無形交感而生的自然現象。為此我還特地占了一卦問何謂大塊？得出泰卦二、三、上爻動，齊變為頤卦。天地交泰而萬物生，頤為種種自然生態，成玄英的疏稱自然之理通生萬物，不知所以然而然，與此亦相近。

聲雖千變萬化，唱和大小，莫不「稱其所受而各當其分」，從逍遙遊的鵬雀之喻，到齊物論的聲響各殊，莊子的主旨一以貫之。泠風為小風，飄風厲風是大風，老子有言：「飄風不終朝，驟雨不終日。孰為此者，天地。」風雨皆由天地而來，大塊噫氣為風，看來沒錯。風吹時灌滿眾竅為實，風停時眾竅氣消還虛，虛為竅之本，承受外感則變實，人生天地之間亦然。咸卦為無心自然的感應，〈大象傳〉稱：「君子以虛受人。」〈人間世第四〉論心齋亦稱：「唯道集虛。」老子有言：「致虛極，守靜篤，萬物並作，吾以觀復。」皆可與此互參。

調調刁刁，風停枝條仍在搖曳，所謂餘音繞樑、餘波盪漾，人生行事一樣會有後續的影響。〈文言傳〉解坤卦初爻：「積善之家必有餘慶，積不善之家必有餘殃。臣弒其君，子弒其父，非一朝一夕之故，其所由來者漸矣！由辯之不早辯也。易曰：履霜堅冰至，蓋言順也。」這是長期的大因果，警世意味深重。

子游曰：「地籟則眾竅是已，人籟則比竹是已。敢問天籟？」

子綦曰：「夫吹萬不同，而使其自己也【注66】，咸其自取，怒者其誰邪【注67】？」

【郭象注66】此天籟也。夫天籟者，豈復別有一物哉？即眾竅比竹之屬，接乎有生之類，會而共成一天耳。無既無矣，則不能生有；有之未生，又不能為生。然則生生者誰哉？塊然而自生耳。自生耳，非我生也。我既不能生物，物亦不能生我，則我自然矣。自己而然，則謂之天然。天然耳，非為也，故以天言之。以天言之，所以明其自然也，豈蒼蒼之謂哉！而或者謂天籟役物使從己也。夫天且不能自有，況能有物哉！故天者，萬物之總名也，莫適為天，誰主役物乎？故物各自生而無所出焉，此天道也。

【郭象注67】物皆自得之耳，誰主怒之使然哉！此重明天籟也。

子游續問：「地籟是大地上各種孔竅因風吹過發出的各種聲音，人籟是各種竹管樂器吹奏的聲音，請問天籟是甚麼？」

子綦回答：「風吹萬竅發出各種不同的聲音，都有其獨特性，這是它們自身造成的，並沒有一個外在的發動者啊！」

郭象注用了很大篇幅破除外在另有主宰者的迷執，萬物皆有其內在的自性，天籟並非離開人籟地籟而獨存，就是終極的自然規律，萬事萬象都不可能違反。即用顯體，即體成用，體用不二。民初大儒熊十力於此致力甚深，出佛入儒歸宗大易皆以身心體證，有大海水與眾漚的甚妙譬喻，值得再三玩味。老子有言：「人法地，地法天，天法道，道法自然。」道是萬法根源，不是其上還有個自然，而是道即自然。大有卦上爻爻辭：「自天佑之，吉无不利。」自不是從外來，而是從自身內在而生，沒有外在的老天保佑你，而是自助彷彿便蒙天助，自中就有天，人身是個小天地，宇宙是個大天地，自性俱足就可參贊造化，成就事業。

在這終極認知上，東方儒釋道的思想確實與西方宗教有造物主的信念迥異，影響國際政治深遠，值得仁人志士深思。

〈繫辭傳〉：「神無方而易無體。」「陰陽不測之謂神。」最根源的存在沒有固定方位或形體，非可以俗情揣測。〈說卦傳〉：「神也者，妙萬物而為言者也。」毓老師改稱：「妙萬物而為然者也。」認為更精確。人籟地籟各有所指，其實都是天籟的充分體現，並無特指的某物才叫天籟。天是萬物的總名，萬物共成一天，萬物皆備於我，只能內證了悟，不假外求。

大知閑閑，小知閒閒【注68】；大言炎炎，小言詹詹【注69】。其寐也魂交，其覺也形開【注70】，與接為搆，日以心鬭。縵者，窖者，密者【注71】。小恐惴惴，大恐縵縵【注72】。其發若機栝，其司是非之謂也；其留若詛盟，其守勝之謂也【注73】；其殺若秋冬，以言其日消也【注74】；其溺之所為之，不可使復之也【注75】；其厭也如緘，以言其老洫也【注76】；近死之心，莫使復陽也【注77】。喜怒哀樂，慮嘆變慹，姚佚啟態【注78】；樂出虛，蒸成菌【注79】。日夜相代乎前，而莫知其所萌【注80】。已乎，已乎！旦暮得此，其所由以生乎【注81】？

【郭象注68】此蓋知之不同。

【郭象注69】此蓋言語之異。

【郭象注70】此蓋寤寐之異。

【郭象注71】此蓋交接之異。

【郭象注72】此蓋恐悸之異。

【郭象注73】此蓋動止之異。

【郭象注74】其衰殺日消有如此者。
【郭象注75】其溺而遂往有如此者。
【郭象注76】其厭沒於欲，老而愈洫，有如此者。
【郭象注77】其利患輕禍，陰結遂志，有如此者。
【郭象注78】此蓋性情之異者。
【郭象注79】此蓋事變之異也。自此以上，略舉天籟之無方；自此以下，明無方之自然也。物各自然，不知所以然而然，則形雖彌異，其然彌同也。
【郭象注80】日夜相代，代故以新也。夫天地萬物，變化日新，與時俱往，何物萌之哉？自然而然耳。
【郭象注81】言其自生。

本段起終於進入齊物論的主題，前奏已過，我們且耐心看看莊子如何思辯以展開論述。大知閑閑，有大智慧的人寬裕雍容，包容一切。閑為防閑，〈文言傳〉解乾卦第二爻「見龍在田」稱：「子曰：龍德而正中者也。庸言之信，庸行之謹，閑邪存其誠，善世而不伐，德博而化。」小知間間，小聰明的人分別心重，專門伺察別人的短處，斤斤計較。大言炎炎，炎同淡，平淡無華。小言詹詹，詹是煩瑣囉嗦，沾沾自喜。老子有言：「道之出口，淡乎其無味。」劉劭《人物志》論人才，以中和平淡為最高。

一般人睡覺的時候心煩意亂作夢，醒來後四體不安，又開始跟周遭的人事糾纏鬥智沒完沒了。《韓非子・揚權篇》稱：「黃帝有言曰：上下一日百戰。」噬嗑卦所述即為人間世的殘酷鬥爭，下接賁卦稱人文化成，可見自然界的叢林法則也是文明發展難以避免的規律之一。逐利嗜殺過度成剝卦，有滅亡之險，善政文教則可重建創新而為生生不息的復卦。

縵較舒緩，窖則深藏不露，密為謹慎周密，這是人際交往不同的鬥爭方式。小的恐懼讓人惴慄不安，大的恐懼使人失神落魄。有人窺伺他人的是非，逮到機會發言尖刻如箭離弦，想主導鬥爭的情勢。有人像詛咒發過誓一樣保留不說，想守住最後的勝利。殺是衰敗，像秋冬的草木日漸凋零；沉溺於所作所為，無法再回復天生的真性。老謀深算深藏不露，近乎麻木不仁，哀莫大於心死，很難再恢復正常。人情的喜怒哀樂，憂慮、嘆息、反覆、恐懼、輕浮、縱逸、放蕩、作態，都像樂器的虛空處發出的聲音，地氣蒸發生成菌類一樣。種種情態不分日夜呈現於我們面前，卻不知道是怎麼萌生的。算了吧！算了吧！不要再這麼執著於自我了。一旦悟通了大道，就會徹底明白這一切發生的原因。

前述人際鬥爭的種種樣態入木三分，發若機栝，留如詛盟，耐心等待最佳機會出手一舉獲勝。坤卦順勢用柔，三爻「含章可貞，以時發也」，四爻「括囊无咎，慎不害也」，講的多精切！豫卦第二爻爻辭：「介于石，不終日，貞吉。」〈繫辭傳〉引述子曰：「知幾其神乎！君子上交不諂，下交不瀆，其知幾乎！幾者，動之微，吉之先見者也。君子見幾而作，不俟終日……介如石焉，寧用終日？斷可識矣！君子知微知彰，知柔知剛，萬夫之望。」此爻變為解卦，當機立斷，隨機應變，問題便可迎刃而解。

解卦上爻爻辭：「公用射隼于高墉之上，獲之无不利。」〈繫辭傳〉引述子曰：「隼者，禽也；弓矢者，器也；射之者，人也。君子藏器于身，待時而動，何不利之有？動而不括，是以出而有獲，語成器而動者也。」

中孚卦第二爻，〈繫辭傳〉稱子曰：「言行君子之樞機，樞機之發，榮辱之主也。言行，君子之所以動天地也，可不慎乎？」豫為預測、預備、防患未然，解為事情發生以後尋求解決，中孚為人生相處信任與否的考量，全都強調時機時勢的重要，一旦判斷失誤，後果很難收拾，所以要慎之又慎。

老洫的洫字，為田間溝渠，人習於世故像條臭水溝一樣了。復卦一元復始，見天地之心，第三爻「頻復厲」，爻變為明夷卦，成了黑暗之心。莊子稱「近死之心，莫使復陽也」，言來令人驚悚。人生難道就這樣行屍走肉般活著嗎？能不能哪天豁然開朗得悟大道，了解一切萬象生生化化的原由。

> 非彼無我，非我無所取。是亦近矣【注82】，而不知其所為使【注83】。若有真宰，而特不得其眹【注84】。可行已信【注85】，而不見其形【注86】，有情而無形【注87】。百骸，九竅，六臟，賅而存焉【注88】，吾誰與為親【注89】？汝皆悅之乎？其有私焉【注90】？如是皆有為臣妾乎【注91】？其臣妾不足以相治乎【注92】？其遞相為君臣乎【注93】？其有真君存焉【注94】？

【郭象注82】彼，自然也。自然生我，我自然生。故自然者，即我之自然，豈遠之哉！

【郭象注83】凡物云云，皆自爾耳，非相為使也，故任之而理自至矣。

【郭象注84】萬物萬情，趣舍不同，若有真宰使之然也。起索真宰之眹迹，而亦終不得，則明物皆自然，無使物然也。

【郭象注85】今夫行者，信己可得行也。

【郭象注86】不見所以得行之形。

【郭象注87】情當其物，故形不別見也。

【郭象注88】付之自然，而莫不皆存也。

【郭象注89】直自存耳。

【郭象注90】皆悅之，則是有所私也。有私則不能賅而存矣，故不悅而自存，不為而自生也。

【郭象注91】若皆私之，則志過其分，上下相冒，而莫為臣妾矣。臣妾之才，而不安臣妾之任，則失矣。故知君臣上下，手足外內，乃天理自然，豈真人之所為哉！

【郭象注92】夫臣妾但各當其分耳，未為不足以相治也。相治者，若手足耳目，四肢百體，各有所司而更相御用也。

【郭象注93】夫時之所賢者為君，才不應世者為臣。若天之自高，地之自卑，首自在上，足自居下，豈有遞哉！雖無錯於當而必自當也。

【郭象注94】任之而自爾，則非偽也。

彼指自然，我們是由自然而生，沒有自然就沒有我們，沒有我們自然也無從體現，彼此的關係太密切，卻不知道誰在主使？彷彿冥冥中有主宰，卻找不到任何徵兆。可以遵循道去做事，大家也相信道是必然存在，卻看不見其形體。

巽卦為風，無形而深入一切，〈大象傳〉稱：「隨風巽，君子以申命行事。」萬事萬物依循天命行事，〈繫辭傳〉稱：「巽，德之制也；巽，稱而隱。」大塊噫氣為風，萬竅發聲，名為天籟亦然。老子形容道體：「視之不見名曰夷，聽之不聞名曰希，搏之不得名曰微，此三者不可致詰，故混而為一。」

人的百骸、九竅、六臟存於體內，我們與哪一部分更親近些呢？你都喜歡它們嗎？還是有所偏愛呢？它們都是受支配的臣妾嗎？那就誰也管不著誰。它們輪流當君臣嗎？還是另有真正的主宰？

真宰似君，臣妾就是伺候主人的男僕與女僕，應為先秦古語，易經多處沿用。遯卦第三爻：「畜臣妾吉，不可大事也。」蹇卦第二爻：「王臣蹇蹇，匪躬之故。」損卦上爻：「利有攸往，得臣无家。」鼎卦初爻：「得妾以其子，无咎。」小過第二爻：「不及其君，遇其臣。」

> 如求得其情與不得，無益損乎其真【注95】。一受其成形，不忘以待盡【注96】。與物相刃相靡，其行盡如馳，而莫之能止，不亦悲乎【注97】？終身役役而不見其成功【注98】，苶然疲役而不知其所歸，可不哀邪【注99】？人謂之不死，奚益【注100】？

【郭象注95】凡得真性，用其自為者，雖復皁隸，猶不顧毀譽而自安其業。故知與不知，皆自若也。若乃開希幸之路，以下冒上，物喪其真，人忘其本，則毀譽之間，俯仰失錯也。

【郭象注96】言性各有分，故知者守知以待終，而愚者抱愚以至死，豈有能中易其性者也！

【郭象注97】群品云云，逆順相交，各信其偏見而恣其所行，莫能自反。此皆比眾人之所悲者，亦可悲矣。而眾人未嘗以此為悲者，性然故也。物各性然，又何物足悲哉？

【郭象注98】夫物情無極，知足者鮮。故得此不止，復逐於彼。皆疲役終身，未厭其志，死而後已。故其成功者無時可見也。

【郭象注99】凡物各以所好役其形骸，至於疲困苶然。不知所以好此之歸趣云何也！

【郭象注100】言其實與死同。

不管我們能否確知其真相，都影響不了其真實存在。人類一旦稟受於大道而有了形體，活著也就一步步消耗而趨近死亡。在世時與周遭的人物衝突鬥爭，如同快馬奔馳到大限來臨，停都停不下來，這不是很悲哀嗎？終身勞苦不堪，看不到成功，一輩子疲憊不堪找不到歸宿，這能不悲哀嗎？這種人雖說還沒死，活著又有甚麼意義呢？

相刃相靡，人情愛憎有別，逆則拔刀相向，順則沆瀣一氣。

中孚卦第二爻：「鳴鶴在陰，其子和之。我有好爵，吾與爾靡之。」靡是同調一致相親分亨，對外人則深閉固拒，相互對抗。

賁卦第四爻：「賁如皤如，白馬翰如。」講人生職場歷練，日日勾心鬥角，數十年消耗得鬢髮斑白，青春不再。光陰似白馬跑得飛快一去不回頭，《莊子．知北遊第二十二》有云：「人生天地之間，若白駒之過隙。」讀了令人感慨萬分。杜甫名詩：「少壯能幾時？鬢髮各已蒼！訪舊半為鬼，驚呼熱中腸。」道盡了人到中老年之後的悲思。

茶然是疲倦已極，人忙累無妨，卻毫無成果則太不值得。〈說卦傳〉：「致役乎坤⋯成言乎艮。」後天八卦方位從西南到東北繞半圈，坤為眾，艮為止，若成功則可終而復始，如失敗則白忙一輩子，多麼不值。

這些年流行所謂成功學的討論，我全無興趣與聞，不知道言之是否有物。中國古訓三不朽，立德最上，立功次之，立言居末。易經〈大象傳〉成篇較早，以德為尚，不言吉凶悔吝得失成敗；〈彖傳〉較重視建功立業的智慧，教人深刻認識環境而擬定因應的策略，但仍不得逾越該守的底線。立言者可能析理入微或詞藻華麗，真正見諸行事卻未必堪任危鉅，所謂文人無行，除了德行不足外，亦指缺乏實幹的行動力。

雖然如此，德功言若至高明境界，皆足以傳世不朽。《論語．憲問篇》：「有德者必有言，有言者不必有德。」至德者行為世法，不必親自立言自有信眾為文傳述。孔子刪訂贊修群經，並非完全撰述；佛陀從未自作經典，老子不得已才以五千言傳世。莊子算寫得多的，仍以「言隱於榮華」為戒。有言者並非不必有德，而是不必然有德。

〈彖傳〉稱「往有功」的卦多半有坎險之象，表示成功立業得闖蕩江湖冒險犯難，所謂生於憂患，或曰：「世無艱難，何來豪傑？滄海橫流，方顯英雄本色！」易卦卦名唯有坎卦前加一「習」字，〈大象傳〉稱：「君子以常德行，習教事。」

可見立德之人亦得從艱難困苦中歷練成就，而進至化成天下的離卦，〈大象傳〉稱：「大人以繼明照于四方。」大人是易經最高的德位，「太上有立德」其言不虛。成功者習坎未必繼明，英雄事業與聖哲化世仍有不同。

總而言之，世事實難，人生不易。孫中山一生革命，感慨不如意事十之八九，應是肺腑之言。毓老師曾說孫先生畢竟還有一二得意事，而他奮鬥終生完全掛零，想的都未實現。

毓師曾言一輩子就修「潛龍勿用」一爻，所謂「遯世无悶，不見是而无悶，樂則行之，憂則違之，確乎其不可拔。」做到這步實在太難，壯年以前的從政生涯，二戰後全心投入所謂「長白又一村」的文教志業，竟然也無著述傳世，實非常人所能。熊十力自忖非事功才，辛亥革命後專志學問著述，卓然有成，許多想寫的書仍空留遺願。我們今日遭逢百年難遇的世變，又當如何呢？

年輕時發心讀書，接觸過不少胸懷壯志者，而今半世紀過去成就者實少。還有位朋友極富文才，論道時氣吞河嶽，曾說五教教主不足法，很容易超越，看夢幻騎士唐吉軻德電影感觸落淚。如今年逾八十，同輩友人不客氣說他潦倒終生一事無成，與這時代完全脫節，言雖刺耳卻是實情。我曾占問他究竟可成就否，得出完全不變的未濟卦，算是一錘定音。他少壯時曾說，人年輕時就做詩人，壯年闖英雄事業，老年成哲學家，乍聽似乎有理，細想這恐怕都是詩人少不經事的幻想，殘酷的是他一項也沒做到。大家這樣看他，那我們呢？

「終身役役而不見其成功，苶然疲役而不知其所歸，可不哀邪？」郭象注稱一般百姓只要得其真性，安排得當，再底層的工作也不會抱怨，就怕領導亂加拔擢任非其能，開了倖進之路，反而造成績效不彰的惡果。這與〈逍遙遊〉中的小鳥與大鵬一樣，各適其性方得真正自由，〈齊物論〉接著談真正平等，思想主張前後一貫。人生在世貴自知自在，一旦有了非分妄想，競相爭奪，本身多受求不得苦外，還會遺害社會。復卦自知自見，後接无妄卦，〈大象傳〉寄望其「茂對時育萬物」，六爻卻淪為无妄之災、无妄之疾，甚至天災人禍並至。无妄卦辭：「元亨利貞。其匪正有眚，不利有攸往。」持心稍有失正，差之毫釐謬以千里，反成禍亂之源，確應引以為戒。

老子針對人的妄心妄行多有勸戒：「知止所以不殆。」「知足者富……不失其所者久。」「知足不辱，知止不殆，可以長久。」「禍莫大於不知足，咎莫大於欲得。故知足之足，常足矣！」這些話似乎很平常，人生種種痛苦確源於此。

其形化，其心與之然，可不謂大哀乎【注101】！人之生也，固若是芒乎？其我獨芒，而人亦有不芒者乎【注102】？

【郭象注101】言其心形並馳，困而不反，比於凡人所哀，則此真哀之大也。然凡人未嘗以此為哀，則凡所哀者，不足哀也。

【郭象注102】凡此上事，皆不知其所以然而然，故曰芒也。今未知者皆不知所以知而自知矣，生者皆不知所以生而自生矣。萬物雖異，至於生不由知，則未有不同者也，故天下莫不芒也。

一旦形體消亡，心神也跟著喪失，這還不是最大的悲哀嗎？人的一生，真的就是這麼茫然昏昧嗎？還是只有我一個人茫昧，其他人也有不茫昧的嗎？

老子有云：「人之迷，其日固久。」《楞嚴經》：「一切眾生，從無始來，種種顛倒，業種自然，如惡叉聚。」莊子悲憫，浩歎人生茫昧，一切賢聖多有此感。

夫隨其成心而師之，誰獨且無師乎【注103】？奚必知代而心自取者有之，愚者與有焉【注104】。未成乎心，而有是非，是今日適越而昔至也【注105】。是以無有為有，無有為有，雖有神禹，且不能知，吾獨且奈何哉【注106】？

【郭象注103】夫心之所以制一身之用者，謂之成心。人自師其成心，則人各自有師矣。人各自有師，故付之而自當。

【郭象注104】夫以成代不成，非知也，心自得耳。故愚者亦師其成心，未可用其所謂短而舍其所謂長者也。

【郭象注105】今日適越，昨日何由至哉？未成乎心，是非何由生哉？明夫是非者，群品之所不能無，故至人兩順之。

【郭象注106】理無是非，而惑者以為有，此以無有為有也。惑心已成，雖聖人不能解，故付之自若而不強知也。

若凡事只以個人的成見來判斷是非，那誰會沒有成見呢？這就叫「師心自用」，無論愚智，總認為自己對別人錯。要說自以為了解造化原由者才有成見，就忽略了人人皆有根深蒂固的成見。以為人沒有成見在心而論是非，那就像說今天動身去越國而昨天就到了一樣荒唐。那是把沒有的事硬說成有，如果這樣，就是神明的大禹也無法理解，我又有甚麼辦法呢？今日適越而昔至，是惠施詭辯提出的命題，莊子與之為友非常清楚。

老子有言：「不自見，故明；不自是，故彰。」又稱：「自見者不明，自是者不彰。」囿於成心成見，自以為是，絕對有礙於對真理大道的徹底體悟。「聖人抱一為天下式。」「道生一，一生二，二生三，三生萬物。萬物負陰而抱陽，沖氣以為和。」「萬物得一以生，侯王得一以為天下貞。」一是道體所生之用，完整不可分割，萬事萬物都有陰陽，陰陽兼顧和諧互動才有最佳的詮釋與結果。孤陰不生，獨陽不長，任何偏於一隅的成心成見皆不得大道之全。

〈繫辭傳〉鎔鑄儒道二家思想的精華，亦揭明此理：「一陰一陽之謂道……仁者見之謂之仁，知者見之謂之知，百姓日用而不知，故君子之道鮮矣……陰陽不測之謂神。」一非數量詞，而是統合整體之意，之謂即就是，道統陰陽。謂之即叫做，每人限於修為偏好，稱道為仁或知，這就見仁見智而有了分別。至於一般民眾，生活在道之中卻不自知。大道陰陽變化的作用難以絕對測度就是神，沒有固定方所和形體，無定在而無所不在。〈繫辭傳〉又稱：「範圍天地之化而不過，曲成萬物而不遺，通乎晝夜之道而知，故神無方而易無體。」晝夜之道，即莊子前文所稱「日夜相代乎前」，常人「莫知其所萌」，澈悟大道者卻可通曉。本段又言「知代」，新陳代謝，宇宙大化剎剎生新，故故不留，逝者如斯不舍晝夜，執著感嘆皆無濟於事。

我占問所謂成心為何？得出頤卦初、三爻動，齊變有艮卦之象。頤卦養身養心養生，自養而後養人，養之以正則吉。初爻爻辭：「舍爾靈龜，觀我朵頤，凶。」〈小象傳〉批：「亦不足貴也！」靈龜象徵人的靈明自性，捨棄自性任外誘之私摧殘，甚不足取。三爻爻辭：「拂頤，貞凶，十年勿用，无攸利。」〈小象傳〉批：「道大悖也！」徹底違反了頤養正道，大凶特凶。《中庸》稱頌孔子盛德：「譬如天地之無不持載，無不覆幬；譬如四時之錯行，如日月之代明。萬物並育而不相害，道並行而不悖，小德川流，大德敦化，此天地之所以為大也。」道大悖與道並行而不悖差得太遠，可見成心成見之不可取，必須徹底破除。

夫言非吹也，言者有言【注107】，其所言者特未定也【注108】。果有言邪【注109】？其未嘗有言邪【注110】？其以為異於鷇音，亦有辯乎，其無辯乎？【注111】道惡乎隱而有真偽？言惡乎隱而有是非【注112】？道惡乎往而不存【注113】？言惡乎存而不可【注114】？道隱於小成，言隱於榮華【注115】。故有儒墨之是非，以是其所非而非其所是【注116】。欲是其所非而非其所是，則莫若以明【注117】。

【郭象注107】各有所說，故異於吹。

【郭象注108】我以為是而彼以為非，彼之所是，我又非之，故未定也。未定也者，由彼我之情偏。

【郭象注109】以為有言邪？然未足以有所定。

【郭象注110】以為無言邪？則據己已有言。

【郭象注111】夫言與鷇音，其致一也，有辯無辯，誠未可定也。天下之情不必同而所言不能異，故事非紛紜，莫知所定。

【郭象注112】道焉不在！言何隱蔽而有真偽，是非之名紛然而起？

【郭象注113】皆存。

【郭象注114】皆可。

【郭象注115】夫小成榮華，自隱於道，而道不可隱。則真偽是非者，行於榮華而止於實當，見於小成而滅於大全也。

【郭象注116】儒墨更相是非，而天下皆儒墨也。故百家並起，各私所見，而未始出其方也。

【郭象注117】夫有是有非者，儒墨之所是也；無是無非者，儒墨之所非也。今欲是儒墨之所非而非儒墨之所是者，乃欲明無是無非也。欲明無是無非，則莫若還以儒墨反覆相明。反覆相明，則所是者非非而所非者非非矣。非非則無非，非是則無是。

言語和風吹所發出的聲響不同，個人的言論出於成心，風吹則發於自然。既然大家所言都有成心成見，所下的論斷就無法確定，究竟算說了呢？還是等於沒說？認為自己的言論與初生幼鳥的叫聲不同，真有不同嗎？還是根本就差不多的幼稚？大道怎麼受隱蔽而有了真偽？語言怎麼受隱蔽而有了是非？道往哪裡會不存在？語言怎麼講會不可以呢？道被一些小成偏見所隱蔽，語言被一些華麗的詞藻傷害，所以才會有儒墨兩家的是非之爭，都肯定對方否定的，而否定對方肯定的。一旦陷入這種偏執，爭論不會有結果，不如讓他們了悟無分別的大道，才能跳脫無休無止的糾結。

鷇音的譬喻有趣，幼雛吱吱喳喳，未必有甚麼意義。中孚卦為母鳥育雛之象，小鳥孵化破殼而出，有些基本信念卻不成熟，也缺乏後天實際飛翔的歷練，必須母鳥從旁輔導自己練習飛翔，跌跌撞撞多次才能展翅低飛，這便是卦序在後的小過卦。這段時間熬過後，才是成功渡過險難的既濟卦。

小鳥的叫聲可能無甚意義，成鳥則未必，群聚吱吱喳喳時可能是在聊天。傳說孔子的弟子也是女婿的公冶長懂得鳥語，《孔子家語》裡有記載。前台大校長李嗣涔從事特異功能研究，好像也探討過這個領域。

言隱於榮華，滔滔雄辯文勝於質確實也是常見的弊病，賁卦即有此意。〈序卦傳〉稱：「賁者，飾也。致飾然後亨則盡矣，故受之以剝。」必須剝除這些假相，才能剝盡來復，得見萬事萬物本有的真實。

「以明」二字言簡意賅。以有因、用、及之意，就因為無論賢愚多是己非人，我們就可以揭明這項事實而刺激大家更深入思考，智慧昇華而體悟客觀自然的大道。易上經述天道流行，最後二卦為坎、離。坎稱習坎，〈大象傳〉稱：「水洊至，君子以常德行，習教事。」離為明，〈大象傳〉稱：「明兩作，大人以繼明照于四方。」正因為大家陷在自以為是的習氣中難以真知，一旦闡明澈悟後方可盡復真性，光照天下四方。習坎尚稱君子，繼明改稱大人。大人是超越聖賢的最高德位，〈文言傳〉定義：「夫大人者，與天地合其德，與日月合其明，與四時合其序，與鬼神合其吉凶。先天而天弗為，後天而奉天時。天且弗違，而況於人乎？況於鬼神乎？」

我占何謂「以明」？得出解卦二、五爻動，齊變有萃卦之象。解卦之前為家人、睽、蹇卦，世人習於各家各派門戶之見，很難和合，大家都陷於蹇困難行之境，正需清明的智慧解開糾結。解卦二爻處內卦坎險之中，受種種成心成見所囿，爻辭稱：「田獲三狐，得黃矢，貞吉。」三狐象徵狐疑不信的情狀，必須深入狐穴探測，充分理解後量身打造獵狐的黃金箭，暫時勿出手，等待外卦震動出險後再除害。五爻居全卦君位，掌握全局主動，爻辭稱：「君子維有解，吉。有孚于小人。」化解君子與小人的二元對立，大度包容以平息紛爭。

隨卦內卦震，自有主見，外卦兌，卻能和顏悅色與他人互動溝通，〈雜卦傳〉稱：「隨，无故也。」隨和處世，不受任何成心成見所拘執。第四爻爻辭：「隨有獲，貞凶。有孚，在道，以明，何咎。」有所得固守不變通，反致凶咎，還是應該誠心依道而行，與人坦率溝通以彰顯真理。

物無非彼，物無非是【注118】。自彼則不見，自知則知之。故曰彼出於是，是亦因彼【注119】。彼是方生之說也，雖然，方生方死，方死方生；方可方不可，方不可方可；因是

因非，因非因是【注120】。是以聖人不由，而照之於天，亦因是也【注121】。

【郭象注118】物皆自是，故無非是；物皆相彼，故無非彼。無非彼，則天下無是矣；無非是，則天下無彼矣。無彼無是，所以玄同也。

【郭象注119】夫物之偏也，皆不見彼之所見，而獨自知其所知。自知其所知，則自以為是。自以為是，則以彼為非矣。故曰彼出於是，是亦因彼，彼是相因而生者也。

【郭象注120】夫死生之變，猶春秋冬夏四時行耳。故死生之狀雖異，其於各安所遇，一也。今生者方自謂生為生，而死者方自謂生為死，則無生矣。生者方自謂死為死，而死者方自謂死為生，則無死矣。無生無死，無可無不可，故儒墨之辨，吾所不能同也；至於各冥其分，吾所不能異也。

【郭象注121】夫懷豁者，因天下之是非而自無是非也。故不由是非之塗而是非無患不當者，直明其天然而無所奪故也。

世間任何事物都是相對待的，而有彼此的分別，每人看別人都覺得「非」，看自己都覺得「是」。只去看別人的是非，自己的是非就看不清楚，最好反身自省才能真正明白。所以說彼此是相互對待而同時存在的，而且產生時又在消亡，消亡時又在產生；肯定的同時又在否定，否定的同時又在肯定；是因非而存在，非亦因是而存在。所以聖人不走辯論是非的這條路，而以自然的天道去觀照一切，就是因為這個緣故。

郭象注提到玄同，語出《老子》：「塞其兌，閉其門，挫其銳，解其紛，和其光，同其塵，是謂玄同。」又稱有與無「同出而異名，同謂之玄，玄之又玄，眾妙之門。」魏晉時人談玄說道，對老子章句熟透。

方生方死，方死方生，剎剎生新，故故不留。屯、蒙二卦一體相綜，屯是萬物初生，本性俱足，字義為初生草穿地，欣欣向榮，蒙遇險阻窒礙，習氣汙染，字義為墳頭雜草叢生。卦序屯後為蒙，方生方死，哀莫大於心死。剝、復二卦相綜，剝是資源流失瀕臨滅亡，復是重生再造。卦序剝極而復，方死方生。

是亦彼也【注122】，彼亦是也【注123】。彼亦一是非，此亦一是非【注124】。果且有彼是乎哉？果且無彼是乎哉【注125】？彼是莫得其偶，謂之道樞【注126】。樞始得其環中，以應無窮【注127】。是亦一無窮，非亦一無窮也【注128】。故曰莫若以明。以指喻指之非指，不若以非指喻指之非指也；以馬喻馬之非馬，不若以非馬喻馬之非馬也。天地一指也，萬物一馬也【注129】。

【郭象注122】我亦為彼所彼。

【郭象注123】彼亦自以為是。

【郭象注124】此亦自是而非彼，彼亦自是而非此，此與彼各有一是一非於體中也。

【郭象注125】今欲謂彼為彼，而彼復自是；欲謂是為是，而是復為彼所彼；故彼是有無，未果定也。

【郭象注126】偶，對也。彼是相對，而聖人兩順之。故無心者與物冥，而未嘗有對於天下也。樞，要也。此居其樞要而會其玄極，以應乎無方也。

【郭象注127】夫是非反覆，相尋無窮，故謂之環。環中，空矣；今以是非為環而得其中者，無是無非也。無是無非，故能應夫是非。是非無窮，故應亦無窮。

【郭象注128】天下莫不自是而莫不相非，故一是一非，兩行無窮。唯涉空得中者，曠然無懷，乘之以游也。

【郭象注129】夫自是而非彼，彼我之常情也。故以我指喻彼指，則彼指於我指獨為非指矣。此以指喻指之非指也。若復以彼指還喻我指，則我指於彼指復為非指矣。此亦以非指喻指之非指也。將明無是無非，莫若反覆相喻。反覆相喻，則彼之與我，既同於自是，又均於相非。均於相非，則天下無是；同於自是，則天下無非。何以明其然邪？是若果是，則天下不得復有非之者也。非若果非，則天下亦不得復有是之者也。今是非無主，紛然淆亂，明此區區者各信其偏見而同於一致耳。仰觀俯察，莫不皆然。是以至人知天地一指也，萬物一馬也，故浩然大寧，而天地萬物各當其分，同於自得，而無是無非也。

世間任何事物都是相對待的，而有彼此的分別，每人看別人都覺得「非」，看自己都覺得「是」。只去看別人的是非，自己的是非就看不清楚，最好反身自省才能真正明白。所以說彼此是相互對待而同時存在的，而且產生時又在消亡，消亡時又在產生；肯定的同時又在否定，否定的同時又在肯定；是因非而存在，非亦因是而存在。所以聖人不走辯論是非的這條路，而以自然的天道去觀照一切，就是因為這個緣故。

此就是彼，彼就是此，彼此的是非其實一樣。那麼，真有彼此之分嗎？還是根本沒有彼此之分？若彼此都沒有其對立面，這就是道的關鍵樞紐了！掌握了道的關鍵樞紐，就像圓環中空可以應付無窮的循環變化。是也無窮，非也無窮，所以說不如讓他們了悟無分別的大道，才能跳脫無休無止的糾結。

道樞與環中的比喻甚切，各執一端的直線對沖不如圓融無礙的周轉不息。〈繫辭傳〉有云：「蓍之德圓而神，卦之德方以知。」蓍草起占時一切未定，依虛一、分二、象三、揲四、歸奇等操作後，得出十八次分合變化的六爻卦。無中生有啟動變化的為圓而神，最後出現的定局為方以知。圓與方有似體與用、能與所的關係。與其執著於萬象分殊，不如直探本源，以應無窮。圓還不只是平面，而可是繞軸螺旋形轉動的立體，似生命遺傳基因的結構。復卦即為此象，〈彖傳〉稱：「復其見天地之心乎！」〈繫辭傳〉：「復，德之本也；復，小而辨於物；復以自知。」《老子》一書中亦屢言復：「致虛極，守靜篤，吾以觀復。夫物芸芸，各復歸其根。歸根曰靜，是謂復命。復命曰常，知常曰明，不知常，妄作凶。」「見小曰明，守柔曰強。用其光，復歸其明，無遺身殃，是為習常。」一般人各執一端爭論，永遠看不透萬事萬物的根源本質，徒耗心力而已。

莊子稱道樞與環中，大易為華夏學術之本源，那麼易樞為何？易之環中又如何掌握？〈繫辭傳〉首章結語：「乾以易知，坤以簡能，易則易知，簡則易從……易簡而天下之理得矣！天下之理得，而成位乎其中矣！」上傳第六章稱：「易簡之善配至德。」下章第六章稱：「乾坤其易之門邪？」樞是門戶開闢的樞紐，上傳第十一章稱：「闔戶謂之坤，闢戶謂之乾，一闔一闢謂之變，往來不窮謂之通。」乾卦〈彖傳〉稱：「大哉乾元！萬物資始，乃統天。」坤卦〈彖傳〉：「至哉乾元！萬物資生，乃順承天。」綜合以上傳文，乾坤二卦應為易樞與環中，深入體悟運用可應無窮之變。熊十力專著《乾坤衍》以示造化，即為此理。

下面以指與馬為喻，指是手指，馬非白馬之馬，據成玄英的疏說是賭勝負的籌碼。人生指東指西，是此非彼，就是爭強好勝，耗盡心力卻未必合理。有人以為莊子在破公孫龍的「指物論」與「白馬論」，孰是孰非，可能也沒那麼重要。總之，公孫龍等名家喜詭辯分析，而莊子主渾融合道，後段即稱「天地與我並生，而萬物與我為一。」最後的〈天下篇〉中批判惠施，同時力斥公孫龍等「能勝人之口，不能服人之心」，是絕大的囿限。

佛陀降生時一手指天一手指地，稱天上地下唯我獨尊，絕非自大傲慢，獨即《中庸》慎獨的獨，指人人本具的靈明自性。禪宗有《指月錄》，重點在所指之月的透悟，而非糾纏於手指。英雄豪傑指點江山，易經爻辭「各指其所之」，都得善會言外之意。

每個人用手指移動籌碼以計算輸贏勝負，總以為己是人非，若用對手的觀點來看，又成了己非人是，這樣永遠難得真相，推廣到天地萬物皆然。

可乎可【注130】，不可乎不可【注131】。道行之而成【注132】，物謂之而然【注133】。惡乎然？然於然。惡乎不然？不然於不然。物固有所然，物固有所可【注134】。無物不然，無物不可。故為是舉莛與楹，厲與西施，恢恑憰怪，道通為一【注135】。其分也，成也【注136】；其成也，毀也【注137】。凡物無成與毀，復通為一【注138】。

【郭象注130】可於己者，即謂之可。

【郭象注131】不可於己者，即謂之不可。

【郭象注132】無不成也。

【郭象注133】無不然也。

【郭象注134】各然其所然，各可其所可。

【郭象注135】夫莛橫而楹縱，厲醜而西施好。所謂齊者，豈必齊形狀，同規矩哉！故舉縱橫好醜，恢詭憰怪，各然其所然，各可其所可，則理雖萬殊而性同得，故曰道通為一也。

【郭象注136】夫物或此以為散而彼以為成。

【郭象注137】我之所謂成而彼或謂之毀。

【郭象注138】夫成毀者，生於自見而不見彼也。故無成與毀，猶無是與非也。

認可自己認可的，不認可自己不認可的。天下的道路是人走出來的，萬物本無名稱，是約定俗成人叫出來的。為什麼認為是對呢？因為有人認為對，大家就隨著附和。為什麼認為不對呢？因為有人認為不對，大家也隨著附和。萬事萬物都有對跟不對的一面，因此沒有甚麼是一定不對一定不可的。所以小草枝與大柱子、醜女與西施那樣的人間絕色，寬宏、狡猾、欺詐、怪異，從大道的角度看都是相同的。萬物毀滅分化，新的事物隨之形成；新事物形成，代表舊事物崩毀。所以澈悟大道者來看，萬物根本無所謂成毀，皆可通達為一。

老子有云：「天下皆知美之為美，斯惡已。皆知善之為善，斯不善已。故有無相生，難易相成，長短相形，高下相傾，音聲相和，前後相隨。是以聖人處無為之事，行不言之教，萬物作焉而不辭。」消弭相對，超越分別，本是道家血脈。

郭象注135稱「莛橫而楹縱」，以楹為棟，以莛為樑，似乎有誤。莛應該是小草莖，與楹的大柱子對比，成玄英的疏延續其誤解為屋樑。大過卦以棟橈為象，提醒人身心超負荷的危險，三、四爻稱棟橈棟隆，二、五爻稱枯楊生稊生花，初爻稱「藉用白茅」，即為柔軟鋪墊的小草。泰、否二卦有「城復于隍」的傾城傾國之象，興亡盛衰卻肇始於初爻所稱的「拔茅茹以其彙」，大小輕重剛柔的對比懸殊，和莛與楹、厲與西施的譬喻相當。物類不齊實屬自然，就其本性而言則可各自通達，這與逍遙遊稱的大鵬與小鳥一樣，所謂齊物不在規格與形狀，而在各適其性，才有真正的自由與平等可言。

唯達者知通為一，為是不用而寓諸庸。庸也者，用也；用也者，通也；通也者，得也【注139】；適得而幾矣【注140】。因是已【注141】。已而不知其然，謂之道【注142】。勞神明為一而不知其同也，謂之朝三。何謂朝三？狙公賦茅，曰：「朝三而暮四，」眾狙皆怒。曰：「然則朝四而暮三，」眾狙皆悅。名實未虧而喜怒為用，亦因是也【注143】。是以聖人和之以是非而休乎天均【注144】，是之謂兩行【注145】。

【郭象注139】夫達者無滯於一方，故忽然自忘，而寄當於自用。自用者，莫不條暢而自得也。

【郭象注140】幾，盡也。至理盡於自得也。

【郭象注141】達者因而不作。

【郭象注142】夫達者之因是，豈知因為善而因之哉？不知所以因而自因耳，故謂之道也。

【郭象注143】夫達者之於一，豈勞神哉？若勞神明於為一，不足賴也，與彼不一者無以異矣。亦同眾狙之惑，因所好而自是也。

【郭象注144】莫之偏任，故付之自均而止也。

【郭象注145】任天下之是非。

只有通達大道的人知道萬物齊一，不用一己之見而寄用於尋常的道理。庸就是用，用即能通，通即能得，無入而不自得，就跟大道差不多了。這不過是因任自然而已。做到了並非有意為之，而是不知所以然而然，這就是道。如果勞心費神去追求萬物齊一的道理，而不知萬物本來就是一貫的，就像朝三暮四的故事一樣愚昧。

甚麼叫朝三暮四？從前宋國有個養猴子的老人，分栗子給猴子吃，說：「每隻早上給三個，晚上給四個。」猴子聽了都生氣。老人改口說：「那就早上四個晚上三個。」猴子都高興了。根本名與實都沒有改變，而猴子的喜怒卻不同，這與因任自然一樣。所以聖人混同是非，而止於自然的均平之道，物我各得其所，並行無礙。

「為是不用而寓諸庸」在後一大段還有出現，並稱為這就是真正的明智。庸字為庚之用，庚有更新及章程之義，宇宙萬象剎剎生新，故故不留，逝者如斯，不舍晝夜，這本是再自然不過的道理，庸又有日常平常之義。〈文言傳〉解乾卦九二爻「見龍在田」，記子曰：「庸言之信，庸行之謹。」《中庸》亦稱：「庸德之行，庸言之謹。」有德君子最平常的言論都得講究誠信，最日常的行為都得謹守分寸。〈繫辭傳〉稱：「一陰一陽之謂道……百姓日用而不知。」禪宗稱：「平常心即是道。」大道不離人倫日用，庸言庸行特別重要，不必陳義過高索隱行怪。

郭象注稱達者因而不作，因順自然不妄興作，以消弭過多的爭執是非。《論語．述而篇》稱子曰：「述而不作，信而好古。」莊子稱「因是已」，確實有深透的智慧。《論語．學而篇》又述有子曰：「因不失其親，亦可宗也。」親同新，因不失其新，雖然因襲傳統仍得與時俱進創新，這樣的人博古通今值得宗法。《大學》首揭的三綱領：明明德、親民、止於至善。親民、新民二義兼備，領導者親近百姓還引領他們日新其德。

《論語．為政篇》記子曰：「殷因於夏禮，所損益可知也；周因於殷禮，所損益可知也；其或繼周者，雖百世可知也！」

這是回答學生子張問：「十世可知也？」一世三十年，未來三百年的世事發展可以預料嗎？夫子認為只要清楚認知因革損益的道理，三千年以後的事都可預知。《中庸》又稱：「仲尼祖述堯舜，憲章文武，上律天時，下襲水土。」既宗奉傳統又法天地自然之理以隨時創新，孔子被尊為萬世師表與聖之時者，關鍵在此。

道家重因，萬法歸一，化解塵世過多的紛爭矛盾；儒家在此基礎上再圖開展創新，變一為元生生不息。〈雜卦傳〉：「隨，无故也。革，去故也；鼎，取新也。豐，多故也。」故與新的關係值得有志者再三體悟。

創新並非薄古滅故，而是因故生新，莊子這裡再三強調的「因是已」，還是非常值得我們深思。郭象注的幾處都見工夫，而且確可用於處理人間實務。「達者無滯於一方，故忽然自忘，而寄當於自用。自用者，莫不條暢而自得也。」「至理盡於自得也。」成玄英的疏進一步發揮：「夫得者，內不資於我，外不資於物，無思無為，絕學絕待，適爾而得，蓋無所由，與理相應，故能盡妙也。」至理不在乎各執一詞的雄辯，而在乎自得，內心不囿於自我的私見，外不受客觀環境的影響。不靠他人既定的智慧為絕學，不倚賴任何勢力為絕待，才能與自然的真理相應而曲盡其妙。〈說卦傳〉：「神也者，妙萬物而為言者也。」無思無為，亦見於〈繫辭傳〉：「易，无思也，无為也，寂然不動，感而遂通天下之故。非天下之至神，其孰能與於此？」

《中庸》記述子曰：「道不遠人，人之為道而遠人，不可以為道。」又稱：「君子素其位而行，不願乎其外……君子無入而不自得焉。」從知到行，皆貴自得。復以自知，无妄若能至誠，其後的大畜卦即有融會貫通的可能。〈大象傳〉稱：「君子以多識于前言往行，以畜其德。」識非記住，而是自性發用心會神通，可廣博吸收所有前人的言行，轉為己知己用。禪宗有云：「一切經典皆婉轉歸乎自己。」即為此義。毓老師勉勵學生「以自得立言」，「用古人的智慧激發我們的智慧，以解決當代甚至未來的問題」，都說到了重點。大畜卦上爻爻辭：「何天之衢，亨。」〈小象傳〉：「道大行也。」爻變成天地交的泰卦，畜極則通。〈雜卦傳〉：「大畜，時也。」

活學活用，合乎時措之宜。

當今世界可謂危亂之甚，大疫肆虐超過三年，嚴重衝擊到全球經貿交通的供應鏈，除了死傷慘重外，民生經濟凋敝難癒。俄烏戰爭接著爆發，加重國際集團間的文攻武嚇竭力對抗，雙方都認為自己對別人錯，封鎖制裁無所不用其極，文明秩序岌岌可危，老莊道家的智慧值得仁人志士深思。「莫之偏任，故付之自均而止。」不要偏執以為哪一方的認定及作為就一定對，而另一方就絕對錯，才能「任天下之是非」，自己不惹是非，還擔當天下的是非。

成玄英的疏也解的明白：「夫至人無心，有感斯應，譬彼明鏡，方茲虛谷，因循萬物，影響蒼生，不知所以然，不知所以應，豈有情於臧否而係於利害者乎？以法因人，可謂自然之道也。」有心為善即非真善，不知所以因而因之，才是自然之因。明鏡的比喻常用，佛來佛現，魔來魔現，過去了就無影無蹤不留痕跡。〈應帝王第七〉：「至人之用心若鏡，不將不迎，應而不藏，故能勝物而不傷。」臧否是說人善惡是非，多雜偏見而不公正，往往也有於己利害的考量，常常是世間紛亂的根源。

《大學》稱：「民之所好好之，民之所惡惡之。此之謂民之父母。」《論語．堯曰篇》記子曰：「因民之所利而利之。」老子：「聖人無常心，以百姓心為心。善者吾善之，不善者吾亦善之，德善。信者吾信之，不信者吾亦信之，德信。聖人在天下，歙歙焉，為天下渾其心。百姓皆注其耳目，聖人皆孩之。」儒道二家對領導者的要求有共識，就是懂得因應自然，所謂民心就是天心，《尚書．泰誓》：「民之所欲，天必從之。」

成疏解天鈞為自然均平之理：「夫達道聖人，虛懷不執，故能和是於無是，同非於無非，所以息智乎均平之鄉，休心乎自然之境也。」「不離是非而得無是非，故謂之兩行。」兩行即非單行，各得其所，並行不礙，《中庸》稱：「萬物並育而不相害，道並行而不相悖。」

古之人，其知有所至矣。惡乎至？有以為未始有物者，至矣，盡矣，不可以加矣【注146】。其次以為有物矣，而未始有封也【注147】。其次以為有封焉，而未始有是非也【注148】。是非之彰也，道之所以虧也【注149】。道之所以虧，愛之所以成【注150】。果且有成與虧乎哉？果且無成與虧乎哉【注151】？有成與虧，故昭氏之鼓琴也；無成與虧，故昭氏之不鼓琴也【注152】。

【郭象注146】此忘天地，遺萬物，外不察乎宇宙，內不覺其一身，故能曠然無累，與物俱往，而無所不應也。

【郭象注147】雖未都忘，猶能忘其彼此。

【郭象注148】雖未都忘彼此，猶能忘彼此之是非也。

【郭象注149】無是非乃全也。

【郭象注150】道虧則情有所偏而愛有所成，未能忘愛釋私，玄同彼我也。

【郭象注151】有之與無，斯不能知，乃至。

【郭象注152】夫聲不可勝舉也。故吹管操絃，雖有繁手，遺聲多矣。而執籥鳴絃者，欲以彰聲也，彰聲而聲遺，不彰聲而聲全。故欲成而虧之者，昭文之鼓琴也；不成而無虧者，昭文之不鼓琴也。

古代得道之人的智慧達到了最高境界，甚麼樣的最高境界呢？他們以為應該探討到未生萬物之前的宇宙，這是最高盡善無以復加了！其次認為有物而沒有封界的劃分，再其次認為有封界而沒有是非的分別。一旦是非彰明，渾然的大道即已虧損。大道虧損，偏私的愛便生成。真的有生成與虧損嗎？還是根本沒有甚麼生成與虧損？有生成與虧損，便是昭氏鼓琴，五音無法並奏，此聲成其餘諸聲便虧。昭氏不鼓琴，便沒有成虧可言。

未生萬物之前的宇宙為無，已生萬物之前的宇宙為有，老子稱：「天下萬物生於有，有生於無。」「有物混成，先天地生。寂兮寥兮，獨立而不改，周行而不殆，可以為天下母。吾不知其名，字之曰道。」「道生一，一生二，二生三，三生萬物。萬物負陰而抱陽，沖氣以為和。」後世有無極而太極的說法，似乎其來有自，卻也被批評為頭上安頭益增混亂。〈繫辭傳〉中提到太極的僅一段：「易有太極，是生兩儀，兩儀生四象，四象生八卦，八卦定吉凶，吉凶生大業。」太極的觀念風行華夏，是否指的萬法究竟的本體呢？周敦頤的《太極圖說》是否受到道家道教的影響？所謂無極而太極，解成無極生太極合適嗎？這些問題值得參究。

有人說無極的觀念出於老子，見今本《道德經》第二十八章：「為天下式，常德不忒，復歸於無極。」觀前後文脈絡，與嬰兒、樸的意象相稱，所謂「樸散則為器」，是有形而上的道衍出形而下的器之意味。然而太極的名相首見於《莊子．大宗師第六》：「在太極之先而不為高。」顯然在莊子思想的體系中，太極並非究竟，亦無封界的劃分；由此而生的兩儀有了封界的劃分，卻尚無孰是孰非的觀念。一旦有了是非，大道虧損，私愛氾濫，成了「其嗜欲深者其天機淺」，佛經稱：「落愛見坑，失菩提路。」老子則稱：「甚愛必大費，多藏必厚亡。」

易傳論述本體，稱乾元不稱太極。〈彖傳〉：「大哉乾元！萬物資始，乃統天。」〈文言傳〉：「乾元用九，天下治也⋯乾元用九，乃見天則。乾元者，始而亨者也。」這與孔子求教老子，深悟得一、致一的道家最高智慧後，晚年另創新境「改一為元」或稱「變一為元」有關。無論儒家道家，既體悟本原，不溺於孤寂，自然都會由內而外發揮施展於人世。「一」是強調整體不可分割，能生萬象亦能統合萬象；「元」則更注重生生原創，終而復始的開展。

老子稱：「天得一以清，地得一以寧，神得一以靈，谷得一以盈，萬物得一以生，侯王得一以為天下貞，其致之。」致之即致一，竭力追求萬事萬物的整體性。〈繫辭傳〉：「天下之動，貞夫一者也。」孔老對大道的體悟血脈相通。「子曰：天下何思何慮？天下同歸而殊途，一致而百慮⋯⋯天地絪縕，萬物化醇，男女構精，萬物化生⋯⋯言致一也。」這是夫子妙解咸卦第四爻與損卦第三爻，各家各派學說雖異，卻可殊途同歸而趨於一致，真理可有各種面向，不必執著於孰一定是孰一定非。人之所以陷於偏見，多因主觀好惡，若能懲忿窒慾，或可體悟大道的整體性。咸卦人皆有情，隨時流露，損卦克制情慾懂得理性調節，二卦相錯性質相反，人生必須好好修持感性與理性的諧衡。

> 昭文之鼓琴也，師曠之枝策也，惠子之據梧也，三子之知幾乎【注153】，皆其盛者也，故載之末年【注154】。唯其好之也，以異於彼【注155】，其好之也，欲以明之【注156】。彼非所

明而明之，故以堅白之昧終【注157】。而其子又以文之綸終，終身無成【注158】。

【郭象注153】幾，盡也。夫三子者，皆欲辯非己所明以明之，故知盡慮窮，形勞神倦，或枝策假寐，或據梧而瞑。

【郭象注154】賴其盛，故能久，不爾早困也。

【郭象注155】言此三子，唯獨好其所明，自以殊於眾人。

【郭象注156】明示眾人，欲使同乎我之所好。

【郭象注157】是猶對牛鼓簧爾。彼竟不明，故己之道術終於昧然也。

【郭象注158】昭文之子又乃終文之緒，亦卒不成。

昭文即昭氏鼓琴，師曠擊鼓，惠施據梧樹而高談闊論，他們專業的才藝都達到了頂點，都被記載於史冊流傳後世。正因為他們愛好本身的技藝與眾不同，想要彰顯其成就，其實這沒甚麼好炫耀的，別人也未必聽得明白。所以惠子以名家「離堅白」的學說愚昧終生，而他的兒子又繼續他的志業文章論辯，也是一世無成。

〈德充符第五〉最終記莊子批評惠子逞智好辯，有云：「道與之貌，天與之形，無以好惡內傷其身。今子外乎子之神，勞乎子之精，倚樹而吟，據槁梧而瞑。天選子之形，子以堅白鳴！」〈人間世第四〉中葉公子高將使於齊，擔心不能完成使命，自稱：「今吾朝受命而夕飲冰，我其內熱與！」內熱患得患失，即內傷其身。據槁梧即隱机而坐，大肆空談。子以堅白鳴，與此處以堅白之昧終意同。依莊子解莊子，前後互相印證，可解莊生真實義。

人養生須重精氣神，外神勞精肯定傷身，我又占得頤卦初、四爻動。頤卦正是談養生之道，初爻爻辭：「舍爾靈龜，觀我朵頤，凶。」四爻爻辭：「虎視眈眈，其欲逐逐。」正是逐欲傷身、迷失本性之象，徹底違反了〈養生主第三〉的要旨。莊子內七篇義理勾連，結構謹嚴，真是華夏思想的上乘之作。

若是而可謂成乎？雖我亦成也【注159】。若是而不可謂成乎？物與我無成也【注160】。是故滑疑之耀，聖人之所圖也。為是不用而寓諸庸，此之謂以明【注161】。

【郭象注159】此三子雖求明於彼，彼竟不明，所以終身無成。若三子而可謂成，則雖我之不成亦可謂成也。

【郭象注160】物皆自明而不明彼，若彼不明，即謂不成，則萬物皆相與無成矣。故聖人不顯此以耀彼，不捨己而逐物，從而任之，各宜其所能，故曲成而不遺也。今三子欲以己之所好明示於彼，不亦妄乎！

【郭象注161】夫聖人無我者也。故滑疑之耀，則圖而域之；恢恑憰怪，則通而一之；使群異各安其所安，眾人不失其所是，則己不用於物，而萬物之用用矣。物皆自用，則孰是孰非哉！故雖放蕩之變，屈奇之異，曲而從之，寄之自用，則用雖萬殊，歷然自明。

如果這三人傳之後世的志業可以稱作成功，那我們眾人也可算是成功；如果他們不算成功，那天下不成功的多得是。

所以這種混亂而使人迷惑的炫耀，聖人必定想要除去。不用一己之見而寄用於尋常的道理，這就叫作了悟無分別的大道，跳脫無休無止的糾結。

成玄英的疏稱：「夫聖人者，與天地合其德，與日月齊其明，故能晦迹同凡，韜光接物，終不眩耀群品，亂惑蒼生，亦不矜己以率人，而各域限於分內，忘懷大順於萬物，為是寄用於群才。而此運心，斯可謂聖明真知也。」以此解釋郭象注161「聖人無我」甚透。「大順」見《老子》：「以智治國，國之賊；不以智治國，國之福……玄德深矣遠矣，與物反矣！然後乃至大順。」韜光養晦，接物同凡，更是老子一貫的主張：「塞其兌，閉其門，挫其銳，解其紛，和其光，同其塵，是謂玄同。」聖人與天地合德，日月齊明，應該源自〈文言傳〉：「夫大人者，與天地合其德，與日月合其明，與四時合其序，與鬼神合其吉凶，先天而天弗違，後天而奉天時。天且弗違，而況於人乎？況於鬼神乎？」易經中大人為修行的極境，其次為聖人、賢人、君子等。聖人的境界為「知進退存亡而不失其正者」，永遠進退合宜，不會「亢龍有悔，窮之災也」。

「滑疑之耀」是指甚麼？為什麼是聖人之所圖？近人張默生認為就是下文總結時提到的「葆光」，如同老子所稱的「光而不耀」，內含光明而不炫目耀眼。我年輕時認識的潘栢世，曾詳解齊物論，亦有類似的看法，認為是晃動或閃爍於有無之間的一種批判的認知，進一步探討常被遮蔽的本然的光明。然而舊注大多認為，滑疑之耀是一種靠不住的混亂而令人迷惑的虛假智慧，聖人必須設法排除。因此，有將圖字解為啚字的假借，即務實省略不耍花俏之意。其實所謂滋蔓難圖，惠子據梧高論詭辯對認知真理無益，聖人應該早些批判免得誤導後生，老子稱「圖難於其易」即是。看上下文的脈絡，似乎舊說較有理。

郭象注[160]的理解應該沒錯，所謂「物皆自明而不明彼，若彼不明，即謂不成，則萬物皆相與無成矣。」世人皆自以為是，以彼為非，這就是人際溝通甚難之處，也是齊物論欲闡明尋求突破的因由。「故聖人不顯此以耀彼，不捨己而逐物，從而任之，各宜其所能，故曲成而不遺也。今三子欲以己之所好明示於彼，不亦妄乎！」明確批判昭文、師曠、惠子三人的執著虛妄，以盲導盲，正是所謂滑疑之耀，聖人極力破除。曲成而不遺出自〈繫辭傳〉：「範圍天地之化而不過，曲成萬物而不遺。」

郭象注[161]稱「聖人無我」之後，明言：「滑疑之耀，則圖而域之；恢恑憰怪，則通而一之。」顯然滑疑之耀並非究竟，聖人須劃定一個有限的方域，使各種不同的看法安其所安，以化解無休無止的對立衝突。

為了進一步釐清這個問題，我動用易占探究滑疑之耀的真義，得出巽卦第三爻動，爻辭為：「頻巽，吝。」企圖深入探討天命，卻因不準確而難以通達，猶疑不定，顯然不成。再問「為是不用而寓諸庸」呢？得出巽卦初、二、三爻皆動，齊變為益卦，這才是完整深透的做法。「以明」二字已見於前文，化解各以為是的爭執，以本然的光明照察一切。

這幾則郭象注與成玄英的疏若能通悟，不只是用於認知，更可發揮於齊家治國的實踐領域，大順於萬物，寄當於群才。道家無為而治、調和鼎鼐的功夫確有其長，老子如此，莊學亦復如是。

今且有言於此，不知其與是類乎？其與是不類乎？類與不類，相與為類，則與彼無以異矣【注162】。雖然，請嘗言之【注163】。有始也者【注164】，有未始有始也者【注165】，有未始有夫未始有始也者【注166】。有有也者【注167】，有無也者【注168】，有未始有無也者【注169】，有未始有夫未始有無也者。俄而有無矣，而未知有無之果孰有孰無也【注170】？今我則已有謂矣【注171】，而未知吾所謂之其果有謂乎？其果無謂乎【注172】？

【郭象注162】今以言無是非，則不知其與言有者類乎不類乎？欲謂之類，則我以無為是，而彼以無為非，斯不類矣。然此雖是非不同，亦固未免於有是非也，則與彼類矣。故曰類與不類又相與為類，則與彼無以異也。然則將大不類，莫若無心，既遣是非，又遣其遣。遣之又遣以至於無遣，然後無遣無不遣而是非自去矣。

【郭象注163】至理無言，言則與類，故試寄言之。

【郭象注164】有始則有終。

【郭象注165】謂無終始而一死生。

【郭象注166】夫一之者，未若不一而自齊，斯又忘其一也。

【郭象注167】有有則美惡是非具也。

【郭象注168】有無而未知無無也，則是非好惡猶未離懷。

【郭象注169】知無無矣，而猶未能無知。

【郭象注170】此都忘其知也，爾乃俄然始了無耳。了無，則天地萬物，彼我是非，豁然確斯也。

【郭象注171】謂無是非，即復有謂。

【郭象注172】又不知謂之有無，爾乃蕩然無纖芥於胸中也。

現在假如有一種言論，不知與另一種言論是相類呢？還是不相類？若以大道玄同之理來說，不管類與不類，都看作相與為類，彼此就沒有甚麼不同了。雖然如此，我們嘗試談談看宇宙人生的源流。有開始的時候，有沒有這個開始的時候，還有連「沒有這個開始」的想法都沒有的時候。有物質存在的時候，有一切空無的時候，有未曾有空無的時候，還有連「未曾有空無」都沒有的時候。忽然有了存在與空無，卻不知道誰是真的存在誰又是真的空無。現在我說了這一大套話，不知道是真的講了？還是根本沒有講？

天下莫大於秋毫之末，而大山為小；莫壽於殤子，而彭祖為夭。天地與我並生，而萬物與我為一【注173】。既已為一矣，且得有言乎【注174】？既已謂之一矣，且得無言乎【注175】？一與言為二，二與一為三，自此以往，巧曆不能得，而況其凡乎【注176】？故自無適有，以至於三，而況自有適有乎【注177】！無適焉，因是已【注178】。

【郭象注173】夫以形相對，則大山大於秋毫也。若各據其性分，物冥其極，則形大未為有餘，形小不為不足。苟各足於其性，則秋毫不獨小其小而大山不獨大其大矣。若以性足為大，則天下之足未有過於秋毫也；若性足者為非大，則雖大山亦可稱小矣。故曰天下莫大於秋毫之末而大山為小。大山為小，則天下無大矣；秋毫為大，則天下無小也。無小無大，無壽無夭，是以蟪蛄不羨大椿而欣然自得，斥鴳不貴天池而榮願以足。苟足於天然而安其性命，故雖天地未足為壽而與我並生，萬物未足為異而與我同得。則天地之生又何不並，萬物之得又何不一哉！

【郭象注174】萬物萬形，同於自得，其得一也。已自一矣，理無所言。

【郭象注175】夫名謂生於不明者也。物或不能自明其一而以此逐彼，故謂一以正之。既謂之一，即是有言矣。

【郭象注176】夫以言言一，而一非言也，則一與言為二矣。一既一矣，言又二之；有一有二，得不謂之三乎！夫以一言言一，猶乃成三，況尋其支流，凡物殊稱，雖有善數，莫之能紀也。故一之者與彼未殊，而忘一者無言而自一。

【郭象注177】夫一，無言也，而有言則至三。況尋其末數，其可窮乎！

【郭象注178】各止於其所能，乃最是也。

天下沒有甚麼東西比秋天獸毛的末端更大，而泰山很微小；短命夭折的小孩很長壽，而活了八百歲的彭祖算是短命。天地與我並生，萬物與我一體。萬物既然通為一體，還有甚麼好言論的呢？既然已經稱通為一體，也不能說沒有言論。這個物我渾然一體和其名稱加起來就是二，一旦有名稱，就有對待的名稱，加上道體就成為三。由這樣推演下去，再精密的曆算也無法得出數目，何況一般凡夫俗子呢？所以說從無到有，而至於三，而況從有到有呢！不要再這樣纏絞下去了，還是因任自然決定自己的行止吧！

老子稱：「道生一，一生二，二生三，三生萬物。萬物負陰而抱陽，沖氣以為和。」其原意應該很清楚，道體無形無相，一則顯現其不可分割的整體性，二指必含陰陽兩面，相反相成的和合狀態為三，陰陽和合即可生生不息而成萬物。然而行文過簡，自古解釋亦多歧義。莊子此處的理解運用，包括郭象與成玄英的注疏就有些出入，知道就好，無傷大旨。

巧曆不能得，涉及繁複精密的曆法運算，無論西曆夏曆，人類對自然奧秘的探測很難絕對精確。蓍法的大衍之術即仿曆法定出，準確度極高，仍然不敢講萬無一失。豫卦和觀卦〈彖傳〉中所稱「四時不忒」，據此預測和觀察天地造化尚需校正，所以才有「大衍之數五十，其用四十有九」，以及「天地之數五十有五」，需依天人差距調整決定宜變爻位的說法。革、鼎二卦卦序居第四十九、五十，〈大象傳〉分稱：「治曆明時」、「正位凝命」。豐卦卦序居第五十五，〈大象傳〉稱「折獄致刑」，〈彖傳〉稱：「天地盈虛，與時消息，而況於人乎？況於鬼神乎？」這些傳文肯定與該卦的理氣象數有關，絕非巧合，當深究其原由。

道藏奇書《黃帝陰符經》末有言：「至靜之道，律曆所不能契。」含義甚深，提供大家參考。

郭象注[173]很長，闡釋自性具足則無形體大小的差異，講的應該是很透徹了。從天地宇宙的高度來看，泰山之大與秋毫之末確實沒有甚麼差異，彭祖也不比夭折的小孩多活太久。所以〈逍遙遊第一〉中提過的蟪蛄不羨慕大椿，欣然自得其樂，斥鴳不貴遠赴天池而榮願已足。

「天地與我並生，萬物與我為一。」孟子亦有類似的壯語：「萬物皆備於我矣，反身而誠，樂莫大焉。強恕而行，求仁莫近焉。」「君子所過者化，所存者神，上下與天地同流。」仁即本心自性的發用，剝極而復，碩果含仁，生命種子裡含蘊無限的生機。仁字既是相人偶，也是天地人三才互通之意，求仁莫近，正合復卦初爻爻辭「不遠復」之旨，〈彖傳〉贊稱「復其見天地之心乎！」絕對是見道之語。《禮記．禮運》直述：「人者，天地之心也。」張載的橫渠四句教：「為天地立心，為生民立命，為往聖繼絕學，為萬世開太平。」之所以膾炙人口深得人心，其來有自。

復卦之後為无妄、大畜，一切真實不虛，萬物皆備於我，遂成就再往後的頤卦生生不息的生態世界。〈大象傳〉解得精闢：「天下雷行，物與无妄，先王以茂對時育萬物。」「天在山中，大畜，君子以多識前言往行以畜其德。」《大學》明明德止於至善，《中庸》盡己盡人盡物之性而贊天地之化育與天地參，致中和使天地位萬物育，經傳之理處處融通一以貫之。

佛教講六道輪迴，人只是三善道之一，與華夏重人的本土思想有別。禪宗六祖闡揚自性能生萬法，是佛法能融入中國的關鍵。

夫道未始有封【注179】，言未始有常【注180】，為是而有畛也【注181】，請言其畛：有左，有右【注182】，有倫，有義【注183】，有分，有辯【注184】，有競，有爭【注185】，此之謂八德【注

186】。六合之外，聖人存而不論【注187】；六合之內，聖人論而不議【注188】。春秋經世先王之志，聖人議而不辯【注189】。故分也者，有不分也；辯也者，有不辯也【注190】。曰：何也？聖人懷之【注191】，眾人辯之以相示也。故曰辯也者有不見也【注192】。夫大道不稱【注193】，大辯不言【注194】，大仁不仁【注195】，大廉不嗛【注196】，大勇不忮【注197】。道昭而不道【注198】，言辯而不及【注199】，仁常而不周【注200】，廉清而不信【注201】，勇忮而不成【注202】。五者圓而幾向方矣【注203】，故知止其所不知，至矣【注204】。孰知不言之辯，不道之道？若有能知，此之謂天府【注205】。注焉而不滿，酌焉而不竭【注206】，而不知其所由來【注207】，此之謂葆光【注208】。

【郭象注179】冥然無不在也。

【郭象注180】彼此言之，故是非無定。

【郭象注181】道無封，故萬物得恣其分域。

【郭象注182】各異便也。

【郭象注183】物物有理，事事有宜。

【郭象注184】群分而類別也。

【郭象注185】並逐曰競，對辯曰爭。

【郭象注186】略而判之，有此八德。

【郭象注187】夫六合之外，謂萬物性分之表耳。夫物之性表，雖有理存焉，而非性分之內，則未嘗以感聖人也，故聖人未嘗論之。若論之，則是引萬物使學其所不能也。故不論其外，而八畛同於自得也。

【郭象注188】陳其性而安之。

【郭象注189】順其成迹而凝乎至當之極，不執其所是以非眾人也。

【郭象注190】夫物物自分，事事自別。而欲由己以分別之者，不見彼之自別也。

【郭象注191】以不辯為懷耳，聖人無懷。

【郭象注192】不見彼之自辯，故辯己所知以示之。

【郭象注193】付之自稱，無所稱謂。

【郭象注194】己自別也。

【郭象注195】無愛而自存也。

【郭象注196】夫至足者，物之去來非我也，故無所容其嗛盈。

【郭象注197】無往而不順，故能無險而不往。

【郭象注198】以此明彼，彼此俱失矣。

【郭象注199】不能及其自分。

【郭象注200】物無常愛，而常愛必不周。

【郭象注201】皦然廉清，貪名者耳，非真廉也。

【郭象注202】忮逆之勇，天下共疾之，無敢舉足之地也。

【郭象注203】此五者，皆以有為傷當者也，不能止乎本性，而求外無已。夫外不可求而求之，譬猶以圓學方，以魚慕鳥耳。雖希冀鸞鳳，擬規日月，此愈近彼，愈遠實，學彌得而性彌失。故齊物而偏尚之累去矣。

【郭象注204】所不知者，皆性分之外也。故止於所知之內而至也。

【郭象注205】浩然都任之也。

【郭象注206】至人之心若鏡，應而不藏，故曠然無盈虛之變也。

【郭象注207】至理之來，自然無迹。

【郭象注208】任其自明，故其光不弊也。

大道渾然一體，無定在而無所不在，哪有一定的界限呢？人的言論多由於成見，也沒有一定的是非，因此就產生了種種的歧異分別，我來說說這些分別吧。有左有右，有倫類有合宜，有大分有細辨，有競賽有爭奪，這就是八種不同的分別。超出天地四方以外的道理，聖人擱置不談；天地四方以內的事理，聖人論述而不深入評議。史書記載古代聖王治理國家之事，聖人評議而不論斷是非。所以於分析中有所不分，於爭辯中有所不辯。為什麼呢？聖人胸懷萬有，不輕易表露，眾人爭辯以競相炫耀。所以說：喜歡爭辯的人往往並不見道。

大道無以名稱，大辯不用言語，大仁無所偏愛，大廉不刻意謙讓，大勇沒有忌害之心。道若可輕易昭顯便非真道，一昧以言語爭辯必有所窮，仁愛若有所偏執就無法普及，刻意表現廉潔反而不夠真誠，勇敢若傷害到人亦不成真勇，這五種情況就叫適得其反，本來圓融反成拘泥。所以人的智慧要止於其所不知，才是真知。誰能理解不用言語的辯論和無可稱道的大道呢？若達到這種境界，就可稱作天府，無不含蘊無不包藏。灌水進去不會滿溢，取水出來也不會枯竭，不知：源流來自何處，這就叫作含蘊光芒而不外露。

「天府」的意涵與井卦相合，卦序前為困卦，後啟革故鼎新二卦。困外兌內坎，澤中無水資源耗盡枯竭，只能深入地層下汲取地下水，井卦上坎下巽，正是鑿井出泉之象。卦辭稱：「改邑不改井，无喪无得，往來井井。」城邑必須水源充足，才有群眾聚居，若水源枯竭則須另尋他邑，水井是民生之本，城邑外在的繁華皆繫於此。一旦鑿通水源，取之不盡用之不竭，所有人都得來此汲水。孟子論學稱：「君子深造之以道，欲其自得之也。自得之則居之安，居之安則資之深，資之深則取之左右逢其原，故君子欲其自得之也。」人只要深造自得，開發自性成功，即如《大學》所稱「無所不用其極」，《中庸》所稱「無入而不自得」，立天下之大本，成天下之達道，「天地位焉，萬物育焉」。

四川省稱天府之國，見於諸葛亮的〈隆中對〉，更早是指關中地區，見於《戰國策》蘇秦稱秦地，其後《史記·留侯世家》張良亦稱，皆形容物產豐饒。其實《周禮·春官·宗伯》已有天府之稱，原意是指負責禮儀的官職，掌管貴重物品的收藏及陳列，後來收藏處亦稱天府。

「知止其所不知，至矣。」郭象注204解：「所不知者，皆性分之外也。故止於所知之內而至也。」性分之內，即「天命之謂性、率性之謂道」的自性，自足不假外求，能生萬法而贊天地之化育。復卦一元復始萬象更新，〈繫辭傳〉稱其為德之本、小而辨於物、復以自知。〈彖傳〉讚嘆：「復，其見天地之心乎！」人生修行以恢復自性為第一要義，做到了就有生生不息之效。

前述困卦外兌內坎，兌也是言說之象，舌辯滔滔無法解內心之險，〈彖傳〉稱：「有言不信，尚口乃窮也！」莊子說眾人各執一端爭辯是非亦然，徒然自困而已。井卦深探其源成功後，革卦外兌內離，內在一片光明，顯現於外的表達溝通自有嶄新功效，天府葆光之義，值得深入玩味。

郭象注208解「葆光」：「任其自明，故其光不弊也。」老子稱：「聖人方而不割，廉而不劌，直而不肆，光而不耀。」又稱：「知者不言，言者不知，塞其兌，閉其門，挫其銳，解其紛，和其光，同其塵，是謂玄同。」「自知者明。」「明道若昧。」皆與葆光之旨相通。內明自然生光，照亮世界萬象，但不會刺眼傷人。「我有明珠一顆，久被塵勞關鎖，今朝塵盡光生，照破山河萬朵。」宋代茶陵郁禪師的悟道詩，正是天府葆光的意境。

故昔者堯問於舜曰：「我欲伐宗、膾、胥敖，南面而不釋然。其故何也？【注209】」舜曰：「夫三子者，猶存乎蓬艾之間【注210】。若不釋然，何哉？昔者十日並出，萬物皆照【注211】，而況德之進乎日者乎【注212】！」

【郭象注209】於安任之道未弘，故聽朝而不怡也。將寄明齊一之理於大聖，故發自怪之問以起對也。

【郭象注210】夫物之所安無陋也，則蓬艾乃三子之妙處也。

【郭象注211】夫重明登天，六合俱照，無有蓬艾而不光被也。

【郭象注212】夫日月雖無私於照，猶有所不及，德則無不得也。而今欲奪蓬艾之願而伐使從己，於至道豈弘哉！故不釋然神解耳。若乃物暢其性，各安其所安，無遠邇幽深，付之自若，皆得其極，則彼無不當而我無不怡也。

從前堯問舜道：「我想討伐宗、膾、胥敖三國，每當臨朝聽政時，總是猶疑不決放不開這個念頭，這是甚麼緣故呢？」舜回答道：「那三個小國的國君地位卑微，還像生活在荒僻的野草叢中一樣，您何必放在心上呢？從前十個太陽一同升起，普照萬物，互不妨礙，何況德行還超過太陽的人呢？」

郭象注212發人深省。堯是古代聖王，還嫌三個小國太落後未被王化，想以軍事手段征服一統天下，這哪裡是寬弘的大道呢？中夏自以為文明先進，其實他們可能覺得過得蠻好，一點也不想同化，真正的王道應該是互相尊重不要強人從己。乾卦〈彖傳〉稱：「乾道變化，各正性命，保合太和，乃利貞。」天下萬有形形色色，就任其自由發展，群體維持和諧共存。「若乃物暢其性，各安其所安，無遠邇幽深，付之自若，皆得其極，則彼無不當而我無不怡也。」這並非消極不作為，而是勿自以為是強人從己。坦白說，這幾百年來西方列強蠻橫霸道的殖民主義，要全世界其他地區民眾向其學習，就值得嚴厲批評。比卦講國際外交，九五居君位，爻辭稱：「顯比。王用三驅，失前禽，邑人不誡，吉。」天下大國資源雄厚實力堅強，爭取同盟應寬容大度，來者不拒去者不追，才是王者風範。今日美國的心狹志短一意孤行，不是「己所不欲勿施於人」的恕道，而是「己之所欲必施於人」，莊子這段本文與郭象的注，值得深思。

齧缺問乎王倪曰：「子知物之所同是乎？」

曰：「吾惡乎知之【注213】？」

「子知子之所不知邪？」

曰：「吾惡乎知之？【注214】」

「然則物無知邪？」

曰：「吾惡乎知之【注215】？雖然，嘗試言之【注216】？。庸詎知吾所謂知之非不知邪【注217】？庸詎知吾所謂不知之非知邪【注218】？且吾嘗試問乎女【注219】：民溼寢則腰疾偏死，鰌然乎哉？木處則惴慄恂懼，猨猴然乎哉？三者孰知正處【注220】？民食芻豢，麋鹿食薦，蝍蛆甘帶，鴟鴉耆鼠，四者孰知正味【注221】？猨猵狙以為雌，麋與鹿交，鰌與魚游。毛嬙麗姬，人之所美也，魚見之深入，鳥見之高飛，麋鹿見之決驟，四者孰知天下之正色哉【注222】？自我觀之，仁義之端，是非之塗，樊然殽亂，吾惡能知其辯【注223】？」

【郭象注213】所同未必是，所異不獨非，故彼我莫能相正，故無所用其知。

【郭象注214】若自知其所不知，即為有知。有知則不能任群才之自當。

【郭象注215】都不知，乃曠然無不任矣。

【郭象注216】以其不知，故未敢正言，試言之耳。

【郭象注217】魚游於水，水物所同，咸謂之知。然自鳥觀之，則向所謂知者，復為不知矣。夫蛣蜣之知在於轉丸，而笑蛣蜣者乃以蘇合為貴。故所同之知，未可正據。

【郭象注218】所謂不知者，直是不同耳，亦自一家之知。

【郭象注219】已不知其正，故試問女。

【郭象注220】此略舉三者，以明萬物之異便。

【郭象注221】此略舉四者，以明美惡之無主。

【郭象注222】此略舉四者，以明天下所好之不同也。不同者而非之，則無以知所同之必是。

【郭象注223】夫利於彼者或害於此，而天下之彼我無窮，則是非之竟無常。故唯莫之辯而任其自是，然後蕩然俱得。

齧缺、王倪是傳說中堯時的賢人，且是隱者許由的老師與太老師。其實由其名字看應該都是莊子所虛構，齧缺口齒不清，王倪窺知大道的始末端倪，就像〈逍遙遊第一〉中的肩吾、連叔與接輿一樣，賦有象徵的意涵。

齧缺問王倪道：「您知道萬事萬物共同的是非標準嗎？」王倪回答：「我怎麼會知道？」齧缺又問：「那您知道甚麼是您所不知道的嗎？」王倪又回答：「我怎麼會知道？」齧缺再問：「那麼萬物都是無知的嗎？」王倪答道：「我怎麼會知道？但我姑且試著說說看：你怎麼知道我所說的知道不是不知道呢？你又怎麼知道我所說的不知道不是知道呢？現在我來問問你：人睡在潮濕的地方會患腰痛甚至半身不遂，泥鰍會這樣嗎？人住在樹上會怕得發抖，猿猴會這樣嗎？人、泥鰍、猿猴三者誰懂得正確的居處呢？人吃菜蔬和肉類，麋鹿吃草，蜈蚣吃小蛇，貓頭鷹和烏鴉愛吃老鼠，四者的口味誰是正當的呢？猿猴與猵狙為配偶，麋與鹿交配，泥鰍和魚交尾，毛嬙、麗姬大家都覺得很美，但魚見到她們避入水底，鳥見到她們飛向高空，麋鹿見了奔走不顧，人魚鳥獸四者誰才懂得欣賞天下的美色呢？以我看來，所謂仁義是非的標準混亂不堪，我怎麼能知道其真正的分別呢？」

是非難明，美醜難斷，過去以「沉魚落雁」、「閉月羞花」形容絕世美女的姿容，最早應出於莊子的譬喻。顯然，男人驚豔愛之不捨，鳥獸蟲魚未必欣賞，甚至驚嚇到避之惟恐不及。《老子》第二章：「天下皆知美之為美，斯惡已。皆知善之為善，斯不善已。故有無相生，難易相成，長短相形，高下相傾，音聲相和，前後相隨。」不執一端，平心看待萬事萬物，這就是齊物論的基調。

齧缺曰：「子不知利害，則至人固不知利害乎【注224】？」

王倪曰：「至人神矣【注225】！大澤焚而不能熱，河漢沍而不能寒，疾雷破山飄風振海而不能驚【注226】。若然者，乘雲氣【注227】，騎日月【注228】，而遊乎四海之外【注229】，死生無變於己【注230】，而況利害之端乎【注231】？」

【郭象注224】未能妙其不知，故猶嫌至人當知之。斯懸之未解也。

【郭象注225】無心而無不順。

【郭象注226】夫神全形具而體與物冥者，雖涉至變而未始非我，故蕩然無蠆介於胸中也。

【郭象注227】寄物而行，非我動也。

【郭象注228】有晝夜而無死生也。

【郭象注229】夫唯無其知而任天下之自為，故馳萬物而不窮也。

【郭象注230】與變為體，故死生若一。

【郭象注231】況利害於死生，愈不足以介意。

齧缺問：「您不懂得甚麼是利害，至德之人難道也不懂得嗎？」王倪回答說：「至德之人太神妙了！大澤焚燒他也不會感到熱，江河凍結了也不會感到冷，迅猛的雷霆震破山峯，狂風掀起海面巨浪，都不能使他驚動。這樣的人乘著雲氣，騎著日月，遨遊於四海之外，生死變化都影響不到他，何況區區利害的分際呢？」

瞿鵲子問乎長梧子曰：「吾聞之夫子，聖人不從事於務【注232】，不就利，不違害【注233】，不喜求【注234】，不緣道【注235】；無謂有謂，有謂無謂【注236】，而遊乎塵垢之外【注237】。夫子以為孟浪之言，而我以為妙道之行也。吾子以為奚若？」

【郭象注232】務自來而理自應耳，非從而事之也。

【郭象注233】任而直前，吾所避就。

【郭象注234】求之不喜，直取不怒。

【郭象注235】獨至者也。

【郭象注236】凡有稱謂者，皆非吾所謂也，彼各自謂耳，故無彼有謂而有此無謂也。

【郭象注237】凡非真性，皆塵垢也。

瞿鵲子與長梧子當然也是虛構的人物，一從禽鳥取象，一從樹木取象。梧桐樹活的肯定比鵲鳥長，就像〈逍遙遊第一〉：「小年不及大年」，動物活不過植物一樣。「小知不及大知」，瞿鵲子的見識也比不上長梧子深遠，只能虛心受教。

瞿鵲子問長梧子道：「我聽孔夫子說過，聖人不從事世務，不追求利益，也不躲避災害，不貪求，也不刻意遵循大道，沒說等於說了，說了等於沒說，遨遊於世俗之外，孔夫子以為這是荒唐無稽的話，而我卻以為體現了神妙的大道。不知您以為如何？」

長梧子曰：「是黃帝之所聽熒也，而丘也何足以知之？且女亦大早計，見卵而求時夜，見彈而求鴞炙【注238】。予嘗為女妄言之【注239】，女以妄聽之。奚【注240】旁日月，挾宇宙【注241】，為其脗合，置其滑涽，以隸相尊【注242】，眾人役役【注243】，聖人愚芚【注244】，參萬歲而一成純【注245】。萬物盡然【注246】，而以是相蘊【注247】。」

【郭象注238】夫物有自然，理有至極。循而直往，則冥然自合，非所言也。故言之者孟浪，而聞之者聽熒。雖復黃帝，猶不能使萬物無懷，而聽熒至竟。故聖人付當於塵垢之外，而玄合乎視聽之表，照之以天而不逆計，放之自爾而不推明也。今瞿鵲子方聞孟浪之言而便以為妙道之行，斯亦無異見卵而責司晨之功，見彈而求鴞炙之實也。夫不能安時處順而探變求化，當生而慮死，執是以辯非，皆逆計之徒也。

【郭象注239】言之則孟浪也，故試妄言之。

【郭象注240】若正聽妄言，復為太早計也。故亦妄聽之，何？

【郭象注241】以死生為晝夜，旁日月之喻也；以萬物為一體，挾宇宙之譬也。

【郭象注242】以有所賤，故尊卑生焉，而滑涽紛亂，莫之能正，各自是於一方矣。故為脗然自合之道，莫若置之無言，委之自爾也。涽然，無波際之謂也。

【郭象注243】馳騖於是非之境也。

【郭象注244】芚然無知而直往之貌。

【郭象注245】純者，不雜者也。夫舉萬歲而參其變，而眾人謂之雜矣，故役役然勞形怵心而去彼就此。唯大聖無執，故芚然直往而與變化為一，一變化而常遊於獨者也。故雖參糅億載，千殊萬異，道行之而成，則古今一成也；物謂之而然，則萬物一然也。無物不然，無時不成；斯可謂純也。

【郭象注246】無物不然。

【郭象注247】蘊，積也。積是於萬歲，則萬歲一是也；積然於萬物，則萬物盡然也。故不知死生先後之所在，彼我勝負之所如也。

長梧子回答：「這些話連黃帝聽了都不能沒有疑惑，孔丘怎麼能夠懂呢？而且你也太早下論斷了，看到雞蛋就想到公雞報曉，看見彈丸就想吃烤鳥肉。我跟你隨便談談，你也就隨便聽聽吧！聖人與天地萬物同體，依傍日月，挾持宇宙，事物渾合無別，或昏亂錯雜，一切聽任自然，不分卑賤與尊貴。眾人整天忙碌，聖人混混沌沌，揉合古今一切異變而成一精純的整體。萬物皆然，聖人都可包容蘊含而不妄自分別。」

長梧子說我為你妄言之，你不妨妄聽之。清代蒲松齡的《聊齋誌異》，王士真題詩：「姑妄言之妄聽之，豆棚瓜架雨如絲，料應厭作人間語，且聽秋墳鬼唱詩。」北宋蘇東坡貶謫黃州時，找人聊天談鬼，人說沒這回事，他說姑妄言之，可能都受了莊子文章的影響。

參萬歲而一成純，郭象注[245]值得參看體悟。純即不雜，揉合千秋萬代的繁複世變而成為一純淨的本體，這是甚麼功夫與修為？乾卦〈文言傳〉稱：「大哉乾乎！剛健中正純粹精也，六爻發揮旁通情也，時乘六龍以御天也，雲行雨施天下平也。」乾坤合德始生萬物，屯卦為萬物初生，保有清純本性，接著蒙卦則嗜欲漸深天機漸淺，需啟蒙以復元，〈雜卦傳〉稱「雜而著」。下經首咸恒二卦，咸為自然無心之感，恒卦歷經天長地久的考驗，〈繫辭傳〉稱「雜而不厭」。若能著能不厭，則由雜而反純，道家思想特別重視清心寡慾，以期反璞歸真。郭象注末稱：「無物不然，無時不成，斯可謂純也。」其實〈雜卦傳〉創作的宗旨即在撥亂反正，最後八個卦自「大過顛也」之後，更是進入高度動盪的非常亂世，

相鄰二卦必呈或錯或綜的關係都裂解打亂，嚴酷考驗人應對的智慧與膽識。正常卦序結束於無休無止的未濟卦，而雜卦的卦序卻在未濟之後又以夬卦終結：「夬，決也，剛決柔也。君子道

長，小人道憂也。」五陽對決一陰成功後，世勢就有可能反歸六陽純全的乾卦，正如莊子前文所稱「天地與我並生，而萬物與我為一。」

我占問莊子所謂「參萬歲而一成純」究為何意？得出不變的无妄卦。无妄則全真，卦辭中有元亨利貞，〈彖傳〉稱「天之命也」，〈大象傳〉稱：「物與无妄，先王以茂對時育萬物。」完全吻合其意。

「萬物盡然，而以是相蘊。」郭象注247釋蘊字為積，積是於萬歲，則萬歲一是；積然於萬物，則萬物盡然。處當今這亂世中，文化底蘊很重要，卻非朝夕可至，得日積月累。《荀子・勸學篇》稱：「積土成山，風雨興焉；積水成淵，蛟龍生焉；積善成德，而神明自得，聖心備焉。故不積跬步，無以致千里；不積小流，無以成江海。」大有卦九二爻爻辭：「大車以載，有攸往，无咎。」〈小象傳〉解釋：「積中不敗也。」升卦〈大象傳〉：「地中生木，君子以順德，積小以高大。」小畜卦上爻爻辭：「既雨既處，尚德載。」〈小象傳〉解釋：「德積載也。」

噬嗑卦充滿惡鬥的殺機，〈繫辭傳〉統論初、上爻的始末因果：「善不積不足以成名，惡不積不足以滅身，小人以小善為无益而弗為也，以小惡為无傷而弗去也，故惡積而不可掩，罪大而不可解。」坤卦〈文言傳〉：「積善之家，必有餘慶；積不善之家，必有餘殃……非一朝一夕之故，其所由來者漸矣。」方今之世國際衝突日烈，小心積惡而致滅身滅國，輪迴或無，長時的因果業報必存，積善成善蘊，積惡的惡蘊凜凜可畏啊！

以是相蘊，日正為是。〈繫辭傳〉稱：「易有太極，是生兩儀。」易經推演宇宙人生的變化，以是始以是終。乾卦初爻潛龍勿用，〈文言傳〉稱：「不見是而无悶。」未濟卦上爻：「濡其首，有孚失是。」

前占「參萬歲而一成純」為不變的无妄卦，「萬物以是相蘊」依理就應是接著的大畜卦，〈大象傳〉稱：「君子以多識前言往行以畜其德。」〈彖傳〉又稱：「剛健篤實輝光，日新其德。」一日正為是，蘊藏深厚。

予惡乎知悅生之非惑邪【注248】？予惡乎知惡死之非弱喪，而不知歸者邪【注249】？麗之姬，艾封人之子也。晉國之始得之也，涕泣沾襟；及其至於王所，與王同筐牀，食芻豢，而後悔其泣也【注250】。予惡乎知夫死者，不悔其始之蘄生乎【注251】？

【郭象注248】死生一也，而獨悅生，欲與變化相背，故未知其非惑也。

【郭象注249】少而失其故居，名為弱喪。夫弱喪者，遂安於所在而不知歸於故鄉也。焉知生之非夫弱喪，焉知死之非夫還歸而惡之哉！

【郭象注250】一生之內，情變若此。當此之日，則不知彼，況夫死生之變，惡能相知哉！

【郭象注251】蘄，求也。

我怎麼知道貪生不是迷惑，怕死不是像幼時流落異鄉，長大後不知返回故鄉呢？麗姬是艾地守封疆人的女兒，晉國軍隊抓住她的時候，她哭得淚水浸透衣襟，等她送到王宮與國君同床，吃美味佳餚，便後悔自己不該傷心哭泣。同樣，我怎麼知道那些死去的人不會後悔當初汲汲求生呢？

貪生怕死為人之常情，而莊子此處卻質疑可能是迷惑，少小離家老大回，生寄死歸的說法令人憮然。復卦為生生不息，而復卦上爻：「迷復凶，有災眚。」執迷不悟反成凶災，爻變為頤卦，頤為飲食養生，再刻意講究也無法長生，其後六爻全變成大過卦，色身崩毀勢所必至絕無例外。〈大象傳〉稱：「澤滅木，君子以獨立不懼，遯世无悶。」獨為慎獨之獨，天命在人曰性，在身曰心，在己曰獨。若悟自性，上天下地唯我獨尊，自然超越生死而與造化合一。坤卦代表廣土眾民，〈彖傳〉稱：「至哉坤元，萬物資生。」又稱：「先迷失道，後順得常。」〈大宗師第六〉中稱修道者外物外生乃能朝徹，一朝大徹大悟後便能見獨，而後能無古今，入於不死不生之境。齊物論前面南郭子綦說「近死之心莫使復陽」，又說「苶然疲役而不知其所歸……人之生也，固若是芒乎？」一再提醒人認真反省，值得再三玩味。

若說死亡是歸鄉，達觀者應視死如歸，易經漸與歸妹二卦即言歸。漸卦卦辭：「女歸吉，利貞。」歸妹卦辭：「征凶，无攸利。」〈彖傳〉又稱歸妹為「天地之大義」與「人之終始」，〈大象傳〉則稱：「君子以永終知敝。」依京房八宮卦序，漸為艮宮歸魂卦，歸妹為兌宮歸魂卦，且是所謂的大歸魂卦。〈繫辭傳〉稱：「原始反終，故知死生之說；精氣為物，遊魂為變，是故知鬼神之情狀。」遊魂、歸魂占測人之生死頗切，據此推之，死亡確實是天經地義不可能有例外，而真有回家的意涵。

漸、歸妹二卦之後的豐卦，卦序為第五十五，正是〈繫辭傳〉所稱：「凡天地之數五十有五，此所以成變化而行鬼神也。」〈大象傳〉稱：「雷電皆至，君子以折獄致刑。」〈彖傳〉

稱：「天地盈虛，與時消息，而況於人乎？況於鬼神乎？」

宇宙中有天地人鬼神各種有形無形的存在，隨時變動推移，長期的業因果報歷歷不爽。漸、歸妹二卦之前為震、艮二卦，人生的動靜行止、吉凶禍福皆歸魂於此乎？

弱喪指少小離家，古代男子二十歲行冠禮稱弱冠，喪指失去故鄉親人的照顧。易經中言喪的如旅卦，三爻「喪其童僕」，上爻「喪牛于易」，離鄉背井羈旅漂泊相當難受，四爻「旅于處，得其資斧，我心不快。」即便有所得並不愉快，何況到下一巽卦時，上爻又復「喪其資斧，貞凶。」〈雜卦傳〉稱：「親寡，旅也。」大壯卦血氣方剛，衝動惹禍，第五爻稱「喪羊于易」。睽卦一家人睽違生隙，初爻稱「喪馬勿逐」。震卦遭遇重大衝擊，二爻「億喪貝」，五爻「億无喪有事」，可能喪失錢財甚至喪權辱國。井卦卦辭「无喪无得」，井水泉源不斷取之不盡用之不竭，所以勿輕易離鄉背井。既濟卦第二爻「婦喪其茀」，掉了重要的首飾不宜出門。坤卦卦辭：「西南得朋，東北喪朋。」乾卦上爻「亢龍有悔」，〈文言傳〉批評「知存而不知亡，知得而不知喪。」易論吉凶得失，失可能復得，喪則未必，人一旦喪命別人幫他辦喪禮哪裡還能回來？小過卦為兌宮遊魂卦，〈大象傳〉即稱「喪過乎哀」，卦辭「飛鳥遺之音」，昔人已逝，不復返矣。

夢飲酒者，旦而哭泣；夢哭泣者，旦而田獵【注252】。方其夢也，不知其夢也【注253】。夢之中又占其夢焉【注254】，覺而後知其夢也【注255】。且有大覺而後知此其大夢也【注256】，而愚者自以為覺，竊竊然知之。君乎？牧乎？固哉【注257】！丘也與女皆夢也【注258】，予謂女夢亦夢也【注259】。是其言也，其名為弔詭【注260】。萬世之後，而一遇大聖，知其解者，是旦暮遇之也【注261】。

【郭象注252】此寤寐之事變也。事苟變，情亦異，則死生之願不得同矣。故生時樂生，則死時樂死矣，死生雖異，其於各得所願一也，則何係哉？

【郭象注253】由此觀之，當死之時，亦不知其死而自適其志也。

【郭象注254】夫夢者乃復夢中占其夢，則無以異於寤者也。

【郭象注255】當所遇，無不足也，何為方生而憂死哉！

【郭象注256】夫大覺者，聖人也。大覺者乃知夫患慮在懷者皆未寤也。

【郭象注257】夫愚者大夢而自以為寤，故竊竊然以所好為君上而所惡為牧圉，欣然信一家之偏見，可謂固陋矣。

【郭象注258】未能忘言而神解，故非大覺也。

【郭象注259】即復夢中之占夢也。夫自以為夢，猶未寤也，況竊竊然自以為覺哉！

【郭象注260】夫非常之談，故非常人之所知，故謂之弔當卓詭，而不識其懸解。

【郭象注261】言能蛻然無係而玄同死生者至希也。

夢中飲酒作樂的人，醒來可能悲傷哭泣，夢中哭泣的人，第二天可能打獵作樂。當他做夢時並不知道自己在做夢，在夢中還在問另一個夢的吉凶呢？醒來後才發現是一場夢。有大覺悟的人才知道人生不過是一場大夢，而愚昧的人自以為覺悟，自以為甚麼都懂，從高貴的君王到一般百姓，都非常淺薄固陋。孔丘與你都在做夢，我說你們做夢，可能我也在夢中啊！這些話一般世人聽了會覺得很怪異，萬世之後總會有大聖人懂得其含意，那已經算是很快的了！

人生如夢是亙古的感嘆，古今中外不知道有多少戲曲文章發揮此意。蘇東坡的〈西江月〉：「世事一場大夢，人生幾度秋涼？」〈永遇樂〉：「古今如夢，何曾夢覺，但有舊歡新怨。」杜甫〈夢李白〉：「死別已吞聲，生別常惻惻……故人入我夢，明我長相憶。」李煜〈浪淘沙〉：「夢裡不知身是客，一晌貪歡。」唐代小說有〈黃粱夢〉、〈南柯夢〉，曹雪芹傳世之作《紅樓夢》風靡天下。夢中情人、夢裡江山似乎都好過現實生活中的種種情境。其實也有惡夢，所謂生死恐怖與顛倒夢想，佛教認為恪須掙脫去除，以還我清淨自在之身。

羅貫中《三國演義》描述劉備三顧茅廬，耐心靜候諸葛亮睡醒，聽他伸懶腰吟詩：「大夢誰先覺，平生我自知，草堂春睡足，窗外日遲遲。」蜀漢在三國中最弱小最先滅亡，君臣二人的夢想成空。毓老師二戰後滿洲國失敗，退出政治潛心文化，以「長白又一村」明志，所謂「以夏學奧質，尋拯世真文」，他圓夢了嗎？我們整理他生前札記，其中一頁上記有豪情佈局壯語，所謂下盤亙古未有的大碁云云，以前在講經課堂上也曾稱康熙大帝開疆拓土事功鼎盛，而他弘揚華夏文明亦已繼明照于四方。過世前不久有次找我談話，還提滿蒙幽燕地位重要，他有全盤計畫等等，講講有些自嘲地說：「夢啊……」

西方心理學大師佛洛伊德有作《夢的解析》，其弟子榮格更有深入探討，我曾占算夢是甚麼，得出乾卦九二爻動，爻辭稱：「見龍在田，利見大人。」恰值宜變成同人卦。看來夢境確與人類的潛意識有關，由深藏內卦底層的潛龍浮出為檯面的見龍，種種上下及平行的人際關係編織而成迷離夢境，正合同人卦旨。天火同人內卦離為心為火，乾卦二爻心火旺盛，日有所思夜遂成夢。接著的九三爻稱：「終日乾乾，夕惕若，厲，无咎。」真是太妙！

我自幼思慮過度，幾乎無日不夢，晝眠亦然，還有些夢境真能預示未來，晝面可以清晰到一張郵票大小纖毫畢現。佛教稱第八識中含藏不少前世今生的記憶，依《河洛理數》推算，我的先天本命元堂又是比卦六三：「比之匪人。」匪人即非人，絕無靈異體質，亦不喜怪力亂神，但證諸大半生經歷，還真是精確入微。我還曾占算第八識亦即阿賴耶識是甚麼？為何稱「後去來先做主公」？結果得出不變的升卦。升卦性質與无妄卦完全相反，无妄修行圓滿則全真，那麼升卦可能就是虛妄，難怪九三爻「升虛邑」有海市蜃樓之象，整座城市都是幻象，而〈小象傳〉稱：「无所疑也。」眾人信以為真，〈逍遙遊第一〉中提過的「野馬也，塵埃也，生物之以息相吹也」，藪澤中的游氣虛幻不實。升卦上爻「冥升」，〈小象傳〉稱：「消不富也。」爻變成蠱卦，一旦泡沫破碎，迷執者情何以堪?卦序往下落入困卦，幻夢成空，艱困難受已極。

无妄之後為大畜卦，其〈大象傳〉稱：「天在山中，君子以多識于前言往行以畜其德。」〈彖傳〉則稱：「剛健篤實輝光，日新其德。」顯然大畜才與真實自性有關，阿賴耶識是升卦，必須轉識成大圓鏡智才得融通。《心經》講五蘊皆空，識蘊仍非真實究竟。

〈大宗師第六〉稱：「古之真人，其寢不夢，其覺無憂。」道家修到最高為真人，而我如此多夢，看來此生是無緣修道了。然而人生在世，除了衣食生活外好像還是要有些值得追求的夢想，雖不能至也心嚮往之。自己夢自己圓，天塌大家死，過河有矬子，成敗利鈍勿庸過計。

弔詭一詞是莊子所創還是當時有此方言已難追考，近代有英譯為paradox的，有似非而是的含意，好像違反常識卻有一定道理。《論語．陽貨篇》記子曰：「惡紫之奪朱也，惡鄭聲之亂雅樂也，惡利口之覆邦家者。」又有批判鄉愿的偽善，認為是德之賊。《孟子．盡心篇》末接著發揮解釋：「同乎流俗，合乎汙世，居之似忠信，行之似廉潔，眾皆悅之，自以為是，而不可與入堯舜之道，故曰德之賊也。」這是似是而非。由此可見人生追求探討真理之難，齊物論之作，不亦宜乎！

既使我與若辯矣，若勝我，我不若勝，若果是也，我果非也邪【注262】？我勝若，若不吾勝，我果是也，而果非也邪？其或是也，其或非也邪？其俱是也，其俱非也邪？我與若不能相知也，則人固受其黮闇。吾誰使正之【注263】？使同乎若者正之？既與若同矣，惡能正之！使同乎我者正之？既同乎我矣，惡能正之【注264】！使異乎我與若者正之，既異乎我與若矣，惡能正之【注265】？使同乎我與若者正之，既同乎我與若矣，惡能正之【注266】！然則我與若與人，俱不能相知也，而待彼也邪【注267】？

【郭象注262】若，而，皆汝也。

【郭象注263】不知而後推，不見而後辯，辯之而不足以自信，以其與物對也。辯對終日黮闇，至竟莫能正之，故當付之至正耳。

【郭象注264】同故是之，未足信也。

【郭象注265】異故相非耳，亦不足據。

【郭象注266】是若果是，則天下不得復有非之者也；非若信非，則亦無緣復有是之者也；今是其所同而非其所異，異同既具而是非無主。故夫是非者，生於好辯而休乎天鈞，付之兩行而息乎自正也。

【郭象注267】各自正耳。待彼不足以正此，則天下莫能相正也，故付之自正而至矣。

假使我和你辯駁，你勝了我，我沒有勝你，你就一定對，我就一定錯嗎？我勝了你，你沒有勝我，我就一定對，你就一定錯嗎？或者各有對錯嗎？還是兩邊都對，或者兩邊都不對嗎？我和你都無從知道，別人那就更糊塗了！我們要找誰來裁決呢？如果找觀點跟你相同的來裁決，既然你們想法一致，他怎麼公正裁決？如果找觀點跟我相同的來裁決，既然我們想法一致，他怎麼公正裁決？如果找觀點跟我們都不同的來裁決，既然觀點跟我們都不同，他怎麼公正裁決？如果找觀點跟我們都一樣的來裁決，既然觀點跟我們都一樣，他怎麼公正裁決？所以我、你和別人都無法互相了解，還怎麼找人來評斷是非？

黮闇意指昏沉糊塗，辯論的雙方各持己見不肯退讓，別人就更搞不清楚了。易經訟卦前為需卦後接師卦，表示各有所需而起紛爭，若找不到客觀公正的仲裁者調停，就可能進一步惡化成勞師動眾的武力衝突。當前世局的大國競爭，導致全球經濟供需惡化甚至斷鏈，包括聯合國在內的國際組織能有效紓解嗎？

何謂和之以天倪【注268】？曰：是不是，然不然。是若果是也，則是之異乎不是也亦無辯；然若果然也，則然之異乎不然也亦無辯【注269】。化聲之相待，若其不相待【注270】。和之以天倪，因之以曼衍，所以窮年也【注271】。忘年忘義，振於無竟，故寓諸無竟【注272】。

【郭象注268】天倪者，自然之分也。

【郭象注269】是非然否，彼我更對，故無辯。無辯，故和之以天倪，安其自然之分而已，不待彼以正之。

【郭象注270】是非之辯為化聲。夫化聲之相待，俱不足以相正，故若不相待也。

【郭象注271】和之以自然之分，任其無極之化，尋斯以往，則是非之境自泯，而性命之致自窮也。

【郭象注272】夫忘年故玄同死生，忘義故彌貫是非。是非死生蕩而為一，斯至理也。至理暢於無極，故寄之者不得有窮也。

什麼叫做用大道混同萬物呢？把不是看成是，把不然看成然。是若真的是，那麼是便與非不同，沒有甚麼好辯駁的；然若真的然，便與不然不同，也沒甚麼好辯駁的。辯論時人們不斷變化內容和聲調以相互對抗，其實仍不足以勘定是非，跟不對抗一樣。既然如此，莫不如用大道混同萬物，順應其變化推衍，就這樣度過一生吧。忘掉年齡生死，忘掉是非差別，立身於無窮無盡的境界，就能與之融為一體。

天倪是自然的分際，與眾人自以為是的分際不同，與前文朝三暮四的「天鈞」近似，和之以是非，止於自然的均衡。我占何謂天倪？為兌卦三、五爻動，齊變有大壯卦之象。兌卦即言語溝通，往往感情用事各執一詞，三爻爻辭：「來兌，凶。」〈小象傳〉批判：「位不當也。」五爻居君位，爻辭：「孚于剝，有厲。」〈小象傳〉稱許：「位正當也。」不以言詞交鋒，儘量維持彼此的互信互重，可能才是最好的方式，大壯利貞，節制感情的衝動，一切適可而止。

振於無竟的振字用的好，並不逃避，反而振作精神，尋求更好的方法以應對人生的溝通困境。蠱卦百弊叢生，病根深重，撥亂反正不易，而〈大象傳〉稱：「君子以振民育德。」振是動而非亂動，以智慧解決問題為尚。

罔兩問景曰：「曩子行，今子止；曩子坐，今子起。何其無特操與【注273】？」

景曰：「吾有待而然者邪【注274】？吾所待又有待而然者邪【注275】？吾待蛇蚹蜩翼邪【注276】？惡識所以然！惡識所以不然【注277】！」

【郭象注273】罔兩，景外之微陰也。

【郭象注274】言天機自爾，坐起無待。無待而獨得者，孰知其故，而責其所以哉？

【郭象注275】若責其所待而尋其所由，則尋責無極，而卒至於無待，而獨化之理明矣。

【郭象注276】若待蛇蚹蜩翼，則無特操之所由，未為難識也。今所以不識，正由不待斯類而獨化故耳。

【郭象注277】世或謂罔兩待景，景待形，形待造物者。請問：夫造物者，有耶無耶？無也？則胡能造物哉？有也？則不足以物眾形。故明眾形之自物而後始可與言造物耳。是以涉有物之域，雖復罔兩，未有不獨化於玄冥者也。故造物者無主，而物各自造，物各自造而無所待焉，此天地之正也。故彼我相因，形景俱生，雖復玄合，而非待也。明斯理也，將使萬物各反所宗於體中而不待乎外，外無所謝而內無所矜，是以誘然皆生而不知所以生，同焉皆得而不知所以得也。今罔兩之因景，猶云俱生而非待也，則萬物雖聚而共成乎天，而皆歷然莫不獨見矣。故罔兩非景之所制，而景非形之所使，形非無之所化也，則化與不化，然與不然，從人之與由己，莫不自爾，吾安識其所以哉！故任而不助，則本末內外，暢然俱得，泯然無迹。若乃責此近因而忘其自爾，宗物於外，喪主於內，而愛尚生矣。雖欲推而齊之，然其所尚已存乎胸中，何夷之得有哉！

影子的影子問影子說：「剛才你在行走，現在你停下來，剛才你坐著，現在你站起，你怎麼這麼沒有主見呢？」影子回答：「我因為有所依賴才這樣嗎？我所依賴的又有所依賴才這樣的吧？我所依賴的就像蛇靠腹鱗爬行、蜩靠翅膀飛行一樣吧？我怎麼知道是甚麼原因造成這樣，又是甚麼原因使我不這樣呢？」

魑魅魍魎是指山川木石的鬼怪，四個字都帶鬼字偏旁，也是社會上罵人的話。影由形而生，並無實質，罔兩是影外的微陰，更無獨立自主的可能。逍遙遊中一再強調凡有所待即非真正的自由，無所待談何容易？齊物論講真正的平等，又提出來讓我們深入思考。《金剛經》最後的偈言：「一切有為法，如夢幻泡影，如露又如電，應作如是觀。」人生在世，切勿捕風捉影自陷迷途。

郭象注277長篇大論，由有所待而探討到有無造物者的問題，非常值得參考。世人認為罔兩待影，影待形，形待造物者。宇宙到底有無造物者？如果無，怎能造物？如果有，又如何能造形萬殊？若明白眾形皆為自造，而後才能談造物的問題。所以談到有物的領域，雖是罔兩沒有不獨化於最深遠的大道的。沒有所謂外在的造物者，萬物都是自造而無所待，這才是天地的正道。罔兩與影是俱生而非誰待誰，萬物合聚而共成乎天，皆內在固有而非待乎外。這一段與乾卦〈彖傳〉可參看：「大哉乾元！萬物資始，乃統天……乾道變化，各正性命，保合太和，乃利貞。」復卦講自復，能見天地之心。其後的无妄卦強調固有之而非自外來，〈大象傳〉稱：「茂對時育萬物。」頤卦為眾生所構成的生態，強調自生自養。華夏思想與西方宗教講神造萬物不同，〈說卦傳〉稱：「神也者，妙萬物而為言者也。」萬物之妙難以言傳，自體發用，而非外鑠所生。《莊子．天下篇》雖有「上與造物者遊」之語，應該還是推高聖境之詞。

昔者莊周夢為胡蝶，栩栩然胡蝶也，自喻適志與【注278】！不知周也【注279】。俄然覺，則蘧蘧然周也【注280】。不知周之夢為胡蝶與？胡蝶之夢為周與【注281】？周與胡蝶，則必有分矣【注282】。此之謂物化【注283】。

【郭象注278】自快得意，悅豫而行。

【郭象注279】方其夢為胡蝶而不知周，則與殊死不異也。然所在無不適志，則當生而係生者，必當死而戀死矣。由此觀之，知夫在生而哀死者誤也。

【郭象注280】自周而言，故稱覺耳，未必非夢也。

【郭象注281】今之不知胡蝶，無異於夢之不知周也，而各適一時之志，則無以明胡蝶之不夢為周矣。世有假寐而夢經百年者，則無以明今之百年非假寐之夢者也。

【郭象注282】夫覺夢之分，無異於死生之辯也。今所以自喻適志，由其分定，非由無分也。

【郭象注283】夫時不暫停，而今不遂存，故昨日之夢，於今化矣。死生之變，豈異於此，而勞心於其間哉！方為此而不知彼，夢為胡蝶是也。取之於人，則一生之中，今不知後，麗姬是也。而愚者竊竊然自以為知生之可樂，死之可苦，未聞物化之謂也。

從前莊周夢到自己變成蝴蝶，活生生地自在飛翔，覺得很快活，忘掉自己是莊周了。忽然夢醒，還是疲憊不堪的莊周。不知道是莊周做夢變成蝴蝶，還是蝴蝶做夢變成莊周？莊周與蝴蝶肯定不同，這就叫做萬物的互相轉化啊！

齊物論結束於莊周夢蝶，引人深思夢境是獨佔還是可互相涉入交流？所謂從夢中醒轉，會不會仍在較淺層的夢境中，亦即並未完全回到現實？夢境分多層次，夢中有夢的猜想，已有拍成電影Inception，中譯《盜夢空間》或《全面啟動》，是科幻想像還是有朝一日會變成現實？

台北武昌街明星咖啡屋是幾十年前文人愛聚會之處，當時就有位現代詩人周夢蝶在門前騎樓處擺書攤，成為街頭一景。我大四時曾偕住武昌街對過巷內的女友一起去拜訪過他，還拿了自己的登高山遊記請前輩指教，他看後說我文風穩健寫實，與十九世紀法國小說家福樓拜相近。後來情緣未續，倒是與其後交往的內人常去咖啡屋樓上約會，如今嘩嘩似水流年過，周老已於二〇一四年以九十四歲高齡過世，我那女友在我們之前結婚，而且是嫁給我大學同班好友，法院公證時還請我倆作證人觀禮，之後一直維持很好的互動關係。莊周夢蝶，蝶夢莊周，昔日所念所想可謂俱往矣。

通篇齊物論的主旨為何？我占出咸卦四、五爻動，齊變有謙卦之象。咸為人情無心自然之感，〈大象傳〉稱：「山上有澤，君子以虛受人。」山澤通氣，卦若不變，彼我之間可溝通順暢，若有爻動則各具時位立場，歧異很難消解，四、五爻居高位，相處更發不易。四爻爻辭：「貞吉，悔亡。憧憧往來，朋從爾思。」人際爭辯各執一端，誰也不能說服誰，彼此心思不定，相當難受。〈小象傳〉斷言：「未光大也！」所以必須先正定其心念，才能使悔恨消亡。〈小象傳〉稱：「未感害也。」莊子前文談「彼亦一是非，此亦一是非」的困境，即似此爻所言，因而提出道樞與環中的解法。〈繫辭傳〉記孔子對此爻的感悟，質問天下何思何慮，提出「同歸而殊途，一致而百慮」的融通方式。咸卦居君位的第五爻即應具備這種智慧，才能「咸其脢，无悔。」脢是脊柱，人身感應的中樞，靈敏通透而能含容不發，如此便可化解世間許多無謂的爭論。本占咸卦四、五爻齊變，為圓善有終的謙卦，兼容並蓄，各種言論不起衝突，〈大象傳〉稱：「君子以裒多益寡，稱物平施。」裒為引聚，再多不同的看法都能互相尊重和平共存。

養生主　第三【注284】

【郭象注284】夫生以養存，則養生者理之極也。若乃養過其極，以養傷生，非養生之主也。

郭象注莊，在內七篇首皆有精練的主旨說明，這是天才人物自信的表現，欲藉莊書以傳名後世。民初大儒熊十力深知自己著述必傳，不欲他人藉其書而留名，《十力語要》為答問體，除一些重要人物外，往往只提「某生」或「某人」，這與《論語》的「或問」、「或曰」相似。

頤卦論養生，包括養身、養心、養靈、養賢、養民以至供養一切眾生。按卦序其前為復、无妄、大畜可知，其後為大過卦，有生必有死，肉身殞滅後為坎、離二卦，坎為永世沉淪，離為薪盡火傳。這就是「生以養存」，養生為理之極的道理。〈繫辭傳〉稱：「生生之謂易。」又稱：「成性存存，道義之門。」存字與在字不同，左偏旁為天地人三才的才，即資源，重視與運用當下這塊土的資源為在，相當務實；為子孫後代保育資源為存，更有顧及大我的責任感。

〈說卦傳〉述後天八卦方位，起於震的東方，終於艮的東北方：「帝出乎震……成言乎艮。萬物出乎震……萬物之所成終而所成始也。」頤卦內震外艮，正象徵生命由始到終再終而復始的歷程。震動為生之主，凡內卦為震者都有養生護生之意，如水雷屯、地雷復、天雷无妄、山雷頤、風雷益、洊雷震等。

頤卦又可視為剝、復二卦之合。這是所謂的數位觀象法，陽爻當一、陰爻當零，一加零、零加一等於一，零加零等於零，一加一避開不處理，如此任何一卦可拆解為幾卦之和，其意義相當。剝極而復即人體不斷新陳代謝的過程，舊的不去新的不來，往者已矣來者可追，剎那生剎那滅，養生當依此為主。

本篇極精簡扼要，就是一個庖丁解牛的寓言故事為主體，再加上前後五小段文字刺激讀者思考，比起齊物論的大塊文章與反覆思辯輕鬆得多。一些膾炙人口的成語如迎刃而解、遊刃有餘、切中肯綮、躊躇滿志、薪盡火傳等，皆廣泛流傳後世。

吾生也有涯【注285】，而知也无涯【注286】。以有涯隨无涯，殆已；【注287】已而為知者，殆而已矣【注288】。為善无近名，為惡无近刑【注289】。緣督以為經【注290】，可以保身，可以全生，可以養親【注291】，可以盡年【注292】。

【郭象注285】所稟之分各有極也。

【郭象注286】夫舉重攜輕而神氣自若，此力之所限也。而尚名好勝者，雖復絕膂，猶未足以慊其願，此知之無涯也。故知之為名，生於失當而滅於冥極。冥極者，任其至分而無毫銖之加。是故雖負萬鈞，苟當其所能，則忽然不知重之在身；雖應萬機，泯然不覺事之在已。此養生之主也。

【郭象注287】以有限之性尋無極之知，安得而不困哉！

【郭象注288】已困於知而不知止，又為知以救之，斯養而傷之者，真大殆也。

【郭象注289】忘善惡而居中，任萬物之自為，悶然與至當為一，故刑名遠己而全理在身也。

【郭象注290】順中以為常也。

【郭象注291】養親以適。

【郭象注292】苟得中而冥度，則事事無不可也。夫養生非求過分，蓋全理盡年而已矣。

我們的生命是有窮盡的，而知識智慧卻是無窮無盡，要以有限的生命去追求無限的知識智慧注定是辦不到的，既然知道這個道理還要去追求，一定搞得自己疲困不堪勞而無功。人生行善心安理得就好，千萬不要為了貪圖虛名，當然也不要作惡而觸法受刑。順著中道以為常法，可以保養身體，可以護全性命，可以奉養父母，可以享盡天年。

涯是水的邊際，所謂天涯海角，肉體生命必有歸終，自然大道則無邊無盡，所以人生在世應該量才適性做好生涯規劃，切勿沽名釣譽，當然也不違法亂紀，超脫世俗善惡的羈絆，依自然之道養生。

本段的關鍵詞在「緣督以為經」，緣是因順自然不枉求，經是常道。督為中道涵意，取象於人體背脊的督脈。脊柱側彎督脈之氣不順，身體必不健康。王船山《莊子解》：「奇經八脈，以任督主呼吸之息。背脊貫頂，為督為陽。」「身前之中脈曰任，身後之中脈曰督。督者居靜，而不倚於左右，有脈之位而無形質者也。緣督者，以清微纖妙之氣循虛而行，止於所不可行，而行自順以適得其中。」

易卦近取諸身，許多卦爻都含身體各部位的生化原理。節卦六爻由下到上剛好相當於人體的六大關節：踝、膝、胯、腰、椎、頸。第五爻當脊椎之位，爻辭稱：「甘節吉，往有尚。」〈小象傳〉解：「居位中也。」九五脊柱中正，撐起整個骨架。爻變為臨卦，既有節制又不妨礙肢體自由抒展。節卦之前為相綜一體的渙卦，氣血流通順暢，發而皆中節。節卦第二爻九二，陽居陰位剛而能柔，表示膝關節硬朗又能如意旋轉。屯卦為初生嬰兒，六二爻陰居陰位太柔軟，得先爬行好幾個月後才能學習站立，爻辭故稱：「屯如邅如。」爻變為節卦，剛而能柔才會站立。

另外如咸、艮二卦六爻皆從人身取象，咸講人體各部位的自然感應，艮則針對情慾下克制功夫。例如咸卦初爻「咸其拇」，艮卦初爻即稱「艮其趾」，咸二爻「咸其腓」，艮二爻稱「艮其腓」等。其他如噬嗑卦初爻「屨校滅趾」，賁卦初爻「賁其趾」，大壯卦初爻「壯于趾」，夬卦初爻「壯于前趾」等皆是。

郭象注[286]解知也無涯頗多警句，值得玩味。有人力能扛鼎可舉重，有人只能攜帶輕物出行，這是個人能力所限不宜強求。世間卻有慕虛名爭強好勝者要硬幹，戰國時秦武王即因扛鼎而致脛骨斷裂失血過多身亡。這樣解釋知似乎不限於知識，而有願望欲求之意，求知求名求利永不滿足，佛教所謂求不得苦。老子稱：「人之迷，其日固久。」又稱：「甚愛必大費，多藏必厚亡。故知足不辱，知止不殆，可以長久。」冥極是天賦的至分，適分則滅生。

孫中山強調服務道德心的發達，聰明才智可為千萬人服務的就為千萬人服務，可為十百人服務的就為十百人服務，正如謙卦〈大象傳〉所述：「地中有山，君子以裒多益寡，稱物平施。」第三爻是謙德的表率，爻辭稱：「勞謙，君子有終，吉。」〈小象傳〉解：「萬民服也。」孔子在〈繫辭傳〉更加表彰：「勞而不伐，有功而不德，厚之至也，語以其功下人者也。德言盛，禮言恭。謙也者，致恭以存其位者也。」這與顏回言志全同：「願無伐善，無施勞。」

郭注稱只要當其所能，雖負萬鈞之重亦不覺吃力，日理萬機不覺事之在己，以此為養生之主。這就有福國利民供養眾生的期許，而非消極避世而已。《中庸》講盡己之性、盡人之性、盡物之性，可以贊天地之化育，可與天地參。孟子講盡心知性以知天，存心養性以事天，老吾老以及人之老，幼吾幼以及人之幼。〈說卦傳〉稱聖人作易為：「和順於道德而理於義，窮理盡性以至於命。」養生並非只為一己的長壽，而是要為天地立心，為生民立命。

頤卦初爻爻辭：「舍爾靈龜，觀我朵頤，凶。」〈小象傳〉：「亦不足貴也！」爻變成剝卦。靈龜象徵生命內在的靈明自性，大快朵頤則縱慾傷生，徹底違反了養生之道。第四爻爻辭：「虎視眈眈，其欲逐逐，无咎。」爻變為噬嗑卦，弱肉強食，縱慾傷生，必須節制才獲无咎。上爻爻辭：「由頤，厲吉，利涉大川。」〈小象傳〉：「大有慶也！」爻變成復卦。順自然之道養生，養己還能養人，供養眾生皆大歡喜，正是養生的最高境界，郭象稱為冥極。

養大我之生須量才適性，若負荷過度反致災患。頤卦之後為大過卦，第三爻「棟橈凶」，爻變為困卦，幫不上忙還自陷困境。上爻「過涉滅頂凶」，徹底敗亡，陷入下一卦坎險的深淵，絕對不宜。頤卦之前為大畜卦，多方儲備無所不養，上爻稱：「何天之衢，亨。」〈小象傳〉：「道大行也！」爻變成泰卦。何同負荷之荷，字義為人之所可，若超過負荷則引人質疑。四通八達的天路都能承擔，自然可至養生的究竟，止於至善。

郭象注290解釋「緣督以為經」，直稱「順中以為常也」。成玄英疏總結發揮：「緣，順也。督，中也。經，常也。夫善惡兩忘，刑名雙遣，故能順一中之道，處真常之德，虛夷任物，與世推遷。養生之妙，在乎茲矣。」虛是放空，夷是平常，因任自然，不加外力。推是主動推行，遷為被動調整，都能應對合宜。道家無為而治的道術相當高明，挫銳解紛，和光同塵，冥極云云，宜深入體會。

庖丁為文惠君解牛，手之所觸，肩之所倚，足之所履，膝之所踦，砉然嚮然，奏刀騞然，莫不中音，合於桑林之舞，乃中經首之會【注293】。文惠君曰：「譆，善哉！技盍至此乎？」

【郭象注293】言其因便施巧，無不閑解，盡理之甚，既適牛理，又合音節。

文惠君即魏國國君梁惠王，庖丁是他的廚子，為王殺牛供膳或承祭祀。殺牛的動作細膩精準，手之所觸，肩之所倚，腳之所踏，膝之所抵，以及動刀劃破牛的皮肉分離聲與割切聲，全合音節，既符合桑林舞曲的節拍，又符合經首樂曲的旋律。桑林舞曲為商湯時所制訂，經首樂曲則為帝堯時所制訂，是所謂的廟堂正樂。

文惠君讚嘆道：「嘻，太妙了！你的手藝怎麼高妙到這種地步啊！」

奏刀即進刀，用奏字更顯神聖專注，下對上稱奏，重要祭祀或紀念會畢，司儀都喊「奏樂禮成」。謙以制禮，豫以作樂，兩卦一體相綜。豫卦正是廟堂作樂之象，〈大象傳〉稱：「雷出地奮，先王以作樂崇德，殷薦之上帝以配祖考。」庖丁解牛合於音樂節奏，與帝堯及商湯的朝樂相當，莊子作此寓言當有深意。

庖丁釋刀對曰：「臣之所好者道也，進乎技矣【注294】。始臣之解牛之時，所見無非牛者【注295】。三年之後，未嘗見全牛也【注296】。方今之時，臣以神遇而不以目視【注297】，官知止而神欲行【注298】。依乎天理【注299】，批大郤【注300】，導大窾【注301】，因其固然【注302】。枝經肯綮之未嘗【注303】，而況大軱乎【注304】！良庖歲更刀，割也【注305】；族庖月更刀，折也【注306】；今臣之刀十九年矣，所解數千牛矣，而刀刃若新發於硎【注307】。彼節者有間，而刀刃者無厚，以無厚入有間，恢恢乎其於遊刃必有餘地矣。是以十九年而刀刃若新發於硎。雖然，每至於族，吾見其難為【注308】，怵然為戒，視為止【注309】，行為遲【注310】，動刀甚微，謋然已解【注311】，如土委地【注312】。提刀而立，為之四顧，為之躊躇滿志【注313】，善刀而藏之【注314】。」

文惠君曰：「善哉！吾聞庖丁之言，得養生焉【注315】。」

【郭象注294】直寄道理於技耳，所好者非技也。
【郭象注295】未能見其理間。
【郭象注296】但見其理間也。
【郭象注297】闇與理會。
【郭象注298】司察之官廢，縱心而理順。
【郭象注299】不橫戳也。
【郭象注300】有際之處，因而批之令離。
【郭象注301】節解窾空，就導令殊。
【郭象注302】刀不妄加。
【郭象注303】技之妙也，常遊刃於空，未嘗經槩於微礙也。
【郭象注304】軱，戾大骨，衂刀刃也。
【郭象注305】不中其理間也。
【郭象注306】中骨而折刀也。
【郭象注307】硎，砥石也。
【郭象注308】交錯聚結為族。
【郭象注309】不復屬目於他物也。
【郭象注310】徐其手也。
【郭象注311】得其宜則用力少。

【郭象注312】理解而無刀迹，若聚土也。

【郭象注313】逸足容豫自得之謂。

【郭象注314】拭刀而弢之也。

【郭象注315】以刀可養，故知生亦可養。

庖丁放下刀回答說：「我所喜好的是道，已不只是技藝了。剛開始殺牛時，看到的都是完整的牛，三年後，就看不到整體的牛了。現在我殺牛，是以意識領會，不再用眼睛去觀察，耳目官能都不用，只以心神探索。順著牛體的自然構造，用刀劈開筋骨間的隙縫，導向空處宰割，連經脈聚結骨肉接連的地方都不去碰，何況那些大骨頭呢？優秀的廚師每年更換一把刀，因為割筋肉損害刀鋒；一般廚師每月得換新刀，因為亂砍骨頭。現在我這把刀已經用了十九年之久，殺了幾千匹牛了，刀刃還像剛在磨刀石上磨過一樣。牛的骨節間有空隙，而我的刀刃卻薄得沒有厚度，因此插入骨節間的空隙，自然遊動寬闊有餘，所以用了十九年刀刃還像剛在磨刀石上磨過一樣。雖然如此，殺牛時遇著筋骨聚結的地方，我知道不易下刀，還是格外小心謹慎，眼光專注，動作緩慢，輕輕用刀一劃，牛已骨肉分離，像堆土潰散落地。然後我提刀站著，得意地環顧四周，仍提醒自己切勿驕傲自滿，把刀擦拭乾淨收藏好。」

文惠君道：「太好了！我聽庖丁這一番話，領悟了養生的道理。」

郭象注295「未能見其理間」，注296「但見其理間也」，注305「不中其理間也」，提到間字；注300「有際之處，因而批之令離」，提到際字。間隙有空較大，際為二物交界之處，幾無空隙，但沿際下刀仍易劃開。

批大郤、導大窾，郤同隙，窾是空，都指牛身上筋骨間的隙縫與空處，批擊導通，才不會硬碰硬而磨損到刀鋒。這與處世的各種鬥爭手段類似，孫子兵法講「用間」，鬼谷子稱「抵巇」，都是要找出或製造對方組織結構上的脆弱點，予以滲透利用或痛擊，所謂挑撥分化、見縫插針即是。

易經〈小象傳〉有三處言際：泰卦九三「天地際也」、坎卦六四「剛柔際也」、解卦初六「剛柔之際」。陰陽剛柔交際之處變化推移特別微妙，人際交往、國際關係都得審慎處理。太極圖分陰分陽，迭用柔剛，陰陽半分交界處，以及陰中有陽、陽中有陰的魚眼處，都是際。老子有言：「有之以為利，無之以為用。」「天下之至柔，馳騁天下之至堅，無有入無間。」道家處世之術深沉入微，值得用心體會。莊子藉庖丁之口講「技進於道」，世間一切技藝若能提升至道的層次，影響會更弘大深遠。

《論語．述而篇》稱子曰：「志於道，據於德，依於仁，游於藝。」最後的藝是指甚麼？多少名家望文生義，解釋成藝術的藝，完全沒有掌握到依經解經的大原則。〈雍也篇〉記子曰：「求也藝，於從政乎何有？」冉求任事很能幹，適合從政。這是魯國權臣季康子問夫子弟子能否從政，另外還有子路「由也果」、子貢「賜也達」，任事果決、智慧通達，都是從政重要的條件。這三人跟藝術何干？〈子罕篇〉：「子云：吾不試，故藝。」前文是太宰問子貢孔子何其多能？子貢認為是天縱大聖，孔子聽了自言：「吾少也賤，故多能鄙事。」先多學習做實事，為未來從政打基礎。〈述而篇〉中還有一段重要的紀錄：「子所雅言，詩書執禮，皆雅言也。」雅言是周朝京師陝西一帶的正言，執禮非守禮，而是與詩書禮並尊的一門學問，執即藝字，詩書為體立本，藝禮為用，由理論到實踐知行合一。傳統稱六經為六藝，詩書禮樂易春秋為體，禮樂射御書數為用，亦稱六藝。

志於道據於德，探討真理付諸實踐，仁為核心的創造力，游於藝則靈活變通善於解決政治上的各種問題。毓老師上世紀曾發心印書《御批歷代通鑑輯覽》七鉅冊，由伏羲畫卦至明末清初，乾隆批註。又印明代來知德的《周易集註》二冊，兩大部書的扉頁皆稱：「遵母命刊經籍廣聖學興治藝」。推廣聖賢之學，培養治國平天下的政治才幹，立意非常清楚。

不僅藝字非指藝術，文字亦非文學。《尚書・舜典》中有文祖、藝祖之稱，皆指平治天下的先王。《左傳》：「經緯天地曰文。」賁卦講文論政，〈大象傳〉稱「明庶政」；噬嗑卦稱「明罰敕法」，〈彖傳〉言「雷電合而章」。二卦一體相綜，文章的古義實指行政和立法。懂了這個，才理解《論語・學而篇》所述「行有餘力，則以學文」的真義。學而時習，為政以德，由內聖而外王的主張一以貫之。

《論語・述而篇》記述：「子以四教：文行忠信。」文是詩書藝禮的政治學理論，行是行政學的實踐，盡己之謂忠，與人交之謂信。以上都融會貫通之後，必有輝煌政績，志道據德依仁游藝，游於藝即似莊子〈養身主〉庖丁解牛「遊刃有餘」的高超境界，無往而不利，無入而不自得。

庖丁操刀十九年，十九為陰陽相合之數，陰曆陽曆因置閏關係，每十九年重合一次稱「章」。臨卦排序第十九，卦辭稱元亨利貞，〈大象傳〉稱：「君子以教思无窮，容保民无疆。」自由開放，創意無窮。

最後就是「躊躇滿志」是說甚麼？前面有「提刀而立，為之四顧」之語，像極了小說或電影中英雄決鬥獲勝後的洋洋自得，所謂「拔劍四顧心茫然」，一副打遍天下無敵手的豪情氣慨。郭象注313稱：「逸足容豫自得之謂。」成玄英疏接著發揮：「解牛事訖，閒放從容，提挈鸞刀，彷徨徙倚。既而風韻清遠，所以高視四方，志氣盈滿，為之躊躇自得。養生會理，其義亦然。」這似乎將魏晉才士的風流時尚引入了，

然而莊子的本意是這樣嗎？這一注一疏，影響後世人理解「躊躇滿志」這成語皆作此解，真是誤會不小。

躊躇通躑躅或趑趄，應該是猶豫不前之意。庖丁解牛神乎其技，完成之後卻不敢志得意滿，故而將刀收藏起來。這才與動刀前的小心謹慎「怵然為戒」相應，決不會托大傲慢，也和道家思想謙讓不爭的處世態度一致。

外篇〈田子方第二十一〉中，藉楚令尹孫叔敖看輕榮華富貴之言亦有表態：「我何以過人哉……方將躊躇，方將四顧，何暇至乎人貴人賤哉！」依莊解莊，都不應該是志得意滿之態。彼處的郭象注這麼解釋：「躊躇四顧，謂無可無不可。」已有差異。成玄英的疏：「躊躇是逸豫自得，四顧是高視八方。方將磅礴萬物，揮斥宇宙，有何容暇至於人世，留心貴賤之間乎！故去之而無憂色也。」自以為是的驕氣瀰漫，有問題吧？

我還特地占問莊子「躊躇滿志」的真意為何？得出既濟卦二、四、上爻動，齊變為乾卦。既濟是達到成功，二爻提醒準備完全才出手，四爻戰勝之後不敢驕慢終日保持警戒，以免上爻滅

頂轉成為敗。這不是很清楚嗎？舊解俗解完全搞錯了！既濟之後為未濟，所以卦辭稱：「亨小利貞，初吉終亂。」〈大象傳〉又稱：「君子以思患而豫防之。」哪裡敢得意洋洋又轉成為敗呢？

公文軒見右師而驚曰：「是何人也？惡乎介也【注316】？天與？其人與【注317】？」曰：「天也，非人也。天之生是使獨也【注318】，人之貌有與也【注319】。以是知其天也，非人也【注320】。」

【郭象注316】介，偏刖之名。

【郭象注317】知之所無奈何，天也。犯其所知，人也。

【郭象注318】偏刖曰獨。夫師一家之知而不能兩存其足，則是知之所無奈何。若以右師之知而必求兩全，則心神內困而形骸外弊矣，豈直偏刖而已哉！

【郭象注319】兩足共行曰有與。有與之貌，位有疑其非命也。

【郭象注320】以有與者命也，故知獨者亦非我也。是以達生之情者不務生之所無以為，達命之情者不務命之所無奈何也，全其自然而已。

公文軒看見右師，吃驚地問：「這是什麼樣的人啊？怎麼只有一隻腳呢？是天生的？還是人造成的？」接著又說：「這是天命難違吧？跟人無關。天命注定他只有一隻腳，人的形體容貌都是天所賦予，這是天生的，不是人造成的。」

這段文字一般多解為公文軒與右師的問答，不大合理。對受刑而砍去一足之人，直揭其短，而右師回答是天命也太奇怪。真實情境應該是公文軒看到右師跛行所起的疑問，然後自問自答，既然觸法而受刑罰亦屬天理，前面不是說「為惡無近刑」嗎？違反自然所受到的刑罰，在外篇〈列禦寇第三十二〉中稱為「遁天之刑」。

這一段可以視為〈德充符第五〉的先聲，該篇都是些鰥寡孤獨的殘障人士，只要內在德性無虧，照樣魅力無窮，吸引很多人追隨。

澤雉十步一啄，百步一飲，不蘄畜乎樊中【注321】。**神雖王，不善也**【注322】。

【郭象注321】蘄，求也。樊中，所以籠雉也。夫俯仰乎天地之間，逍遙乎自得之場，固養生之妙處也。又何求於入籠而服養哉！

【郭象注322】夫始乎適而未嘗不適者，忘適也。雉心神長王，志氣盈豫，而自放於清曠之地，忽然不覺善之為善也。

草澤中的野雞走上十步，才能啄到一口食物，走上百步才能喝到一口水。然而牠卻不願被畜養在籠子裡，雖然有得吃喝，卻不自由。在草澤中逍遙自得，精神雖旺盛，也不自以為善。

郭象注321先說逍遙自在不受畜養，注322再往上翻一層，亦不覺善之為善，所謂「為善無近名」，善惡兩遣，境界更高。

這一段也有成語流傳，人生一飲一啄，莫非前定，隨緣就好，不必患得患失。

老聃死，秦失弔之，三號而出【注323】。弟子曰：「非夫子之友邪【注324】？」曰：「然。」「然則弔焉若此，可乎？」曰：「然【注325】。始也吾以為其人也，而今非也。向吾入而弔焉，有老者哭之，如哭其子；少者哭之，如哭其母。彼其所以會之，必有不蘄言而言，不蘄哭而哭者【注326】，是遁天倍情，忘其所受【注327】，古者謂之遁天之刑【注328】。適來，夫子時也【注329】；適去，夫子順也【注330】。安時而處順，哀樂不能入也【注331】，古者謂是帝之懸解【注332】。」

【郭象注323】人弔亦弔，人號亦號。

【郭象注324】怪其不倚戶觀化，乃至三號也。

【郭象注325】至人無情，與眾號耳，故若斯可也。

【郭象注326】嫌其先物施惠，不在理上往，故致此甚愛也。

【郭象注327】天性所受，各有本分，不可逃，亦不可加。

【郭象注328】感物大深，不止於當，遁天者也。將馳騖於憂樂之境，雖楚戮未加而性情已困，庸非刑哉！

【郭象注329】時自生也。

【郭象注330】理當死也。

【郭象注331】夫哀樂生於失得者也。今玄通合變之士，無時而不安，無順而不處，冥然與造化為一，則無往而非我矣，將何得何失，孰死孰生哉！故任其所受，而哀樂無所錯期間矣。

【郭象注332】以有係者為懸，則無係者懸解也，懸解而性命之情得矣。此養生之要也。

老聃去世，秦失去弔喪，大哭三聲就出來了。學生見了問道：「他不是您的朋友嗎？」秦失道：「是啊！」學生問：「那這樣弔唁朋友可以嗎？」秦失回答：「可以啊！原來我以為老聃是太上忘情的人，而今看起來還不是。剛才我進去弔喪，看到有老人哭，像哭自己孩子一樣；有年輕人哭，像哭自己母親。他們會聚在這裡如此感傷，一定有不想說而說、不想哭而哭的道理。這種表現其實是違背了自然與人情，忘了所承受的天性，古人稱之為違背自然而承受的刑罰。夫子應時而生，順理而死。人應該安於時變順應自然，喜怒哀樂不入於心，古人稱之為無所係戀的解脫。」

這裡先提到「遁天倍情」與「遁天之刑」，有生必有死，再自然不過，實在不必為此過度傷悲，安時處順，就可獲得大解脫。〈大宗師第六〉篇中子祀去探子輿病，子輿很想得開，亦稱：「且夫得者，時也，失者，順也；安時而處順，哀樂不能入也。此古之所謂懸解也。而不能自解者，物有結之。」人情的喜怒哀樂，過度耽溺發而不中節，都會帶來極大的身心痛苦，好像被懸吊於空中不得安頓，一旦澈悟想開，才得解脫自在。易經下經講人間世的離合悲歡與愛恨情仇，首先就是人皆有情的咸卦，經不起長時間的考驗感情會消退，恒卦之後為遯卦。而後大壯、晉、明夷，血氣方剛易衝動，反致黑暗痛苦而返家尋求慰藉。家人、睽、蹇、解，一家人也會反目成仇，結果大家都困頓難行，必須尋求和解，掙脫人情的輪迴。再往下進入損、益二卦，清明的理性終於抬頭。損卦〈大象傳〉強調「懲忿窒慾」，才有益卦的「遷善改過」，道家最標榜的修為即在於此。老子稱：「為學日益，為道日損。損之又損，以至於無為，無為而無不為。」《莊子・大宗師第六》：「其嗜欲深者，其天機淺。」

然而，看淡生死談何容易？子夏為孔子關門弟子，傳經甚有貢獻，戰國初講於西河，為魏文侯師，喪子時悲痛逾恆雙目暫時失明。禪宗六祖預知時至，跟弟子說時多痛哭流涕，讓他喝斥山中所學何事。

易經卦爻其實即懸解，上古之人遭遇種種宇宙人生的難題，一時解不開就以結繩為記，懸掛於山洞抬首可見的位置，等想通知道怎麼做後再將結繩取下。爻字的兩個㐅即代表接連不斷所遇的問題，積爻為卦，遂成四千零九十六種的變化類型。學字實即小孩子兩手玩爻，一旦明白了就稱覺，子換為見，不再童稚無知而有所見識，然後先知覺後知，先覺覺後覺。父字含意甚美，上一代必須解開他們所遭遇的問題，留下未來的問題給下一代思考。

《心經》膾炙人口的名句：「無罣礙，故無恐怖，遠離顛倒夢想，究竟涅槃。」

指窮於為薪，火傳也【注333】**，不知其盡也**【注334】。

【郭象注333】窮，盡也；為薪，猶前薪也。前薪以指，指盡前薪之理，故火傳而不滅；心得納養之中，故命續而不絕；明夫養生乃生之所以生也。

【郭象注334】夫時不再來，今不一停，故人之生也，一息一得耳。向息非今息，故納養而命續；前火非後火，故為薪而火傳，火傳而命續，由夫養得其極也，世豈知其盡而更生哉！

人的肉體生命就像一堆柴薪，用火點燃，彈指之間即行燃盡，但火卻可以再藉著新的柴燃燒下去，永無窮盡。

指窮於為薪的指字何意？有人認為應是脂，古人以油脂裹薪為燭燃燒照明，稱燭薪。燭薪燒盡前，以之點燃另一燭薪，火種可延續而不熄滅。其實就是手指的指，不必任意改字，人以手指燃薪，或以指明示必會燒盡，意思就很清楚。〈齊物論第二〉：「以指喻指之非指，不若以非指喻指之非指也……天地一指也，萬物一馬也。」指就是手指，屈伸彈動間顯現無窮的變化，英雄指點江山豪氣干雲，群眾需要經典或大智者的指點迷津，過逍遙自在的生活。

薪盡火傳，正是頤、大過、坎、離四卦的演化程序，頤養天年，出生入死，習坎而後繼明。離為火為明，文明永續，照耀天下四方，生生不息。

養生主全篇主旨為何？我占出豫卦第四爻動，爻辭稱：「由豫，大有得。勿疑，朋盍簪。」〈小象傳〉解：「志大行也。」爻變為坤卦，順勢用柔，適用於廣土眾民。豫卦有音樂之象，庖丁解牛合於帝堯與商湯樂曲的旋律節奏，豫測豫備豫樂，確為技進於道的大成境界。

人間世 第四【注335】

【郭象注335】與人群者，不得離人。然人間之變故，世世異宜，唯無心而不自用者，為能隨變所適而不荷其累也。

與人群者的與字是動詞，為參與的與，我們生而為人，不可能遺世而獨立離群索居，必得與別人打交道。儒家如此，道家亦復如是。乾卦〈文言傳〉解九四爻辭「或躍在淵，无咎。」引述子曰：「上下无常，非為邪也；進退无恒，非離群也。君子進德修業，欲及時也，故无咎。」人在社會組織裡身處高位，可能競爭激烈被打下擂台，或終將離職退休，無論如何都別做壞事，出處進退都不離開群眾。這與北宋名臣范仲淹〈岳陽樓記〉所稱相合：「居廟堂之高則憂其君，處江湖之遠則憂其民。」《論語．微子篇》記子曰：「鳥獸不可與同群，吾非斯人之徒與而誰與？」表態非常明確。

然而人間多變，世世不同，應對的方法也得及時而務實。孔子為聖之時者，易傳處處強調隨時應變、合乎時宜的重要。《論語》開講即稱「學而時習」，《中庸》闡明「君子而時中」。

〈繫辭傳〉：「為道也屢遷，變動不居，周流六虛，上下无常，剛柔相易，不可為典要，唯變所適。」

郭象揭示人間世此篇要旨：「唯無心而不自用者，為能隨變所適而不荷其累也。」隨變所適應從唯變所適而來，關鍵在道家所尚的無心無為。老子稱處世之道應：「塞其兌，閉其門，挫其銳，解其紛，和其光，同其塵。」不顯圭角，不露鋒芒，以化解人際的諸多糾紛。莊子此篇還提出「心齋」的觀念，值得深入玩味。篇中所舉數例，多為與掌握生殺大權的人物相處，所謂批龍鱗、蹈虎尾，應對稍一失當就有不測之禍。前引乾卦九四爻辭「或躍在淵」，正是伴君如伴虎的極險之位，九五「飛龍在天」一不遂意，九四就會墜入萬丈深淵粉身碎骨，如何周旋才進退无咎？可是必修必練的真功夫。

這裡還有唐代陸德明的釋文：「此人間見事，世所常行者也。」清朝郭慶藩集釋：「案《昭明文選》西晉潘岳〈秋興賦〉注引司馬云：『言處人間之宜，居亂世之理，與人群者不得離人。』然人間之事故，與世異宜，唯無心而不自用者，為能唯變所適而何足累。」直接用了〈繫辭傳〉唯變所適四字，並點出身居亂世之理。易為憂患之書，春秋撥亂反正，亂世逃避無益，得有自保存身進而拯濟眾生的睿智。否卦天地不交，人性沉淪，卦辭「不利君子貞」，〈大象傳〉稱：「君子以儉德避難，不可榮以祿。」未免太過消極，不似易傳勇於擔當的風格，當年毓老師已予批判，質疑非原作，我將其改為：「大人以承敝起新，與民除患。」

變故或事故的故字，不宜泛泛看待，而是事變之所以然，必須窮究表象內裡的根由緣故，才能對症下藥破舊立新。〈繫辭傳〉勉勵人「明於天之道而察於民之故」、「知幽明之故」、「明於憂患與故」。〈雜卦傳〉：「豐，多故也。」「隨，无故也。」「革，去故也。」隨時變化，革故鼎新，宇宙人生不外乎此。何必揹那麼多沉重的包袱勞累一生而無所成就？

顏回見仲尼，請行。

曰：「奚之？」

曰：「將之衛。」

曰：「奚為焉？」

曰：「回聞衛君，其年壯，其行獨【注336】；輕用其國【注337】，而不見其過【注338】；輕用民死【注339】，死者以國量乎澤若蕉【注340】，民其無如矣【注341】！回嘗聞之夫子曰：『治國去之，亂國救之。醫門多疾。』願以所聞思其則，庶幾其國有瘳乎！」

【郭象注336】不與民同欲也。

【郭象注337】夫君人者，動必乘人，一怒則伏尸流血，一喜則軒冕塞路。故君人者之用國，不可輕之也。

【郭象注338】莫敢諫也。

【郭象注339】輕用之於死地。

【郭象注340】舉國而輸之死地，不可稱數，視之若草芥也。

【郭象注341】無所依歸。

顏回去見老師辭行，孔子問他要去哪裡，他說要去衛國，又問他去幹嗎？這位孔門首徒回答：「我聽說衛國的國君年方少壯，行事獨斷，治國輕率不知道自己的過錯。還不惜民命，輕易驅使他們上戰場，以致死傷枕藉，就像水澤中的枯草那麼多，老百姓都不知道如何是好了！我曾聽老師講過，治理好的國家不必去，治理昏亂的國家反而要去拯救，就像病人多的地方才需要醫生。我願意根據我從您這兒學的道理去衛國實行，或許還可以拯救他們吧？」

《孟子．離婁篇》稱：「君之視臣如土芥，則臣視君如寇讎。」〈梁惠王篇〉更主張：「殘賊之人謂之一夫，聞誅一夫紂矣，未聞弒君也！」這是儒家的革命主張，顏回是魯國一介寒士，不可能干涉衛國內政，只是疼惜衛民疾苦希望前去勸諫，所謂「格君心之非」的仁者襟懷。大醫醫國，他辦得到嗎？

死者澤若蕉，就有草菅人命之象，真是水深火熱，求生無門。易經的大過卦，上兌為澤、下巽為柔木，〈大象傳〉稱「澤滅木」，即有亂世不堪負荷的慘酷情狀。初爻稱「藉用白茅」、三爻稱「棟橈凶」、五爻稱「枯楊生花」，若救贖無門，將落入上爻「過涉滅頂凶」的絕境。依卦序往下即為坎卦，坎坷險陷，苦不堪言。

郭象注衛君其行獨為「不與民同欲」，這就違反了儒道二家的政治主張。《大學》稱：「民之所好好之，民之所惡惡之，此之謂民之父母。」老子稱：「聖人无常心，以百姓心為心。善者吾善之，不善者吾亦善之，德善。信者吾信之，不信者吾亦信之，德信。」獨夫正是專斷獨行不與民同欲的極致，必須剷除或糾正。此處所提的衛君，究竟是衛莊公蒯瞶還是衛出公輒不重要，莊子以寓言說理，這段可能根本並無其事，孔子怎麼點撥顏回才是重點。獨裁者不見其過，沒人膽敢冒死忠言直諫，曲意逢迎反而加官晉爵。這種現象在缺乏合理制衡的極權體制下近乎無解。唐太宗的貞觀之治號稱虛懷納諫，力捧魏徵為正衣冠的明鏡，然而貞觀後期亦現衰頹之象，還有殺此田舍翁的忿憤之語，為長孫皇后勸慰寬解。魏徵死後，亦因生前薦舉的一些人出問題，太宗命人扑倒曾御筆表揚的紀念碑，以及撤銷公主下嫁其子的婚約，雖然往後亦有彌補，總是為德不卒。總之人際相處太難太難，人生在群一切都得敬慎以對。

這裡說醫門多疾，病人愈多愈顯醫道的高明，一般都來者不拒。我習易授易數十年，前來請益的各界人士不少，形形色色的人生難題，可稱作「易門多疾」，其實能否解惑的關鍵仍在當事人本身，若不自覺力行，師友旁人都愛莫能助。顏回心切救世，太天真了！

仲尼曰：「譆！若殆往而刑耳【注342】！夫道不欲雜【注343】，雜則多，多則擾，擾則憂，憂則不救【注344】。古之至人，先存諸己而後存諸人【注345】。所存於己者未定，何暇至於暴人之所行【注346】！且若亦知夫德之所蕩而知之所為出乎哉？德蕩乎名，知出乎爭【注347】。名也者，相軋也；知也者，爭之器也。二者凶器，非所以盡行也【注348】。」

【郭象注342】其道不足以救彼患。

【郭象注343】宜正得其人。

【郭象注344】若夫不得其人，則雖百醫守病，適足致疑而不能一愈也。

【郭象注345】有其具，然後可以接物也。

【郭象注346】不虛心以應物，而役思以犯難，故知其所存於己者未定也。夫唯外其知以養真，寄妙當於群才，功名歸物而患慮遠身，然後可以至於暴人之所行也。

【郭象注347】德之所以流蕩者，矜名故也；知之所以橫出者，爭善故也。雖復桀跖，其所矜惜，無非名善也。

【郭象注348】夫名智者，世之所用也。而名起則相軋，智用則爭興，故遺名知而後行可盡也。

孔子聽了不得不澆他冷水，說道：「唉，你這是去找死啊！行道不能太雜，雜就多事煩擾，煩擾就會起各種憂慮，連救自己都來不及，更不要妄想能救別人。古代有至高修為的人，一定是先能自保而後再去救別人，現在你自己都還站不住呢，哪裡還有功夫去勸止暴君之所為？再者，你明白世間德行如何敗壞和智謀外露的原因嗎？德行所以敗壞，是因為好名；智謀外露，是因為爭強。好名所以總是互相傾軋，而智謀則是競爭的工具。這二者都是凶器，絕非處世的正道。」

道不欲雜，雜則不純，不純難成。道家重視純一，一非量詞，而是整體而不可割裂之義。老子處處言一，得一、抱一、致一，做到了就天清地寧萬物生，侯王以為天下貞。莊子〈齊物論〉不是說過「道通為一」、「萬物與我為一」、「參萬歲而一成純」嗎？

易傳亦高度重視純一不雜的功夫。純不是單純，而是剛柔互濟陰陽和合無私無染的理想態。乾卦〈文言傳〉稱誦乾德「剛健中正純粹精」，〈繫辭傳〉：「一陰一陽之謂道……成象之謂乾，效法之謂坤……陰陽不測之謂神。」一為統合完整之意。首章揭示乾坤易知簡能的主旨，結論其神效：「易簡而天下之理得矣，天下之理得，而成位乎其中矣！」往下分論乾坤大生廣生之理，讚嘆「易簡之善配至德」。下傳首章再論乾易坤簡，而稱：「天下之道，貞夫一者也。」這幾乎就是老子「侯王得一以為天下貞」的翻版。末章再論乾易坤簡之德，修練好了可知天下之險阻。顏回滿腔救世熱誠，卻不知勸諫暴君的險難與阻礙，修為仍雜而不純，必須鄭重提醒。

〈繫辭下傳〉第五章引孔子解咸卦第四爻「憧憧往來，朋從爾思」，感嘆：「天下何思何慮？天下同歸而殊途，一致而百慮。」又解損卦第三爻：「言致一也！」為道曰損，懲忿窒慾，正是無為純一的功夫。咸為無心之感，亦得正心誠意才能無害。

且德厚信矼，未達人氣，名聞不爭，未達人心。而強以仁義繩墨之言術暴人之前者，是以人惡其有美也【注349】，命之曰菑人。菑人者，人必反菑之【注350】。若殆為人菑夫！且苟為悅賢而惡不肖，惡用而求有以異【注351】？若唯無詔，王公必將乘人而鬥其捷【注352】。而目將熒之【注353】，而色將平之【注354】，口將營之【注355】，容將形之，心且成之【注356】。是以火救火，以水救水，名之曰益多【注357】。順始無窮【注358】，殆以不信厚言，必死於暴人之前矣【注359】！

【郭象注349】夫投人夜光，鮮不按劍者，未達故也。今回之德信與其不爭之名，彼所未達也，而強以仁義準繩於彼，彼將謂回欲毀人以自成也。是故至人不役志以經世，而虛心以應物，誠信著於天地，不爭暢於萬物，然後萬物歸懷，天地不逆，故德音發而天下響會，景行彰而六合俱應，而後始可以經寒暑，涉治亂，而不與逆鱗迕也。

【郭象注350】適不信受，則謂與己爭名而反害之。

【郭象注351】苟能悅賢惡愚，聞義而服，便為明君也。苟為明君，則不苦無賢臣，汝往亦不足復奇；如其不爾，往必受害。故以有心而往，無往而可；無心而應，其應自來，則無往而不可也。

【郭象注352】汝唯有寂然不言耳，言則王公必乘人以君人之勢而角其捷辯，以距諫飾非也。

【郭象注353】其言辯捷，使人眼眩也。

【郭象注354】不能復自異於彼也。

【郭象注355】自救解不暇。

【郭象注356】乃且釋己以從彼也。

【郭象注357】適不能救，乃更足以成彼之威。

【郭象注358】尋常守故，未肯變也。

【郭象注359】未信而諫，雖厚言為害。

而且你雖德行純厚信實，別人並不知道，不爭聲名，別人也不理解。貿然就以仁義法度之說去勸諫暴君，反而為人所忌恨，這是自找其災的人。自己惹災，別人認為你找他麻煩，也會反過來害你。如果衛君真的喜歡賢臣而討厭不肖之徒，哪裡還需要你去顯示不同呢？你去了除非甚麼也不說，否則衛君一定趁你說話的弱點而施展他的巧辯。然後你的眼光會昏花，面色轉柔弱，嘴裡拚命為自己辯護，神情越顯卑躬，心念動搖逐漸屈從。就像以火救火，以水救水，只是增加他的罪惡罷了！一旦開始遷就他，以後更沒完沒了。你若仍以實話力勸根本不信任你的人，結果必死在暴君的面前啊！

且昔者桀殺關龍逢，紂殺王子比干，是皆修其身以下傴拊人之民，以下拂其上者也【注360】，故其君因其修以擠之。是好名者也【注361】。昔者堯攻叢、枝、胥敖，禹攻有扈，國為虛厲，身為刑戮，其用兵不止，其求實無已，是皆求名實者也。而獨不聞之乎【注362】？名實者，聖人之所不能勝也，而況若乎【注363】！雖然，若必有以也，嘗以語我來！

【郭象注360】龍逢比干，居下而任上之憂，非其事者也。

【郭象注361】不欲令臣有勝君之名也。

【郭象注362】夫暴君非徒求恣其欲，復乃求名，但所求者非其道耳。

【郭象注363】惜名貪欲之君，雖復堯禹，不能勝化也，故與眾攻之，而汝乃欲空手而往，化之以道哉？

從前夏桀殺關龍逢，殷紂王殺王子比干，都是因為他們修身愛養人民，冒犯了君王而遭忌恨殺害。這兩位賢臣都因好忠言直諫之名而招禍。再有以前帝堯征討叢、枝、胥敖三國，夏禹討伐有扈氏，這幾國皆成廢墟，百姓喪命，國君被殺。這都是因為他們用兵不止欲擴充實力，又好名的緣故啊！你難道不懂嗎？好名求實太過，聖人也很難感化，何況你呢？但是你既然想去，一定有些把握，試著說給我聽聽。

〈齊物論第二〉已提過堯伐三小國之事，稱宗、膾而非叢、枝，反正是寓言傳說，事蹟亦不見於《史記》與《尚書》。至於禹攻有扈則實有其事，〈甘誓〉為禹子啟伐有扈大戰於甘的誓師之辭，實為堯舜禪讓轉為君位世襲的關鍵大事，所謂「自禹而德衰」，《淮南子・齊俗訓》稱「有扈氏為義而亡」。

顏回曰：「端而虛【注364】，勉而一【注365】，則可乎？」曰：「惡！惡可【注366】！夫以陽為充孔揚【注367】，采色不定【注368】，常人之所不違【注369】，因案人之所感，以求容與其心【注370】。名之曰日漸之德不成，而況大德乎【注371】？將執而不化【注372】，外合而內不訾，其庸詎可乎【注373】？」

【郭象注364】正其形而虛其心也。

【郭象注365】言遜而不二也。

【郭象注366】言未可也。

【郭象注367】言衛君亢陽之性充張於內而甚揚於外，強禦之至也。

【郭象注368】喜怒無常。
【郭象注369】莫之敢逆。
【郭象注370】夫頑強之甚，人以快事感己，己陵藉而乃抑挫之，以求從容自放而遂其侈心也。
【郭象注371】言乃少多，無回降之勝也。
【郭象注372】故守其本意也。
【郭象注373】外合而內不訾，即向之端虛而勉一耳，言此未足以化之。

顏回說：「我外貌恭敬而內心謙虛正直，盡力貫徹既定的目標，這樣可以嗎？」孔子斥道：「唉，這怎麼可以呢？衛君的驕氣充滿於內而顯揚於外，面色陰晴不定，喜怒無常，一般人都不敢違背，他就壓抑別人的勸諫，以求自己的快意。這種人用循序漸進的方式說都無效，更不必想以大德去感化他。他一定是固執己見，就算表面上敷衍，心裡決不會採納。你這樣做怎麼可能奏效呢？」

然則我內直而外曲，成而上比【注374】。內直者，與天為徒。與天為徒者，知天子之與己皆天之所子，而獨以己言蘄乎而人善之，蘄乎而人不善之邪【注375】？若然者，人謂之童子，是之謂與天為徒【注376】。外曲者，與人為徒也。擎跽曲拳，人臣之禮也，人皆為之，吾敢不為邪？為人之所為者，人亦无疵焉，是之謂與人為徒【注377】。成而上比者，與古為徒【注378】。其言雖教，讁之實也【注379】。古之有也，非吾有也。若然者，雖直而不病【注380】，是之謂與古為徒。若是則可乎？」

仲尼曰：「惡！惡可！大多政，法而不諜【注381】，雖固亦无罪【注382】。雖然，止是耳矣，夫胡可以及化【注383】！猶師心者也【注384】。

【郭象注374】顏回更說此三條也。

【郭象注375】物無貴賤，得生一也。故善與不善，付之公當耳，一無所求於人也。

【郭象注376】依乎天理，推己性命，若嬰兒之直往也。

【郭象注377】外形委曲，隨人事之所當為者也。

【郭象注378】成於今而比於古也。

【郭象注379】雖是常教，實有諷責之旨。

【郭象注380】寄直於古，故无以病我也。

【郭象注381】當理无二，而張三條以政之，與事不冥也。

【郭象注382】雖未弘大，亦且不見咎責。

【郭象注383】罪則无矣，化則未也。

【郭象注384】挾三術以事彼，非无心而付之天下也。

顏回再說：「那麼我內心保持正直，外面委曲順從，勸諫時引用古人說過的話。內心正直，合乎天理，是說天子與我都是天之所生，不強求別人一定認同或不認同。既然這樣，別人就會看我像童子一樣天真無私，這就叫與天同類。外面委曲順從，這叫與人同類。執朝笏跪拜鞠躬抱拳這些人臣之禮，大家都做，我也照做，這樣便不招忌恨，這是與人同類。勸諫時引用古人說過的話，這是與古同類，雖然有實際的教化功能，卻不是我自己說的，這樣雖然直率不易獲罪。這就是與古人同類。用以上三種態度行事，這樣可以嗎？」

孔子再否決，說道：「唉，不行。這怎麼可以呢？你的條條框框太多，陳言雖有法度，卻不懂得現場隨時偵測對方的反應，雖然可以免禍，也只是這樣罷了，哪裡能夠感化說服對方？你還是太固執自己的成見了！」

顏回曰：「吾无以進矣，敢問其方。」
仲尼曰：「齋，吾將語若！有心而為之，其易邪【注385】？易之者，皞天不宜【注386】。」
顏回曰：「回之家貧，唯不飲酒不茹葷者數月矣，如此，則可以為齋乎？」
曰：「是祭祀之齋，非心齋也。」
回曰：「敢問心齋？」

【郭象注385】夫有其心而為之者，誠未易也。

【郭象注386】以有為為易，未見其宜也。

顏回沒轍了，只好說：「我沒有更好的方法了，請老師指教。」

孔子說道：「你先齋戒，我再告訴你。凡事有了成心成見去做，會那麼容易成功嗎？如果認為容易，恐怕上天也會認為不對。」

顏回說：「我家裡貧窮，已經幾個月不喝酒、不吃葷幾個月了。這可以算是齋戒了嗎？」孔子說：「那是祭祀之前的齋戒，不是我說的心的齋戒。」顏回問：「敢問甚麼是心的齋戒？」

《論語．先進篇》記子曰：「回也其庶乎！屢空。賜也不受命而貨殖焉，億則屢中。」孔子讚揚顏回修得近乎仁者的標準了，屢空不是說他家貧如洗，甚麼都沒有，空即虛，與此處心齋相近。賜是子貢，雖有政治外交長才卻不任官，自己創業做生意而發了大財，預料商品行情趨勢精準無比。設若不是顏回欲諫衛君，而換子貢出馬，孔子大概會放心的多。

〈先進篇〉有孔門十賢之說：「德行：顏淵、閔子騫、冉伯牛、仲弓。言語：宰我、子貢。政事：冉有、季路。文學：子游、子夏。」言語即外交才幹，應對辭令得宜，宰我居然還排名在子貢之前。夫子曾斥責他晝寢，似朽木之不可雕，糞土之牆不可圬，又說他原先看人是聽其言而信其行，今後改為聽其言而觀其行，都是因為宰予而改變，由此可見宰予善於言詞。《孟子．公孫丑篇》稱宰予稱讚老師「賢於堯舜遠矣」，應非虛譽，有其深致。

子貢的外交才幹確有具體範例，曾奉師命出使各國圓滿完成任務。《史記．仲尼弟子列傳》稱：「故子貢一出，存魯、亂齊、破吳、強晉而霸越。子貢一使，使勢相破，十年之中，五國各有變。」

《論語．子路篇》記子曰：「誦詩三百，授之以政，不達；使於四方，不能專對；雖多，亦奚以為？」死讀書不能活學活用，非聖人之徒，內政外交正是經世致用的道場。外交特使須自己靈機應變完成任務，不可事事請示，這與前線軍事將領全權指揮作戰一樣，不宜全由後方領袖遙控。

仲尼曰：「若一志【注387】，无聽之以耳而聽之以心，无聽之以心而聽之以氣。聽止於耳，心止於符。氣也者，虛而待物者也【注388】。唯道集虛。虛者，心齋也【注389】。」

顏回曰：「回之未始得使，實自回也【注390】；得使之也，未始有回也【注391】。可謂虛乎？」

【郭象注387】去異端而任獨者也。

【郭象注388】遺耳目，去心意，而符氣性之自得，此虛以待物者也。

【郭象注389】虛其心則至道集於懷也。

【郭象注390】未始使心齋，故有其身。

【郭象注391】既得心齋之使，則无其身。

孔子回答：「你要專心一志，不要用耳朵聽，要用心去聽；不要用心聽，要用氣去聽；耳朵只能聽聲音，心只能感應符合外界的現象。氣才是真正虛心對應外物的，大道都匯聚在虛寂的心境裡，虛寂就是我說的心的齋戒。」

顏回說道：「我未聞教誨前，始終有個自我存在，聽了夫子的話後，就化掉自我的成見了。這可以稱得上虛嗎？」

修心養性必須化解小我的執著，無我忘我幾乎是儒釋道三家的共識。損卦懲忿窒慾近道家，艮卦絕慾似佛家，節卦適度節制為儒家。艮卦卦辭：「艮其背，不獲其身；行其庭，不見其人，无咎。」一面壁苦修背對塵世誘惑，無我相，功夫夠了走入群眾無人相，可改過而不受咎害。艮卦初、四爻辭亦稱无咎。損卦卦辭言无咎，初、四、上爻辭皆稱无咎。節卦之前為兌、渙二卦，兌為與生俱來的情慾，渙為散發，發而中節即節卦。渙卦五、上爻辭，節卦初、三爻辭亦稱无咎。〈繫辭傳〉定義：「无咎者，善補過也。」「懼以終始，其要无咎，此之謂易之道也。」孔聖五十以學易才無大過，人生真諦非僅趨吉避凶，而是改過无咎。

渙為化散之意，三爻「渙其躬」，化解我執為無我相；四爻「渙其群」為無人相，「渙有丘」為無眾生相；五爻「渙王居」為無壽者相，已徹底超脫時空的限制而臻永恆。渙的化散與艮的禁絕情慾相較，境界又高一籌。

聽之以氣的氣字不宜作俗解，道教修練有煉精化氣、煉氣化神、煉神還虛、煉虛合道之說。所謂精氣神人之三寶，為人身小宇宙的無盡藏。下經咸卦為首，〈彖傳〉稱「二氣感應以相與」，咸內卦艮山、外卦兌澤，正所謂山澤通氣，有天池之象。〈大象傳〉稱：「君子以虛受人。」朱熹名詩：「半畝方塘一鑑開，天光雲影共徘徊，問渠哪得清如許，為有源頭活水來。」莊子這裡講唯道集虛，與此意境相通。

夫子曰：「盡矣。吾語若。若能入遊其樊而無感其名【注392】，入則鳴，不入則止【注393】。無門無毒【注394】，一宅而寓於不得已【注395】，則幾矣【注396】。」

【郭象注392】放心自得之場，當於實而止。

【郭象注393】譬之宮商，應而無心，故曰鳴也。夫無心而應者，任彼耳，不強應也。

【郭象注394】使物自若，無門者也；付天下之自安，無毒者也。毒，治也。

【郭象注395】不得已者，理之必然者也，體至一之宅而會乎必然之符者也。

【郭象注396】理盡於斯。

孔子說：「道理都在這兒了！我告訴你，到衛國的樊籠中，不要為虛名所動，能說得上話就說，說不上就別說，不要隨便敞開心門讓人窺伺無遺，不要自樹標的非怎樣不可，只是處心虛靜一切言行都出於不得已，就差不多了。」

無門無毒，郭注為使物自若，付天下自安，不設門戶障礙，不過激嚴格處理，很有道家行事風範。無門即不立圭角不強推己見，挫銳解紛，和光同塵，正因如此別人也難測虛實，不得其門而入。老子所謂：「善閉無關鍵而不可開，善結無繩曰而不可解。」「古之善為道者，微妙玄通，深不可識。」毒者治也，師卦〈彖傳〉稱：「以此毒天下而民從之。」大力矯治得有條件，「格君心之非」可風險太高。

宅為自居，寓為借住。剝卦〈大象傳〉稱：「君子以厚下安宅。」即指危亂之際得培元固本穩住基層，其後的復卦方可度過劫難重生再造，一陽復始為仁德的象徵，故稱宅心仁厚。寓似旅卦漂泊無依寄人籬下，自然得低調收斂以求安身。「一宅而寓於不得已」，既守住大原則又避免硬碰硬衝突，才是恰當的應對之道。

絕迹易，無行地難【注397】。為人使易以偽，為天使難以偽【注398】。聞以有翼飛者矣，未聞以无翼飛者也；聞以有知知者矣，未聞以无知知者也【注399】。瞻彼闋者，虛室生白【注400】，吉祥止止【注401】。夫且不止，是之謂坐馳【注402】。夫徇耳目內通而外於心知，鬼神將來舍，而況人乎【注403】！是萬物之化也，禹舜之所紐也，伏羲、几蘧之所行終，而況散焉者乎【注404】！

【郭象注397】不行則易，欲行而不踐地，不可能也；無為則易，欲為而不傷性，不可得也。

【郭象注398】視聽之所得者粗，故易欺也；至於自然之報細，故難偽也。則失真少者，不全亦少；失真多者，不全亦多，失得之報，未有不當其分者也。而欲違天為偽，不亦難乎！

【郭象注399】言必有其具，乃能其事，今無至虛之宅，無由有化物之實也。

【郭象注400】夫視有若無，虛室者也。虛室而純白獨生矣。

【郭象注401】夫吉祥之所集者，至虛至靜也。

【郭象注402】若夫不止於當，不會於極，此為以應坐之日而馳騖不息也。故外敵未至而內已困矣，豈能化物哉！

【郭象注403】夫使耳目閉而自然得者，心知之用外矣。故將任性直通，無往不冥，尚無幽昧之責，而況人間之累乎！

【郭象注404】言物無貴賤，未有不由心知耳目以自通者也。故世之所謂知者，豈欲知而知哉？所謂見者，豈為見而見哉？若夫知見可以欲為而得者，則欲賢可以得賢，為聖可以得聖乎？固不可矣。而世不知知之自知，因欲為知以知之；不見見之自見，因欲為見以見之；不知生之自生，又將為生以生之。故見目而求離朱之明，見耳而責師曠之聰，故心神奔馳於內，耳目竭喪於外，處身不適而與物不冥矣。不冥矣，而能合乎人間之變，應乎世世之節者，未之有也。

不走路容易，走路不留下痕跡很難，出世易，入世不接觸群眾難。凡事與人打交道容易流於虛偽，若依自然之道行事很難作假。禽鳥須有翅膀才能飛，沒聽過無翼而飛的；人必須有智慧才能明白事理，沒聽過沒智慧能解事的。我們看透看空世事的紛擾，自己的內心就能出現光明，吉祥便會降臨。如若不然，枯坐而精神外馳，自己都搞不定，遑論渡人？如果能使耳目內通排除心知的外馳，鬼神都會來皈依，何況一般人呢？這就是萬物化生的道理，禹、舜治國成功的關鍵，伏羲、几蘧終生奉行的準則，何況一般人還有不被感化的嗎？

伏羲一劃開天地，為華夏文明之祖，其後繼有神農、黃帝堯舜氏作，古史多有追述。几蘧為何人著實不知，成玄英的疏只說是三皇以前無文字之君，莊子引喻不必計較。

郭注398稱：「視聽所得者粗，故易欺也；至於自然之報細，故難偽也……失得之報，未有不當其分者也。」勸人去偽存真，才易有好的報應。〈繫辭傳〉稱：「因貳以濟民行，以明失得之報。」貳指乾坤陰陽，人生行事應剛柔互濟多作兩面思考，明白吉凶得失的報應。過剛招悔，過柔生吝，皆非應世所宜。又稱：「吉凶者，失得之象也。」言失得不言得失，因為吉未必得，凶未必失，塞翁失馬焉知非福？而且只是一時的現象，不用太過執著。大易的智慧不僅是趨吉避凶，而是知過必改，「无咎者善補過也。」「懼以終始，其要无咎，此之謂易之道也。」

葉公子高將使於齊，問於仲尼曰：「王使諸梁也甚重【注405】，齊之待使者，蓋將甚敬而不急【注406】。匹夫猶未可動，而況諸侯乎！吾甚慄之。子常語諸梁也曰：『凡事若小若大，寡不道以懽成【注407】；事若不成，則必有人道之患【注408】；事若成，則必有陰陽之患【注409】。若成若不成而後无患者，唯有德者能之【注410】。』吾食也執粗而不臧，爨无欲清之人【注411】。今吾朝受命而夕飲冰，我其內熱與【注412】！吾未至乎事之情，而既有陰陽之患矣；事若不成，必有人道之患，是兩也【注413】。為人臣者不足以任之，子其有以語我來！」

【郭象注405】重其使，欲有所求也。

【郭象注406】恐直空報其敬，而不肯急應其求也。

【郭象注407】夫事無大小，少有不言以成為懽者耳。此仲尼之所曾告諸梁者也。
【郭象注408】夫以成為懽者，不成則怒矣。此楚王之所不能免也。
【郭象注409】人患雖去，然喜懼戰於胸中，固已結冰炭於五臟矣。
【郭象注410】成敗若任之於彼而莫足以患心者，唯有德者乎！
【郭象注411】對火而不思涼，明其所饌儉薄也。
【郭象注412】所饌儉薄而內熱飲冰者，誠憂事之難，非美食之為也。
【郭象注413】事未成則唯恐不成耳。若果不成，則恐懼結於內而刑網羅於外也。

葉公子高是楚國大夫，名諸梁，字子高，葉音涉。奉楚王之命出使齊國。行前拜晤孔子請示機宜，問道：「大王付託我的使命極為重大，而齊國對待外國使臣外表很恭敬，實際卻敷衍拖延。要感動一個平民尚且不易，何況一國的國君呢？我實在非常擔心。您曾經對我說：『凡事無論大小，很少有不循正道而有好結果的。事情若不成功，必遭國君在人事上的懲處；事情若成功，也因提心吊膽、陰陽失調而生病。任事無論成敗都不會有後患的，只有修為高的人才辦得到。』我平日飲食粗糙不講究，所以廚師們烹調省事，不會嫌熱去求清涼。現在我早晨受命出使，到晚上就想喝冰水，我是得了內熱病吧？我的使命還沒開始進行，陰陽二氣已經不調而生疾患，倘若使命不成功，必定遭受懲罰。成與不成都有禍患，為人臣的實在難以承受，請您指教我怎麼辦吧！」

重大的外交使命確實讓出使者憂心，易經卦爻辭常用「恤」字，心血為恤，表示患得患失的心理。晉卦有晉見尊長之意，初爻「晉如催如」、二爻「晉如愁如」，擔心不得引見；三爻「眾允悔亡」，才得獲晉見。五爻居君位「失得勿恤」，〈小象傳〉解釋：「往有慶也。」不要太患得患失，即可皆大歡喜。個人或單方面有所獲稱喜，雙方面滿意稱嘉，大家都蒙福報稱慶。四爻「晉如鼫鼠」分隔上下內外，正是貪欲弄權的官僚高層。家人卦的五爻居君位，爻辭亦稱「勿恤吉」。升卦卦辭：「元亨，用見大人，勿恤。」〈彖傳〉稱：「有慶也。」豐卦卦辭：「勿憂，宜日中。」〈彖傳〉解釋：「宜照天下也。」豐功偉業如日中天，宜為天下眾民造福，勿憂自己私利，正是先天下之憂而憂的大公心懷。勿恤亦然，化私為公，自然積善有慶。

　　大陸學者蔣慶，字勿恤，正為此意。他精研春秋公羊學有得，著述等身，對今世儒者的外王志業頗有主張，我曾赴貴州陽明書院與他論道數回。他曾建議我撰寫大易的王道思想，以與春秋微言互證，我迄今尚未成書，不過下功夫寫了幾篇論文，希望將來能酬此願。

　　葉公子高說他平日飲食清淡，接受使命後卻憂慮得身心失調，還有心焦火燎的內熱症狀。鼎卦有烹飪之象，從政者須重火候，所謂調和鼎鼐，分肉亦得公平，輔佐商湯滅夏桀的名宰相伊尹就是廚藝的高手。萬般不與政事同，書生從政往往眼高手低，不善與各方利益團體周旋。政壇上流行一句話：「進了廚房就不要怕熱！」孟子稱伯夷為聖之清者，顯然難當此任；至少也要學柳下惠為聖之和者，與人酬酢無礙；伊尹為聖之任者，才堪大任；孔子為聖之時者，行權而不失其中。總之，及時而務實應是為正要道。既濟卦五爻居君位，攀上人生成功的巔峰，爻辭稱：「東鄰殺牛，不如西鄰之禴祭，實受其福。」〈小象傳〉解釋：「東鄰殺牛，不如西鄰之時也。實受其福，吉大來也。」時、實二字，確為人生成就的不二法門。

葉公子高說他朝受命而夕飲冰，任公職者往往如此，所謂夙夜匪懈、夙興夜寐，乾卦第三爻：「君子終日乾乾，夕惕若，厲无咎。」〈小象傳〉：「反復道也！」其中辛苦不足為外人道，正所謂「如人飲水，冷暖自知」。梁啟超號任公，是戊戌變法名士，民國初曾擔任袁世凱主政時的司法總長等職，論政易執政難，妙的是自號「飲冰室主人」。

《論語．陽貨篇》記子曰：「鄙夫可與事君也哉？其未得之也，患得之；既得之，患失之。苟患失之，無所不至矣！」這就是患得患失的官場通病，而宦海浮沉確實難測，訟卦爭權奪利，上爻爻辭：「或賜之鞶帶，終朝三褫之。」〈小象傳〉稱：「以訟受福，亦不足敬也！」褫奪公權而終凶，古今中外太多例證。

仲尼曰：「天下有大戒二：其一，命也；其一，義也。子之愛親，命也，不可解於心【注414】；臣之事君，義也，无適而非君也，無所逃於天地之間【注415】。是之謂大戒【注416】。是以夫事其親者，不擇地而安之，孝之至也；夫事其君者，不擇事而安之，忠之盛也；自事其心者，哀樂不易施乎前，知其不可奈何而安之若命，德之至也【注417】。為人臣子者，固有所不得已。行事之情而忘其身【注418】，何暇至於悅生而惡死！夫子其行可矣【注419】！」

【郭象注414】自然結固，不可解也。

【郭象注415】千人聚，不以一人為主，不亂則散。故多賢不可以多君，無賢不可以無君，此天人之道，必至之宜。

【郭象注416】若君可逃而親可解，則不足戒也。

【郭象注417】知不可奈何者命也而安之，則無哀無樂，何易施之有哉？故冥然以所遇為命而不施心於其間，泯然與至當為一而無休戚於其中，雖事凡人，猶無往而不適，而況於君親哉！

【郭象注418】事有必至，理固常通，故任之則事濟，事濟而身不存者，未之有也，又何用心於其身哉！

【郭象注419】理無不通，故當任所遇而直前耳。若乃信道不篤而悅惡存懷，不能與至當俱往而謀生慮死，吾未見能成其事者也。

孔子說：「天下有兩大法則：一是天命，一是道義。兒女孝敬父母，這是天命，固結於心不可解除；臣子事奉國君，這是道義，無論到哪裡都有這種隸屬關係，在天地之間無可逃避。這就是我說的大法則。所以侍奉父母，無論任何環境都要使父母安適，這是至孝；侍奉君上，任何差事都要盡責使其安心，這是至忠。自我調養心性的人，也要不受悲哀和歡樂而影響心境，知道有些事情無可奈何就當天命接受，這是最高的德行。為人臣子總是有所不得已，只要實際去幹而忘掉自我，哪裡顧得上貪生怕死。你只管去吧！」

丘請復以所聞：凡交近必相靡以信【注420】，遠則必忠之以言【注421】，言必或傳之。夫傳

兩喜兩怒之言，天下之難者也【注422】。夫兩喜必多溢美之言，兩怒必多溢惡之言【注423】。凡溢之類妄【注424】，妄則其信之也莫【注425】，莫則傳言者殃【注426】。故法言曰：「傳其常情，无傳其溢言，則幾乎全【注427】。」

【郭象注420】近者得接，故以其信驗親相靡服也。

【郭象注421】遙以言傳意也。

【郭象注422】夫喜怒之言，若過其實，傳之者宜使兩不失中，故未易也。

【郭象注423】溢，過也。喜怒之言常過其當也。

【郭象注424】嫌非彼言，似傳者妄作。

【郭象注425】莫然疑之也。

【郭象注426】就傳過言，似於誕妄。受者有疑，則傳言者橫以輕重為罪也。

【郭象注427】雖聞臨時之過言而勿傳也，必稱其常情而要其誠致，則近於全也。

我再告訴你，大凡與鄰近的國家交往，必須以誠信相處，與遠方國家交往則需以言辭建立互信。言辭就必須透過人傳達，而傳遞兩國國君或喜或怒之言是天下最困難的事情。因為兩國國君高興時定會講很多過分讚美的話，憤怒時則會講很多過分厭惡的話。這些過分的話就像假造的一樣難以相信，一旦不相信，就會懷疑傳話者加油醋，使臣就會遭殃。所以古書《法言》上說：「傳達平實的情況，不要傳遞過分的話，則可以保全自己。」

交近必相靡以信，靡字有維繫分享美好事物之意。中孚卦第二爻爻辭：「鳴鶴在陰，其子和之。我有好爵，吾與爾靡之。」〈小象傳〉稱：「中心願也。」母鶴與子鶴關係親近，正如前段所說是天命，無所逃於天地之間，與鄰邦之間親近敦睦如此，國交必固。〈繫辭傳〉引了一大段孔子對此爻的讚嘆與發揮：「君子居其室，出其言善，則千里之外應之，況其邇者乎？居其室，出其言不善，則千里之外違之，況其邇者乎？言出乎身加乎民，行發乎邇見乎遠，言行君子之樞機，樞機之發，榮辱之主也。言行，君子之所以動天地也，可不慎乎？」

遠則必忠之以言，與遠方國家交往，見面相處機會不多，通訊言辭就非常重要。傳言失實是非常普遍的現象，一句話從排頭傳到排尾都可能偏離原意，更不用講有心扭曲破壞所造成的嚴重誤解。人都有喜怒哀樂愛惡欲，發而皆中節很難，就會破壞人際相處的和諧。人對事態的發展演變往往有一廂情願的希冀，不願面對於已不利的現實，這就是妄。復卦見天地之心，初爻體現核心的真相，發展到三爻就出現「頻復厲」的失誤，必須改過才得无咎，爻變為明夷卦，光明的天地之心變成了黑暗的明夷之心，去偽存誠何其不易。由內而外由下而上發展到上爻，更淪為「迷復凶」的災難，生機喪盡，一蹶不振。復之後為无妄卦，初爻「往吉」，三爻「无妄之災」，五爻「无妄之疾」，上爻「无妄之行窮之災」，天災人禍並至。這就是典型的差之毫釐失之千里，今本易經並無此文，由復、无妄二卦初吉終亂，卻闡明此理。

其實大多數卦均有類似的提醒：坤卦初爻「履霜，堅冰至。」若不警惕小心，其勢發展到上爻「龍戰于野，其血玄黃。」禍發不救。噬嗑初爻「屨校滅趾，无咎。」小錯不改，終鑄大錯至上爻「何校滅耳，凶。」積善成德，積不善足以滅身。

言和語有差別，兩人竊竊私語影響不大，政府等大組織得設發言人，失言即影響公信力。《論語．述而篇》：「子所雅言：詩、書、藝、禮。」「子不語：怪、力、亂、神。」言比語正式的多。今本藝字寫成執字，其實藝即「游於藝」的藝，儒有六藝之稱，嫻熟政治解決問題游刃有餘稱藝。〈雍也篇〉記子曰：「求有藝，於從政乎何有？」《尚書．舜典》：「格于藝祖。」重要的政治發言失當，或傳言失實，影響非同小可。莊子這裡引的《法言》一書，當然不是漢代揚雄所著，而是古代即流傳之說。揚雄有兩部代表作：《法言》仿效《論語》，《太玄》仿效《易經》。《論語》取名很客氣，表示就是孔門師徒間論道的一些紀錄，大家相互砥礪而已。《法言》則有自視甚高言為世法的意味，問題是千載以降，《論語》家喻戶曉，幾人去認真讀《法言》了？還有言貴能行，二者在實踐功能上也差距太遠。至於《太玄》另建一套符號體系試圖取代《易經》的卦爻，顯然白費心力，根本就不在一個檔次上。

立言傳世談何容易？需卦第二爻、訟卦初爻皆稱：「小有言，終吉。」漸卦初爻：「有言，无咎。」立言需經長期體悟錘鍊，不斷改正調整方克有成。震卦上爻：「婚媾有言。」中心無主，氣勢衰頹，連最親近的人都不聽信，遑論動眾？艮卦第五爻居君位，爻辭稱：「言有序，悔亡。」不言則已，言必有中，領導人得有此風範。夬卦第四爻：「聞言不信。」高官發言沒人相信，無法依決策行動。困卦卦辭：「有言不信。」講甚麼都沒人聽信，顯然陷入困境。明夷卦初爻：「有攸往，主人有言。」困頓落難之人，去求人收留救濟，還得聽人批評教訓，難過已極。革卦第三爻：「革言三就，有孚。」提出創新的理論主張，取得大家的認同，便可進一步化為行動，改造社會。毓老師講學一甲子，無專著傳世，勉勵學生「以自得立言」。兌卦為言說，〈大象傳〉稱：「君子以朋友講習。」正是學而時習切磋琢磨之象，一旦深造自得，必可垂訓激勵民眾一同奮發向上。兌卦之後為渙卦，廣為流傳，再之後為節卦，發而皆中節，依此建立可大可久的制度，進德修業。中孚、小過、既濟、未濟，誠信可通天地，代代相傳以至於無窮。兌卦之前為巽卦，正是深入探詢理解之意。《中庸》稱：「君子無入而不自得焉。」

如今世亂方殷，瘟疫、饑饉、戰爭、死亡，《聖經，啟示錄》上講的人類命運四騎士盡現，天災人禍幾乎無日無之。國際爭霸熾烈，脫鉤封鎖無所不用其極，傳播訊息的工具愈進步，真實可靠性反而愈低，鬥爭各方都在進行認知作戰，媒體傳播業變成了假新聞的製造業。一般受眾難辨真偽，感情用事一廂情願，造成是非不明，世界更亂，不知伊於胡底。

「傳其溢言」在學術文化傳承時也可能發生，例如春秋經分三傳，說法各有歧義，如何辨偽存真著實不易。尤其〈公羊傳〉夙稱有師承師說，許多以口耳相傳免招政治忌諱，那如何保證不會有跨越數千載的累積誤差？口說如此，心傳不是更難憑依嗎？這當然還涉及詮釋學的問題，本義、古義與時義的分際需有分辨，而春秋以況、易經尚象的創作體例值得深入玩索。莊子以寓言說理，亦有其考量與心裁。

> 且以巧鬪力者，始乎陽【注428】，常卒乎陰【注429】，泰至則多奇巧【注430】；以禮飲酒者，始乎治【注431】，常卒乎亂【注432】，泰至則多奇樂【注433】。凡事亦然，始乎諒，常卒乎鄙；其作始也簡，其將畢也必巨【注434】。

【郭象注428】本共好戲。
【郭象注429】欲勝情至，潛興害彼者也。
【郭象注430】不復循理。
【郭象注431】尊卑有別，旅酬有次。
【郭象注432】湛湎淫液也。
【郭象注433】淫荒縱橫，無所不至。
【郭象注434】夫煩生於簡，事起於微，此必至之勢也。

那些耍技巧搞鬥爭的人，剛開始還光明正大，後來就耍陰耍詐，花樣百出謀害對方。依禮節飲酒的人，剛開始還中規中矩，後來就昏沉混亂，甚至淫逸放誕，無所不至。凡事都是這樣，開始都誠信相待，最後變得欺詐卑鄙。開始單純細微，最後紛雜嚴重。

《易經》最後一卦為未濟，上爻爻辭：「有孚于飲酒，无咎。濡其首，有孚失是。」〈小象傳〉稱：「飲酒濡首，亦不知節也。」為何會飲酒作樂？因為已脫離下卦坎險、進入上卦離明，第四爻征伐有功，爻辭稱：「震用伐鬼方，三年有賞于大國。」五爻晉居君位，爻辭稱：「君子之光，有孚，吉。」一切功德圓滿，遂有上爻的慶功宴，大家縱情歡樂無妨，但若飲酒過度醉後失禮就會出問題。

始治終亂的現象在所多有，既濟卦卦辭：「初吉終亂。」明夷卦上爻爻辭：「不明晦，初登于天，後入于地。」〈小象傳〉：「初登于天，照四國也；後入于地，失則也。」復卦初爻：

「不遠復，无祇悔，元吉。」上爻：「迷復凶，有災眚。」无妄卦初爻：「无妄，往吉。」〈小象傳〉：「无妄之往，得志也。」上爻：「无妄，行有眚，无攸利。」〈小象傳〉：「无妄之行，窮之災也。」比卦初爻：「有孚比之，无咎。有孚盈缶，終來有他吉。」上爻：「比之无首，凶。」開始時簡單，快結束時紛難嚴重，教人必須杜漸防微，坤卦初爻：「履霜，堅冰至。」上爻：「龍戰于野，其血玄黃。」除霜容易，破冰可太難了！

郭象注[434]稱：「夫煩生於簡，事起於微，此必至之勢也。」坤卦為廣土眾民之事，勢所必至，管理者必須用心深細及早防範化解。變易、不易、簡易為易之三義，簡易尤為所尚，領導統御必須懂得變易中所含的不易之理，化繁為簡，以簡馭繁。〈繫辭傳〉開章明義即稱易簡：「乾以易知，坤以簡能，易則易知，簡則易從。易知則有親，易從則有功，有親則可久，有功則可大。可久則賢人之得，可大則賢人之業，易簡而天下之理得矣，天下之理得，而成位乎其中矣！」進德修業，可大可久皆由此而生。末章又稱：「夫乾，天下之至健也，德行恆易以知險。夫坤，天下之至順也，德行恆簡以知阻。」懂得易簡之理，可知天下之險阻，進而突破或化解而獲致成功。繫傳第六章又稱：「易簡之善配至德。」

毓老師常言「慮深通敏」，出自鄭玄解《尚書．堯典》：「欽明文思安安。」所謂：「敬事節用謂之欽，照臨四方謂之明，經天緯地謂之文，慮深通敏謂之思。」一個人考慮事情愈深，反應就愈敏銳準確，這就是易簡之簡，而非馬虎簡慢。《論語．雍也篇》：「仲弓問子桑伯子，子曰：可也簡。仲弓曰：居敬而行簡，以臨其民，不亦可乎？居簡而行簡，無乃太簡乎？子曰：雍之言然。」易簡之簡由居敬而來，缺了這個基本功就是疏忽簡慢，絕沒成事之理。

言者，風波也；行者，實喪也【注435】。夫風波易以動，實喪易以危【注436】。故忿設無由，巧言偏辭【注437】。獸死不擇音，氣息茀然，於是並生心厲【注438】。剋核大至，則必有不肖之心應之，而不知其然也【注439】。苟為不知其然也，孰知其所終【注440】！故法言曰：『无遷令【注441】，无勸成【注442】，過度益也【注443】。』遷令勸成殆事【注444】，美成在久【注445】，惡成不及改【注446】，可不慎與！且夫乘物以游心【注447】，託不得已以養中，至矣【注448】。何作為報也【注449】！莫若為致命，此其難者【注450】。

【郭象注435】夫言者，風波也，故行之則實喪矣。

【郭象注436】故遺風波而弗行，則實不喪矣。夫事得其實，則危可安而蕩可定也。

【郭象注437】夫忿怒之作，无他由也。常由巧言過實，偏辭失當耳。

【郭象注438】譬之野獸，蹴之窮地，音急情盡，則和聲不至而氣息不理，茀然暴怒，俱生疾疵以相對之。

【郭象注439】夫寬以容物，物必歸焉。剋核太精，則鄙吝心生而不自覺也。故大人蕩然放物於自得之場，不苦人之能，不竭人之歡，故四海之交可全矣。

【郭象注440】苟不自覺，安能知禍福之所齊詣也！

【郭象注441】傳彼實也。

【郭象注442】任其自成。

【郭象注443】益則非任實者。

【郭象注444】此事之危殆者。

【郭象注445】美成者任其時化，譬之種植，不可一朝成。

【郭象注446】彼之所惡而勸強成之，則悔敗尋至。

【郭象注447】寄物以為意也。

【郭象注448】任理之必然者，中庸之符全矣，斯接物之至者也。

【郭象注449】當任齊所報之實，何為為齊作意於其間哉！

【郭象注450】直為致命最易，而以喜怒施心，故難也。

人的言語就像風吹波動，付諸實行時常常有所偏離，風波容易帶來是非，實行偏差會造成危險。所以人會憤怒沒有別的緣故，就是機巧的言詞和偏頗的論斷所造成。譬如野獸被逼到絕境時狂吼亂叫，呼吸急促，會起傷人的惡念。人若太過苛刻計較，別人受不了一定會起惡念回應，自己都不知道原因。一旦不知道原因，誰曉得最後會是什麼下場。所以《法言》上又說：『不要擅自改變君王的命令，也不要催促對方接受協議，事情做過頭了反會招致失敗。』擅自改變命令，催促對方接受都會敗事，成就好事得有持久的耐心，一旦壞事形成就來不及改正了，能不小心謹慎嗎？順應萬物變化使心神自由逍遙，好像不得已般調養內心中和之氣，這是最好的辦法。如何向君主匯報呢？莫不如只忠實傳達國君的命令，這已經很不容易了！

兌卦為言說，其後的渙卦正是風波之象，若不適度節制會引發騷亂動盪，而影響彼此的信任，節卦之後為中孚卦，顯示了其間的因果關係。郭象注436提醒人遺風波而弗行，就不會喪失真實，事事核實，就不會危險動蕩。郭象注437、438說人會被激怒而失去理智，常常是受奸巧偏頗的言辭所惑，就像野獸被逼到絕境時怪叫咆哮氣息急促一樣，必會拚命反噬。《論語．學而篇》：「巧言令色，鮮矣仁！」益卦上爻：「莫益之，或擊之，立心勿恒，凶。」〈小象傳〉：「莫益之，偏辭也；或擊之，自外來也。」偏即不正，偏即不全，不是發自內心的真誠言辭，不僅感動不了人，還會招致外界強烈的反擊。如前所述，方今世局紛亂，巧言偏辭充斥，傳媒亦推波助瀾進行所謂「認知作戰」，長此以往，必將導致更激烈的對峙鬥爭，不知伊於胡底。

郭象注439主張寬以容物，物必歸往，這還是道家思想一向的主張。「剋核太精」四字說的真切，人常常犯此毛病，遂生鄙吝之心而不自知，待人嚴苛挑剔。人不能受，而事亦不成。郭象說，智慧通達、修為有素的大人任物自得，不苦人之能，不竭人之歡，故能全四海之交。《老子》書中提了兩次為人之道：「挫其銳，解其紛，和其光，同其塵。」易經晉卦〈大象傳〉稱：「君子以自昭明德。」這是嚴以律己，自明明德。明夷卦〈大象傳〉稱：「君子以蒞眾，用晦而明。」這是寬以待人，不要太苛求，甚至心中有數也裝糊塗。

美成在久，郭象注445稱任其時化，譬如種植不可一朝成。所謂十年樹木百年樹人，確實無法速成，漸卦〈大象傳〉：「山上有木，君子以居賢德善俗。」山上育林只能循序漸進，無法揠苗助長急功近利，領導人必須以身作則，才能化民成俗。賁卦〈彖傳〉：「觀乎人文以化成天下。」離卦〈彖傳〉：「重明以麗乎正，乃化成天下。」恒卦〈彖傳〉：「聖人久於其道而天下化成。」化成天下是過程，天下化成是結果，賁卦序第22，離卦序第30，恒卦序第32，亦顯示長期奮鬥始克有成。這和《大學》所稱的平天下到天下平一樣，一是過程，一是結果。

惡成不及改，郭象注446解為厭惡的惡亦通，對方討厭的要強迫人家接受，尤其是身掌大權的君王，不是找死嗎？舉例來說，今日國際紛爭劇烈，像以色列與巴勒斯坦，或俄羅斯與烏克蘭的積怨，強硬勸解調停能成功嗎？郭象注448稱道中庸之符全，任理之必然，為待人接物之至，魏晉人對儒門的中庸之道亦甚肯定，為天下之大本與事理之達道。

郭象注450稱直為致命最易，以喜怒施心故難。〈說卦傳〉：「和順於道德而理於義，窮理盡性以至於命。」這就是義理之學的出處，孟子則稱：「盡心知性以知天，存心養性以事天。」困卦〈大象傳〉稱：「君子以致命遂志。」人生遭遇困境，志氣不改，仍要克服困難完成天命，所謂生於憂患，艱難困苦玉汝於成。事無艱難，何來豪傑？滄海橫流，方顯英雄本色。困卦之後為井卦，開發自性成功，即再往後的革故鼎新，成就新的天命矣！

顏闔將傅衛靈公太子，而問於蘧伯玉曰：「有人於此，其德天殺。與之為无方，則危吾國；與之為有方，則危吾身【注451】。其知適足以知人之過，而不知其所以過【注452】。若然者，吾奈之何？」

【郭象注451】夫小人之性，引之軌制則憎己，縱其無度則亂邦。

【郭象注452】不知民過之由己，故罪責於民而不自改。

魯國的賢人顏闔受聘做衛靈公太子蒯聵的師傅，向衛國賢大夫蘧伯玉請教說：「現在此地有一個人，天性殘酷好殺，若不好好教導他，便會危害國家；若悉心教導，則會危害我的安全。他的才智會知道別人的過錯，卻不知道自己的過錯。這樣的人，我要怎樣去教導他呢？」

蘧伯玉曰：「善哉問乎！戒之，慎之，正汝身也哉【注453】！形莫若就，心莫若和【注454】。雖然，之二者有患。就不欲入【注455】，和不欲出【注456】。形就而入，且為顛為滅，為崩為蹶【注457】。心和而出，且為聲為名，為妖為孽【注458】。彼且為嬰兒，亦與之為嬰兒；彼且為无町畦，亦與之為无町畦；彼且為无崖，亦與之為无崖。達之，入於无疵【注459】。」

【郭象注453】反覆與會，俱所以為正身。

【郭象注454】形不乖忤，和而不同。

【郭象注455】就者形順，入者遂與同。

【郭象注456】和者以義濟，出者自顯伐也。

【郭象注457】若遂與同，則是顛危而不扶持，與彼俱亡矣。故當模格天地，但不立小異耳。

【郭象注458】自顯和之，且有含垢之聲，濟彼之名，彼將惡其勝己，妄生妖孽。故當悶然若晦，玄同光塵，然後不可得而親，不可得而疏，不可得而利，不可得而害。

【郭象注459】不小立圭角以逆其鱗也。

蘧伯玉回答說：「問得好啊！你是當戒慎恐懼，先端正自身的行為。表面上莫不如多遷就他，內心裡保持平和。但光是做到這兩點還是有問題，遷就他並不是與他同流合汙，內心平和也不要顯露出來。如果外表遷就而與他同流，就會一起毀滅失敗；內心平和卻顯露出來，就會獲取虛名遭忌而有實禍。他如果表現的像無知的兒童，你也隨著表現像無知的兒童一樣；他如果做事漫無分際，你也隨著漫無分際；他如果無拘無束，你也隨著無拘無束。先順著他所為，然後慢慢引導他走上沒有過失的正途。」

諫君極難，履卦即有伴君如伴虎之戒，卦辭稱：「履虎尾，不咥人，亨。」〈大象傳〉稱：「君子以辯上下，定民志。」如何進言獲聽不遭反噬，組織健全發展人心安定，絕非易事。〈彖傳〉：「剛中正，履帝位而不疚，光明也。」這是指九五爻居君位，能受諫而克盡領導重任。三、四兩爻爻辭皆稱「履虎尾」，一咥人凶，一愬愬終吉，多凶多懼。《孟子‧離婁篇》：「惟大人能格君心之非。君仁莫不仁，君義莫不義，君正莫不正，一正君而國定矣！」講得確實對，大人與正君都難求，故而國多昏亂。韓非著有〈說難〉一篇，道盡忠言直諫之難，所謂批龍鱗、蹈虎尾，風險之高令人驚懼。司馬遷的《史記》為韓非立傳，幾乎照抄了大部分內容，也是心有戚戚焉，他因觸怒漢武帝而受宮刑能不懷怨？歷史上稱頌唐太宗虛懷納諫，魏徵可正其心云云，實際亦多扞格。這是人性，必須在德行與制度上深思並設計可大可久的制衡之道。莊子本段所稱的蒯聵是太子儲君，其德天殺頑劣，帝王師下場慘烈如明代張居正的亦在所多有。

蘧伯玉是衛國有名的賢臣，孔子曾盛讚其德行與智慧。《論語．衛靈公篇》記子曰：「君子哉蘧伯玉！邦有道則仕，邦無道則可卷而懷之。」《淮南子．原道訓》稱：「蘧伯玉年五十，而知四十九年非。」可見這人反省改過之勤，堪稱日新又新，從政又有靈活應變的彈性，國家無道時懂得韜晦內斂，不會衝撞找死，顏闔向他請教再合適不過了！

蘧伯玉首先要顏闔戒慎恐懼，自己行為端正，然後和顏悅色接近蠻橫暴虐的儲君，這正是隨卦的要旨。內卦為震，中心自有主宰，外卦兌悅，待人隨和親近。態度隨和，可並非隨便，仍有內心堅持的原則底線，不會縱容權力者作惡；自己有善德，卻不宣揚顯露而引發對方忌妒之心而招來迫害。一旦取得其信任與好感，再漸漸導正其所思所行，這是相當高明深湛的處世功夫。隨卦卦辭：「元亨利貞，无咎。」〈雜卦傳〉稱：「隨，无故也；蠱，則飭也。」以隨順的態度將棘手的事情辦好，遏惡揚善，兩不相傷，真正談何容易？和而不同，和而不流，這是《中庸》裡所稱的「南方之強」啊！

汝不知夫螳螂乎？怒其臂以當車轍，不知其不勝任也，是其才之美者也【注460】。戒之，慎之！積伐而美者以犯之，幾矣【注461】！

【郭象注460】夫螳螂之怒臂，非不美也；以當車轍，顧非敵耳。今知之所無奈何而欲強當其任，即螳螂之怒臂也。

【郭象注461】積汝之才，伐汝之美，以犯此人，危殆之道。

你不知道那螳螂嗎？螳螂奮力舉起臂膀去阻擋車輪，不知道自己力量不足，自以為本事大，必被輾碎無疑。你一定要戒慎啊！如果一直誇耀自己的美德而觸怒了太子，那就危險了。

人行善卻怕人不知，大肆宣揚，就不是真心為善。《論語．公冶長篇》顏回述其志為：「願無伐善，無施勞。」謙卦第三爻：「勞謙，君子有終，吉。」〈小象傳〉稱：「萬民服也！」〈繫辭傳〉述子曰：「勞而不伐，有功而不德，厚之至也，語以其功下人者也。」功成不居才是盛德大業。郭象注461所稱：「積汝之才，伐汝之美，以犯此人，危殆之道。」暴君之前逞能誇耀，真是找死！

汝不知夫養虎者乎？不敢以生物與之，為其殺之之怒也【注462】；不敢以全物與之，為其決之之怒也【注463】；時其飢飽，達其怒心【注464】。虎之與人異類而媚養己者，順也；故其殺者，逆也【注465】。

【郭象注462】恐其因有殺心而遂怒也。

【郭象注463】方使虎自齧分之，則因用力而怒矣。

【郭象注464】知其所以怒而順之。

【郭象注465】順理則異類生愛，逆節則至親交兵。

你不知道那些飼養老虎的人嗎？他們不敢拿活的動物餵老虎，怕老虎撲殺時激起兇殘的本性；也不敢拿完整的動物餵牠，怕老虎撕裂時動怒。他們都小心觀察老虎飢餓或飽足的時間，了解其發怒的原因，老虎與人不同類，卻會取媚餵養牠的人，就是因為餵養者懂得順從老虎的本性。老虎會傷人，是因為人們觸犯了牠的本性。

以上舉了螳臂擋車與養虎貽患的兩則寓言，都發人深省。

郭象注465的警語發人深省，做人須有理有節，單憑有理而發不中節，處世肯定失和。履卦蹈虎尾而不遭反噬，功夫就在一「和」字上，〈繫辭傳〉闡述處憂患亂世的九個卦，履卦為首：「履，德之基也；履，和而至；履以和行。」《論語．學而篇》：「禮之用，和為貴，先王之道斯為美，小大由之。」不論地位尊卑，都得依此而行。

如果和氣待人，大家順理而行，不同族類都會生愛；一旦違反彼此應有的節制分寸，家人至親都會交相迫害。節卦之後為中孚卦，洋溢親子之情，由獨親其親可至不獨親其親，即九五爻辭所稱：「有孚攣如，无咎。」家人失節，反目成仇即睽卦，為人倫慘變。坤卦初爻：「履霜，堅冰至。」〈文言傳〉稱：「積善之家，必有餘慶；積不善之家，必有餘殃。臣弒其君，子弒其父，非一朝一夕之故，其所由來者漸矣，由辯之不早辯也！」唐初玄武門事變，清雍正時的奪嫡鬥爭，都因逆節而至親交兵。《孟子．離婁篇》主張：「古者易子而教之，父子之間不責善，責善則離。」這是深透人性人情的見識，值得參考注意。

夫愛馬者，以筐盛矢，以蜄盛溺【注466】。適有蚉虻僕緣【注467】，而拊之不時【注468】，則

缺銜毀首碎胸【注469】。意有所至而愛有所亡，可不慎邪【注470】！

【郭象注466】矢溺至賤，而以寶器盛之，愛馬之至者也。

【郭象注467】僕僕然羣著馬。

【郭象注468】雖救其患，而掩馬之不意。

【郭象注469】掩其不備，故驚而至此。

【郭象注470】意至除患，率然拊之，以至毀碎，失其所以愛矣。故當世接物，逆順之際，不可不慎也。

愛馬的人用筐子盛馬糞，用蛤殼接馬尿，若剛好碰到蚊虻附在馬身上叮咬，替牠拍除蚊蟲的時機不恰當，馬受驚會掙斷勒口，撞傷養馬人。有心愛護馬反而招致傷害，不審慎行嗎？愛之不時，好心沒好報，世間多有。郭象注470說「當世接物，逆順之際，不可不慎。」前文才稱逆節則至親交兵，人畜之間亦復如是，寵物過頭可能反受其災。

匠石之齊，至於曲轅，見櫟社樹。其大蔽數千牛，絜之百圍，其高臨山十仞而後有枝，其可以為舟者旁十數。觀者如市，匠伯不顧，遂行不輟。弟子厭觀之，走及匠石，曰：「自吾執斧斤以隨夫子，未嘗見材如此之美也。先生不肯視，行不輟，何邪？」曰：「已矣，勿言之矣！散木也，以為舟則沉，以為棺槨則速腐，以為器則速毀，以為門戶則液樠，以為柱則蠹，是不材之木也。無所可用，故能若是之壽【注471】。」

【郭象注471】不在可用之數，故曰散木。

有一木匠名石的前往齊國，到了曲轅這個地方，看到神社中有棵櫟樹，巨大可遮蔽幾千頭牛，用繩子量樹幹有百圍那麼粗，高出山頂時十仞處才長有樹枝，其材料足夠做十幾條船。前來觀賞的人多的像趕市集一樣，可是匠石看都不看，繼續往前走。他的徒弟觀賞夠了以後，追上匠石問道：「自從我拿著斧頭跟隨師傅學藝以來，從未看過這麼好的材料。師傅您看都不看往前走，這是為什麼呢？」匠石說：「夠了，別再說了！那根本就是沒有用的散木，做船會沉，做棺槨會腐朽，做器具很快就壞掉，做門戶會流出汁液，做柱子會被蟲蛀。這是沒有用的樹，正因沒用，所以能活得這麼長壽。」

匠石歸，櫟社見夢曰：「汝將惡乎比予哉？若將比予於文木邪【注472】？夫柤梨橘柚果蓏之屬，實熟則剝，剝則辱，大枝折，小枝泄。此以其能苦其生者也，故不終其天年而中道夭，自掊擊於世俗者也。物莫不若是【注473】。且予求無所可用久矣，幾死，乃今得之【注474】，為予大用【注475】。使予也而有用，且得有此大也邪【注476】？且也若與予也皆物也，奈何哉其相物也？而幾死之散人，又惡知散木【注477】！」

【郭象注472】凡可用之木為文木。

【郭象注473】物皆以自用傷。

【郭象注474】數有睥睨己者，唯今匠石明之耳。

【郭象注475】積無用乃為濟生之大用。

【郭象注476】若有用，必見伐。

【郭象注477】以戲匠石。

匠石回家後，夢到櫟樹對他說：「你要將我比做甚麼東西呢？將把我比做有用的樹木嗎？那些山楂、梨樹、柚樹等果瓜之類，果實熟了就被人剝削，受人欺辱，大的枝條被折斷，小的枝條被拽彎，這就是因為能結果實而承受痛苦，不能終其天年而中道夭折，自取世俗之人的打擊啊！凡物都是如此，而且我追求無用已經很久了，差點被砍死，總算今天實現了願望，無用成了我的大用。如果我有用的話，還能長的這麼高大嗎？並且我和你都是物，你為何要來評論我呢？你是快死的散人，哪裡又真懂得我這個散木呢？」

匠石覺而診其夢。弟子曰：「趣取無用，則為社何邪【注478】？」曰：「密！若無言！彼亦直寄焉【注479】，以為不知己者詬厲也【注480】。不為社者，且幾有翦乎【注481】！且也彼其所保與眾異【注482】，而以義喻之，不亦遠乎【注483】！」

【郭象注478】猶嫌其以為社自榮，不趣取於無用而已。
【郭象注479】社自來寄耳，非此木求之為社也。
【郭象注480】言此木乃以社為不知己而見辱病者也，豈榮之哉！
【郭象注481】木自以無用為用，則雖不為社，亦終不近於翦伐之害。
【郭象注482】彼以無保為保，而眾以有保為保。
【郭象注483】利人長物，禁民為非，社之義也。夫無用者，泊然不為而群才自用，自用者各得其敘而不與焉，此以無用所以全生也。汝以社譽之，無緣近也乎！

匠石醒來後，把他做的夢告訴弟子。弟子說：「櫟樹既然追求無用，為何又去做神社的社樹呢？」匠石道：「別作聲！你不要再講了！牠是特意託身社神以求保命而已，讓不了解的人詬罵。如果不作社樹，恐怕也會被人砍伐掉，牠保全自己的方法與眾不同，你用常理去分析其用心，不是差得太遠了嗎？」

郭象注483稱社之義為：「利人長物，禁民為非。」社稷、社會、社區、社群，集會結社的目的是促進群體利益，要求成員遵守紀律。〈繫辭傳〉稱：「理財正辭，禁民為非曰義。」

南伯子綦遊乎商之丘，見大木焉有異，結駟千乘，隱將芘其所藾【注484】。子綦曰：「此何木也哉？此必有異材夫！」仰而視其細枝，則拳曲而不可以為棟樑；俯而視其大根，則軸解而不可以為棺槨；舐其葉，則口爛而為傷；嗅之，則使人狂酲三日而不已。

【郭象注484】其枝所陰，可以隱芘千乘。

南伯子綦旅行到商之丘，看到一棵大樹與眾不同，即使集結千輛四匹馬拉的車，樹蔭也能將其遮蔽。子綦說：「這是甚麼樹啊？材質一定很不一樣！」仰頭看看細枝，彎彎曲曲不能做棟樑；低頭看看樹根，木心裂開不能做棺槨；舔舔樹葉，口舌潰爛受傷；嗅其氣味，立刻昏醉，三天都醒不來。

子綦曰：「此果不材之木也，以至於此其大也。嗟乎神人，以此不材【注485】。宋有荊氏者，宜楸柏桑。其拱把而上者，求狙猴之杙者斬之；三圍四圍，求高名之麗者斬之；七圍八圍，貴人富商之家求樿傍者斬之。故未終其天年，而中道夭於斧斤，此材之患也【注486】。故解之以牛之白顙者與豚之亢鼻者，與人有痔病者不可以適河【注487】。此皆巫祝以知之矣【注488】，所以為不祥也。此乃神人之所以為大祥也【注489】。」

【郭象注485】夫王不材於百官，故百官御其事，而明者為之視，聰者為之聽，知者為之謀，勇者為之扞。夫何為哉？玄默而已。而群材不失其當，則不材乃材之所至賴也。故天下樂推而不厭，乘萬物而無害也。

【郭象注486】有材者未能無惜也。

【郭象注487】巫祝解除，棄此三者，必妙選騂具，然後敢用。

【郭象注488】巫祝於此亦知不材者全也。

【郭象注489】夫全生者，天下之所謂祥也，巫祝以不材為不祥而弗用也，彼乃以不祥全生，乃大祥也。神人者，無心而順物者也。故天下所謂大祥，神人不逆。

子綦說：「這果然是不成材的樹啊，所以才能長的這麼大。唉，神人也是不顯其才能，故能保全天真。宋國有個地方叫荊氏，適合種植丘、柏、桑樹。長到一兩把粗之後，就被砍去做拴猴子的木樁；三、四圍粗的，被砍去造高屋的棟樑；七、八圍粗的，富貴人家取去做棺材。所以都不能終其天年，半途就夭折於斤斧，這就是有用之才的壞處。所以祭神消災的人都認為白額頭的牛、高鼻子的豬和患有痔瘡的人，不可以用作祭品沉入河中以祭祀河神。這些禁忌巫師們都知道，認為不吉祥，而神人認為這些缺陷剛好是它們最大的吉祥。」

郭象注485解不材之木，深得道家無為而治的精髓。領導者不必太有才，放手讓幹部們盡心任事，目明者幫著看，耳聰者幫著聽，智慧者為之籌謀，勇敢者為之捍衛。大家都可發揮長才，他總其成即可，何必插手干預呢？這樣的領導人大家都歡迎擁護，而組織整體的績效又佳。

坤卦六五爻辭：「黃裳，元吉。」〈小象傳〉：「文在中也。」〈文言傳〉進一步解釋：「君子黃中通理，正位居體，美在其中，而暢於四支，發於事業，美之至也。」首腦與股肱之間關係和諧，古人上衣下裳以腰帶區分，實為一體，黃為貴重之色，不曰黃衣而稱黃裳，實寓有民貴君輕的大義。乾為君，九五飛龍在天，還得利見大人；坤為民，六五黃裳元吉，直接保證了好結果。〈繫辭傳〉亦稱：「黃帝堯舜氏作，通其變，使民不倦；神而化之，使民宜之。易窮則變，變則通，通則久，是以自天佑之，吉无不利。黃帝堯舜垂衣裳而天下治，蓋取諸乾坤。」這段肯定有微言大義。天下治即天下共治，與乾卦〈文言傳〉對勘即知：「乾元用九，天下治也……乃見天則。」乾卦的終極境界為「用九，見群龍无首，吉。」〈彖傳〉末亦有相應的鋪墊：「首出庶物，萬國咸寧。」

有心治道者可縱覽全易六十四卦居君位的第五爻，定可發現九五、六五各半，而九五的剛性領導獲吉者少，六五的柔性領導獲吉者眾。這是所謂的「大易君王論」，其實無為而治絕非無所作為，修養功深後幾乎可無所不為。老子論損益：「為學日益，為道日損，損之又損，以至於無為，無為而無不為。」懲忿窒慾成功，損極轉益，定可遷善改過利益眾生。

無為也不是道家的專利，儒家標榜的聖王大舜亦受稱譽，《論語．衛靈公篇》述子曰：「無為而治者，其舜也與？夫何為哉？恭己正南面而已矣。」

另外《韓非子．八經篇》稱：「下君盡己之能，中君盡人之力，上君盡人之智。」易經臨卦初、二爻皆稱「咸臨吉」，五爻稱「知臨，大君之宜，吉。」皆深通君臨天下實即「群臨天下」之理。法家治術深受道家影響而有往專制方面發展的傾向，《史記》將老子與韓非並列一傳有其道理。

隋末唐初的王通，據說作育英才甚多，以經世致用為尚，號稱文中子，即有坤卦六五黃裳之義，但只活了三十三歲即英年早逝。

支離疏者，頤隱於臍，肩高於頂，會撮指天，五管在上，兩髀為脇。挫鍼治繲，足以餬口；鼓筴播精，足以食十人。上徵武士，則支離攘臂而遊於其間【注490】；上有大役，則支離以有常疾不受功【注491】；上與病者粟，則受三鍾與十束薪【注492】。夫支離其形者，猶足以養其身，終其天年，又況支離其德者乎【注493】！

【郭象注490】恃其無用，故不自竄匿。

【郭象注491】不任徭役故也。

【郭象注492】役則不與，賜則受之。

【郭象注493】神人無用於物，而物各得自用，歸功名於群才，與物冥而無跡，故免人間之害，處常美之實，此支離其德者也。

有一個形體不全的人叫支離疏，他的頭向下低垂，兩頤好像隱於肚臍間，肩膀高出頭頂，髮髻指向天空，五臟的脈管朝上，腰夾在大腿中間。他為人縫補洗衣，足以餬口，還能敲著竹筒為人占卜，所得的糧食足夠十人吃。國家徵兵時，支離疏捋起袖子大搖大擺晃蕩，不會被徵召。國家有大的勞役時，他也因為有殘疾不任苦工。政府賑濟病人粟米，他可分到三鍾米十捆柴。像他這樣形體不全的人，還能夠養活自身，終其天年，如果支離其德忘我自在，豈不是更無憂慮了嗎？

俗語說支離破碎，支離其形是殘障，尚可獲得一般人沒有的待遇，如果人修練到支離其德，渾然忘我，功成不居，更可長享後福。郭象注493說神人無用於物，而物各得自用，歸功名於群才，與物冥合而無跡，故能免於人間之害，又處常美之實，這是支離其德。這與謙卦遜讓不爭的精神相似，反能圓善有終，以中國近代史而論，孫中山先生或足以當之。

莊子人間世這段，亦可視為下一篇德充符的先聲，肢體殘障者可能內心非常聖潔，教我們破除外貌的成見，探究內心世界的真實底蘊。養生主提過的右師刖足，形殘而神全已有此意，莊子念茲在茲，終於專闢下一篇來全面闡揚。

孔子適楚，楚狂接輿遊其門曰：「鳳兮鳳兮，何如德之衰也【注494】！來世不可待，往世不可追也【注495】。天下有道，聖人成焉；天下無道，聖人生焉【注496】。方今之時，僅免刑焉【注497】。福輕乎羽，莫之知載【注498】；禍重乎地，莫之知避【注499】。已乎已乎！臨人以德。殆乎殆乎！畫地而趨【注500】。迷陽迷陽，無傷吾行【注501】；吾行郤曲，無傷吾足【注502】。」

【郭象注494】當順時直前，盡乎會通之宜耳。世之盛衰，蔑然不足覺，故曰何如。

【郭象注495】趣當盡臨時之宜耳。

【郭象注496】付之自爾，而理自生成。生成非我也，豈為治亂易節哉！治者自求成，故遺成而不敗；亂者自求生，故忘生而不死。

【郭象注497】不瞻前顧後，而盡當今之會，冥然與時世為一，而後妙當可全，刑名可免。

【郭象注498】足能行而放之，手能執而任之，聽耳之所聞，視目之所見，知止其所不知，能止其所不能，用其自用，為其自為，恣其性內而無纖芥於分外，此無為之至易也。無為而性命不全者，未之有也；性命全而非福者，理未聞也。故夫福者，即向之所謂全耳，非假物也，豈有寄鴻毛之重哉！率性而動，動不過分，天下之至易者也；舉其自舉，載其自載，天下之至輕者也。然知以無涯傷性，心以欲惡蕩真，故乃釋此無為之至易而行彼有為之至難，棄夫自舉之至輕而取夫載彼之至重，此世之常患也。

【郭象注499】舉其性內，則雖負萬鈞而不覺其重也；外物寄之，雖重不盈錙銖，有不勝任者矣。為內，福也，故福至輕；為外，禍也，故禍至重。禍至重而莫之知避，此世之大迷也。

【郭象注500】夫畫地而使人循之，其跡不可掩矣；有其己而臨物，與物不冥矣。故大人不明我以耀彼而任彼之自明，不德我以臨人而付人之自德，故能彌貫萬物而玄同彼我，泯然與天下為一而內外同福也。

【郭象注501】迷陽，猶亡陽也。亡陽任獨，不蕩於外，則吾行全矣。天下皆全其吾，則凡稱吾者莫不皆全也。

【郭象注502】曲成其行，自足矣。

孔子到楚國，楚國的狂士接輿走到孔子的門前說：「鳳鳥啊鳳鳥啊，你的德行怎麼這樣衰敗啊！未來的世界不可期待，既往的世界已難追回。天下有道，聖人可以成功；天下無道，聖人僅能保存自己。方今之時，能免遭刑戮已經不錯了！幸福比羽毛還輕，卻不知獲取；災禍比大地還深重，卻不知躲避。罷了罷了！不要再用德行勸人。危險哪危險！不要再畫地為牢自我設限。遍地荊棘，不要妨礙我行走，我繞彎兒走，不要傷害我的腳！」

楚狂接輿真有其人，逍遙遊篇中已藉肩吾與連叔之口談過，此處再提，更完整呈現其對孔子奔走亂世終無成效的諷勸，而且是以詩歌吟唱的方式，相當動人。難怪唐代大詩人李白以詩述志：「我本楚狂人，鳳歌笑孔丘，手持綠玉杖，朝別黃鶴樓，五嶽尋仙不辭遠，一生好入名山遊。」

《論語．微子篇》記這段邂逅的原文為：「楚狂接輿歌而過孔子，曰：鳳兮鳳兮！何德之衰？往者不可諫，來者猶可追。已而已而，今之從政者殆而！孔子下，欲與之言。趨而避之，不得與之言。」接輿顯非真名，而是接近孔子車駕之意。又要奉勸又避不見面，該篇後所記的長沮、桀溺與荷蓧丈人，似乎都是這副德行。夫子雖表敬重，仍關心斯土斯民，所謂知其不可而仍為之。

鳳凰為傳說中的祥瑞之鳥，非梧桐不棲，非醴泉不飲，非竹實不食。《詩經．大雅．卷阿》有云：「鳳凰鳴矣，于彼高岡；梧桐生矣，于彼朝陽。」周初國運昌隆，有鳳鳴岐山的傳說。孔子志行高潔，時人以鳳凰譽之。孟子時當戰國，離夏初廢禪讓改世及甚久，時人仍有「自禹而德衰」之批判。接輿譏諷孔子有鳳凰之姿而德已衰敗，其實不切，往者已矣來者可追，正因此才要放眼未來努力奮鬥。「今之從政者殆而！」愈到末亂世，居高位掌權的人往往才德俱缺，根本無力紓解民困，今日世局即然。否卦氣運糟透，卦辭明言為非人世界，不利君子貞。〈大象傳〉

更稱：「君子以儉德避難，不可榮以祿。」任官領取俸祿掌權後才有機會改造社會，但病根已深多半無效，或助紂為虐或自遭迫害，不如遠遁以保其身，道家人物的勸諫大致著眼於此。然而否卦之後為同人、大有二卦，表示處否之道長期仍可突破，熬過三爻「包羞」的黑暗谷底後，四爻「疇離祉」結合同道、五爻轉為主動，「休否，大人吉。」上爻「傾否，先否後喜。」終獲成功。

孔子積極濟世成功不必在我，亦有其悲心與願力在。據此，我於數十年前另寫了否卦嶄新的〈大象傳〉：「大人以承敝起新，與民除患。」主詞由君子提升為德智最高的大人，以合九五休否之義。

《孟子‧萬章篇》裡稱：「伯夷，聖之清者也；伊尹，聖之任者也；柳下惠，聖之和者也；孔子，聖之時者也。」伯夷肯定避世而無作為，柳下惠足以自保，伊尹積極任重可能成功，孔子則保留彈性隨時應變進退自如。孟子願學孔子，推崇為終始條理的集大成。總之，人生在世，量才適性，各遂所願吧！乾卦〈文言傳〉記子曰：「同聲相應，同氣相求，水流濕，火就燥，雲從龍，風從虎，聖人作而萬物覩。本乎天者親上，本乎地者親下，則各從其類也。」

無論如何，莊子藉楚狂之言所發感慨還是值得深思與警醒。「來世不可待，往世不可追。」往者已矣，追悔無益，期待未來，又多成空，那麼唯一尚可把握的就是當下了！易演天地之序，豫卦即憧憬未來，其後接隨卦，成了當下眼前的現在，再後為蠱卦，轉眼又都成了過去。其中只有隨卦卦辭最佳：「元亨利貞，无咎。」〈彖傳〉稱：「天下隨時，隨時之義大矣哉！」

郭象注494到497可說都在發揮此義。人生在世當順時直前，盡乎會通之宜，無論盛世衰世都能臨機應變，應對無礙。〈繫辭傳〉稱：「聖人有以見天下之賾，而擬諸其形容，象其物宜……聖人有以見天下之動，而觀其會通，以行其典禮……言天下之至賾而不可惡也，言天下之至動而不可亂也，擬之而後言，議之而後動，擬議以成其變化。」這本是講的卦爻觀象創作之理，人生行事若能如是，當可妙合自然，應對無礙。

郭象注498、499長篇大論，似乎為莊子本文觸動心思，一再強調率性無為的重要。世之常患、世之大迷，就在「知以無涯傷性，心以欲惡蕩真。」前面逍遙遊、齊物論、養生主幾篇的主旨儼然再現。迷陽應是荊棘，困卦第三爻有「據于蒺藜」之辭，坎卦上爻稱「寘于叢棘」，都是人生熬煎困頓之境。郭注似有迷失自性之義，轉折亦通。復卦回歸本性，上爻行事偏差，爻辭稱：「迷復，凶，有災眚。」吾行郤曲，避開荊棘迂迴繞道而行，亦合反復其道「曲則全」之義。

山木自寇也，膏火自煎也。桂可食，故伐之；漆可用，故割之。人皆知有用之用，而莫知無用之用也【注503】。

【郭象注503】有用則與彼為功，無用則自全其生。夫割肌膚以為天下者，天下之所知也。使百姓不失其自全而彼我俱適者，悗然不覺妙之在身也。

山上的樹木做成斧柄，用來砍伐自己；油膏引燃火，將自己燒乾。桂樹皮可入藥，故遭人砍伐；漆樹可用，故遭人割取。人們都知道有用之用，卻不懂得無用之用。

山木自寇，膏火自煎，皆因有用而為世所傷。需卦第三爻：「需于泥，致寇至。」〈小象傳〉：「自我致寇，敬慎不敗也。」為人所需，遭致打擊。解卦第三爻：「負且乘，致寇至。」〈小象傳〉：「自我致戎，又誰咎也？」負重過甚，糾結難解，亦成眾矢之的。屯卦為物之始生，第五爻：「屯其膏，小貞吉，大貞凶。」〈小象傳〉：「施未光也。」生命的膏火有限，須小心維護使用，以免耗損枯竭。鼎卦第三爻：「雉膏不食。」火鍋中的野雞肉雖鮮美，烹調失宜太燙亦乏人飲嚐。屯、鼎二卦相錯旁通，卦性徹底相反，卻都提醒人維續生命膏火的重要，必須善自調養。

無用之用是為大用，此篇的櫟社樹，逍遙遊篇末的樗樹，莊子一再闡明此義，我們闖蕩人間世，須有相當的警惕。

易占人間世通篇主旨為何？得出訟卦二、五、上爻皆動，五爻居君位宜變為未濟卦，三爻齊變成豫卦。訟是相爭不合，之前為需卦，其後接師卦，顯示人際供需一旦失調，必起紛爭，甚至激化成兵戎相見。豫卦「利建侯行師」，就得積極佈署準備應戰。訟卦二爻「不克訟」，敗退以求不潰；上爻「終朝三褫之」，僥倖獲勝也可能很快失去權位利益。五爻「訟元吉」，領導者最好仲裁化解衝突，以消弭更慘烈的戰爭。

德充符　第五【注504】

【郭象注504】德充於內，物應於外，外內玄合，信若符命而遺其形骸也。

德性充實於內，必然顯現於外界人事物的交往上，所謂誠於中而形於外，內外有最高的契合，就像剖開竹節必相符合一樣。本篇敘述了幾位身有殘疾的人士，卻贏得許多人的追隨擁戴，只要內心聖潔，外表的形骸皆可遺忘不計較。〈禮運大同篇〉所稱：「鰥寡孤獨廢疾者，皆有所養。」只要同樣是人，理應大家都有，同人、大有二卦闡析甚明，是大同思想的根源，為人類文明應有的歸趨。《孟子．盡心篇》稱：「可欲之謂善，有諸己之謂信，充實之謂美，充實而有光輝之謂大，大而化之之謂聖，聖而不可知之之謂神。」德充符三字，即有此義。

幾十年前，台北新生南路台大側門附近有一家「德充符書店」，沒營業多久就收攤，據說是某位愛書的年輕人所開。我自己二十七、八歲時從工程顧問公司辭職轉業，也在麗水街淡江大學城區部對面開了家「星宿海書坊」，樓上辦學術及藝文討論的沙龍，撐了三年結業。年輕時熱情有餘不通世務，回想起來頗多感慨，卻也無怨無悔。

魯有兀者王駘，從之遊者與仲尼相若【注505】。常季問於仲尼曰：「王駘，兀者也，從之遊者與夫子中分魯。立不教，坐不議，虛而往，實而歸【注506】。固有不言之教，無形而心成者邪【注507】？是何人也？」

【郭象注505】弟子多少敵孔子。

【郭象注506】各自得而足也。

【郭象注507】怪其殘形而心乃充足也。夫心之全也，遺身形，忘五藏，忽然獨往，而天下莫能離。

本篇首先登場的是魯人王駘。兀通刖，斷了一隻腳，可能遭意外或曾受肉刑，斬去一足或挑斷腳筋，難以正常行走。

雖然如此，願意追隨他學習的徒眾甚多，與孔子門下差不多。常季問孔子道：「王駘是只有一隻腳的殘廢，跟他學的徒眾卻與夫子您人數相當。他平日對學生並未教導甚麼，也不討論問題，可是學生們初去時啥也不懂，卻都滿載而歸。難道真的有所謂不言之教，沒有任何形式卻能點化造就人的嗎？他到底是個甚麼樣的人啊？」

兀通刖，易經困卦九五爻辭首稱「劓刖」，形容陷入困境的最高領導人招惹民怨，被視為重罪犯。劓是割去鼻子，刖是挑斷腳筋，象徵嗅覺既不靈敏行動又蹣跚遲緩，必須懺悔改革才能解除束縛而脫困。本爻宜變成解卦，〈大象傳〉稱：「雷水解，君子以赦過宥罪。」困卦為澤無水的乾旱之象，解卦大雨傾盆使旱象全消，全局又恢復生機。

睽卦家人反目成仇，六三爻辭稱：「見輿曳，其牛掣，其人天且劓，无初有終。」這是老牛憎怨主人拒不拉車之象，牠看趕車者就像罪犯。天字有數解，一為剃光頭露出腦頂天門作為標誌；一即兀字抄寫錯誤，「兀且劓」意同「劓刖」，上下不和之甚；還有就是天本字，「天且劓」是詛咒，說老天爺將會譴責趕車者讓他受割鼻之刑。且字除了而且、並且之外，還有將然未然以及姑且之意。

類似用語還見於解卦六三：「負且乘，致寇至。」坎卦六三：「來之坎坎，險且枕，入于坎窞，勿用。」六三不中不正，背著沉重的包袱乘車時都不願放下，結果招來敵寇的趁隙攻擊；人墜入進退皆險之境，慌張亂跑亂竄反而愈陷愈深，最好靜止不動，就地臥倒休息，養足體力再謀突圍，不能講究時只能將就。若依卦中有卦的互卦理論，解中有坎、坎中有解，解六三即相當於坎六三及六四，而坎六四實即囚犯處境，與劓刖之意相通。人生是怎麼陷入險境而被人定罪，是自找的還是為人迫害？又應如何掙脫？都值得好好學習。

此外，易經卦爻還有好幾處受刑或殘障之象，刺激人思考趨避，如蒙卦初爻「用脫桎梏」、噬嗑初爻「屨校滅趾」、上爻「何校滅耳」、豐卦九三「折其右肱」、明夷卦六二「夷于左股」、歸妹初爻「跛能履」、二爻「眇能視」、履卦六三「眇能視，跛能履」、坎卦上爻「係用徽纆，置于叢棘」、遯卦六二「執之用黃牛之革，莫之勝脫」、革卦初爻「鞏用黃牛之革」等，還有蹇卦就是不良於行，睽卦視界不清，震卦上爻「震索索，視矍矍」老眼昏花行動乏力。

《老子》書中多提不言之教。第二章：「聖人處無為之事，行不言之教。」第四十三章：「不言之教，無為之益，天下希及之。」第五十六章：「知者不言，言者不知。」第八十一章：「美言不信，信言不美；善者不辯，辯者不善。」莊子是否沿襲老子勿論，至少主張一致。道家知機察微，順勢用柔，坤卦居人位的三爻「含章」、四爻「括囊」，都強調藏晦慎言。

仲尼曰：「夫子，聖人也，丘也直後而未往耳。丘將以為師，而況不若丘者乎！奚假魯國！丘將引天下而與從之【注508】。」

常季曰：「彼兀者也，而王先生，其與庸亦遠矣。若然者，其用心也獨若之何？」

仲尼曰：「死生亦大矣【注509】，而不得與之變【注510】，雖天地覆墜，亦將不與之遺【注511】。審乎无假【注512】而不與物遷【注513】，命物之化【注514】而守其宗也【注515】。」

【郭象注508】夫神全心具，而體與物冥。與物冥者，天下之所不能遠，奚但一國而已哉！

【郭象注509】人雖日變，然死生之變，變之大者也。

【郭象注510】彼與變俱，故死生不變於彼。

【郭象注511】斯順之也。

【郭象注512】明性命之固當。

【郭象注513】任物之自遷。

【郭象注514】以化為命，而無乖忤。

【郭象注515】不離至當之極。

孔子回答：「他是聖人啊！我只是還來不及去向他請教，我都要拜他為師呢，何況不如我的那些人？豈止魯國人，我還要引領全天下人去向他學習。」

常季道：「他是斷了一隻腳的殘障，居然還強過先生，必然高出常人太多。如果真是這樣，他的修為用心有甚麼獨特處呢？」

孔子道：「死生大事不能使他改變，天翻地覆他也不會喪失自我。他徹底明白了宇宙的真實，中心有主不會隨著萬物變遷。」

審乎無假，依郭象注512所釋為「明性命之固當」。無假即全真，《中庸》稱：「天命之謂性，率性之謂道，修道之謂教。」易卦復之後為无妄，即無假之義，固有之而非自外來，一切真實不虛。无妄卦〈大象傳〉稱：「天下雷行，物與无妄，先王以茂對時育萬物。」主導萬物變化而非受其影響拖累。另見《莊子．天道篇》：「審乎無假，而不與利遷，極物之真，能守其本。」《老子》第五十九章：「是謂深根固柢，長生久視之道。」

常季曰：「何謂也？」

仲尼曰：「自其異者視之，肝膽楚越也【注516】；自其同者視之，萬物皆一也【注517】。夫若然者，且不知耳目之所宜【注518】，而遊心乎德之和【注519】；物視其所一而不見其所喪，視喪其足猶遺土也【注520】。」

【郭象注516】恬苦之性殊，則美惡之情背。

【郭象注517】雖所美不同，而同有所美。各美其所美，則萬物一美也；各是其所是，則天下一是也。夫因其所異而異之，則天下莫不異。而浩然大觀者，官天地，府萬物，知異之不足異，故因其所同而同之，則天下莫不皆同；又知同之不足有，故因其所無而無之，則是非美惡，莫不皆無矣。夫是我而非彼，美己而惡人，自中知以下，至於昆蟲，莫不皆然。然此明乎我而不明乎彼者爾。若夫玄通泯合之士，因天下以明天下。天下無曰我非也，即明天下之無非；無曰彼是也，即明天下之無是。無是無非，混而為一，故能乘變任化，迕物而不慴。

【郭象注518】宜生於不宜者也。無美無惡，則無不宜。無不宜，故忘其宜也。

【郭象注519】都忘宜，故無不任也。都任之而不得者，未之有也；無不得而不和者，亦未聞也。故放心於道德之間，蕩然無不當，而曠然無不適也。

【郭象注520】體乎極數之妙心，故能無物而不同。無物而不同，則死生變化，無往而非我矣。故生為我時，死為我順。時為我聚，順為我散。聚散雖異，而我皆我之。則生故我耳，未始有得；死亦我也，未始有喪。夫死生之變，猶以為一。既睹其一，則蛻然無係，玄同彼我，以死生為寤寐，以形骸為逆旅，去生如脫屣，斷足如遺土，吾未見足以纓茀其心也。

常季問：「這是甚麼意思呢？」

孔子回答：「如果從差異的角度去觀察萬事萬物，自己體內的肝膽也像楚國和越國一般離得很遠；如果從相同的角度去看待萬物，萬物都是一體的。能做到這個地步，不再用耳目感官去辨別是非美惡，而一心優游於宇宙冲和的至境；把萬物看為一體，自然不覺得形體有何缺失，斷了一隻腳像掉了一塊泥土般不足介意。」

人體內的肝與膽相當接近，功能也關係密切，故有肝膽相照的成語。上世紀末的台灣政局，李登輝與郝柏村由肝膽相照到肝膽俱裂，反應了統獨政爭的分歧。易卦家人之後為睽卦，悲歡離合愛恨情仇，亦為人生常態。

郭象注於此段大肆發揮，應是深有所感。凡俗之情分別心重，貪嗔癡慢疑，怨憎會愛別離痛苦不堪，聖哲觀其所同而能超然脫累。得一、致一、貞一，前面逍遙遊、齊物論、養生主、人間世諸篇透析甚明。易卦家人、睽、蹇、解的卦序，道盡人際分合，最後仍以恩仇俱泯解脫為尚。同人、大有二卦更積極主張存異求同，建立美好的大同社會。

郭象注[520]稱：「體夫極數之妙心，故能無物而不同。」〈繫辭傳〉：「極數知來之謂占。」「極其數遂定天下之象……夫易，聖人之所以極深而研幾也。」〈說卦傳〉：「神也者，妙萬物而為言者也。」深刻體會宇宙間生生化化的現象，澈悟其真諦，自然可跳脫形骸小我的執著而達大通。郭注：「以死生為寤寐，以形骸為逆旅。」逆旅即旅舍，逆為迎，終日送往迎來。〈說卦傳〉：「數往者順，知來者逆，是故易，逆數也。」旅卦象徵人生羈旅，〈大象傳〉稱：「山上有火，君子以明慎用刑而不留獄。」從生到死走一遭，甚麼名利權色都留不住，上智者必須體悟人生的無常，另尋天長地久之道。

逆旅二字另見《莊子．知北遊第二十二》：「樂未畢也，哀又繼之。哀樂之來，吾不能禦，其去弗能止。悲夫！世人直為物逆旅耳！」郭象以形骸為逆旅，顯然作注前已通讀過莊子全書，熟極而流揮灑而就。李白嗜讀莊子，其〈春夜宴桃李園序〉起筆即曰：「夫天地者，萬物之逆旅；光陰者，百代之過客。而浮生若夢，為歡幾何？古人秉燭夜遊，良有以也。況陽春召我以煙景，大塊假我以文章。」後面顯然亦取材於《莊子．齊物論第二》：「夫大塊噫氣，其名為風。」盛唐的兩大詩人，杜甫憂國憂民有儒者情懷，李白浪漫飄逸似道家高士，看來確實如此。

常季曰：「彼為己以其知【注521】，得其心以其心【注522】，得其常心，物何為最之哉【注523】？」

仲尼曰：「人莫鑑於流水而鑑於止水【注524】，唯止能止眾止【注525】。受命於地，唯松柏獨也在冬夏青青【注526】；受命於天，唯舜獨也正【注527】，幸能正生，以正眾生【注528】。夫保始之徵，不懼之實。勇士一人，雄入於九軍。將求名而能自要者，而猶若是【注529】，而況官天地，府萬物【注530】，直寓六骸【注531】，象耳目【注532】，一知之所知，而心未嘗死者乎【注533】！彼且擇日而登假，人則從是也【注534】。彼且何肯以物為事乎【注535】！」

【郭象注521】嫌王駘未能忘知而自存。

【郭象注522】嫌未能遺心而自得。

【郭象注523】夫得其常心，平往者也。嫌其不得平往而與物遇，故常使物就之。

【郭象注524】夫止水之致鑑者，非為止以求鑑也。故王駘之聚眾，眾自歸之，豈引物使從己耶！

【郭象注525】動而為之，則不能居眾物之止。

【郭象注526】夫松柏特稟自然之鍾氣，故能為眾木之傑耳，非能為而得之也。

【郭象注527】言特受自然之正氣者至希也，下首則唯有松柏，上首則唯有聖人，故凡不正者皆來求正耳。若物皆有青全，則無貴於松柏；人各自正，則無羨於大聖而趣之。

【郭象注528】幸自能正耳，非為正以正之。

【郭象注529】非能遺名而無不任。

【郭象注530】冥然無不體也。

【郭象注531】所謂逆旅。

【郭象注532】人用耳目，亦用耳目，非須耳目。

【郭象注533】知與變化俱，則無往而不冥，此知之一者也。心與死生順，則無時而非生，此心之未嘗死也。

【郭象注534】以不失會為擇耳，斯人無擇也，任其天行而時動者也。故假借之人，由此而最之耳。

【郭象注535】其恬漠故全也。

常季說：「王駘只是自修其身而悟到內心，再由內心識得天地間的真常之心，眾人為什麼要去追隨他呢？」

孔子道：「人們不會到流動的水邊去照自己的身影，而會到靜止的水邊照，這是因為本身靜止才能止住眾人。樹木皆受命於地，獨有松柏能保有自然之正而冬夏長青；人都受命於天而生，唯有舜能保有正性，正己故能正人。如何證明保有初始的自然本性呢？因為其不懼怕的勇氣。勇敢的武士敢衝進千軍萬馬之中，那些求取功名而能嚴格自我要求的人尚且辦得到，何況主宰天地包藏萬物，將形骸視為暫寓的旅舍，耳目所聞見當作幻象，一切智識所及齊同為一，本心活潑未衰竭的高人呢？王駘不久將超脫塵俗遊於太虛，世人要追隨的是這個，他哪裡會去造作吸引人跟從呢？」

常季提出質疑，認為王駘修為未達至善，還要眾人追捧。孔子替他答辯，說王駘心如止水，根本無意聚眾而眾人自發跟隨。咸卦為無心之感，〈大象傳〉稱：「山上有澤，君子以虛受人。」這是天池之象，遠離山下塵俗的汙染，自然反映天光雲影，〈彖傳〉稱「止而悅」，全同止水可以鑑人之意。

一般裝模作樣媚俗者，自心不靖如何能靖人？松柏長青，舜治天下大公無私超凡入聖，都經得起考驗。

申徒嘉，兀者也，而與鄭子產同師於伯昏无人。子產謂申徒嘉曰：「我先出則子止，子先出則我止【注536】。」其明日，又與合堂同席而坐。子產謂申徒嘉曰：「我先出則子止，子先出則我止。今我將出，子可以止乎，其未邪【注537】？且子見執政而不違，子齊執政乎【注538】？」

【郭象注536】羞與刖者並行。

【郭象注537】質而問之，欲使必不並己。

【郭象注538】常以執政自多，故直云子齊執政，便謂足以明其不遜。

第二個登場的是申徒嘉，也是缺一隻腿的殘障，他與鄭國名大夫子產都是賢者伯昏无人的徒弟。子產嫌棄他身分低賤，恥與同伍，對他說道：「我先出去你就別動，你先出去我就暫止。」明日兩人又坐在一塊兒，子產又對申徒嘉說：「我先出去你就別動，你先出去我就暫止。現在我要出去，你可以稍待一會兒嗎？還是你不願意呢？你怎麼見到執政高官都不迴避一下，難道你認為可以與我平起平坐嗎？」

鄭國子產甚為賢能，《論語》中頗受孔子讚揚。〈公冶長篇〉子謂子產：「有君子之道四焉：其行己也恭，其事上也敬，其養民也惠，其使民也義。」這段言詞與〈繫辭傳〉第十章行文絕似：「易有聖人之道四焉：以言者尚其辭，以動者尚其變，以制器者尚其象，以卜筮者尚其占……子曰易有聖人之道四焉者，此之謂也。」皆出於孔子之口，講的清楚而精采。養民也惠是為政要點，〈里仁篇〉記子曰：「君子懷刑，小人懷惠。」山東惠民與廣饒皆稱其地為兵聖孫武故里，究竟如何勿論，二地名皆合為政要旨。〈憲問篇〉亦稱：「或問子產，子曰：『惠人也。』」這樣的好官應不至於驕傲自大，對同門擺臭架子，反正莊子都是藉名人抒發己意，不必認真對待。

申徒嘉曰：「先生之門，固有執政焉如此哉【注539】？子而說子之執政而後人者也【注540】？聞之曰：『鑑明則塵垢不止，止則不明也。久與賢人處則無過。』今子之所取大者，先生也，而猶出言若是，不亦過乎【注541】！」

子產曰：「子既若是矣【注542】，猶與堯爭善，計子之德不足以自反邪【注543】？」

【郭象注539】此論德之處，非計位也。

【郭象注540】笑其矜說在位，欲處物先。

【郭象注541】事明師而鄙吝之心猶未去，乃真過也。

【郭象注542】若是形殘。

【郭象注543】言不自顧省，而欲輕蔑在位，與有德者並。計子之德，故不足以補形殘之過。

申徒嘉受辱，毫不客氣反唇相譏道：「我們老師門下竟然有你這麼傲慢的執政大臣？你對自己的地位很得意就看不起別人。我聽說：『鏡子明亮是因為上面沒有灰塵，如果沾上灰塵就不再明亮，長期與賢人相處就不會有過錯。』現在你之所以追隨老師，是崇敬他的智慧與德行，卻還講出這樣的話來，不是太過分了嗎！」

子產說：「你已經像這樣殘廢了，還妄想與帝堯比美德，掂量掂量你的品性，不該好好反省嗎？」

攬鏡自照，以求改過向善的比喻太多了。唐太宗於魏徵過世後曾說：「以銅為鏡，可以正衣冠；以史為鏡，可以知興替；以人為鏡，可以明得失。朕常保此三鏡，以防己過。今魏徵殂逝，遂亡一鏡矣！」《六祖壇經》神秀所作之偈：「身是菩提樹，心如明鏡台，時時勤拂拭，勿使惹塵埃。」司馬光編纂史學鉅著《資治通鑑》，清初乾隆朝編《御批通鑑輯覽》等。

西方神話亦有混沌魔鏡之喻，水晶球可看到未來趨勢發展。易卦中乾、坤、頤、大過、坎、離、中孚、小過為自相綜的鏡象對稱之卦，初與上、二與五、三與四爻皆有鏡前鏡後的映射關係。例如：大過三爻棟橈凶，四爻棟隆吉；二爻枯楊生稊，老夫得其女妻，五爻枯楊生華，老婦得其士夫。虛實對照，亦啟發人甚深。

郭象注541：「事明師而鄙吝之心猶未去，乃真過也。」確實如此。古往今來多少人訪求明師，從學半生卻並無真正脫胎換骨的長進，嫉賢妒能同門相爭之事不絕，佛門清淨地尚且不免奪衣缽買兇殺人之憾。吝字爻辭常見，氣量狹窄文過飾非，再高明的老師又能如何？孔子肯定周公的成就，《論語．泰伯篇》稱：「如有周公之才之美，使驕且吝，其餘不足觀也已。」莊子筆下的子產就是驕且吝，當然這是藉名人做譬喻未必真實，卻有警醒人的功效。

《尚書》論政，從堯舜禪讓而後到三代家天下的私相授受，最後以〈秦誓〉終篇，藉秦穆公伐鄭大敗懺悔自誓而垂訓後世，《大學》後段亦大篇引用，極富深意：「若有一个臣，斷斷兮無他技，其心休休焉，其如有容焉，人之有技，若己有之；人之彥聖，其心好之；不啻若自其口出，實能容之，以能保我子孫黎民，尚亦有利哉！」對別人的成就毫不嫉妒，正是同人大有的胸懷，當政者如此寬宏大量，人民蒙受其福，但這種人絕少，大多數都是貪嗔俱全，見不得別人好：「人之有技，媢嫉以惡之；人之彥聖，而違之俾不通；實不能容，以不能保我子孫黎民，亦曰殆哉！」我年輕讀書時，對〈秦誓〉前文深有所感，請擅書法的朋友寫了掛在牆壁以為惕勵。數十年歷練下來，發現確實刺中人性弱處，言者諄諄行者絕少，令人浩歎。

劉劭《人物志》最後一篇名〈釋爭〉，亦寄望後世甚殷。「蓋善以不伐為大，賢以自矜為損。」老子曰：「夫惟不爭，故天下莫能與之爭。」易道以謙卦為至善，卦爻全吉無不利，〈繫辭傳〉述子曰：「勞而不伐，有功而不德，厚之至也，語以其功下人者也。德言盛，禮言恭，謙也者，致恭以存其位者也。」這是開示謙卦第三爻「勞謙，君子有終，吉。」〈小象傳〉稱：「萬民服也。」《論語》師生述志，顏淵「願無伐善，無施勞。」正合勞謙之道。

〈繫辭傳〉又述子曰：「顏氏之子，其殆庶幾乎？有不善未嘗不知，知之未嘗復行也。」這是孔子稱讚顏回的話，說他合乎復卦初爻之道：「不遠復，无祇悔，元吉。」〈小象傳〉稱：「以修身也。」復就是改過无咎，顏回不遷怒不貳過，被後世尊為復聖。〈繫辭傳〉有專章細論憂患九卦：「履，德之基也；謙，德之柄也；復，德之固也。」顏回就佔了謙、復兩個，而躬行實踐的履卦與謙卦為旁通的錯卦，字義又是以復為主，孔門重視的德行他都具備。

《史記．仲尼弟子列傳》終有一段記述子貢見原憲的故事，富貴利達的端木賜大排場進窮巷去見老同學，看到原憲落魄衣衫襤褸的樣子，問他是否有病。原憲反譏子貢學道而不能行才是有病，他只是貧困而已沒病。子貢聽了非常慚愧，終身自責云云。顏回、原憲貧居陋巷，子貢富可敵國，皆為夫子高弟，有教無類，猗與盛哉！

申徒嘉曰：「自狀其過以不當亡者眾【注544】，不狀其過以不當存者寡【注545】。知不可奈何而安之若命，唯有德者能之。遊於羿之彀中，中央者，中地也；然而不中者，命也【注546】。人以其全足笑吾不全足者多矣【注547】，我怫然而怒【注548】，而適先王之所，則廢然而反【注549】。不知先生之洗我以善邪【注550】？吾與夫子遊十九年矣，而未嘗知吾兀者也【注551】。今子與我遊於形骸之內，而子索我於形骸之外，不亦過乎【注552】！」子產蹴然改容更貌曰：「子无乃稱【注553】！」

【郭象注544】多自陳其過狀，以己為不當亡者眾也。

【郭象注545】默然知過，自以為應死者少也。

【郭象注546】羿，古之善射者。弓矢所及為彀中。夫利害相攻，則天下皆羿也。自不遺身忘知與物同波者，皆遊於羿之彀中耳。雖張毅之出，單豹之處，猶未免於中地。則中與不中，唯在命耳。而區區者各有所遇，而不知命之至爾。故免乎弓矢之害者，自以為巧，欣然多己；及至不免，則自恨其謬，而志傷神辱，斯未能達命之情者也。夫我之生也，非我之所生也，則一生之內，百年之中，其坐起行止，動靜趣舍，情性知能，凡所有者，凡所無者，凡所為者，凡所遇者，皆非我也，理自爾耳。而橫生休戚乎其中，斯又逆自然而失者也。

【郭象注547】皆不知命而有斯笑矣。

【郭象注548】見其不知命而怒，斯又不知命也。

【郭象注549】見至人之知命遺形，故廢向者之怒而復常。

【郭象注550】不知先生洗我以善道故耶？我為能自反耶？斯自忘形而遺累矣。

【郭象注551】忘形故也。

【郭象注552】形骸外矣，其德內也。今子與我德遊耳，非與我形交也，而索我外好，豈不過哉！

【郭象注553】已悟則厭其多言也。

申徒嘉道：「為自己的過失進行辯解，認為不該被砍斷一條腿的人很多，不為自己的過失進行辯解，認為應該被砍斷一條腿的人很少。知道有些事情無可奈何，安心接受命運的安排，只有德行高尚的人才能做到。人生在世就像走進神箭手后羿的標靶射程內一樣，很容易被射中，如果沒中箭也是僥倖命好。眾人因為雙腳健全就笑我是殘廢的很多，我聽了很生氣，到老師那兒去後怒氣全消恢復平靜。不知老師是怎麼教導我向善的？我跟從老師學習已經十九年了，他都不知道我是斷了一隻腳的殘廢。現在我跟你道義相交，而你卻對我的形體這麼苛求，這不是太過分了嗎？」子產聽了很是慚愧，改容變色道歉：「請你別再說了！」

據說唐太宗李世民貞觀初年時去看科舉考試發榜，新科進士列隊魚貫而入端門，他高興對內侍說：「天下英雄入吾彀中矣！」人生種種奮鬥追求其實都可能成為別人的標靶，為人所利用，會有何遭遇很難逆料。〈繫辭傳〉稱：「弦木為弧，剡木為矢，弧矢之利以威天下，蓋取諸睽。」睽卦為家人反目成仇，猜忌之甚可能互相射殺，如上爻爻辭：「睽孤，見豕負塗，載鬼一車，先張之弧，後脫之弧，匪寇婚媾，往遇雨則吉。」箭矢或現代的導彈一旦射出去，開弓就沒有回頭箭，若想避開慘烈的結果，最好保留或開闢私下溝通協調的管道。

解卦尋求和解，上爻最後仍以雷霆一擊終局，爻辭稱：「公用射隼于高墉之上，獲之无不利。」旅卦漂泊不定，居君位的第五爻卻成功達標：「射雉，一矢亡，終以譽命。」又是何意？

申徒嘉從師學習十九年，與庖丁解牛那把刀用了十九年仍鋒利如新一樣，十九為曆法上陰陽相合之數，得窺自性，生生不息。

魯有兀者叔山无趾，踵見仲尼【注554】。仲尼曰：「子不謹，前既犯患若是矣。雖今來，何及矣！」

无趾曰：「吾唯不知務而輕用吾身，吾是以亡足【注555】。今吾來也，猶有尊足者存【注556】，吾是以務全之也【注557】。夫天無不覆，地無不載【注558】，吾以夫子為天地，安知夫子之猶若是也【注559】！」

孔子曰：「丘則陋矣。夫子胡不入乎？請講以所聞。」无趾出【注560】。孔子曰：「弟子勉之！夫无趾，兀者也，猶務學以復補前行之惡，而況全德之人乎【注561】！」

【郭象注554】踵，頻也。

【郭象注555】人之生也，理自生矣，直莫之為而任其自生，斯重其身而知務者也。若乃忘其自生，謹而矜之，斯輕用其身而不知務也，故五藏相攻於內而手足殘傷於外也。

【郭象注556】刖一足未足以虧其德，明夫形骸者逆旅也。

【郭象注557】去其矜謹，任其自生，斯務全也。

【郭象注558】天不為覆，故能常覆；地不為載，故能常載。使天地而能覆載，則有時而息矣；使舟能沉而為人浮，則有時而沒矣。故物為焉則未足以終其生也。

【郭象注559】責其不謹，不及天地也。

【郭象注560】聞所聞而出，全其無為也。

【郭象注561】全德者，生便忘生。

第三大段又以孔子為喻，仍是藉名師之口來彰顯身殘心正之理。魯國有個斷腿的人叫叔山无趾，連名字都明示殘廢，他用腳後跟走著去拜見孔子。孔子說：「你行為不謹慎，過去犯法受刑成了這個樣子，現在來見我已經太遲了！」

无趾道：「我過去不通世務而輕率行動，所以被砍斷一隻腳。我今天來這裡，還有比斷腿更尊貴的東西在，我想好好保全它。蒼天無不覆蓋，大地無不承載，我以為夫子像天地一樣偉大，哪想到您是這樣的人！」

孔子說：「我真是淺陋啊，您何不請進來，跟我講講您所了悟的道理。」无趾不肯進屋就走了。孔子對學生說道：「你們要努力啊！无趾是個犯法被砍斷腿的人，還力圖上進以彌補以前犯的過錯，何況你們這些沒犯法而身體健全的人呢？」

无趾語老聃曰：「孔丘之於至人，其未邪？彼何賓賓以學子為【注562】？彼且蘄以諔詭幻怪之名聞，不知至人之以是為己桎梏邪【注563】？」

老聃曰：「胡不直使彼以死生為一條，以可不可為一貫者，解其桎梏，其可乎【注564】？」

无趾曰：「天刑之，安可解【注565】！」

【郭象注562】怪其方復學於老聃。

【郭象注563】夫無心者，人學亦學。然古之學者為己，今之學者為人，其弊也遂至乎為人之所為矣。夫師人以自得者，率其常然者也；舍己效人而逐物於外者，求乎非常之名者也。夫非常之名，乃常之所生。故學者非為幻怪也，幻怪之生必由於學；禮者非為華藻也，而華藻之興必由於禮。斯必然之理，至人之所無奈何，故以為己之桎梏也。

【郭象注564】欲以直理冥之，冀其無跡。

【郭象注565】今仲尼非不冥也，顧自然之理，行則影從，言則嚮隨。夫順物則名跡斯立，而順物者非為名也。非為名則至矣，而終不免乎名，則孰能解之哉！故名者影嚮也，影嚮者形聲之桎梏也。明斯理也，則名跡可遺；名跡可遺，則尚彼可絕；尚彼可絕，則性命可全矣。

无趾向老子說：「孔丘離至人的修為還差得很遠吧！他為何還要頻頻來向您請教呢？他希望博取奇異怪誕的聲名傳聞天下，不知道至人把這些東西當作束縛自己的枷鎖嗎？」

老子說：「那為什麼不讓他明白死和生一樣，可與不可同一的道理，以解開他的枷鎖束縛呢？這樣可以嗎？」无趾回答：「這是上天給他的刑罰，怎麼解除得了呢？」

孔子曾向老子問禮，被指點去驕氣與多欲，後來在學生前推崇老子為神龍高不可測。這一段似乎常為道家信徒所津津樂道，而忽視了孔子後來思想成熟時的深邃與高明，而這必須結合易傳與春秋才能得窺門徑。至於孔、老的關係，簡略言之，老子得一貞一，孔子甚受啟發，終究改一為元，或稱變一為元，進而奉元行事。除歸真返璞外，又重生生不息的創造。有心者可就〈繫辭傳〉述子曰，損卦第三爻、咸卦第四爻、恒以一德去深悟，當然乾、坤二卦的〈彖傳〉及〈文言傳〉得明其所謂。

郭象注[563]解釋桎梏，引用《論語．憲問篇》子曰：「古之學者為己，今之學者為人。」孔子那時候就發此感慨，可見為學不易，做人實難，數千年來皆然，於今為烈。〈文言傳〉孔子解釋乾卦初爻「潛龍勿用」可謂夫子自道，值得學者警惕：「龍德而隱者也。不易乎世，不成乎名，遯世无悶，不見是而无悶。樂則行之，憂則違之，確乎其不可拔，潛龍也。」大過卦的〈大象傳〉稱：「君子以獨立不懼，遯世无悶。」大過是眾生顛倒的非常亂世，獨為《中庸》、《大學》所稱「慎獨」的獨，最早見於復卦第四爻爻辭「中行獨復」，以及夬卦第三爻「獨行遇雨」。〈小象傳〉中多見，如蒙卦第四爻「獨遠實也」、小畜第五爻「不獨富也」、履卦初爻「獨行願也」、晉卦初爻「獨行正也」。獨是眾生各具的自性，乾卦〈彖傳〉所稱：「乾道變化，各正性命。」若依《中庸》「天命之謂性」的定義，可稱「在天曰命，在人曰性，在身曰心，在己曰獨。」宋明理學家將慎獨解釋為不欺暗室自我約束，真不知錯到哪裡去了，也讓人對儒家有了迂腐或偽善的誤解。毓老師生前不只一次說過，他一生就只修潛龍勿用這一爻，確哉斯言！學者真作到了就是為己之學，而非汲汲營營的為人之學。

魯哀公問於仲尼曰：「衛有惡人焉，曰哀駘它【注566】。丈夫與之處者，思而不能去也。婦人見之，請於父母曰『與為人妻寧為夫子妾』者，十數而未止也。未嘗有聞其唱者也，常和人而已矣。无君人之位以濟乎人之死【注567】，无聚祿以望人之腹【注568】。又以惡駭天下【注569】，和而不唱【注570】，知不出乎四域【注571】，且而雌雄合乎前【注572】，是必有異乎人者也。寡人召而觀之，果以惡駭天下。與寡人處，不至以月數，而寡人有意乎其為人也【注573】；不至乎期年，而寡人信之。國无宰，寡人傳國焉【注574】。悶然而後應【注575】，氾若辭【注576】。寡人醜乎，卒授之國。無幾何也，去寡人而行，寡人卹焉若有亡也，若無與樂是國也。是何人者也？」

【郭象注566】惡，醜也。

【郭象注567】明物不由權勢而往。

【郭象注568】明非求食而往。

【郭象注569】明不以形美故往。

【郭象注570】非招而致之。

【郭象注571】不役思於分外。

【郭象注572】夫才全者與物無害，故入獸不亂群，入鳥不亂行，而為萬物之林藪。

【郭象注573】未經月已覺其有遠處。

【郭象注574】委之以國政。

【郭象注575】寵辱不足以驚其神。

【郭象注576】人辭亦辭。

這一大段更誇張，虛構一個極醜的人哀駘它，所有人無論男女見了他都愛不能捨。王駘、哀駘它的駘字，原意為下劣的馬，不堪馳驅。魯哀公問孔子道：「衛國有個奇醜的人叫哀駘它，男人和他相處，留戀不捨離去，女人見了他，向父母請求說：『與其做別人的妻子，寧願做他的妾。』這樣的女子不下數十人。從來沒有聽過他倡導什麼，只是隨眾附和。沒有權位去拯救人，沒有積財去養活人，又面貌醜陋讓人看了害怕，從不招引人，知識領域也不寬闊，卻總有婦人男子聚在他身邊，這一定有與眾不同之處。我召他來見我，果然醜到極點。但是我和他相處不到一個月，對他就產生好感，不到一年已經非常信任他。剛好國家沒有宰相，我就想將國政委託給他。沒想他悶不作聲，又像接受又像推辭。我甚覺羞愧，後來還是授予國政。沒多久他就辭離而去，我覺得惘然若失，好像全國中再沒人與我共歡享樂。這到底是個甚麼樣的人啊？」

仲尼曰：「丘也嘗使於楚矣，適見豚子食於其死母者【注577】，少焉眴若，皆棄之而走。不見己焉爾，不得類焉爾【注578】。所愛其母者，非愛其形也，愛使其形者也【注579】。戰而死者，其人之葬也不以翣資【注580】；刖者之屨，无為愛之【注581】。皆无其本矣【注582】。為天子之諸御，不爪翦，不穿耳【注583】；取妻者止於外，不得復使【注584】。形全猶足以為爾【注585】，而況全德之人乎【注586】！今哀駘它未言而信，无功而親，使人授己國，唯恐其不受也。是必才全而德不形者也。」

【郭象注577】食乳也。

【郭象注578】夫生者以才德為類，死而才德去矣，故生者以失類而走也。故含德之厚，比於赤子，無往而不為之赤子也，則天下莫之害，斯得類而明己故也。情苟類焉，則雖形不與同而物無害心；情類苟亡，則雖形同母子而不足以固其志矣。

【郭象注579】使形者，才德也。

【郭象注580】翣者，武所資也。戰而死者無武也，翣將安施？

【郭象注581】所愛屨者，為足固耳。

【郭象注582】翣屨者以足武為本。

【郭象注583】全其形也。

【郭象注584】恐傷其形。

【郭象注585】採擇嬪御及燕爾新婚，本以形好為意者也。故形之全也，猶以降至尊之情，回貞女之操也。

【郭象注586】德全而物愛之，宜矣。

孔子說：「我曾經出使到楚國，看到一群小豬在吸吮已死的母豬的乳汁，沒多久都驚恐逃走。這是因為發現母豬眼睛不再看著牠們，跟平常完全不一樣。小豬之所以愛母豬，不是愛其形體，而是愛主宰形體的精神啊。譬如戰死沙場的人埋葬時沒有棺材，自然用不上棺材上的飾品，斷了一隻腳的人，沒有必要再去愛惜鞋子，因為都失去了根本啊！做天子的姬妾，不剪指甲，不穿耳洞；剛娶妻子的男侍可以在宮外家中休息，不能太操勞。為了保持形體健全尚且如此，何況德行健全的人呢？現在哀駘它未曾言語就獲得大家信任，並未立功大家都親附，竟能使人將國政交與他，還唯恐他不接受，這一定是心靈健全而不外露的高人了！」

哀公問：「何謂才全？」

仲尼曰：「死生存亡，窮達貧富，賢與不肖毀譽，飢渴寒暑，是事之變，命之行也【注587】。日夜相代乎前【注588】，而知不能規乎其始者也【注589】。故不足以滑和【注590】，不可入於靈府【注591】。使之和豫，通而不失於兌【注592】，使日夜无郤【注593】而與物為春【注594】，是接而生時於心者也【注595】。是之謂才全。」

【郭象注587】其理故當，不可逃也。故人之生也，非誤生也；生之所有，非妄有也。天地雖大，萬物雖多，然吾之所遇適在於是，則雖天地神明，國家聖賢，絕力至知而弗能違也。故凡所不遇，弗能遇也；其所遇，弗能不遇也。凡所不為，弗能為也；其所為，弗能不為也；故付之而自當矣。

【郭象注588】夫命行事變，不舍晝夜，推之不去，留之不停。故才全者，隨所遇而任之。

【郭象注589】夫始非知之所規，而故非情之所留。是以知命之必行，事之必變者，皆於終規始，在新戀故哉？雖有至知而弗能規也。逝者之往，吾奈之何哉！

【郭象注590】苟知性命之固當，則雖死生窮達，千變萬化，淡然自若而和理在身矣。

【郭象注591】靈府者，精神之宅也。夫至足者，不以憂患經神，若皮外而過去。

【郭象注592】苟使和性不滑，靈府閒豫，則雖涉乎至變，不失其兌然也。

【郭象注593】泯然常任之。

【郭象注594】群生之所賴也。

【郭象注595】順四時而俱化。

哀公問：「甚麼叫心靈健全呢？」

孔子說：「死生存亡，窮達貧富，賢與不肖，毀謗讚美，飢渴寒暑，這些都是事物的變化，天命的流行，日夜循環不已，我們沒有辦法推測其原因。所以不要讓這些擾亂心境的平和，干擾我們精神的住宅。使和豫之氣流通，不失喜樂，日夜沒有間斷，永遠保持如春天般的生機，好像心裡產生時令一般，這就叫做心靈健全。」

「何謂德不形？」

曰：「平者，水停之盛也【注596】。其可以為法也【注597】，內保之而外不蕩也【注598】。德者，成和之修也【注599】。德不形者，物不能離也【注600】。」

哀公異日以告閔子曰：「始也吾以南面而君天下，執民之紀而憂其死，吾自以為至通矣。今吾聞至人之言，恐吾無其實，輕用吾身而亡其國。吾與孔丘，非君臣也，德友而已矣【注601】。」

【郭象注596】天下之平，莫盛於停水也。

【郭象注597】無情至平，故天下取正焉。

【郭象注598】內保其明，外無情偽，玄鑒洞照，與物無私，故能全其平而行其法也。

【郭象注599】事得以成，物得以和，謂之德也。

【郭象注600】無事不成，無物不和，此德之不形也。是以天下樂推而不厭。

【郭象注601】聞德充之風者，雖復哀公，猶欲遺形骸，忘貴賤也。

哀公問：「什麼叫不外露呢？」

孔子說：「天下的平沒有平過靜止水面的，可以作為取平的法則，渾然含蓄而外不搖蕩。德行是修太和之道的成功，雖不外露，萬物卻被吸引而無法離開。」

哀公後來告訴閔子騫說：「原先我以為國君治理天下，只需執行國政綱紀，憂心百姓生計，就夠通達盡職了。如今聽到聖人的一番至理名言，才擔心自己並沒有實際的德行，會輕率行動而使國家陷於危亡。我和孔丘不僅是君臣，而是以德行相交的朋友啊。」

郭象注597稱：「無情至平，故天下取正焉。」所謂「多情屬佛性，無情乃政心。」政心無情是古今中外政治中人的共識，人皆有情，好惡偏私，處事不易公平守正，所謂「萬般不與政事同」，縱情衝動絕對解決不了錯綜複雜的政治問題。謙卦尚公正諧衡，〈大象傳〉稱：「君子以裒多益寡，稱物平施。」第三爻爻辭：「勞謙君子，有終吉。」〈小象傳〉稱：「萬民服也。」正是謙卦精神的完美體現，處上下二陰爻之間，為坎卦之象。坎為水，〈說卦傳〉稱：「勞卦也，萬物之所歸也，故曰勞乎坎。」〈大象傳〉：「君子以常德行，習教事。」坎卦居君位的第五爻，爻辭稱：「坎不盈，坻既平，无咎。」坻為水中高地，水流湍急卻不會淹過坻頂，維持一種動態的平衡，這是應有的河川生態，豐富多樣又不相互摧磨。

郭象注598、599、600，連續發揮為政尚平之義，值得有心人深刻體會。注598稱：「內保其明，外無情偽，玄鑒洞照，與物無私。」〈繫辭傳〉末有一大段總結人際相處之難：「變動以利言，吉凶以情遷，是故愛惡相攻而吉凶生，遠近相取而悔吝生，情偽相感而利害生。凡易之情，近而不相得則凶，或害之，悔且吝。」人都感情用事，黨同伐異，所以世多紛爭，均平、公平、升平、太平的理想總難達成。治國平天下必得有格致誠正修的基本功，明明德新民才能止於至善，《大學》所標榜的綱領條目並非虛言。莊子在〈天下篇〉中稱儒家六經為內聖外王之道，確實中肯。

道家雖尚逍遙自適，可絕未鼓勵縱慾。《莊子．大宗師第六》明言古之真人「其嗜欲深者其天機淺」，老子則稱：「為道日損，損之又損，以至於無為，無為而無不為。」易經損卦外卦艮止、內卦兌悅，〈大象傳〉：「君子以懲忿窒慾。」可視為道家修練的基本功，如此方有可能擺脫下經在損卦之前十個卦的情慾糾纏。咸卦人皆有情，經不起恒卦天長地久的摧磨考驗，產生熱情消退的遯卦，暫退轉換之後又起大壯卦的衝動，晉卦往前猛進，受挫為無限痛苦的明夷卦，而後更墜入家人、睽、蹇、解四卦的業障輪迴。若解不開則繼續沉淪，解開遂進入損卦清明理性的修練，然後是佑己利人的益卦，遷善改過，利涉大川。

佛教的修持為艮卦，內外皆止，根本不承認內心情欲為真實，絕欲後以期登峰造極。儒家則肯定人皆有情，喜怒哀樂得發而中節則無礙，節卦內兌悅外坎險，主張「悅以行險」，甘節而非苦節，並訂為制度大家奉行，〈大象傳〉稱：「君子以制數度議德行。」依卦序，損卦第四十一、艮卦第五十一、節卦第六十又恰為干支循環的滿數，由此可見「生生之謂易」的中道主張，既讓人道存續，又不縱慾傷生。節卦之後為中孚、小過、既濟、未濟，代代相傳，迄於無窮。

郭象注599：「事得以成，物得以和，謂之德也。」這是對德字極好的定義，把事情做成，萬物和諧相處。注600：「無事不成，無物不和，此德之不形也，是以天下樂推而不厭。」所有事情都辦成，還含藏不露形跡，所以為天下共尊推重。

《老子》第六十六章：「是以聖人處上而民不重，處前而民不害，是以天下樂推而不厭。以其不爭，故天下莫能與之爭。」第七十七章：「是以聖人為而不恃，功成而不處，其不欲見賢。」郭象老莊熟透，隨時引用無礙。

闉跂支離无脤說衛靈公，靈公說之，而視全人，其脰肩肩。甕盎大癭說齊桓公，桓公說之，而視全人，其脰肩肩【注602】。故德有所長而形有所忘【注603】，人不忘其所忘而忘其所不忘，此謂誠忘【注604】。故聖人有所遊【注605】，而知為孽，約為膠，德為接，工為商【注606】。聖人不謀，惡用知？不斲，惡用膠？无喪，惡用德？不貨，惡用商【注607】？四者，天鬻也。天鬻者，天食也【注608】。既受食於天，又惡用人【注609】？有人之形【注610】，无人之情【注611】。有人之形，故群於人【注612】，无人之情，故是非不得於身【注613】。眇乎小哉，所以屬於人也【注614】！謷乎大哉，獨成其天【注615】。

【郭象注602】偏情一往，則醜者更好而好者更醜也。

【郭象注603】其德長於順物，則物忘其醜；長於逆物，則物忘其好。

【郭象注604】生則愛之，死則棄之。故德者，世之所不忘也；形者，理之所不存也。故夫忘形者，非忘也；不忘形而忘德者，乃誠忘也。

【郭象注605】遊於自得之場，放之而無不至者，才德全也。

【郭象注606】此四者自然相生，其理已具。

【郭象注607】自然已具，故聖人無所用其己也。

【郭象注608】言自然而稟之。

【郭象注609】既稟之自然，其理已足。則雖沉思以免難，或明戒以避禍，物無妄然，皆天地之會，至理所趣。必自思之，非我思也；必自不思，非我不思也。或思而免之，或思而不免，或不思而免之，或不思而不免。凡此皆非我也，又奚為哉？任之而自至也。

【郭象注610】視其形貌若人。

【郭象注611】掘若槁木之枝。

【郭象注612】類聚群分，自然之道。

【郭象注613】無情，故付之於物也。

【郭象注614】形貌若人。

【郭象注615】無情，故浩然無不任。無不任者，有情之所未能也，故無情而獨成天也。

最後一個登場的是集殘障醜陋之大全，名叫闉跂支離无脤。闉跂是下體彎曲跛行，支離上體佝僂不正，无脤沒有嘴唇，他去遊說衛靈公，靈公很喜歡他，再看那些形體完整的人，反而覺得頸子太瘦長。還有一個叫甕盎大癭，脖子上長了塊罎子大小的瘤，他去遊說齊桓公，桓公很喜歡他，看那些形體完整的人，反而覺得頸子太瘦長。所以德行高的人，形體上的缺陷就會被忽略。然而一般人總是忘不掉應該忘掉的形體，反而忘掉了不該忘掉的德行，這叫真正的遺忘。

所以聖人遊於世間，曉得智謀是禍害的萌芽，禮法是束縛人的膠漆，德惠是待人接物的手段，工巧是商賈牟利之用。聖人無心圖謀，哪裡用得上智巧？不曾雕琢，何用約束？未失本性，何用施惠？不重貨財，何用買賣？這四種稱為天養。所謂天養，稟受天地自然的養育，既然如此又何用人為？

聖人具有人的形體，卻沒有人的俗情。有人的形體，所以與人同群；沒有人的俗情，所以是非不入於胸次。具有人的形體，實在很渺小；性情和天相合，真是偉大啊！

惠子謂莊子曰：「人故无情乎？」

莊子曰：「然。」

惠子曰：「人而无情，何以謂之人？」

莊子曰：「道與之貌，天與之形，惡得不謂之人【注616】？」

惠子曰：「既謂之人，惡得无情【注617】？」

莊子曰：「是非吾所謂情也【注618】。吾所謂无情者，言人之不以好惡內傷其身【注619】，常因自然而不益生也【注620】。」

惠子曰：「不益生，何以有其身【注621】？」

莊子曰：「道與之貌，天與之形【注622】，无以好惡內傷其身【注623】。今子外乎子之神，勞乎子之精，倚樹而吟，據槁梧而瞑【注624】。天選子之形，子以堅白鳴【注625】！」

【郭象注616】人之生也，非情之所生也，生之所知，豈情之所知哉？故有情於為離曠而弗能也，然離曠以無情而聰明矣；有情於為賢聖而弗能也，然賢聖以無情而賢聖矣。豈直賢聖絕遠而離曠難慕哉？雖下愚聾瞽及雞鳴狗吠，豈有情於為之，亦終不能也。不問遠之與近，雖去己一分，顏孔之際，終莫之得也。是以關之萬物，反取諸身，耳目不能以易任成功，手足不能以代司致業。故嬰兒之始生也，不以目求乳，不以耳向明，不以足操物，不以手求行。豈百骸無定司，形貌無素主，而專由情以制之哉！

【郭象注617】未解形貌之非情也。

【郭象注618】以是非為情，則無是無非無好無惡者，雖有形貌，直是人耳，情將安寄！

【郭象注619】任當而直前者，非情也。

【郭象注620】止於當也。

【郭象注621】未明生之自生，理之自足。

【郭象注622】生理已自足於形貌之中，但任之則身存。

【郭象注623】夫好惡之情，非所以益生，祇足以傷身，以其生之有分也。

【郭象注624】夫神不休於性分之內，則外矣；精不止於自生之極，則勞矣。故行則倚樹而吟，坐則據梧而睡，言有情者之自困也。

【郭象注625】言凡子所為，外神勞精，倚數據梧，且吟且睡，此世之所謂情也。而云天選，明夫情者非情之所生，而況他哉！故雖萬物萬形，云為趣舍，皆在無情中來，又何用情於其間哉！

惠子對莊子說：「聖人真可做到無情嗎？」莊子道：「是的。」惠子說：「人若無情，還算人麼？」莊子說：「道賦予人容貌，天賦予人形體，怎麼不算人呢？」惠子說：「既然是人，怎麼能無情呢？」莊子說：「這不是我說的情，我所謂無情，是不以好惡傷害了天性，常順應自然而不作人為的增益。」惠子說：「不作人為的增益，怎麼保有這個身體呢？」莊子說：「道賦予人容貌，天賦予人形體，不要因好惡自傷其性。現在你心神外馳，耗費精力，背靠大樹宣揚你的學說，累了就背靠几案休息。上天賦予你形體，你卻拿堅白的理論在那裡爭論不休。」

〈逍遙遊〉篇末，莊子也是以惠施為對象，論辯自由的道理，這裡再藉與惠子的討論，闡明無情的真諦。

易占〈德充符〉本篇的主旨為何？得出无妄卦初、五爻動，齊變有晉卦之象。无妄繼復卦之後，若存養自性成功，上應天命，元亨利貞四德俱全，若夾雜妄念妄想而輕舉妄動，則天災人禍並至，不利有所往。晉卦〈大象傳〉稱：「君子以自昭明德。」正是无妄卦旨趣所在，期許明明德、親民而止於至善。无妄卦〈大象傳〉稱：「物與无妄，先王以茂對時育萬物。」世間王者若能有這種民胞物與的胸懷，則天下蒼生幸甚。无妄初爻代表廣大基層，也是初發的真心；五爻居君位，儘量排除私心情欲的干擾，可澤被天下。靈明自性與生俱來，外在的形貌美醜和此無關。《金剛經》明示：「凡所有相皆是虛妄。」「一切有為法，如夢幻泡影，如露亦如電，應作如是觀。」

大宗師　第六【注626】

【郭象注626】雖天地之大，萬物之富，其所宗而師者無心也。

這篇應為莊子內聖學的極致。祖、宗二字有別，且為陽根，宀為陰戶。亓通示，在三隻腳的供桌上擺一塊肉，即祭祀之意。祭拜陽性先人曰祖，陰性先人曰宗，陰陽合為宜，宜室宜家則子孫後代綿延不絕。生生之謂易，陰陽爻的符號即於此取象。中國歷代開國之君的廟號稱祖，後續繼承者稱宗。《老子》：「淵兮似萬物之宗。」道家尚陰用柔，故稱大宗師，而非大祖師。師為先知先覺者，值得宗法以悟大道。一般各領域的頂級人物稱宗師，最早的開創者稱祖師。郭象注稱天地萬物所宗法的為無心，即因順自然而不造作，在人間世的解題時亦稱：「唯無心而不自用者，為能隨變所適而不荷其累也。」

同人卦第二爻為唯一陰爻，稱「同人于宗」；豫卦第四爻為唯一陽爻，〈大象傳〉稱「殷薦之上帝以配祖考」：睽卦第五爻稱「厥宗噬膚」，積極合睽免生離異；震卦為繼承祖業，〈彖傳〉稱「出可以守宗廟社稷以為祭主」；小過卦第二爻稱「過其祖，遇其妣」：既濟卦第三爻稱

「高宗伐鬼方」。易經中言祖稱宗處值得深心玩味。

《論語・學而篇》記有子曰：「因而不失其親，亦可宗也。」親同新，因循繼承前人的成果，且能隨時創新，這樣的學習態度是值得效法的。《老子》又稱：「言有宗，事有君。」言論有中心思想，行事有主宰，學而時習，為政以德。《莊子》大宗師之後繼之以應帝王，內聖外王一以貫之。

知天之所為，知人之所為者，至矣【注627】！知天之所為者，天而生也【注628】；知人之所為者，以其知之所知，以養其知之所不知，終其天年而不中道夭者，是知之盛也【注629】。雖然，有患【注630】。夫知有所待而後當【注631】，其所待者特未定也【注632】。庸詎知吾所謂天之非人乎？所謂人之非天乎【注633】？且有真人，而後有真知【注634】。

【郭象注627】知天之所為者，皆自然也；則內放其身而外冥於物，與眾玄同，任之而無不至者也。

【郭象注628】天者，自然之謂也。夫為為者不能為，而為自為耳；為知者不能知，而知自知耳。自知耳，不知也，不知也則知出於不知矣；自為耳，不為也，不為也則為出於不為矣。為出於不為，故以不為為主；知出於不知，故以不知為宗。是故真人遺知而知，不為而為，自然而生，坐忘而得，故知稱絕而為名去也。

【郭象注629】人之生也，形雖七尺而五常必具，故雖區區之身，乃舉天地以奉之。故天地萬物，凡所有者，不可一日而相無也。一物不具，則生者無由得生；一理不至，則天年無由得終。然身之所有者，知或不知也；理之所存者，為或不為也。故知之所知者寡而身之所有者眾，為之所為者少而理之所存者博，在上者莫能器之而求其備焉。人之所知不必同而所為不敢異，異則偽成矣，偽成而真不喪者，未之有也。或好知而不倦以困其百體，所好不過一枝而舉根俱弊，斯以其所知而害所不知也。若夫知之盛也，知人之所為者有分，故任而不強也，知人之所知者有極，故用而不蕩也。故所知不以無涯自困，則一體之中，知與不知，闇相與會而俱全矣，斯以其所知養所不知者也。

【郭象注630】雖知盛，未若遺知任天之無患也。

【郭象注631】夫知者未能無可無不可，故必有待也。若乃任天而生者，則遇物而當也。

【郭象注632】有待則無定也。

【郭象注633】我生有涯，天也；心欲益之，人也。然此人之所謂耳，物無非天也。天也者，自然者也；人皆自然，則治亂成敗，遇與不遇，非人為也，皆自然耳。

【郭象注634】有真人，而後天下之知皆得其真而不可亂也。

知道天地自然的作用，也知道人事所能為的分際，這就是至高的境界了。知天之所為完全出乎自然，知人之所為是以其智力所及去推斷其所不知的道理，能享其天年而不中途夭折，這已是世俗知識很高的境界了！雖然如此，還是有患難繫累。人的知識必有所待的對象才能確當，然而外在的對象卻不斷在變化。怎麼知道我剛才所謂天的作用是否已受了人的影響？所謂人的探求是否也是屬於天道自然的一部分？必須有真人才會有真知。

莊子這裡提出真人一詞，可能為後世修道者所樂用，道觀主持多以真人為號。追求真理，反璞歸真，為道家本色。真字拆開即直人，坤卦尚柔，第二爻稱：「直方大，不習无不利。」〈文言傳〉：「直其正也，方其義也，君子敬以直內，義以方外。」《論語》：「人之生也直。」主張「舉直錯諸枉，能使枉者直。」《老子》：「大直若屈。」「枉則直。」「直而不肆。」「修之於身，其德乃真。」

郭象注於此深有所感，大作發揮。人知有其極限，未若天道自然之無窮，可以盡力探討，不要認定己見就代表真理。這讓人想到養生主篇首稱言：「吾生也有涯，而知也无涯，以有涯隨无涯，殆已。已而為知者，殆而已矣。」

易經闡揚天人性命之理，上經明天道演化，從乾坤開天闢地、物種繁生，談到人為萬物之靈的出現，度過艱險締造文明的坎、離二卦作結。下經推人世發展，以咸、恒人之常情起，談到最後的既濟、未濟，明示人智尚不足以盡知天地的奧秘。乾卦為天道，元亨利貞俱全，其後演化出的坤、屯、隨、臨、无妄五卦，卦辭亦稱元亨利貞，只是多了些條件說明。下經只有一革卦具備元亨利貞四德，表示人的知能登峰造極可以上與天齊。兩相比較，人智所及較天道無窮還差得甚遠。

〈繫辭傳〉開卷首章稱：「乾知大始，坤作成物，乾以易知，坤以簡能，易則易知，簡則易從……易簡而天下之理得矣！天下之理得，而成位乎其中矣！」易簡為天地自然之理，人稟天命而生，固有良知良能，開發至極則成與天合德的大人，未至多因情慾糾纏而差距甚遠。復卦回復自性，稱「復以自知」、「見天地之心」，與「乾以易知」比較，便知天生人成之理。〈雜卦傳〉揭示人生奮鬥之理，以乾卦始，以夬卦終，寄望深遠。「夬，決也，剛決柔也，君子道長，小人道憂也。」五陽對決一陰，勤行不懈，終能化陰而回復六陽的乾卦，與天地合德矣。

何謂真人？古之真人，不逆寡【注635】，不雄成【注636】，不謨士【注637】。若然者，過而弗悔，當而不自得也【注638】。若然者，登高不慄，入水不濡，入火不熱。是知之能登假於道也若此【注639】。

【郭象注635】凡寡皆不逆，則所願者衆矣。

【郭象注636】不恃其成，而處物先。

【郭象注637】縱心直前而群士自合，非謀謨以致之者也。

【郭象注638】直自全當而無過耳，非以得失經心者也。

【郭象注639】言夫知之登至於道者，若此之遠也。理固自全，非畏死也。故真人陸行而非避濡也，遠火而非逃熱也，無過而非措當也。故雖不以熱為熱而未嘗赴火，不以濡為濡而未嘗蹈水，不以死為死而未嘗喪生。故夫生者，豈生之而生哉，成者，豈成之而成哉！故放任之而無不至者，真人也，豈有概意於所遇哉！

只有真人才會有真知。甚麼叫真人？古代的真人，不以寡少而有所逆拒，不以成功而稱雄自豪，不以智謀生事。這樣的人，做事偶有過失也不會追悔，做得恰當也不會洋洋自得。所以像這樣的人，登至高處不害怕，下到水中不沾溼，進入火中不覺熱，這是因為他的智慧已登峰造極澈悟大道所致。

不逆寡，寡是資源不足，一般難以抗眾，但有修為的真人不拒斥，沒有眾寡多少的分別心，一律包容涵受。易經〈雜卦傳〉：「小畜，寡也。」善用寡可敵眾，以小事大得獲亨通，江海下百川終成其大，道家最懂得順勢用柔而獲成功。

真人真知這一段，不宜當修道人有神通輕輕看過，而應從勇於任事上去思考，郭象注與成玄英疏於此都有感觸及發揮。世俗功名之士習於競爭，處心積慮壓倒眾人稱霸稱雄，一旦落敗失意，懊悔沮喪不堪。真人完全可擺脫這些桎梏，為所當為無怨無悔，不驕不餒，赴湯蹈火亦不懼不辭。德充符中仲尼推崇兀者王駘獨立不懼，比勇士一人雄入於九軍還殊勝，官天地府萬物云云，可與此並參。老子則稱他有處世三寶，一曰慈，慈故能勇，亦為此意。

郭象注[636]稱：「不恃其成，而處物先。」成玄英疏：「為而不恃，長而不宰，豈雄據成績，欲處物先耶！」直接引用老子的觀念：「生而不有，為而不恃，長而不宰，是謂玄德。」

近世幾百年來就是競相爭霸的歷史，強凌弱，眾暴寡，帶給世人極大的痛苦，莊子這裡講「不雄成」，真是切中時弊。

郭象注[637]稱：「縱心直前而群士自合，非謀謨以致之者也。」

事功中人總喜歡鬥智用術耍謀略，不謨士卻是另一種氣象，自然吸引人追隨。隨卦上爻：

「拘係之，乃從維之，王用亨于西山。」〈小象傳〉：「上窮也。」這是講的周太王體恤豳地民眾飽受狄人侵擾之苦，率王族西遷至岐山腳下，結果民眾自動追隨前往，從此奠下了周民族日漸興旺的基礎。上窮的窮，不是窮途之意，而是窮盡窮極的最高境界。同樣，孔子作春秋，西狩獲麟絕筆時嘆「吾道窮矣」，也是窮極至最高境界之意。莊子〈德充符篇〉舉了一些殘障之人，能吸引群眾全心全意追隨，皆可作如是觀。

郭象注638稱：「直自全當而無過耳，非以得失經心者也。」人只要做到直，就能當於大道而無有過失，故不在意得失成敗為所應為。

古之真人，其寢不夢【注640】，其覺無憂【注641】，其食不甘【注642】，其息深深。真人之息以踵【注643】，眾人之息以喉。屈服者，其嗌言若哇【注644】，其嗜欲深者，其天機淺【注645】。

【郭象注640】無意想也。

【郭象注641】當所遇而安也。

【郭象注642】理當食耳。

【郭象注643】乃在根本中來者也。

【郭象注644】氣不平暢。

【郭象注645】深根寧極，然後反一無欲也。

古代的真人睡覺時不做夢，醒來後不憂愁，飲食不知甘甜，呼吸十分深沉。真人的呼吸直達腳後跟，不像眾人的呼吸只到咽喉那麼短促，議論受挫時發聲不順好像要嘔吐一般。人的嗜好和欲望愈深，悟道的天機就愈淺。

「其嗜欲深者，其天機淺。」這可能是整部《莊子》裡最重要的一句話。反過來說，嗜欲愈深的人天機愈淺，根本就不可能成道。道家之所以逍遙自在，是因為擺脫了情關欲鎖。損卦外艮止，內兌悅，〈大象傳〉稱「懲忿窒慾」，即老子主張：「為學日益，為道日損，損之又損，以至於無為，無為而無不為。」無為是損，無不為是損極轉益，做什麼都無罣礙，利有攸往，利涉大川。〈繫辭傳〉稱：「損，德之修也；益，德之裕也。損，先難而後易；益，長裕而不設；損以遠害，益以興利。」損、益是所謂的憂患九卦，處亂世時須節制私慾，為眾生謀福，才能心胸寬裕遠離禍害。

養生修練重精氣神三寶，所謂氣納丹田，甚至深至腳跟，一般人做不到，氣息只在喉嚨間打轉，行住坐臥皆侷促不安。易象震為足，下卦為震的八個卦，初爻相當於腳踵位置，都有好生養護之意。復卦初爻一陽復始，為生生之源；无妄初爻往吉；益卦初爻利用為大作，元吉无咎；屯卦初爻磐桓居貞，站穩腳跟；噬嗑卦初爻屨校滅趾，禁止妄動得咎；隨卦初爻官有渝貞吉，立腳穩又保持靈活彈性；頤卦就是養生的卦，初爻為靈根自植所在；震卦面對震撼考驗，初爻立定不移。

真人睡覺不做夢，這點我完全做不到，從童稚有記憶以來，我幾乎夜夜有夢，而且白天午睡小憩也會有夢。為何如此？

夢又代表甚麼意義？這點我在解齊物論時已有提過，若說真人無夢，該篇最末又提莊周夢為蝴蝶，那莊子自己就沒有修到真人的境界囉？

古之真人，不知悅生，不知惡死【注646】；其出不訴，其入不距【注647】；翛然而往，翛然而來而已矣【注648】。不忘其所始，不求其所終【注649】；受而喜之【注650】，忘而復之【注651】。是之謂不以心捐道，不以人助天。是之謂真人【注652】。

【郭象注646】與化為體者也。

【郭象注647】泰然而任之也。

【郭象注648】寄之至理，故往來而不難也。

【郭象注649】終始變化，皆忘之矣，豈直逆忘其生，而猶復探其死意也！

【郭象注650】不問所受者何物，遇之而無不適也。

【郭象注651】復之不由於識，乃至也。

【郭象注652】人生而靜，天之性也；感物而動，性之欲也。物之感人無窮，人之逐欲無節，則天理滅矣。真人知用心則背道，助天則傷生，故不為也。

古代的真人不知貪戀生命，也不會畏懼死亡。活著的時候不會欣喜，面臨死亡也不會排拒。

他將生死視為自然而然，不繫於心，該去就去，該來就來。不忘掉生命從何而來，也不刻意追求死亡的歸宿。歡喜地接受生命，忘我忘物，死後又回歸自然。這就是不以主觀意願去損害大道，不用人為因素去干擾自然，這就叫做真人。

郭象注648所稱翛然而往、翛然而來，翛為鶴振刷羽毛之聲，自由飛翔不受拘束，比喻出生入死，不介於懷。

郭象注652所述，與《禮記．樂記》酷似：「人生而靜，天之性也；感於物而動，性之欲也。物至知知，然後好惡形焉。好惡無節於內，知誘於外，不能反躬，天理滅矣。夫物之感人無窮，而人之好惡無節，則是物至而人化物也。人化物也者，滅天理而窮人欲者也。」看來郭象絕對讀過〈樂記〉，讀到莊子論真人這段，感想傾瀉而出。

以心捐道，以人助天，人生動念行事稍一拿捏不準，偏離自然大道，反受災眚。无妄卦繼復卦之後，會有无妄之災、无妄之疾即為顯例。郭象注稱用心則背道，助天則傷生，值得深思。毓老師半世紀前曾提過太極拳宗師鄭曼青，號稱詩書畫拳醫五絕，還發豪語已可用意念控制生死，結果仍患腦溢血溘逝。其實，近年亦有不少練功之人患癌或癱瘓，運動明星多不長壽，絕世名醫無法自救等，其中原因耐人尋味。

若然者，其心志【注653】，其容寂【注654】，其顙頯【注655】，淒然似秋【注656】，煖然似春【注657】，喜怒通四時【注658】，與物有宜，而莫知其極【注659】。

【郭象注653】所居而安為志。
【郭象注654】雖行而無傷於靜。
【郭象注655】顙，大朴之貌。
【郭象注656】殺物非為威也。
【郭象注657】生物非為仁也。
【郭象注658】夫體道合變者，與寒暑同其威嚴，而未嘗有心也。然有溫嚴之貌，生殺之節，故寄名於喜怒也。
【郭象注659】無心於物，故不奪物宜；無物不宜，故莫知其極。

能夠這樣，他的心志安定，容色平靜，額頭寬大，顯現出的氣象可似秋天的淒清嚴肅，也可似春天般的溫暖，或喜或怒如四季交替般自然，與萬物相處和諧，沒人了解他深邃的心境。《論語．子張篇》：「子夏曰：君子有三變，望之儼然，即之也溫，聽其言也厲。」有修為的君子，讓人看了敬畏，一旦接近才體會他的溫煦，聽他講話都是勉勵人向善上進。厲字同鼓勵的勵，絕非嚴厲之意，不然就太不合人情義理了！《管子．權修》：「此厲民之道也。」聖經上說：「多說造就人的話。」其實，乾卦第三爻：「君子終日乾乾，夕惕若，厲，无咎。」厲字除環境危厲不安外，也有自我勉勵及激勵群眾之意。

真人喜怒通四時，讓人畏威懷德，知所效法學習，變易中亦有不易存焉。豫卦〈彖傳〉：「天地以順動，故日月不過而四時不忒；聖人以順動，則刑罰清而民服。」觀卦〈彖傳〉：「觀天之神道而四時不忒，聖人以神道設教而天下服矣！」節卦〈彖傳〉：「天地節而四時成，節以制度，不傷財不害民。」恒卦〈彖傳〉：「日月得天而能久照，四時變化而能久成，聖人久於其道而天下化成。」乾卦〈文言傳〉：「大人者，與天地合其德，與日月合其明，與四時合其序。」均可與莊子此段相參：「真人喜怒通四時，與物有宜，而莫知其極。」

故聖人之用兵也，亡國而不失人心；利澤施乎萬物，不為愛人【注660】。故樂通物，非聖人也【注661】；有親，非仁也【注662】；天時，非賢也【注663】；利害不通，非君子也【注664】；行名失己，非士也【注665】；亡身不真，非役人也【注666】。若狐不偕、務光、伯夷、叔齊、箕子、胥餘、紀他、申徒狄，是役人之役，適人之適，而不自適其適者也【注667】。

【郭象注660】因人心之所欲亡而亡之，故不失人心也。夫白日登天，六合俱照，非愛人而照之也。故聖人之在天下，煖焉若春陽之自和，故蒙澤者不謝；淒乎若秋霜之自降，故凋落者不怨也。

【郭象注661】夫聖人無樂也，真莫之塞而物自通。

【郭象注662】至仁無親，任理而自存。

【郭象注663】時天者，未若忘時而自合之賢也。

【郭象注664】不能一是非之塗而就利違害，則傷德而累當矣。

【郭象注665】善為士者，遺名而自得，故名當其實而福應其身。

【郭象注666】自失其性而矯以從物，受役多矣，安能役人乎！

【郭象注667】私皆舍己效人，徇彼傷我者也。

所以聖人用兵滅亡了敵國，卻不失去其人民的歸附；恩澤施及萬物，卻不是有心愛人；所以那些樂於與萬物同一的並非聖人，有所偏愛的並非仁者，選擇時機行動的不算賢人；不懂得利與害並無不同的，不是君子；為追求虛名而失去自我天性的，算不上士人；喪失性命又不合於道的，不是好的統治者。像狐不偕、務光、伯夷、胥夷、紀他、申徒狄等人，其實都是被人役使，為了別人的安適，而自己一點也不安適啊！

莊子很不客氣地批判以上那些名人高士，覺得他們為成一己清高之名，做出裝瘋賣傻或以身殉之的事蹟，實不足法。

貪夫殉財，烈士殉名，並沒有比較高明，其殉一也。伯夷、叔齊不食周黍、餓死首陽，孟子尚稱為聖之清者；箕子佯狂避禍，獻洪範九疇與周武王，然後遠赴朝鮮，與微子、比干蒙孔子稱為殷有三仁，胥夷就是慘遭挖心的比干。難能而不可貴，莊子認為離真人境界甚遠。

古之真人，其狀義而不朋【注668】，若不足而不承【注669】，與乎其觚而不堅也【注670】，張乎其虛而不華也【注671】，邴邴乎其似喜乎【注672】！崔乎其不得已乎【注673】！滀乎進我色也【注674】，與乎止我德也【注675】，厲乎其似世乎【注676】！謷乎其未可制也【注677】，連乎

其似好閉也【注678】，悗乎忘其言也【注679】。以刑為體【注680】，以禮為翼【注681】，以知為時【注682】，以德為循【注683】。以刑為體者，綽乎其殺也【注684】；以禮為翼者，所以行於世也【注685】；以知為時者，不得已於事也【注686】；以德為循者，言其與有足者至於丘也【注687】，而人真以為勤行者也【注688】。故其好之也一，其弗好之也一【注689】。其一也一，其不一也一【注690】。其一與天為徒【注691】，其不一與人為徒【注692】。天與人不相勝也，是之謂真人【注693】。

【郭象注668】與物同宜而非朋黨。

【郭象注669】沖虛無餘，如不足也；下之而無不上，若不足而不承也。

【郭象注670】常遊於獨而非固守。

【郭象注671】曠然無懷，乃至於實。

【郭象注672】至人無喜，暢然和適，故似喜也。

【郭象注673】動靜行止，常居必然之極。

【郭象注674】不以物傷己也。

【郭象注675】無所趨也。

【郭象注676】至人無厲，與世同行，故若厲也。

【郭象注677】高放而自得。

【郭象注678】綿邈深遠，莫見其門。

【郭象注679】不識不知而天機自發，故悗然也。

【郭象注680】刑者，治之體，非我為。

【郭象注681】禮者，世之所以自行耳，非我制。

【郭象注682】知者，時之動，非我唱。

【郭象注683】德者，自彼所循，非我作。

【郭象注684】任治之自殺，故雖殺而寬。

【郭象注685】順世之所行，故無不行。

【郭象注686】夫高下相受，不可逆之流也；小大相群，不得已之勢也；曠然無情，群知之府也。承百流之會，居師人之極者，奚為哉？任時世之知，委必然之事，付之天下而已。

【郭象注687】丘者，所以本也；以性言之，則性之本也。夫物各有足，足於本也。付群德之自循，斯與有足者至於本也，本至而理盡矣。

【郭象注688】凡此皆自彼而成，成之不在己，則雖處萬機之極，而常閒暇自適，忽然不覺事之經身，悗然不識言之在口。而人之大迷，真謂至人之為勤行者也。

【郭象注689】常無心而順彼，故好與不好，所善所惡，與彼無二也。

【郭象注690】其一也，天徒也；其不一也，人徒也。夫真人同天人，均彼我，不以其一異乎不一。

【郭象注691】無有而不一者，天也。

【郭象注692】彼彼而我我者，人也。

【郭象注693】夫真人同天人，齊萬致。萬致不相非，天人不相勝，故曠然無不一，冥然無不在，而玄同彼我也。

古代的真人相貌巍然壁立而不至崩壞，謙卑自處卻不需討好他人，看似堅確卻不固執，胸懷寬闊而不浮華，好像很沉靜愉快，有時又會不得已而行動，神情和悅似乎在誘導我們上進，從容不迫引我們修德，入世多險好像戒懼，卻又胸懷高遠不受約束，用心深似乎難以理解，常忘了說了甚麼話。治國須以刑法為根本，以禮義為輔助，用智慧去了解時代，以道德為依循。以刑法為根本，卻很寬厚不嗜殺；以禮義為輔助，將禮義推行於世；用智慧去了解時代，才能任事得宜；以道德為依循，就像有腳的人都能登上小山丘，而別人還以為他勤奮做事很辛苦呢？

所以喜歡也這樣做，不喜歡也這樣做，並沒有甚麼不同。當他喜歡做時合乎自然，從俗而為時也沒有背離道。因為天理自然涵攝人事，人事中亦寓有天理，天理人事不相勝而相合，懂得這個道理的才是真人。

死生，命也，其有夜旦之常，天也【注694】。人之有所不得與，皆物之情也【注695】。彼特以天為父，而身猶愛之，而況其卓乎【注696】！人特以有君為愈乎己，而身猶死之，而況其真乎【注697】！

【郭象注694】其有晝夜之常，天之道也。故知死生者命之極，非妄然也，若夜旦耳，奚所係哉！

【郭象注695】夫真人在晝得晝，在夜得夜。以死生為晝夜，豈有所不得！人之有所不得而憂娛在懷，皆物情耳，非理也。

【郭象注696】卓者，獨化之謂也。夫相因之功，莫若獨化之至也。故人之所因者，天也；天之所生者，獨化也。人皆以天為父，故晝夜之變，寒暑之節，猶不敢惡，隨天安之。況乎卓爾獨化，至於玄冥之境，又安得不任之哉！既任之，則死生變化，惟命之從也。

【郭象注697】天真者，不假於物而自然也。夫自然之不可避，豈直君命而已哉！

死生都是天命，就像日夜交替一樣自然，不是人力所能改變，事實就是如此。人們認為天賦與生命，視天如父一樣敬愛，何況還有比天更高的道呢？人們以為國君地位高貴，甘願為他犧牲，何況還有比國君更高的「真君」呢！

泉涸，魚相與處於陸，相呴以濕，相濡以沫，不如相忘於江湖【注698】。與其譽堯而非桀也，不如兩忘而化其道【注699】。夫大塊載我以形，勞我以生，佚我以老，息我以死【注700】。故善吾生者，乃所以善吾死也【注701】。

【郭象注698】與其不足而相愛，豈若有餘而相忘！

【郭象注699】夫非譽皆生於不足。故至足者，忘善惡，遺死生，與變化為一，曠然無不適矣，又安知堯桀之所在耶！

【郭象注700】夫形生老死，皆我也。故形為我載，生為我勞，老為我佚，死為我息，四者雖變，未始非我，我奚惜哉！

【郭象注701】死與生，皆命也。無善則死，有善則生，不獨善也。故若以吾生為善乎？則吾死亦善也。

泉水乾涸了，水裡的魚都困在陸地上，用嘴裡的溼氣相互滋潤，用口水相互塗抹，這還不如在江湖裡遊蕩互相不顧的好。與其讚美堯的聖明而批評桀的殘暴，不如都忘掉而歸返大道。天地自然賦予我生命，活的時候勞苦，老時安佚，死時安息。所以善待我的生命，一定也會善待我的死亡。

莊子這段文字造境甚高，讓人看了悵惘不已。人生陷入低潮困境時，往往會與共患難者互通聲氣，冀求同情與慰藉，大環境若無法改善，撐得一時算一時。其實莫不如更曠達些，若能轉往水量充足的大江大湖裡游弋，哪裡還需要顧影自憐或共同吐槽？困卦澤無水，乾旱難熬，下一卦為井卦，就去鑿井汲泉，一旦噴湧而出不僅紓困，再往下革故鼎新二卦，完全進入嶄新的天地，又復生生不息。

民國文人胡蘭成半世紀前出版《山河歲月》、《今生今世》名作，所謂「天道驚險，人道驚豔」，風靡了許多年輕讀者。書中有稱：「與我同氣連枝諸眾，相濡以沫之餘，還要彼此相忘。」即與莊生此段相關。

夫藏舟於壑，藏山於澤，謂之固矣【注702】。然而夜半有力者負之而走，昧者不知也【注703】。藏小大有宜，猶有所遯【注704】。若夫藏天下於天下，而不得所遯，是恆物之大情也【注705】。特犯人之形而猶喜之，若人之形者，萬化而未始有極也【注706】，其為樂可勝計邪【注707】！故聖人將遊於物之所不得遯而皆存【注708】。善夭善老，善始善終，人猶效之【注709】，又況萬物之所係，而一化之所待乎【注710】！

【郭象注702】方言死生變化之不可逃，故先舉無逃之極，然後明之以必變之符，將任化而無係也。

【郭象注703】夫無力之力，莫大於變化者也；故乃揭天地以趨新，負山岳以舍故。故不暫停，忽已涉新，則天地萬物無時而不移也。世皆新矣，而自以為故；舟日易矣，而視之若舊；山日更矣，而視之若前。今交一臂而失之，皆在冥中去矣。故向者之我，非復今我也。我與今俱往，豈常守故哉！而世莫之覺，橫謂今之所遇可係而在，豈不昧哉！

【郭象注704】不知與化為體，而思藏之使不化，則雖至深至固，各得其所宜，而無以禁其日變也。故夫藏而有之者，不能止其遯也；無藏而任化者，變不能變也。

【郭象注705】無所藏而都任之，則與物無不冥，與化無不一。故無外無內，無死無生，體天地而合變化，索所遯而不得矣。此乃常存之大情，非一曲之小意。

【郭象注706】人情乃是萬化之一遇耳，未足獨喜也。無極之中，所遇者皆若人耳，豈特人形可喜而餘物無樂耶！

【郭象注707】本非人而化為人，化為人，失於故矣。失故而喜，喜所遇也。變化無窮，何所不遇！所遇而樂，樂豈有極乎！

【郭象注708】夫聖人遊於變化之塗，放於日新之流，萬物萬化，亦與之萬化，化者無極，亦與之無極，誰得遯之哉！夫於生為亡而於死為存，則何時而非存哉！

【郭象注709】此自均於百年之內，不善少而否老，未能體變化，齊死生也。然其平粹，猶足以師人也。

【郭象注710】此玄同萬物而與化為體，故其為天下之所宗也，不亦宜乎！

把舟船藏在山溝裡，把山藏在深澤中，以為很穩固了。卻沒想夜半裡有大力士把它揹起跑了，睡夢中人還不知道怎麼回事呢？雖然把小船或大山藏的很妥當，仍然會丟失。如果以整個天下來收藏天下萬物，就不會丟失，這是事物永恆的道理。只是因為有了人的形體，就欣喜萬分，其實類似人有形體的事物很多，千變萬化沒有窮盡，那些歡樂還數得清嗎？所以聖人將自己身心寄託在無窮的天地自然中，善處年輕，善處年老，善處開始，善處歸終，大家還會去效法他，更何況為萬物之所係屬，而為造化之所依的道體，不更是天下之所宗嗎？

小畜卦能畜藏的有限，故稱「寡也」；大畜卦可畜藏的就多了，上爻爻變成泰卦，畜極而通，稱：「何天之衢，亨。道大行也。」原因安在？〈雜卦傳〉稱：「大畜，時也。」〈彖傳〉稱：「日新其德。」可能是關鍵。

郭象注[703]解天地間的隨時變化很精彩：「揭天地以趨新，負山岳以捨故，故不暫停，忽已涉新，則天地萬物無時而不移也。」宇宙造化剎剎生新，故故不留，逝者如斯，不舍晝夜。孟子稱孔子為聖之時者，《論語》開篇即稱「學而時習之」，易經經文僅歸妹第四爻「遲歸有時」一處，而易傳處處強調時的重要，可見深受孔子思想的影響。

易〈彖傳〉有所謂十二時卦：頤、大過、解、革卦稱「時大矣哉」；坎、睽、蹇卦稱「時用大矣哉」；豫、遯、姤、旅卦稱「時義大矣哉」；隨卦總結稱：「隨時之義大矣哉！」乾卦首揭：「六位時成，時乘六龍以御天。」蒙卦：「以亨行時中也。」大有卦：「應乎天而時行。」賁卦：「觀乎天文以察時變。」損卦：「損剛益柔有時，損益盈虛，與時偕行。」益卦：「凡益之道，與時偕行。」升卦：「柔以時升。」艮卦：「時止則止，時行則行，動靜不失其時，其道光明。」豐卦：「天地盈虛，與時消息，而況於人乎？況於鬼神乎？」小過卦：「過以利貞，與時行也。」一言以蔽之，就是Timing is everything！另外，无妄卦〈大象傳〉稱：「茂對時育萬物」。〈小象傳〉稱時的有坤卦第三爻：「以時發也」、節卦第二爻：「不出門庭凶，失時極也」既濟卦第五爻：「東鄰殺牛，不如西鄰之時也」。〈文言傳〉乾卦：「乾乾因其時而惕，雖危无咎矣……君子進德修業，欲及時也……見龍在田，時舍也……終日乾乾，與時偕行……亢龍有悔，與時偕極……先天而天弗違，後天而奉天時，天且弗違，而況於人乎？況於鬼神乎？」坤卦：「坤道其順乎，承天而時行。」

夫道，有情有信，无為无形【注711】；可傳而不可受【注712】，可得而不可見【注713】；自本

自根，未有天地，自古以固存【注714】；神鬼神帝，生天生地【注715】；在太極之先而不為高，在六極之下而不為深；先天地生而不為久，長於上古而不為老【注716】。狶韋氏得之，以挈天地；伏羲氏得之，以襲氣母；維斗得之，終古不忒；日月得之，終古不息；堪坏得之，以襲崑崙；馮夷得之，以遊大川；肩吾得之，以處太山；黃帝得之，以登雲天；顓頊得之，以處玄宮；禺強得之，立乎北極；西王母得之，坐乎少廣，莫知其始，莫知其終；彭祖得之，上及有虞，下及五伯；傅說得之，以相武丁，奄有天下，乘東維，騎箕尾，而比於列星【注717】。

【郭象注711】有無情之情，故無為也；有無常之信，故無形也。

【郭象注712】古今傳而宅之，莫能受而有之。

【郭象注713】咸得自容，而莫見其狀。

【郭象注714】明無不待有而無也。

【郭象注715】無也，豈能生神哉？不神鬼帝而鬼帝自神，斯乃不神之神也；不生天地而天地自生，斯乃不生之生也。故夫神之果不足以神，而不神則神矣，功何足有，事何足恃哉！

【郭象注716】言道之無所不在也，故在高為無高，在深為無深，在久為無久，在老為無老，無所不在，而所在皆無也。且上下無不格者，不得以高卑稱也；外內無不至者，不得以表裡名也；與化俱移者，不得言久也；終始常無者，不可謂老也。

【郭象注717】道，無能也。此言得之於道，乃所以明其自得耳。自得耳，道不能使之得也；我之未得，又不能為得也。然則凡得之者，外不資於道，內不由於己，掘然自得而獨化也。夫生之難也，猶獨化而自得之矣，既得其生，又何患於生之不得而為之哉！故夫為生果不足以全生，以其生之不由於己為也，而為之則傷其真生也。

大道真實可信，然而清靜無為，無形可見，可傳與人卻不一定能為人所接受，可用心體悟卻無行迹可見。自為根本，未有天地以前即已存在；道使鬼和上帝有神靈，生出天地；在太極之先不足以形容其高遠，在天地四方的六合之下不足以狀其深邃，生於天地之前不足以形容其悠久，比上古年代更久不足以形容其長壽。狶韋氏得到它可以挈合天地，伏羲氏得到它可以調和元氣，北斗星得到它永遠不變其位，日月得到它終古運行，堪坏得到它入主崑崙，馮夷得到它巡遊大河，肩吾得到它主居泰山，黃帝得到它飛登上天，顓頊得到它安處玄宮，禺強得到它立於北極。西王母得到它穩坐少廣山，沒有人知道她的開始和終結；彭祖得到它，從虞舜時代一直活到春秋五霸時期；傅說得到它，輔佐武丁治理天下，死後還升為神靈，乘坐東維和箕尾星，與天上眾星並列。

莊子這一大段，將上古傳說的帝王與神仙都拉進來，稱他們得道後都有至高的成就。〈逍遙遊〉提過肩吾，這裡成了泰山山神，也提到彭祖長壽，〈齊物論〉再提：「莫壽乎殤子而彭祖為夭。」孟子論生於憂患，稱傅說舉於版築之間。武丁即殷代中興的高宗，既濟卦第三爻就是記載他的故事：「高宗伐鬼方，三年克之，小人勿用。」三年苦戰獲勝，其實真正疆場立功的是他的王后婦好，現今安陽殷墟有墓地。我前後去過幾次，九年前又到婦好墓前，動念問候占了一卦，居然就是既濟第三爻動，真是精誠所至，隔幾千年無礙溝通啊！

伏羲始作八卦，所謂一劃開天，為易道之祖。甘肅天水有羲皇廟，河南淮陽有太昊陵，我多年前都去參訪過，印象深刻。神農氏教民耕作，又建立以物易物的市場機制，傳說還嘗百草又與醫藥有關。軒轅黃帝統一華夏，被後世尊奉為中華民族始祖，銜接炎帝神農氏，中國人又有炎黃子孫之稱。《黃帝內經》又將其與岐伯等的對話，編成中醫的聖典。古史渺遠難知，〈繫辭下傳〉次章的記述如下：

「古者包羲氏之王天下也，仰則觀象於天，俯則觀法於地，觀鳥獸之文與地之宜，近取諸身，遠取諸物，於是始作八卦，以通神明之德，以類萬物之情，作結繩而為網罟，以佃以漁，蓋取諸離。包羲氏沒，神農氏作，斲木為耜，揉木為耒，耒耨之利以教天下，蓋取諸益。日中為市，致天下之民，聚天下之貨，交易而退，各得其所，蓋取諸噬嗑。神農氏沒，黃帝堯舜氏作，通其變使民不倦，神而化之，使民宜之。易窮則變，變則通，通則久，是以自天佑之，吉无不利。黃帝堯舜垂衣裳而天下治，蓋取諸乾坤。」

其後還舉了渙、隨、豫、小過、睽、大壯、大過、夬，連同前面五卦共計十三個卦，象徵水運、陸運、國防、糧食加工、遠射兵器、住屋營建、喪葬以及書契文字等，表述中華文明方方面面的演進歷程。這是所謂的「以制器者尚其象」，由形而上的道發明出形而下的器，以資民生日用。〈繫辭上傳〉第十一章又稱之為「開物成務」、「備物致用，立象成器以為天下利」，研究中國科技史不能忽略易經理氣象數的思維與致用。

關於這點，亦可參看莊子〈天地篇第十二〉，子貢見漢陰丈人那一段。他見老者抱甕打井水澆菜辛苦吃力，建議用桔槔汲水，結果被批評為傷害自然，所謂「有機械者必有機事，有機事者必有機心。機心存於胸中，則純白不備；純白不備，則神生不定；神生不定者，道之所不載也。吾非不知，羞而不為也。」《老子》第八十章亦稱：「小國寡民，使有什伯之器而不用，使民重死而不遠徙。雖有舟輿，無所乘之；雖有甲兵，無所陳之。使民復結繩而用之。」以老莊為代表的道家思想，確有可能偏執到消極避世，這與易傳主旨有別。人類文明發展必然是往前演進，決不可能走回頭路，逝者如斯，不舍晝夜，可以感喟戀舊，卻無補實際。

我曾占問過時間的本質為何？得出不變的剝卦。明示宇宙大化故故不留，但同時也剎剎生新，卦序剝極而復，兩卦其實一體相綜，去除一廂情願的妄想後，才可體悟大道真實不虛，這便是後接无妄、大畜二卦的真諦。无妄〈大象傳〉稱：「茂對時育萬物。」〈雜卦傳〉稱：「大畜，時也。」皆強調隨時變化的重要，一元復始絕非復古回到從前，而是開創新生。大畜之後為頤、大過的生死淬煉，〈彖傳〉皆稱「時大矣哉！」再往後為坎卦重險，〈彖傳〉稱「險之時用大矣哉！」所謂生於憂患，動心忍性增益其所不能，〈大象傳〉稱：「水洊至，習坎，君子以常德行習教事。」一代接一代，終於成就離卦人類文明的燦爛輝煌，〈彖傳〉稱「重明以麗乎正，乃化成天下。」〈大象傳〉稱：「明兩作，大人以繼明照于四方。」若有以上深刻透達的認識，由小我的執著擴充至大我的永續，當不致逆反生化之流而有復舊的想望。

不過，莊子有關機械機事機心的提醒，還是值得現代人省思。科技的飛躍發展及其在軍事鬥爭上的大幅運用，確實已造成文明存續的迫切危機，核武的發明還只是其中之一，像人工智能的突起是否會威脅到人類本身的存在，矽基生命淘汰掉碳基生命？就相當耐人尋味。

前述文明發展十三卦，以離為首，有結繩記事及孔目相連的網罟之象，正合易上經終於離卦之旨。以夬卦為終，又稱「上古結繩而治，後世聖人易之以書契，百官以治，萬民以察，蓋取諸夬。」書契是文字圖樣等紀錄工具，現今廣泛運用的網路傳訊即是。〈雜卦傳〉重人事興革，最後一卦亦為夬，稱：「夬，決也，剛決柔也，君子道長，小人道憂也。」五陽決一陰，成功後又為六陽乾卦，以人合天運轉不息。

夬為制器尚象的文明成果，關鍵在後世聖人的隨時變易繼往開來，伏羲、神農、黃帝堯舜氏為先聖，孔孟老莊以及千秋萬世的後聖不斷的努力，薪盡火傳遂成「大人以繼明照于四方」。夬之前的大壯卦以宮室喻生，大過卦以棺槨喻死，明顯闡發文明超越生死的永恆意義，二卦皆稱「後世聖人易之以」。孔子作春秋，闡發「俟後聖」大義，所謂「文王既沒，文不在茲乎？」文王是文德之王，非指歷史上的周文王，而是江山代有新王出，正所謂「舜何？人也！予何？人也！有為者亦若是。」生生不息，返本開新，易道盡於是矣！

窮變通久為易道的根本大法，〈繫辭傳〉稱述「自天佑之，吉无不利」多達三次，這是大有卦上爻爻辭。自祐之才天祐之，天命之謂性，自性中即蘊含天道，開發成功即不假外求。同人、大有二卦一體相綜，只要同樣是人，理應大家都有，禮運大同的思想源頭在此。

經過前面闡析，我們再來看莊子這一大段即可知其所謂。自然之道恆存，先聖後聖只要體悟了自本自根的道理，便能有其成就。太極一詞，宋元以後影響甚大，幾乎家喻戶曉。周敦頤有太極圖說，所謂物物一太極，武術家又有太極拳、太極劍的功法傳世，似乎有天地萬物之本體的意涵。但載諸典籍的似乎只有莊子此處，以及〈繫辭上傳〉第十一章：「是故易有太極，是生兩儀，兩儀生四象，四象生八卦，八卦定吉凶，吉凶生大業。」以易傳而論，〈彖傳〉所言：「大哉乾元！萬物資始，乃統天……至哉坤元！萬物資生，乃順承天。」明顯以乾元為天地萬物的本體，而非太極。周敦頤有「無極而太極」之說，老子則有「常德不忒，復歸於無極」之語。後世太極之說盛行，似乎有受道家思想的影響。但依莊子文意，道在太極之先，太極即非究竟。老子稱：「道生一，一生二，二生三，三生萬物，萬物負陰而抱陽，沖氣以為和。」還是太極為一，一生二即是生兩儀？

老子又稱：「天得一以清，地得一以寧……萬物得一以生，侯王得一以為天下貞，其致之。」致一的主張又見於〈繫辭下傳〉首章：「天地之道，貞觀者也；日月之道，貞明者也；天下之動，貞夫一者也。」第五章：「子曰：天下何思何慮？天下同歸而殊途，一致而百慮，天下何思何慮？」老子稱一，孔子曾問道於老子，作春秋「改一為元」，元有終而復始生生不息之意。

莊子這段稱：「維斗得之，終古不忒；日月得之，終古不息。」忒是誤差，不忒為絕對精確，息為休止，不息永遠運轉不停，易傳亦多處強調。乾卦〈大象傳〉：「天行健，君子以自強不息。」《中庸》：「至誠無息，不息則久。」豫卦〈彖傳〉：「天地以順動，故日月不過而四時不忒。」觀卦〈彖傳〉：「觀天之神道而四時不忒，聖人以神道設教而天下服矣。」

西王母為中國神話裡的重要角色，晉卦第二爻爻辭：「受茲介福，于其王母。」晉為日出東方之象，〈大象傳〉稱：「明出地上，君子以自昭明德。」下卦亦即內卦為坤，代表廣土眾民，上卦亦即外卦為離為光明，表示一切眾生的靈明自性皆可發揚光大。《大學》三綱領為明明德、新民、止於至善，孟子至王陽明強調致良知，禪宗講開發自性，所謂「皆自明也」。自本自根，未有天地，自古以固存。坤為母，厚德載物，循循善誘大家進入王道之門。

南伯子葵問乎女偊曰：「子之年長矣，而色若孺子，何也？」曰：「吾聞道矣【注718】。」南伯子葵曰：「道可得學邪？」曰：「惡！惡可！子非其人也。夫卜梁倚有聖人之才，而无聖人之道，我有聖人之道，而无聖人之才，吾欲以教之，庶幾其果為聖人乎！不然，以聖人之道告聖人之才，亦易矣。吾猶守而告之，參日而後能外天下【注719】；已外天下矣，吾又守之，七日而後能外物【注720】；已外物矣，吾又守之，九日而後能外生【注721】；已外生矣，而後能朝徹【注722】；朝徹，而後能見獨【注723】；見獨，而後能无古今【注724】；无古今，而後能入於不死不生【注725】。殺生者不死，生生者不生。其為物，无不將也【注726】，无不迎也【注727】；无不毀也【注728】，无不成也【注729】。其名為攖寧【注730】。攖寧也者，攖而後成者也【注731】。」

【郭象注718】聞道則任其自生，故氣色全也。

【郭象注719】外，猶遺也。

【郭象注720】物者，朝夕所須，切己難忘。

【郭象注721】都遺也。

【郭象注722】遺生則不惡死，不惡死故所欲即安，豁然無滯，見機而作，斯朝徹也。
【郭象注723】當所欲而安之，忘先後之所接，斯見獨者也。
【郭象注724】與獨俱往。
【郭象注725】夫係生故有死，惡死故有生。是以無係無惡，然後能無死無生。
【郭象注726】任其自將，故無不將。
【郭象注727】任其自迎，故無不迎。
【郭象注728】任其自毀，故無不毀。
【郭象注729】任其自成，故無不成。
【郭象注730】夫與物冥者，物縈亦縈，而未始不寧也。
【郭象注731】物縈而獨不縈，則敗矣。故縈而任之，則莫不曲成也。

南伯子葵問女偊道：「你的年紀很大了，怎麼面色還像小孩一樣呢？」女偊說：「因為我得道了。」南伯子葵再問：「道可以學嗎？」女偊說：「不，不可，你不是學道的人。卜梁倚有聖人的才質，卻沒有聖人之道，我有聖人之道卻沒有聖人的才質。我想把聖人之道教給他，也許會幫助他成為聖人吧？但卻沒有那麼容易。將聖人之道教給有聖人之才的人似乎很容易，然而我要守著教他，三天之後他能忘卻天下；忘卻天下後，我再守著教他，七天之後能忘卻萬物；已經忘卻萬物了，我又守著教他，九天之後能忘卻自己的形體；已經忘卻自己的形體了，然後才能像朝陽初昇那樣清明；意識清明了，才能真正見到眾生俱有的自性；見到眾生俱有的自性，才懂得古今沒有分別；懂得古今沒有分別後，才能進入無死無生的境界。萬物皆因道而生，順道則死，所以大道無所謂生死，殺生無死，生生不生，送走萬物，又迎來萬物，毀滅萬物又成就萬物。這就叫攖寧，攖寧的意思就是擾動皆能安寧。」

郭象注[720]稱：「物者，朝夕所須，切己難忘。」說得真是到位。物包括人事物所有的資源，忘我忘物，談何容易？前文提泉涸魚相處於陸，相濡以沫，為人之常情，不如相忘於江湖，悟道後心無係累。七日有復卦「反復其道，七日來復」之意，正是剝除習染而獲新生。蠱卦卦辭：「先甲三日，後甲三日。」甲為天干紀日之始，前三後三加甲為七，破除積習改造成功。巽卦第五爻爻辭：「先庚三日，後庚三日。」爻變為蠱卦，庚為第七天干，其後為辛，正是一元復始萬象更新。

朝徹一朝徹悟，正合晉卦日出自昭明德之象，孟子所謂平旦之氣，《大學》引湯之盤銘曰：「苟日新，日日新，又日新。」見獨之獨為名詞，即慎獨之獨，《大學》、《中庸》皆有標榜論述。「在天曰命，在人曰性，在身曰心，在己曰獨。」個體生命最深邃獨特的自性，乾卦〈彖傳〉揭明：「乾道變化，各正性命。」天命純屬自然，人性人心有共通處，獨則各具特色頗有差異，只要找到和諧相處的方式，不必也無法強同。

易傳中幾處提到獨的觀念：蒙卦第四爻〈小象傳〉：「困蒙之吝，獨遠實也。」小畜卦第五爻：「有孚攣如，不獨富也。」履卦初爻：「素履之往，獨行願也。」晉卦初爻：「晉如催如，獨行正也。」大過卦〈大象傳〉：「君子以獨立不懼，遯世无悶。」經文則有二處：復卦第三爻：「中行，獨復。」〈小象傳〉解釋：「以從道也。」夬卦第三爻：「君子夬夬，獨行遇雨。」耐心品讀，會有深悟。復見天地之心，人心深處生生不息之機開發出來，就是慎獨發揮了作用。

南伯子葵曰：「子獨惡乎聞之？」曰：「聞諸副墨之子，副墨之子聞諸洛誦之孫，洛誦之孫聞之瞻明，瞻明聞之聶許，聶許聞之需役，需役聞之於謳，於謳聞之玄冥【注732】，玄冥聞之參寥【注733】，參廖聞之疑始【注734】。」

【郭象注732】玄冥者，所以名無而非無也。

【郭象注733】夫階名以至無者，必得無於名表。故雖玄冥猶未極，而又推寄於參寥，亦是玄之又玄也。

【郭象注734】夫自然之理，有積習而成者。蓋階近以至遠，研粗以至精，故乃七重而後及無之名，九重而後疑無是始也。

南伯子葵問：「你從哪裡悟得的道？」女偊說：「我從副墨之子那裡得道的，副墨之子是從洛誦之孫得道，洛誦之孫從瞻明得道，瞻明從聶許得道，聶許從需役得道，需役從於謳得道，於謳從玄冥得道，玄冥從參寥得道，參寥從疑始那裡得道。」

這一段顯然用了一連串的比喻，副墨之子指文字，洛誦之孫指誦讀，瞻明指透徹地觀察了解，聶許指攝念有心得，需役指實際去做，於謳指歌吟詠嘆，玄冥指靜默無為，參寥指參悟虛寂，疑始指不可端倪。

子祀、子輿、子犁、子來四人相與語曰：「孰能以无為首，以生為脊，以死為尻，孰知死生存亡為一體者，吾與之友矣。」四人相視而笑，莫逆於心，遂相與為友。俄而子輿有病，子祀往問之。曰：「偉哉夫造物者，將以予為此拘拘也！曲僂發背，上有五管，頤隱於齊，肩高於頂，句贅指天。」陰陽之氣有沴【注735】，其心閒而無事【注736】，跰躚而鑑於井，曰：「嗟乎！夫造物者又將以予為此拘拘也【注737】！」子祀曰：「汝惡之乎？」曰：「亡，予何惡！浸假而化予之左臂以為雞，予因以求時夜；浸假而化予之右臂以為彈，予因以求鴞炙；浸假而化予之尻以為輪，以神為馬，予因以乘之，豈更駕哉【注738】！且夫得者，時也【注739】；失者，順也【注740】；安時而處順，哀樂不能入也。此古之所謂縣解也，而不能自解者，物有結之【注741】。且夫物不勝天久矣，吾又何惡焉【注742】？」

【郭象注735】沴，陵亂也。

【郭象注736】不以為患。

【郭象注737】夫任自然之變者，無嗟也，與物嗟耳。

【郭象注738】浸，漸也。夫體化合變，則無往而不因，無因而不可也。

【郭象注739】當所遇之時，世謂之得。

【郭象注740】時不暫停，順往而去，世謂之失。

【郭象注741】不能自解，則眾物共結之矣。故能解則無所不解，不解則無所而解也。

【郭象注742】天不能無晝夜，我安能無死生而惡之哉！

子祀、子輿、子犁、子來四人一起交談，說：「誰能夠以虛無為首，以生為脊梁，以死為臀部，誰能知道生與死是一體的，我們就跟他交朋友。」四人相視而笑，都認為這是人生至理，結為好友。

不久子輿生病，子祀去看望他。子輿說：「造物者真偉大啊！竟然把我的身體變得這麼難以屈伸，腰身彎曲，背骨發露，五臟的脈管往上，下巴陷到肚臍裡，肩膀高過頭頂，髮髻朝天。」子輿體內陰陽之氣錯亂，但他還像悠閒沒事一樣，蹣跚走到井邊，照看自己的身影，嘆道：「啊呀，造物的大道把我變成這個難以屈伸的樣子！」

子祀問：「你討厭這模樣嗎？」子輿說：「不！怎麼會討厭呢？假使把我的左臂變化為雞，我就用牠來報曉；假使把我的右臂變化為彈丸，我就用牠去打鴞鳥烤肉吃；假使把我的尾脊變化為車輪，精神變作駿馬，我就乘坐而不需要另外駕車。而且生是應時而生，死也是順時而死，安於時而處於順，哀痛和歡樂都不會進入心中，這就是古人講的解脫束縛。如果不能解脫，就是被外物束縛住了。而且人力不能勝過自然已經很久了，我又有甚麼好厭惡的呢？」

俄而子來有病，喘喘然將死。其妻子環而泣之。子犁往問之，曰：「叱！避！无怛化

【注743】！」倚其戶與之語曰：「偉哉造化！又將奚以汝為？將奚以汝適？以汝為鼠肝乎？以汝為蟲臂乎？」子來曰：「父母於子，東西南北，唯命之從。陰陽於人，不翅於父母【注744】。彼近吾死而我不聽，我則悍矣，彼何罪焉【注745】？夫大塊載我以形，勞我以生，佚我以老，息我以死。故善吾生者，乃所以善吾死也【注746】。今之大冶鑄金，金踊躍曰：『我且必為鏌鋣！』大冶必以為不祥之金。今一犯人之形而曰：『人耳！人耳！』夫造化者必以為不祥之人【注747】。今一以天地為大鑪，以造化為大冶，惡乎往而不可哉【注748】！」成然寐，蘧然覺【注749】。

【郭象注743】夫死生猶寤寐耳，於理當寐，不願人驚之，將化而死亦宜，無為怛之也。

【郭象注744】自古或有能違父母之命者矣，未有能違陰陽之變而距晝夜之節者也。

【郭象注745】死生猶晝夜耳，未足為遠也。時當死，亦非所禁，而橫有不聽之心，適足悍逆於理以速其死。其死之速，由於我悍，非死之罪也。彼，謂死耳；在生，故以死為彼。

【郭象注746】理常俱也。

【郭象注747】人耳人耳，唯願為人也。亦猶金之踊躍，世皆知金之不祥，而不能任其自化。夫變化之道，靡所不遇，今一遇人形，豈故為哉？生非故為，時自生耳。務而有之，不亦妄乎！

【郭象注748】人皆知金之有係為不祥，故明己之無異於金，則所係之情可解，可解則無不可也。

【郭象注749】寤寐自若，不以死生累心。

不久子來生病，氣喘吁吁快要死了，妻子兒女圍著他哭泣。子犁去探視他，喝斥道：「嘿！走開！不要驚擾了造化。」靠著門向子來說：「造化真是偉大啊！又想把你變成甚麼啊？要安排你去哪裡啊？要把你變成鼠肝嗎？還是要把你變成蟲臂嗎？」子來說：「父母對子女作任何安排，不管去東西南北，子女都得聽命。天地陰陽之氣對人的影響不止是父母，祂要我們死而我們不聽從，那我們就太蠻橫了，祂有甚麼罪過呢？大地負載我的形體，讓我生時勞動，老年安佚，死後休息。所以妥善安排我活著，也會妥善安排我死亡。譬如鐵匠鑄鐵時，有塊金屬跳躍著喊要把我鑄成利劍，鐵匠一定認為是不祥之金屬。如今一旦有了人的形體，就說：『以後還要當人！還要當人！』造化一定認為這是不祥之人。現在我們應該將天地看做大熔爐，把造化當作大鐵匠隨他鑄造，造成甚麼都可以啊！」子來說完就酣然睡去，之後又很舒適地醒來。

生死大事，尤其涉及家人或親朋好友想看開談何容易？以孔子之大聖，對顏淵死就極度悲痛。《論語．先進篇》：「子曰：噫！天喪予！天喪予！」「顏淵死，子哭之慟。從者曰：子慟矣！曰：有慟乎？非夫人之為慟而誰為？」《春秋公羊傳．哀公十四年》：「子路死，子曰：噫！天祝予！」祝是斷的意思，愛徒死亡等於斬斷了學脈道統，而夫子年事已高，自然哀痛逾恆。後來經學傳承子夏擔當了很重要的角色，講學於西河，做過魏文侯的王者師，但其喪子時極度悲痛以致暫時喪明，還被同門批評。

《莊子．至樂第十八》有記載莊子妻死，惠子去弔喪，而莊子方箕踞鼓盆而歌，惠子責其不近人情，莊子答辯的一段。外篇是否屬實不知，這一段倒有些近似離卦第三爻的情境，爻辭稱：「日昃之離，不鼓缶而歌，則大耋之嗟，凶。」

人生進入日落昏黃的晚年，如果做不到敲擊瓦器歌唱自樂，就會天天傷悲惋嘆，徒然致凶。

子桑戶、孟子反、子琴張三人相與為友，曰：「孰能相與於无相與，相為於无相為【注750】？孰能登天遊霧，撓挑无極【注751】，相忘以生，无所終窮【注752】？」三人相視而笑，莫逆於心，遂相與友【注753】。莫然有間，而子桑戶死，未葬。孔子聞之，使子貢往侍事焉。或編曲，或鼓琴，相和而歌曰：「嗟來桑戶乎！嗟來桑戶乎！而已反其真，而我猶為人猗【注754】！」子貢趨而進曰：「敢問臨尸而歌，禮乎？」二人相視而笑，曰：「是惡知禮意【注755】！」

【郭象注750】夫體天地，冥變化者，雖手足異任，五藏殊官，未嘗相與而百節同和，斯相與於無相與也；未嘗相為而表裡俱濟，斯相為於無相為也。若乃役其心志以卹手足，運其股肱以營五藏，則相營愈篤而外內愈困矣。故以天下為一體者，無愛為於其間也。

【郭象注751】無所不任。

【郭象注752】忘其生，則無不忘矣，故能隨變任化，俱無所窮竟。

【郭象注753】若然者豈友哉？蓋寄明至親而無愛念之近情也。

【郭象注754】人哭亦哭，俗內之跡也。齊死生，忘哀樂，臨尸能歌，方外之至也。

【郭象注755】夫知禮意者，必遊外以經內，守母以存子，稱情而直往也。若乃矜乎名聲，牽乎形制，則孝不任誠，慈不任實，父子兄弟，懷情相欺，豈禮之大意哉！

子桑戶、孟子反、子琴張三人是好朋友，標榜說：「誰能交往像無心交往，互相幫助卻像沒有幫助一樣？誰能登上天空遊於雲霧，逍遙於無窮無盡的境界中，彷彿忘掉了生死一般呢？」三人相視而笑，心裡都贊同這想法，於是結為好友。

不久子桑戶死，還未埋葬。孔子聽到後，命子貢去協助辦理喪事，卻發現另二人在編曲和彈琴，並合唱道：「哎呀！子桑戶啊子桑戶！你已經返本歸真，我們卻還在世間做人！」子貢上前問道：「敢問臨尸而歌，合於禮法嗎？」二人相視而笑，說道：「你怎麼會了解禮法的真意！」

相視而笑，莫逆於心。後世稱情投意合者為莫逆之交，默契十足，對很多事都有一致的看法。更難得的是瀟灑自在，並不拘泥形跡，生亦何歡？死亦何懼？這與前文所稱相濡沫的涸轍之魚一樣，還能彼此相忘於江湖。後文子貢不解其臨尸而歌的灑脫情懷，孔子開導他又稱魚相忘乎江湖，人相忘乎道術。這必得有突破俗情的高慧才辦得到，所以稱登天遊霧，撓挑無極。易經觀卦所示即為提升眼界擴大心胸的歷程，從初爻童觀、二爻闚觀的婦孺之見，逐步昇華到觀國之光、觀大我之生的境界，欲窮千里目，更上一層樓。李白詩句：「俱懷逸興壯思飛，欲上青天攬明月。」「永結無情遊，相期邈雲漢。」都有類似情懷。

子貢反，以告孔子曰：「彼何人者邪？修行无有，而外其形骸，臨尸而歌，顏色不變，

无以命之。彼何人者邪？」

孔子曰：「彼遊方之外者也，而丘遊方之內者也【注756】。外內不相及，而丘使女往弔之，丘則陋矣【注757】！彼方且與造物者為人，而遊乎天地之一氣【注758】。彼以生為附贅縣疣【注759】，以死為決肒潰癰【注760】。夫若然者，又惡知死生先後之所在【注761】！假於異物，託於同體【注762】，忘其肝膽，遺其耳目【注763】，反覆終始，不知端倪【注764】，芒然彷徨乎塵垢之外，逍遙乎无為之業【注765】。彼有惡能憒憒然為世俗之禮，以觀眾人之耳目哉【注766】！」

【郭象注756】夫理有至極，外內相冥，未有極遊外之致，而不冥於內者也，未有能冥於內而不遊於外者也。故聖人常遊外以冥內，無心以順有，故雖終日見形而神氣無變，俯仰萬機而淡然自若。夫見形而不及神者，天下之常累也。是故睹其與群物並行，則莫能謂之遺物而離人矣；睹其體化而應務，則莫能謂之坐忘而自得矣。豈直謂聖人不然哉？乃必謂至理之無此。是故莊子將明流統之所宗以釋天下之可悟，若直就稱仲尼之如此，或者將據所見以排之，故超聖人之內跡，而寄方外於數子。宜忘其所寄以尋述作之大意，則夫遊外冥內之道坦然自明，而莊子之書，故是涉俗蓋世之談矣。

【郭象注757】夫弔者，方內之近事也，施之於方外則陋矣。

【郭象注758】皆冥之，故無二也。

【郭象注759】若疣之自縣，贅之自附，此氣之時聚，非所樂也。

【郭象注760】若肒之自決，癰之自潰，此氣之自散，非所惜也。

【郭象注761】死生代謝，未始有極，與之俱往，則無往不可，故不知勝負之所在也。

【郭象注762】假，因也。今死生聚散，變化無方，皆異物也。無異而不假，故所假雖異而共成一體也。

【郭象注763】任之於理而冥往也。

【郭象注764】五藏猶忘，何物足識哉！未始有識，故能放任於變化之塗，玄同於反覆之波，而不知終始之所極也。

【郭象注765】所謂無為之業，非拱默而已；所謂塵垢之外，非伏於山林也。

【郭象注766】其所以觀示於眾人者，皆其塵垢耳，非方外之冥物也。

子貢回來向老師報告說：「他們是甚麼樣的人啊？沒有依禮修行，放浪形骸，臨尸而歌，面色不變。我沒有辦法形容，他們究竟是甚麼樣的人啊？」孔子回答：「他們是遊於世外的高人，而我是遊於世內的人。內外不相干，而我卻要你去弔唁，我真是見識淺陋了！他們將與造物者為伴，遊於天地混沌一氣之中。他們把生命看作多餘的肉瘤，而死亡就像擠破毒瘡般痛快。這樣的人，怎會介意死生先後的問題呢？人的肉身只是假借不同物質合成，所以會忘卻肝膽與耳目，生死往來循環，不知道何時開始與結束。無思無慮，超脫於塵俗之外，逍遙自在，清靜無為。他們哪裡肯昏亂地依世俗之禮，而作給眾人看呢？」

子貢曰：「然則夫子何方之依【注767】？」孔子曰：「丘，天之戮民也【注768】。雖然，吾與汝共之【注769】。」子貢曰：「敢問其方【注770】。」孔子曰：「魚相造乎水，人相造乎道。相造乎水者，穿池而養給；相造乎道者，无事而生定【注771】。故曰：魚相忘乎江湖，人相忘乎道術【注772】。」子貢曰：「敢問畸人【注773】。」曰：「畸人者，畸於人而侔於天【注774】。故曰：天之小人，人之君子；人之君子，天之小人也【注775】。」

【郭象注767】子貢不聞性與天道，故見其所依而不見其所以依也。夫所以依者，不依也，世豈覺之哉！

【郭象注768】以方內為桎梏，明所貴在方外也。夫遊外者依內，離人者合俗，故有天下者無以天下為也。是以遺物而後能入群，坐忘而後能應物，愈遺之，愈得之。苟居斯極，則雖欲釋之而理固自來，斯乃天人之所不赦者也。

【郭象注769】雖為世所桎梏，但為與汝共之耳。明己恆自在外也。

【郭象注770】問所以遊外而共內之意。

【郭象注771】所造雖異，其於由無事以得事，自方外以共內，然後養給而生定，則莫不皆然也。俱不自知耳，故成無為也。

【郭象注772】各自足而相忘者，天下莫不然也。至人常足，故常忘也。

【郭象注773】問向之所謂方外而不耦於俗者，又安在也。

【郭象注774】夫與內冥者，遊於外也。獨能遊外以冥內，任萬物之自然，使天性各足而帝王道成，斯乃畸於人而侔於天也。

【郭象注775】以自然言之，則人無小大；以人理言之，則侔於天者可為君子矣。

子貢問：「那麼老師要選擇哪種做法呢？」孔子道：「我已在方內受世俗禮儀的桎梏，像受到上天刑罰一樣，但我還是願意與你一起追求大道的境界。」子貢道：「請問具體的方法為何？」孔子說：「魚得活在水中，人得歸向大道。活在水中挖個池子就可養活，歸向大道就得清靜無為自然安定。所以說：魚在江湖裡彼此相忘，人處道術中亦復如是。」子貢說：「請問甚麼是不同於世俗的異人？」孔子道：「所謂異人，與世俗人不同卻與天理相合。所以說：天道所謂的小人，世間稱為君子；世間所謂的君子，天道認定為小人。」

顏回問仲尼曰：「孟孫才，其母死，哭泣無涕，中心不戚，居喪不哀。无是三者，以善處喪蓋魯國。固有无其實而得其名者乎？回壹怪之【注776】。」

仲尼曰：「夫孟孫氏盡之矣，進於知矣【注777】。唯簡之而不得【注778】，夫已有所簡矣。孟孫氏不知所以生，不知所以死【注779】，不知就先，不知就後【注780】，若化為物【注781】，以待其所不知之化已乎【注782】！且方將化，惡知不化哉？方將不化，惡知已化哉【注783】？吾特與汝其夢未始覺者邪【注784】！且彼有駭形而无損心【注785】，有旦宅而无情死【注786】。孟孫氏特覺，人哭亦哭，是自其所以乃【注787】。且也相與吾之耳矣【注788】，庸詎知吾所謂吾之乎【注789】？且汝夢為鳥而厲乎天，夢為魚而沒於淵【注790】。不識今之言者，其覺者乎，其夢者乎【注791】？造適不及笑，獻笑不及排【注792】，安排而去化，乃入於寥天一【注793】。」

【郭象注776】魯國觀其禮，而顏回察其心。

【郭象注777】盡死生之理，應內外之宜者，動而以天行，非知之匹也。

【郭象注778】簡擇死生而不得其異，若春秋冬夏四時行耳。

【郭象注779】已簡而不得，故無不安，無不安，故不以生死槩意而付之自化也。

【郭象注780】所遇而安。

【郭象注781】不違化也。

【郭象注782】死生宛轉，與化為一，猶乃忘其所知於當今，豈待所未知而豫憂者哉！

【郭象注783】已化而生，焉知未生之時哉！未化而死，焉知已死之後哉！故無所避就，而與化俱往也。

【郭象注784】夫死生猶覺夢耳，今夢自以為覺，則無以明覺之非夢也；苟無以明覺之非夢，則亦無以明生之非死矣。死生覺夢，未知所在，當其所遇，無不自得，何為在此而憂彼哉！

【郭象注785】以變化為形之駭動耳，故不以死生損累其心。

【郭象注786】以形骸之變為旦宅之日新耳，其情不以為死。

【郭象注787】夫常覺者，無往而有逆也，故人哭亦哭，正自是其所宜也。

【郭象注788】夫死生變化，吾皆吾之。既皆是吾，吾何失哉！未始失吾，吾何憂哉！無逆，故人哭亦哭；無憂，故哭而不哀。

【郭象注789】靡所不吾也，故玄同外內，彌貫古今，與化日新，豈知吾之所在也！

【郭象注790】言無往而不自得也。

【郭象注791】夢之時自以為覺，則焉知今者之非夢耶？亦焉知其非覺耶？覺夢之化，無往而不可，則死生之變，無時而足惜也。

【郭象注792】所造皆適，則忘適矣，故不及笑也。排者，推移之謂也。夫禮哭必哀，獻笑必樂，哀樂存懷，則不能與適推移矣。今孟孫常適，故哭而不哀，與化俱往也。

【郭象注793】安於推移而與化俱去，故乃入於寂寥而與天為一也。自此以上，至於子祀，其致一也。所執之喪異，故歌哭不同。

顏回問孔子道：「孟孫才這個人，母親死了哭泣而不流涕，內心亦不悲傷，居喪期間也不哀痛。三樣表現都無，卻以善處喪事聞名魯國。世間難道有無其實而空有其名的事嗎？我覺得好奇怪。」

孔子說：「孟孫氏才是真正了解了居喪之道，比一般拘守喪禮的人體悟的深。他想過度簡化喪禮不成，才有應俗哭泣的表現。孟孫氏不知道甚麼是生，甚麼是死，因此生先死後的事也無所去就，一切順應自然，無論化為何物，就接受而等待往後不可預知的變化而已。他以為人的形體不斷在變化，哪裡曉得一般人以為都不會變呢？如果以為不會變，又怎能理解他才真知變化呢？

我和你都在作夢未曾醒覺啊！孟孫氏以為人的形骸雖有駭人的改變，本心並無傷損，肉身死亡只是搬進新的住宅而已，精神並無耗減。他只是覺得別人都哭，他也就跟著哭，這樣比較合適而已。眾人看到擁有這個肉身，就以為這是自己，哪裡曉得真是自我嗎？你在夢中可以變為鳥在空中飛翔，可以變為魚在深淵裡游泳，但不知現在講話的人是醒的還是仍在作夢？譬如適意的心境剛出現，還沒來得及笑，或笑聲還沒消失又出現新的狀況。我們不如順應自然的安排，超脫凡俗而與大道融合，就可以進入高遠寂寥的純一境界。」

夢為鳥飛天，夢為魚沒淵，古哲言理多以飛鳥及游魚為象。《詩經大雅．旱麓篇》：「鳶飛戾天，魚躍于淵。」《中庸》引用稱：「言其上下察也。君子之道，造端乎夫婦；及其至也，察乎天地。」莊子逍遙遊不是也以鯤化鵬起筆嗎？易經以魚鳥或天淵為象者更多。乾卦第四爻或躍在淵、五爻飛龍在天；姤卦二爻包有魚、四爻包無魚，剝卦五爻貫魚以宮人寵；漸卦全部以鴻雁生態為象，旅卦五爻射雉、上爻鳥焚其巢；中孚卦豚魚吉、二爻鳴鶴在陰、上爻翰音登于天；小過卦飛鳥遺之音、初爻飛鳥以凶、上爻飛鳥離之。

意而子見許由。許由曰：「堯何以資汝【注794】？」意而子曰：「堯謂我：『汝必躬服仁義，而明言是非。』」許由曰：「而奚來為軹？夫堯既已黥汝以仁義，而劓汝以是非矣，汝將何以遊夫遙蕩恣睢轉徙之途乎【注795】？」意而子曰：「雖然，吾願遊於其藩【注796】。」許由曰：「不然。夫盲者无以與乎眉目顏色之好，瞽者无以與乎青黃黼黻之觀。」意而子曰：「夫无莊之失其美，據梁之失其力，黃帝之亡其知，皆在鑪捶之間耳【注797】。庸詎知夫造物者之不息我黥而補我劓，使我乘成以隨先生邪【注798】？」許由曰：「噫！未可知也。我為汝言其大略。吾師乎！吾師乎！齏萬物而不為義，澤及萬世而不為仁【注799】，長於上古而不為老【注800】，覆載天地刻彫眾形而不為巧【注801】。此所遊已【注802】。」

【郭象注794】資者，給濟之謂也。

【郭象注795】言其將以刑教自虧殘，而不能復遊夫自得之場，無係之塗也。

【郭象注796】不敢復求涉中道也，且願遊其藩傍而已。

【郭象注797】言天下之物，未必皆自成也，自然之理，亦有須冶鍛而為器者耳。故此之三人，亦須聞道而後忘其所務也。此皆寄言，以遣云為之累耳。

【郭象注798】夫率性直往者，自然也；往而傷性，性傷而能改者，亦自然也。庸詎知我之自然當不息黥補劓，而乘可成之道以隨夫子耶？而欲棄而勿告，恐非造物之至也。

【郭象注799】皆自爾耳，亦無愛為於其間也，安所寄其仁義！

【郭象注800】日新也。

【郭象注801】自然，故非巧也。

【郭象注802】遊於不為而師於無師也。

意而子去見許由，許由問：「堯教了你些甚麼？」意而子道：「堯告訴我說，你必須實踐仁義，明辨是非。」許由說：「那你還來我這兒幹嘛？堯既然已用仁義在你臉上刺字，用是非割了你的鼻子，你還怎麼能夠逍遙放蕩無拘無束遊於變化之途呢？」意而子說：「雖然如此，我還是能遊於這境界的邊緣。」許由道：「不行，瞎子沒法看到眉目顏色的美好，也無法欣賞青黃錦繡的衣服。」意而子說：「无莊是古代的美女，因為修道而不再修飾，忘記了自己的美麗；據梁是古代的大力士，因為修道而不再逞強，忘記了自己的武勇；黃帝因為修道而忘去了自己的智慧；他們就在造化的爐錘間變成了嶄新的人。安知造物者不會調養我臉上的刺傷，修補我被割去的鼻子，使我重生而跟隨先生呢？」許由說：「嗯，確實不知道。我還是跟你說個大概吧！造化真是我們的老師啊，真是我們的老師。粉碎萬物而不為義，澤及萬世而不為仁，長於上古而不為老，覆載天地使萬物各具形體而不為巧，這就是我們要修到的境界。」

黥是在罪犯臉上刺字，劓是割掉罪犯的鼻子，是古代殘酷的肉刑，用刑後已非本來面貌，比喻仁義是非為外加的規範破壞了自然的本性，其實是一種懲罰。易經睽卦第三爻：「其人天且劓。」困卦第五爻：「劓刖。」人在睽違相互仇視或困頓的時候，看別人就像殘廢的罪犯，刖是砍斷一隻腿或挑掉腳筋，這些我們在〈德充符第五〉篇中兀者王駘已有論述。天地造化就像座大熔爐，一切眾生都在其中錘鍊成形或加工改造，正合革故鼎新之義。鼎即似熔爐，〈大象傳〉稱：「木上有火，君子以正位凝命。」杜甫詩：「勝決風塵際，功安造化爐，從容詢舊學，慘澹閟陰符。」陰符有《黃帝陰符經》及太公陰符之說，為道藏奇書亦有兵法鬥智意涵，精簡扼要，涵蘊深厚。《老子》有言：「天地之間，其猶橐籥乎！虛而不屈，動而愈出。」橐籥就是冶鐵時吹風熾火的風箱，拉動起來生生不息，鑄造出各式各樣的鐵件。天地造化就像個大風箱，無私無我，鑄造出芸芸眾生，這才是修道者要虛心學習的模範。

前文子來病倒，稱造化為大冶鑄金，不祥之金必作莫邪寶劍，一世為人就想世世為人，這都是貪念執著。莊子時應該還沒流行輪迴轉世之說，卻已有此意味。易經家人、睽、蹇、解四卦相連，相互錯綜，可視為不易解脫的業障輪迴，真要跳脫十分不易。家人關係多親近，一旦反目成仇為睽，而後六爻全變為蹇，彼此都困頓難行，若能渡盡劫波恩仇俱泯為解，解卦六爻全變，又恢復為一家人。這四卦在自然卦序中絕無僅有，前接咸、恒、遯、大壯、晉、明夷六卦，皆與人情的悲歡離合進退相關，若不能大澈大悟從此跳脫，就一直在裡頭攪和。若能理智了斷，往後進入損、益二卦的理性計算，損卦〈大象傳〉稱「懲忿窒慾」，益卦稱「見善則遷，有過則改」，才進入道家標榜的修行之門。老子名言：「為學日益，為道日損，損之又損，以至於無為，無為而無不為。」

佛教講轉世輪迴，每稱子女為冤親債主，既然前世積欠，及早清還為是，免得越欠越多終致不可收拾。有人也說是來報恩的，感覺不像。孚字爪下有子，母鳥孵育小鳥發乎自然，孝字子女敬老，後天學習體悟者多，教育的教字即有全力督責之意。父母恩海樣深，今世難以為報，待自己為人父母後，自會全意愛護子女，所以長期算來一代一代並不吃虧。老子處世三寶，第一即慈，若能推而廣之，從獨子其子到不獨子其子，即為大愛。

父母照顧子女唯恐不周至，世間多有遺產繼承之事，這是人之常情，也因而造成不少爭訟。先師毓鋆曾說他不會留錢給子孫，還引了其實是林則徐的話說：「子孫若如我，留錢做甚麼？賢而多財，則損其志；子孫不如我，留錢做甚麼？愚而多財，則增其過。」他又曾說，他父親告訴他家中財產夠過好幾代，結果因戰亂通貨膨脹甚麼也沒留存。本篇前文提過「藏舟於壑，藏山於澤，謂之固矣。然而夜半有力者負之而走，昧者不知也。」易經小畜卦不如大畜卦，〈雜卦傳〉稱：「小畜，寡也……大畜，時也。」怎麼積蓄都有限，還患得患失未必確保，不如與時俱進儲藏智慧，永遠用得上。大畜稱「不家食吉」，〈大象傳〉稱：「多識前言往行以畜其德。」

六道輪迴之說我迄今仍難悅受，但對世間的大因果卻篤信不疑。坤卦初爻「履霜堅冰至」，〈文言傳〉稱：「積善之家必有餘慶，積不善之家必有餘殃，臣弒其君，子弒其父，非一朝一夕之故，其所由來者漸矣，由辯之不早辯也！」噬嗑卦演示弱肉強食的叢林法則，初爻「屨校滅趾，无咎。」及時改過沒事，若強梁到底至上爻「何校滅耳，凶。」〈繫辭傳〉闡理甚明：「善不積不足以成名，惡不積不足以滅身，小人以小善為无益而弗為也，以小惡為无傷而弗去也，故惡積而不可掩，罪大而不可解。」這是必然的道理。

以此類推，許多天災人禍可能也有更深沉的原因。无妄卦第三爻「无妄之災」、第五爻「无妄之疾」，看似冤枉不幸，其實可能有長期積累的業障。初爻「无妄往吉」，保任初心；上爻「行有眚，窮之災」，天災人禍並至，卻也印證了「差之毫釐，失之千里」的妄想妄動之失。《春秋繁露》大論災異，以徵為政不仁，未必盡屬迷信。《中庸》明斷：「至誠之道，可以前知。國家將興，必有禎祥；國家將亡，必有妖孽。見乎蓍龜，動乎四體。禍福將至，善，必先知之；不善，必先知之。故至誠如神。」

二〇一一年三一一日本大地震，引發三合一的浩劫，至今核廢污的排放無法妥善解決，我在爆發的前一年精準占測到，就是无妄卦初、三、四爻動，四爻宜變為損，齊變為漸卦。難道真的是其所由來者漸矣，今日的日本民眾要為二戰時的殺戮侵略遭報應？

前述造化爐中妄想世世為人，人為三善道之一，所謂人身難得，不墮地獄、惡鬼、畜生的三惡道。我多年前聽一位同門師妹說，她儒、佛緣皆深，有法師甚至稱她就是觀音菩薩座前頭排的一株蓮花。我聽了詫異，當下強忍著不笑出來，植物可以輪迴？那出家人吃素就有問題了，他可能吃到轉世輪迴的親友，不是嗎？然而中國文化吸收外來教法常有擴延之舉，例如《西遊記》偶有植物成精，《紅樓夢》更肆意編造，林黛玉前世是絳珠仙草，賈寶玉是補天遺石，不僅植物連礦物都能參與輪迴了！

雖說人身難得，僅屬三善道之一畢竟地位不高，這與儒家迥異。復卦見天地之心，剝極而復，七日來復，在自然演化的卦序中相當於人類文明的崛起，盡心盡性可以贊天地之化育，可以與天地參。張載著名的橫渠四句教：「為天地立心，為生民立命，為往聖繼絕學，為萬世開太平。」〈禮運〉更直稱「人為天地之心」，人可與天地齊平。〈文言傳〉則稱：「大人者與天地合其德，與日月合其明，與四時合其序，與鬼神合其吉凶。先天而天弗違，後天而奉天時，天且弗違，而況於人乎？況於鬼神乎？」上經終於離卦，〈大象傳〉稱：「大人以繼明照于四方。」文明永續無絕期。

儒字為人之所需，必須解決衣食足乃至禮樂教化的問題。《說文解字》：「儒，柔也，術士之稱。」做事情還得講究方法以期盡善盡美。佛字為弗人，對人世種種興趣不大，佛典萬千幾乎完全不談治國平天下之事。

顏回曰：「回益矣【注803】。」仲尼曰：「何謂也？」曰：「回忘仁義矣。」曰：「可矣，猶未也【注804】。」他日復見，曰：「回益矣。」曰：「何謂也？」曰：「回忘禮樂矣。」曰：「可矣，猶未也【注805】。」他日復見，曰：「回益矣。」曰：「何謂也？」曰：「回坐忘矣。」仲尼蹴然曰：「何謂坐忘？」顏回曰：「墮肢體，黜聰明，離形去知，同於大通，此謂坐忘【注806】。」仲尼曰：「同則无好也【注807】，化則无常也【注808】。而果其賢乎！丘也請從而後也。」

【郭象注803】以損之為益也。

【郭象注804】仁者，兼愛之迹；義者，成物之功。愛之非仁，仁迹行焉；成之非義，義功見焉。存夫仁義，不足以知愛利之由無心，故忘之可也。但忘功迹，故猶未玄達也。

【郭象注805】禮者，形體之用，樂者，樂生之具。忘其具，未若忘其所以具也。

【郭象注806】夫坐忘者，奚所不忘哉！既忘其迹，又忘其所以迹者，內不覺其一身，外不識有天地，然後曠然與變化為體而無不通也。

【郭象注807】無物不同，則未嘗不適，未嘗不適，何好何惡哉！

【郭象注808】同於化者，唯化所適，故無常也。

顏回報告孔子說：「我有進步了。」孔子問：「怎樣進步呢？」

顏回說：「我忘掉仁義了。」孔子道：「可以，還不夠。」過幾天顏回又拜見夫子，說：

「我又進步了。」孔子問：「怎樣進步呢？」顏回說：「我忘掉禮樂了。」孔子道：「可以，還不夠。」過幾天又拜見夫子，說：「我又進步了。」孔子問：「怎樣進步呢？」顏回說：「我能坐忘了。」孔子聽了驚奇地問：「甚麼叫坐忘？」顏回說：「忘去肢體，屏除聰明，離開形體，去除機智，同無所不通的大道合一，這就叫坐忘。」孔子說：「與大道合一就沒有私心偏好，順著大道變化，就不會拘執成見。你真是賢明啊！我也希望能跟你學學。」

子輿與子桑友，而霖雨十日。子輿曰：「子桑殆病矣！」裹飯而往食之【注809】。至子桑之門，則若歌若哭，鼓琴曰：「父邪母邪！天乎人乎！」有不任其聲，而趨舉其詩焉。子輿入，曰：「子之歌詩，何故若是【注810】？」曰：「吾思乎使我至此極者而弗得也。父母豈欲吾貧哉？天无私覆，地无私載，天地豈私貧我哉？求其為之者而不得也。然而至此極者，命也夫【注811】！」

【郭象注809】此二人相為於無相為者也。今裹飯而相食者，乃任之天理而自爾耳，非相為而後往者也。

【郭象注810】嫌其有情，所以趨出遠理也。

【郭象注811】言物皆自然，無為之者也。

子輿和子桑是朋友，有一次連下了十天的雨。子輿說：「子桑大概餓病了吧！」就包了些飯去送給他吃。走到子桑門外，聽到裡面又像歌唱又像哭泣，又聽到子桑彈琴唱道：「父啊母啊，天啊人啊！」聲氣急促衰弱不成調。子輿走進去問道：「你唱歌怎麼成這種聲調？」子桑說：「我在想誰使我這麼窮困，卻找不到原因。父母不會希望我如此。天無私覆，地無私載，天地也不會跟我過不去。我實在想不通為何如此，但卻就是這樣悲慘的遭遇，大概就是命該如此吧？」

易占〈大宗師〉篇的主旨為何？得出觀卦五、上爻動，齊變為坤卦，五爻值宜變成剝卦，爻辭稱：「觀我生，君子无咎。」〈小象傳〉：「觀民也。」明示為觀大我而非小我。〈大象傳〉：「風行地上，先王以省方觀民設教。」與此相應，宗師悟道，引導眾生往上提升，先知覺後知，先覺覺後覺。

應帝王　第七【注812】

【郭象注812】夫無心而任乎自化者，應為帝王也。

這篇可視為莊子外王學的綱要。內七篇循序漸進的修為，至〈大宗師第六〉已達內聖極致，可以運用來平治天下，當然道家崇尚清靜無為，治理的方式與儒家的積極進取、法家的剋核冷峭都不同。

郭象此處的注疏忽了，將應帝王的應字解為應該、應當之意，道家不會有這種自以為是而捨我其誰的態度。應是因應、回應之意，世亂之時出手整治，成功之後絕不戀棧。《老子》稱：「生之畜之，生而不有，為而不恃，長而不宰，是謂玄德。」「玄德深矣遠矣，與物反矣，然後乃至大順。」

後面的釋文更扯而且可惡：「崔云：行不言之教，使天下自以為牛馬，應為帝王者也。」這裡的崔指晉朝的崔譔，曾注《莊子》十卷二十七篇，未能流傳，散見於陸德明《經典釋文》中。

齧缺問於王倪，四問而四不知。齧缺因躍而大喜，行以告蒲衣子。蒲衣子曰：「而乃今知之乎？有虞氏不及泰氏【注813】。有虞氏其猶藏仁以要人，亦得人矣，而未始出於非人【注814】。泰氏其臥徐徐，其覺于于，一以己為馬，一以己為牛【注815】。其知情信【注816】，其德甚真【注817】，而未始入於非人【注818】。」

【郭象注813】夫有虞氏之與泰氏，皆世事之迹耳，非所以迹者也。所以迹者，無迹也，世孰名之哉！未之嘗名，何勝負之有耶！然無迹者，乘群變，履萬世，世有夷險，故迹有不及也。

【郭象注814】夫以所好為是人，所惡為非人者，唯以是非為域者也。夫能出於非人之域者，必入於無非人之境矣，故無得無失，無可無不可，豈直藏仁而要人也！

【郭象注815】夫如是，又奚是人非人之有哉！斯可謂出於非人之域。

【郭象注816】任其自知，故情性。

【郭象注817】任其自得，故無偽。

【郭象注818】不入乎是非之域，所以絕於有虞之世。

齧缺問道於王倪，連問四次王倪皆說不知道。齧缺高興得跳起來，跑去告訴蒲衣子。蒲衣子說：「你現在可知道了吧？有虞氏比不上泰氏，有虞氏還要用仁義去攏絡人心，雖然得到百姓的擁護，卻不能超脫物外。泰氏睡時安穩自得，醒來無思無慮，任人看作馬或牛，他的智慧全無造作，德行絕對真實，從不為外物所束縛。」

齧缺問道於王倪已見於〈齊物論〉，討論到至人的問題。有虞氏即虞舜，泰氏指伏羲，三皇較五帝更合乎自然。非人指物化，為外物所囿限。易經的比卦第三爻爻辭：「比之匪人。」〈小象傳〉解釋：「不亦傷乎？」否卦卦辭：「否之匪人，不利君子貞。」〈彖傳〉解釋：「天地不交而萬物不通，上下不交而天下無邦。」匪人即非人，顯然不合人性違反自然。

其知情信，情非指人情，如敵情、知情之情，為真實之意。《老子》：「道之為物，惟恍惟惚……窈兮冥兮，其中有精，其精甚真，其中有信。」

郭象注813更稱伏羲與虞舜皆世事之迹，而非所以迹者，即由現象而超越至本質層面。無迹可尋，才是道法自然的最高境界。

肩吾見狂接輿。狂接輿曰：「日中始何以語女？」肩吾曰：「告我君人者以己出經式義度，人孰敢不聽而化諸！」

狂接輿曰：「是欺德也【注819】。其於治天下也，猶涉海鑿河而使蚉負山也【注820】。夫聖人之治也，治外乎【注821】？正而後行【注822】，確乎能其事者而已矣【注823】。且鳥高飛以避矰弋之害，鼷鼠深穴乎神丘之下以避熏鑿之患【注824】，而曾二蟲之無知【注825】！」

【郭象注819】以己制物，則物失其真。

【郭象注820】夫寄當於萬物，則無事而自成；以一身制天下，則功莫就而任不勝也。

【郭象注821】全其性分之內而已。
【郭象注822】各正性命之分也。
【郭象注823】不為其所不能。
【郭象注824】禽獸猶各有以自存，故帝王任之而不為，則自成也。
【郭象注825】言汝曾不知此二蟲之各存而不待教乎！

肩吾去見狂接輿，狂接輿問：「日中始跟你說了些甚麼？」肩吾道：「他告訴我說，當君主的根據己意訂定各種法規制度，人民誰敢不聽從而接受教化呢？」狂接輿說：「這是欺騙人民啊，要用這種做法去治理天下，就像在海中鑿河，讓蚊蟲背負大山一樣不能成功。聖人治理天下，難道是用外在的法規制度嗎？應該是順著百姓的性情，讓他們做自己能做的事就好了。鳥尚且知道高飛以避開羅網和箭矢的傷害，野鼠懂得深藏在社壇底下的洞穴，以避免燻燒挖掘的禍患。人民自然知道保身避患，不會連這兩種動物都不如啊！」

肩吾與狂接輿也是老搭檔，〈逍遙遊〉中已經出現，談藐姑射之山有神人居焉，另一位為連叔，象徵自我、及物與接觸大眾。接輿為楚狂，〈人間世〉末亦出現來諷諫孔子，《論語》中亦有記載。日中始首次出現，講的是一般英明領導的智慧，卻被狂接輿批判為自欺欺人，話說得很重，卻有其一定的道理。

經式義度四字，頗能涵括世間治理之道。經為治絲理其緒而分之，綸為比其類而合之，屯卦草創組織，〈大象傳〉即稱：「君子以經綸。」式為模式規矩，義為合宜規範，度為精確準則。

節卦〈彖傳〉稱：「節以制度，不傷財不害民。」〈大象傳〉：「君子以制數度，議德行。」

郭象注頗有精意，注819稱：「以己制物，則物失其真。」注820稱：「夫寄當於萬物，則無事而自成；以一身制天下，則功莫就而任不勝也。」注822稱：「各正性命之分也。」乾卦為君，〈彖傳〉稱：「大哉乾元！萬物資始，乃統天。雲行雨施，品物流形，大明終始，六位時成，時乘六龍以御天。乾道變化，各正性命。保合太和，乃利貞。首出庶物，萬國咸寧。」

萬物庶民各有其屬性天命，最好順其個性發展而勿強加限制，當然仍要注意團體相處的和諧與相互尊重，元首切勿高高在上專制一切，而需體察庶民疾苦，天下萬國才會安寧。

老子論治，亦稱：「功成事遂，百姓皆謂我自然。」「大制不割。」「道常無為而無不為，侯王若能守之，萬物將自化。」「無為而無不為，取天下常以無事，及其有事，不足以取天下。」「聖人無常心，以百姓心為心。」「我無為而民自化，我好靜而民自正，我無事而民自富，我無欲而民自樸。」道家治國，確有所見及火候，值得深入體會。

乾卦〈彖傳〉稱「各正性命」，蒙卦〈彖傳〉稱：「蒙以養正，聖功也。」聖功二字有意味，既修內聖之業，又成外王之功。道藏名書《黃帝陰符經》在其中篇〈富國安民演法章〉稱：「聖功生焉，神明出焉。」老子自許「治大國，若烹小鮮。」確有洞察的智慧。師卦〈彖傳〉稱「能以眾正，可以王矣。」以為因，民眾自有其正，善因其正便可成王道之治。師卦並非僅論行師作戰，亦有領導群眾之意，故而〈大象傳〉稱：「君子以容民畜眾。」

〈繫辭傳〉稱：「天地之道，貞觀者也；日月之道，貞明者也；天下之動，貞夫一者也。」貞者正也，正為止於一，一為完整不可分割意。道家尚一，《老子》書中屢見強調：「天得一者清，地得一者寧……萬物得一者生，侯王得一以為天下貞。」貞觀之治為國史上有名的一段盛世，「天下之動貞夫一」就是「侯王得一以為天下貞」，為道家治國的理念與功夫。

一言以蔽之，乾卦第五爻居君位，雄才大略的英明領導為「飛龍在天」，坤卦第五爻授權容眾的柔性領導為「黃裳元吉」，〈文言傳〉發抒其意：「君子黃中通理，正位居體，美在其中，而暢於四支，發於事業，美之至也。」臨卦君臨天下、鼎卦調和鼎鼐，皆為六五的柔性管理。全易六十四卦九五、六五各半，概括來說，也是柔性管理較為殊勝，道家的外王功夫確實不可小覷。

狂接輿提到鳥高飛、鼠鑽穴的避難本能，提醒人為政必須懂得敬慎不敗。《大學》引詩云：「緡蠻黃鳥，止于丘隅。」子曰：「於止，知其所止。可以人而不如鳥乎？」《中庸》稱子曰：「人皆曰予知，驅而納諸罟擭陷阱之中而莫之知避也。人皆曰予知，擇乎中庸而不能期月守也。」明知危險還自投羅網，主要是因為欲令智昏所致。

野鼠鑽穴還懂得鑽到社壇下，因為社壇是人們虔誠祭祀之地，沒有人敢燻燒挖掘。歷史上不少廟宇常被亡命之徒棲身避難，亦同此理。萃、渙二卦一聚一散，卦辭皆稱「王假有廟」。弱小動物需藏於洞穴中，免受外面猛獸的侵襲。需卦第四爻：「需于血，出自穴。」上爻：「入于穴，敬之終吉。」訟卦卦辭：「窒惕中吉。」窒字為至於穴中，雖委屈難受可暫享安全，與人爭訟時須找防護罩。小過卦即飛鳥掠空之象，五爻又稱：「公弋取彼在穴。」二爻藏在穴中不出，可免被其射獲。

〈繫辭傳〉又稱：「尺蠖之屈，以求伸也；龍蛇之蟄，以存身也。」動物都懂得屈以求伸，環境不利時覓地藏身，萬物之靈的人類豈不是更須警惕？

天根遊於殷陽，至蓼水之上，適遭無名人而問焉，曰：「請問為天下。」無名人曰：「去！汝鄙人也，何問之不豫也【注826】！予方將與造物者為人【注827】，厭，則又乘乎莽眇之鳥，以出六極之外，而遊无何有之鄉，以處壙埌之野【注828】。汝又何帠以治天下感予之心為【注829】？」又復問。無名人曰：「汝遊心於淡【注830】，合氣於漠【注831】，順物自然而無容私焉，而天下治矣【注832】。」

【郭象注826】問為天下，則非起於大初，止於玄冥也。

【郭象注827】任人之自為。

【郭象注828】莽眇，群碎之謂耳。乘群碎，馳萬物，故能出處常通，而無狹滯之地。

【郭象注829】言皆放之自得之場，則不治而自治也。

【郭象注830】其任性而無所飾焉則淡矣。

【郭象注831】漠然靜於性而止。

【郭象注832】任性自生，公也；心欲益之，私也；容私果不足以生生，而順公乃全也。

天根在殷陽遊歷，到了蓼水邊時，遇到無名人，便向他請教道：「應該怎麼治理天下？」無名人說：「走開！你這個鄙陋的人！怎麼問這種無趣的問題呢？我正要和造物結伴出遊，如果厭煩了，就乘著莽眇之鳥飛出天地四方之外，遊蕩於無何有之鄉，住在廣闊無邊的原野裡。你為什麼又拿治理天下的問題來煩擾我呢？」天根仍然追問，無名人說道：「你要遊心於淡泊之境，合氣於寂寞之鄉，順應萬物的自然，不要有半點的私心成見，天下就能平治。」

山之南水之北稱陽，水之上不是水面上，而是水的北邊。《論語．雍也篇》：「季氏使閔子騫為費宰。閔子騫曰：善為我辭焉。如有復我者，則吾必在汶上矣。」齊魯以汶水為界，汶水之北就是跑到齊國以避任官。

諸葛亮〈誡子書〉：「非淡泊無以明志，非寧靜無以致遠。」劉劭《人物志．九徵第一》：「凡人之質量，中和最貴矣。中和之質，必平淡無味，故能調成五才，變化應節。是故觀人察質，必先察其平淡，而後求其聰明。」〈流業第三〉：「主德者，聰明平淡，總達眾才，而不以事自任者也。」

天下治與治天下不同，後者是治理的過程，前者是成功的結果。《大學》講治國平天下，是逐步推廣的過程，國治而後天下平則是圓滿的結果。天下治又有全天下共治的深意，即徹底擺脫父死子繼政權私相授受的小康體制，而往天下為公的大同社會邁進。〈文言傳〉解釋乾卦九五飛龍在天為「上治也」，一個人高高在上治理一切，很難不變為上九「亢龍有悔，窮之災也」的地步。然而「乾元用九，天下治也」卻點出了化解之道。「用九，見群龍无首，吉。」乾卦經文的結論值得重視，「乾元用九，乃見天則。」人人皆可為堯舜，群治天下，才充分顯現天道的自然法則。〈文言傳〉推導出結論：「時乘六龍，以御天也；雲行雨施，天下平也。」

〈繫辭傳〉：「黃帝堯舜垂衣裳而天下治，蓋取諸乾坤。」坤卦六五「黃裳元吉」即道家無為而治的表率，堯舜禪讓啟發乾元用九「天下治」的理想。

蠱卦改革亂制積弊，〈彖傳〉稱：「蠱元亨，而天下治也。」亦有微言大義。上爻改制成功，爻辭稱：「不事王侯，高尚其事。」〈小象傳〉稱：「志可則也。」則就是天則，打破王侯專制的格局，爻變成升卦。按《春秋經》三世說的微言大義，蠱為據亂世，升為升平世。升卦再進一步演進，即成天下為公的太平世。升卦初爻：「允升，大吉。」〈小象傳〉：「上合志也。」爻變為泰卦。社會最基層民眾亦參與治理，上下志同道合建立太平盛世。由蠱而升而泰，正是《論語．雍也篇》記子曰：「齊一變至於魯，魯一變至於道。」政制改革循序漸進，以至於成。

依卦序，蠱卦改革成功之後為自由開放、元亨利貞四德俱全的臨卦，初爻「咸臨，貞吉。」〈小象傳〉：「志行正也。」顯然全民都可參與治理。蠱卦卦辭有元亨利而無貞字，幹蠱撥亂反正之後，貞德重現，貞者事之幹也，貞者正也。前述道家重視貞一之德，其間道理相通之處，值得玩味與重視。

震卦卦序在革、鼎二卦之後，為政權延續繼承之意。〈彖傳〉與初爻〈小象傳〉皆稱「後有則也」，春秋微言大義，新王革命之後家天下體制必須中止，才體現大公無私的自然法則。同人、大有二卦的主旨，就在揭示世界大同的理想，與〈禮運大同篇〉全合。依序其為謙卦，謙為言之兼，宗旨為兼善天下，〈大象傳〉稱：「裒多益寡，稱物平施。」第四爻〈小象傳〉稱：「不違則也。」明夷卦世道昏暗，以武王伐紂為例，亦提到天則的重要。上爻批判獨裁暴政，〈小象傳〉稱：「失則也！」二爻拯濟萬民，〈小象傳〉稱：「順以則也。」

陽子居見老聃，曰：「有人於此，嚮疾強梁，物徹疏明，學道不勌。如是者，可比明王乎？」老聃曰：「是於聖人也，胥易技係，勞形怵心者也【注833】。且也虎豹之文來田，猨狙之便，執斄之狗來藉。如是者，可比明王乎【注834】？」陽子居蹴然曰：「敢問明王之治。」老聃曰：「明王之治，功蓋天下而似不自己【注835】，化貸萬物而民弗恃【注836】。有莫舉名，使物自喜【注837】，立乎不測【注838】而遊於无有者也【注839】。」

【郭象注833】言此功夫，容身不得，不足以比聖王。

【郭象注834】此皆以其文章技能係累其身，非涉虛以御乎無方也。

【郭象注835】天下若無明王，則莫能自得。令之自得，實明王之功也。然功在無為而還任天下。天下皆得自任，故似非明王之功。

【郭象注836】夫明王皆就足物性，故人人皆云我自爾，而莫知恃賴乎明王。

【郭象注837】雖有蓋天下之功，而不舉以為己名，故物皆自以為得而喜。

【郭象注838】居變化之途，日新而無方者也。

【郭象注839】與萬物為體，則所遊者虛也。不能冥物，則忤物不暇，何暇遊虛哉！

陽子居去見老聃，問道：「假定現在有人應事敏捷，剛強果斷，通達事理，學道不倦，這樣的人可以和聖明的帝王相比嗎？」老聃說：「這樣的人和聖人相比，就像是個具體辦事、勞神費心的小吏一般，差得太遠了！再說，虎豹因為身有花紋，而遭致人們圍捕；猿猴和善捉狐狸的獵狗因為行動敏捷，遂招人繫縛。這樣的人，可以上比聖明的帝王嗎？」陽子居聽了為之變色，問道：「那麼請問明王怎麼治理天下？」老聃說：「明王治理天下，建立蓋世之功，卻好像與己無關，教化施於萬物，人民卻不覺得有所依賴。雖有功德教化，卻無法用言語形容，使萬物各得其所，欣然自得。明王立身處世高妙莫測，行所無事。」

嚮疾是遭遇事情反應快，意念所至立刻付諸行動。〈繫辭傳〉稱：「是以君子將有為也，將有行也，問焉而以言，其受命也如嚮，無有遠近幽深，遂知來物。非天下之至精，其孰能與於此？」

井卦講開發自性，第三爻爻辭：「可用汲，王明並受其福。」明王指居君位的第五爻，爻辭：「井洌，寒泉食。」生命之泉噴湧而出，為已成功成德之位。五爻接引三爻，先知覺後知，先覺覺後覺。

化貸萬物而民弗恃，教化布施而百姓卻不覺得有所依賴。《老子》稱：「夫唯道，善貸且成。」

鄭有神巫曰季咸，知人之死生存亡，禍福壽夭，期以歲月旬日，若神。鄭人見之，皆棄而走【注840】。列子見之而心醉，歸以告壺子，曰：「始吾以夫子之道為至矣，則又有至焉者矣【注841】。」壺子曰：「吾與汝既其文，未既其實，而固得道與？眾雌而无雄，而又悉卵焉【注842】！而以道與世亢，必信，夫故使人得而相汝【注843】。嘗試與來，以予示之。」

【郭象注840】不憙自聞死日也。

【郭象注841】謂季咸之至又過於夫子。

【郭象注842】言列子之未懷道也。

【郭象注843】未懷道則有心，有心而亢其一方，以必信於世，故可得而相之。

鄭國有位神巫叫季咸，能預測人的生死存亡以及禍福壽夭，能準確到應驗的年月旬日。鄭國人看到他都趕快避開，害怕他說中自己不敢面對的災禍。列子見到他十分折服，回來告訴老師壺子說：「從前我以為先生的道行最高深，沒想到還有更高深的啊！」壺子說：「我只教給你些表面的東西，並沒有傳給你實際的內涵，你就以為得道了嗎？就像眾雌而无雄，是不會孵出小雞的啊！你就憑那點淺薄的修為，還要和世人爭勝，這樣求表現一定很容易被人看穿。你把他找來，讓他給我看看相吧！」

明日，列子與之見壺子。出而謂列子曰：「嘻！子之先生死矣！弗活矣！不以旬數矣！吾見怪焉，見濕灰焉。」

列子入，涕泣沾襟以告壺子。壺子曰：「鄉吾示之以地文，萌乎不震不正【注844】。是殆見吾杜德機也【注845】。嘗又與來。」

明日，又與之見壺子。出而謂列子曰：「幸矣！子之先生遇我也。有瘳矣，全然有生矣。吾見其杜權矣【注846】。」

列子入，以告壺子。壺子曰：「鄉吾示之以天壤【注847】，名實不入【注848】，而機發於踵【注849】。是殆見吾善者機也【注850】。嘗又與來。」

【郭象注844】萌然不動，亦不自正，與枯木同其不華，濕灰均於寂魄，此乃至人無感之時也。夫至人，其動也天，其靜也地，其行也水流，其止也淵默。淵默之與水流，天行之與地止，其於不為而自爾，一也。今季咸見其尸居而坐忘，即謂之將死：睹其神動而天隨，因謂之有生。誠能應不以心而理自玄符，與變化升降而以世為量，然後足為物主而順時無極，故非相者所測耳。此應帝王之大意也。

【郭象注845】德機不發曰杜。

【郭象注846】權，機也。今乃自覺昨日之所見，見其杜權，故謂之將死也。

【郭象注847】天壤之中，覆載之功見矣。比之地文，不猶卵外乎！此應感之容也。

【郭象注848】任自然而覆載，則天機玄應，而名利之飾皆為棄物也。

【郭象注849】常在極上起。

【郭象注850】機發而善於彼，彼乃見之。

第二天，列子邀季咸一起來見壺子。季咸出門後對列子說：「你的老師快死了，活不過十天了！我看到他那將死的怪樣，像一堆沾濕的死灰一樣。」列子進門，眼淚沾濕衣襟，把話轉告給壺子。壺子說：「我剛才讓他看到的，是如同大地般的沉靜，處於一種寂然不動的狀態，他大概是見到我閉塞了生機吧？明天再帶他來看看。」

第二天，列子又同季咸來見壺子。出門後季咸又對列子說：「幸虧你的老師遇到了我，他的病情好轉，有生氣了，我看到他閉塞中有變化了。」列子進屋告訴壺子，壺子說：「剛才我讓他看到的是天地相合的生機，全無名實的形象可求，就是從腳後跟發出的一線生機。他大概是看到了我這點生機吧！你再把他帶來。」

明日，又與之見壺子。出而謂列子曰：「子之先生不齊，吾无得而相焉。試齊，且復相之。」列子入，以告壺子。壺子曰：「鄉吾示之以太沖莫勝【注851】。是殆見吾衡氣機也【注852】。鯢桓之審為淵，止水之審為淵，流水之審為淵。淵有九名，此處三焉【注853】。嘗又與來。」

明日，又與之見壺子。立未定，自失而走。壺子曰：「追之！」列子追之不及，反，以報壺子，曰：「已滅矣，已失矣，吾弗及也。」壺子曰：「鄉吾示之以未始出吾宗【注854】。吾與之虛而委蛇【注855】，不知其誰何【注856】？因以為弟靡，因以為波流，故逃也【注857】。」然後列子自以為未始學而歸，三年不出。為其妻爨，食豕如食人【注858】。於事無與親【注859】，彫琢復朴【注860】，塊然獨以其形立【注861】。紛而封哉【注862】，一以是終【注863】。

【郭象注851】居太沖之極，浩然泊心而玄同萬方，故勝負莫得厝其間也。
【郭象注852】無往不平，混然一之。以管闚天者，莫見其涯，故似不齊。
【郭象注853】淵者，靜默之謂耳。夫水無常心，委順外物，故雖流之與止，鯢桓之與龍躍，常淵然自若，未始失其靜默也。夫至人用之則行，捨之則止，行止雖異而玄默一焉，故略舉三異以明之。雖波流九變，治亂紛如，居其極者，常淡然自得，泊乎忘為也。
【郭象注854】雖變化無常，而常深根冥極也。
【郭象注855】無心而隨物化。
【郭象注856】汎然無所係也。
【郭象注857】變化頹靡，世事波流，無往而不因也。夫至人一耳，然應世變而時動，故相者無所措其目，自失而走，此明應帝王者無方也。
【郭象注858】忘貴賤也。
【郭象注859】唯所遇耳。
【郭象注860】去華取實。
【郭象注861】外飾去也。
【郭象注862】雖動而真不散也。
【郭象注863】使物各自終。

明日，列子又陪季咸來。季咸出門後對列子說：「你的老師氣色不定，我沒有辦法給他相面。且等他氣色穩定後，我再給他看相。」列子進來把話告訴壺子，壺子說：「我剛才讓他看到的沒有任何徵兆的太沖之氣，他看到我的氣機平衡。大魚游蕩的深水區叫淵，靜水形成的深水區叫淵，流水形成的深水區也叫淵。深淵共有九種，我只是讓他看到了其中三種而已。你再把他找來。」

明日二人又來見壺子，季咸還沒站定，就驚惶地逃走。壺子說：「把他追回來！」列子沒追上，回來報告壺子說：「已經看不到他的蹤影了，讓他跑掉了，我沒追上。」壺子說：「剛才我給他看的完全不是我所宗主的境界，我跟他虛與委蛇，隨順變化，像小草遇風披靡，像水隨波逐流，他根本沒法探測，只好逃走了。」

從此以後，列子才感悟自己所學膚淺，回家以後三年不出門，替他太太燒飯，餵豬像伺候人一樣，對任何事都無心作為，除去虛華，歸真返璞，像木頭一樣無思無慮地生活。在紛亂的世界中持守素樸，終身奉行。

九淵之說亦見《列子．黃帝篇》：「鯢旋之潘為淵，止水之潘為淵，流水之潘為淵，濫水之潘為淵，沃水之潘為淵，氿水之潘為淵，雍水之潘為淵，汧水之潘為淵，肥水之潘為淵，視為九淵焉。」《說文》：「淵，回水也。」南宋理學家陸九淵即以此為名。乾卦第四爻爻辭：「或躍在淵，无咎。」《詩經．大雅．旱麓》：「鳶飛戾天，魚躍于淵。」《中庸》引用此句，稱：「言其上下察也。」《老子》：「心善淵。」《莊子．在宥第十一》：「尸居而龍見，淵默而雷聲。」一片靜謐中蘊含著極大的動能。

委蛇為隨順之貌，虛與委蛇為後世成語，處世接眾亦得修此功夫，不然動輒起衝突，任事難成。

列子受了教訓之後，痛改前非，彫琢復朴。外篇〈山木第二十〉有稱：「既彫既琢，復歸於朴。」

這一大段講神巫季咸之事，還擺在〈應帝王〉治理世事中講，引人深思。為君難，為政不易，古今中外都有不少借助各種術數析判時勢、論衡人物以利決斷的例子。易經的占卜自為大宗，其他如子平八字、紫微斗數、奇門遁甲、河洛理數、三元九運、鐵板神算、摸骨命相測字，乃至推背圖、皇極經世、燒餅歌等，蔚為大觀。西方亦有稱為大密儀的巴比倫占星術、塔羅牌，乃至一些特異功能等，都有人傳述且津津樂道。莊子本段所述，顯然有立足點更高的批判之意。季咸之咸，即有感應敏銳之意，偶有所得，卻未必永遠正確。〈雜卦傳〉：「咸，速也；恆，久也。」〈彖傳〉稱：「觀其所感，而天地萬物之情可見矣。」「觀其所恆，而天地萬物之情可見矣。」

生死存亡、禍福壽夭，人人關切卻未必敢直接面對。鄭人見到神巫皆避之惟恐不及，如果是一切命中注定，逃避又能改變甚麼？若勇於面對可能會商量出些化解之道，這大概就是神通人士教人如何趨吉避凶的生財之路吧？

「萬般天注定，半點不由人。」應非實情。「三分天注定，七分靠打拚。」可能較合人意，但如何打拚又涉及修為深淺，像壺子的道力莫測高深，神巫別說指導，連看都看不準，最後只能落荒而逃。

既然談到命理，往下簡略提一下我自己的相關認識，並用大衍之數的易占嘗試為各種路數定位，提供有興趣的人參考。

根據生辰年月日時推算基本命格，以及大運流年的子平八字如何？占出豫卦第四爻動，爻變為坤，爻辭稱：「由豫，大有得。勿疑，朋合簪。」〈小象傳〉解釋：「志大行也。」由為順勢推衍，豫為預測、預備、豫樂，簪有聚髮齊整之用。豫卦卦辭又稱：「利建侯行師。」顯然相當精準，可列為立身行事的重要參考。〈大象傳〉：「雷出地奮，先王以作樂崇德，殷薦之上帝以配祖考。」上帝代表主宰的天命，祖考明確指出前代遺傳基因的影響。〈彖傳〉又稱：「豫順以動，故天地如之……天地以順動，故日月不過，而四時不忒。聖人以順動，故刑罰清而民服。豫之時義大矣哉！」天地日月四時，確與生辰相關，不過、不忒表示沒有誤差，非常精確，聖人治理國家也會得到人民的擁戴。

紫微斗數呢？占得不變的比卦，卦辭稱：「原筮，元永貞，无咎。」追本溯源，比喻比擬出一套命盤來推斷人生。〈大象傳〉：「先王以建萬國親諸侯。」用於建國治民亦有其用。河洛理數結合易經卦爻與生辰時刻，所謂先後天元堂的轉變云云，占得不變的萃卦，卦辭稱：「王假有廟，利見大人……利有攸往。」〈彖傳〉：「萃，聚也……利有攸往，順天命也。觀其所聚，而天地萬物之情可見矣。」萃之前為姤卦，人生因緣際會，可於此看出脈絡變化。

以我自己為例，先天元堂為比卦第三爻，爻辭「比之匪人」，轉為後天元堂蒙卦上爻，爻辭「擊蒙」，真是準確到不行。比為人際關係，我這一生總是會碰到些特殊或奇怪的人，有些還會有深入的共事或交往，而結果多有不歡而散或漸行漸遠的情況。蒙為啟蒙學習，四十歲以後正式離開職場，因緣際會走上了終生習易授易的研修生涯，而風格傾向嚴厲而較不包容。全易六十四卦中，偏偏就比卦與蒙卦卦辭中有筮字，比稱「原筮」，蒙稱「初筮」，強調占筮時須專注虔誠，敬慎以對。

奇門遁甲起源甚早，傳說多用於政軍方面的佈陣與博弈，現代亦用於商貿的生尅競爭。我占得睽卦二、五爻動，二爻值宜變成噬嗑卦，兩爻齊變為无妄卦。睽卦正是對立抗爭，二、五剛好相應，噬嗑嚴酷較量，无妄不得有虛妄誤判，否則落敗招災。二爻爻辭更逗：「遇主于巷，无咎。」〈小象傳〉解釋：「未失道也。」小巷子中跟對手遭遇較量，設法出奇制勝。這話讓人想到《論語．子張篇》中子夏的評論：「雖小道，必有可觀者焉；致遠恐泥，是以君子不為也。」

鐵板神算呢？占到困卦君位的第五爻動，恰值宜變成解卦。陷入困境的領導人可因此調整心態，慢慢脫困。我所聽聞一些富豪學生去求教的經驗，過去的事情洞悉無遺，令人驚詫，但對未來發展的預測往往失靈，包括生死大關亦有誤判。但所有法門殊勝與否不就是準確探知未來嗎？往者已矣，多了解過去沒那麼重要吧？

盲人摸骨呢？占到咸卦四、五爻動，齊變為謙卦。咸為無心自然之感，盲師敏銳的觸摸骨相以論斷格局，四爻為憧憧往來的心神，五爻「咸其脢」為脊梁主心骨，謙卦兼顧總體配置論斷，看來有一定的道理。我有對好友夫婦去新竹關西看過，當下論斷他們有百億人民幣致富的可能，確實離實情不遠。後來他們還隱瞞身分再去過一次，竟然得出同樣結論。

還有面相體相之術如何？這也是本段季咸所擅長的專技。占得解卦二、四爻動，齊變為坤卦。解卦外震動內坎險，二爻為內心種種糾結的實情，四爻為顯現於外在的視聽言動，高明的相者都能解讀洞悉，適用於坤卦代表的芸芸眾生。顯然此術亦有靈驗如神處，舊社會任事功者多會學習一二，曾國藩據說就精於鑑人術，《冰鑑七書》為其所力薦。

推背圖自唐代以來渲染得很厲害，袁天罡、李淳風對武則天稱帝的預判，以及趙光胤不禁只弄亂先後順序搞出多種版本的處置，隨著避不可免的改朝換代，真相只能猜測。袁、李的後人因此都得遷住京城就近看管，我數年前在無錫易數會議上見過袁的後代，他居然還問我誰是紫微真人云云，家學失傳了嗎？近年世局大變，風雲日緊，所謂「黑兔走入青龍穴」、「三十年間子孫結」云云，甚受注目。我占得小畜卦初、四、五爻動，齊變為鼎卦。小畜為國際或和或戰的紛爭之勢，革故鼎新之後，初爻民眾、四、五執政高層都有變動，描述定位甚切！

北宋邵康節的《皇極經世》號稱可測世事十萬多年，這可能嗎？占得乾卦第二爻動，恰值宜變成同人卦，爻辭稱「見龍在田，利見大人。」這些年鬧瘟疫全球死傷上千萬，又有俄烏及中東戰火連綿，該書依先天八卦方位所推出的年運相當切合。同人關切全世界非僅中國地區，天下文明正是見龍在田之象。

三元九運呢？二〇二四年起，艮八運的二十年終止，轉進離九運的網絡文明，似乎亦與世變相合。我占得巽卦二、三、五、上爻動，齊變成坤卦。巽為風，無形而深入主導一切，有天命之象，〈大象傳〉稱：「君子以申命行事。」〈彖傳〉稱：「重巽以申命。」世界運勢風尚輪流轉，坤卦的廣土眾民無不受其影響。

巴比倫大密儀占星術屬專業秘傳，我於數十年前與台北某專家晤面，是陪同企業老闆請教經營危機，解答共八個字，相當精切。啟動運算的是一副樸克牌，還炫耀似地以一枚昂貴的鑽戒壓著，那是曾幫某富豪解決重大問題所得餽贈，名曰「尼羅河之星」。我占得漸卦上爻動，爻辭稱：「鴻漸于陸，其羽可用為儀，吉。」〈小象傳〉稱：「不可亂也。」鴻雁隨氣候轉變，成群結隊遷徙，井然有序。巴比倫也是數千年悠久的古文明，源遠流長的智慧積累不可小覷。

塔羅牌占得豐卦二、三、四爻動，齊變為臨卦。豐卦為天地人鬼神一切有形無形的作用變化，可據此判斷盛衰吉凶。臨卦元亨利貞四德俱全，彰顯天道以及人事。

董仲舒《春秋繁露．重政篇》有三命之說：一是大命或稱正命，與生俱來。二是隨命，三是遭命，與後天際遇有關。行善得善報為惡有惡報為隨命，反之為遭命，難免天災人禍的浩劫，我也分別占過其意義。大命為節卦初、二爻動，齊變為比卦。節卦序第六十，為一干支週期的滿數，〈彖傳〉稱：「天地節而四時成。」比卦則是與人際的互動，或出或處都得恰到好處。隨命為不變的豫卦，確實與後天的修為算計有關。遭命為井卦第二爻動，爻變為蹇卦，深陷井中困頓難行，遭遇不好徒呼負負。

最後還有大衍之數的易占本身如何，可篤定信賴嗎？占得泰卦第三爻動，爻變為臨卦，爻辭稱：「无平不陂，无往不復，艱貞无咎，勿恤其孚，于食有福。」〈小象傳〉稱：「天地際也。」天地通泰，三爻又居人之正位，面臨天地之間的變化，算出最佳應對的方式。看來最正統的易占確實值得信賴，〈繫辭上傳〉第九章專門論述其原理，有興趣者可參看鑽研。很久以前我也問過易占何以精準？得出大過第二爻動，爻變為咸卦，表示這是一種非常敏銳的感應探測，爻辭稱无不利。亦有占到姤卦第三、五爻動，五爻值宜變成鼎卦，爻辭稱：「以杞包瓜，含章，有隕自天。」〈小象傳〉稱：「志不舍命也。」鼎卦〈大象傳〉稱：「君子以正位凝命。」人生秉承天命，立志奮鬥將其落實，如此而已。「大衍之數五十，其用四十有九。」筮法操作用五十根蓍草，虛一以象太極，實際用四十九根作分分合合的操作，以得出最後的卦象，這是模擬曆法的原理。革卦排序第四十九，〈大象傳〉稱：「君子以治曆明時。」鼎卦排序第五十，稱正位凝命，時位俱備，算出占者當下的處境，並指示做法，準確是必然的。

人生在世，究應如何面對複雜難料的命運，要不要學習各種術數去探測呢？我想還是參考易經本身的說法。恒卦第三爻：「不恆其德，或承之羞，貞吝。」〈小象傳〉稱：「无所容也！」《論語・子路篇》記子曰：「南人有言曰：人而无恆，不可以作巫醫。善夫！不恆其德，或承之羞。」「不占而已矣！」孔子學過卜筮，還承認「百占而七十當」，後來卻稱：「易，我後其祝卜矣！我觀其德義耳也……吾與史巫同途而殊歸者也。」此段見於帛書《要》，夫子晚年的看法很明確，學易可以無大過，如此而已。後世荀子亦稱：「善易者不占。」

另外，革卦第五爻稱：「大人虎變，未占有孚。」革命領袖敢革天命，充滿信心，絕不會受占筮影響。武王伐紂時，占卜皆不利，正猶豫間，姜子牙氣得焚龜折蓍，說枯草朽骨何足以決大事，仍按原議出征，滅紂興周。益卦第五爻稱：「有孚惠心，勿問元吉。」領導人只要真心惠民，根本不必問卜必然元吉。

因此，張載主張：「易為君子謀，不為小人謀。」又稱：「有是德，方應是占。」其實，易經的卦爻辭中都有條件但書，占者得確實做到才會有後續結果，不是坐享其成，這應該是常識。《禮記・經解》：「絜靜精微而不賊，則深於易者也。」一語中的。

无為名尸【注864】，无為謀府【注865】，无為事任【注866】，无為知主【注867】。體盡无窮【注868】，而遊无朕【注869】，盡其所受於天【注870】，而无見得【注871】，亦虛而已【注872】。至人之用心若鏡【注873】，不將不迎，應而不藏【注874】，故能勝物而不傷【注875】。

【郭象注864】因物則物各自當其名也。

【郭象注865】使物各自謀也。

【郭象注866】付物使各自任。

【郭象注867】無心則物各自主其知也。

【郭象注868】因天下之自為，故馳萬物而無窮也。

【郭象注869】任物，故無迹。

【郭象注870】足則止也。

【郭象注871】見得則不知止。

【郭象注872】不虛則不能任群實。

【郭象注873】鑒物而無情。

【郭象注874】來即應，去即止。

【郭象注875】物來乃鑒，鑒不以心，故雖天下之廣，而無勞神之累。

不要貪圖虛名，不要多出謀慮，不要承擔事情，不要擔任別人的智囊。深刻體會無窮無盡的大道境界，全不顯露行跡，盡情享受自然的稟賦，而沒有自以為是的成見，就是虛靜面對一切。至德之人用心像鏡子一樣，任物來去，不送不迎，物來有所映照，物去不留痕跡，故而能超然於萬物之上，不為萬物所損傷。

南海之帝為儵，北海之帝為忽，中央之帝為渾沌。儵與忽時相與遇於渾沌之地，渾沌待之甚善。儵與忽謀報渾沌之德，曰：「人皆有七竅以視聽食息，此獨无有，嘗試鑿之。」日鑿一竅，七日而渾沌死【注876】。

【郭象注876】為者敗之。

南海之帝名儵，北海之帝名忽，中央之帝名渾沌。儵與忽常常到渾沌之處相會，渾沌招待甚好。儵與忽計畫回報渾沌的善意，說道：「人都有眼耳鼻口等七竅，以視聽言動，只有他沒有，我們試著為他鑿開七竅吧。」於是他們每天鑿一孔竅，到第七天，渾沌就死了。

這是很有名的鑿破渾沌的寓言，提醒世人不要用自以為是的分別心，割截渾全的整體。七天斃命，雖與七竅有關，似乎亦與七日來復的生命規律相合。儵同倏，倏忽有快速之意，常言時光流轉倏忽已逝。老子稱「大制不割」，又稱：「聖人方而不割，廉而不劌。」不尚自然無為，刻意有為反致傷害。郭象注：「為者敗之。」語出《老子》第六十四章：「為者敗之，執者失之，是以聖人無為故無敗，無執故無失。」

本篇〈應帝王〉的主旨為不變的頤卦。頤為順自然養生，自養養人以至治國養民皆同一理。〈彖傳〉稱：「頤貞吉，養正則吉也。觀頤，觀其所養也。自求口食，觀其自養也。天地養萬物，聖人養賢以及萬民。頤之時大矣哉！」善體斯理，治國平天下之道盡在其中。

天下　第三十三

〈天下篇〉是莊子全書的壓軸，肯定有其深意。先秦思想百家爭鳴，高慧如莊子除了在內七篇一抒懷抱外，也想總結論衡一番，更突顯他自己思想的特色，以供後世參酌。我們處在廿一世紀已過四分之一的今日，中東與歐洲戰亂不斷，天災人禍頻仍，數大文明之間的衝突歧異相當嚴重，人類未來的命運如何，值得大家關注。

本篇莊子一反常態，完全直述評論各家思想要點，沒有像其他篇多用寓言方式處理，可視為全書後序。

天下之治方術者多矣，皆以其有為不可加矣【注877】。古之所謂道術者，果惡乎在？曰：「无乎不在。」曰：「神何由降？明何由出【注878】？」「聖有所生，王有所成，皆原於一【注879】。」

【郭象注877】為其所有為，則真為也，為其真為，則無為矣，又何加焉！

【郭象注878】神明由事感而後降出。

【郭象注879】使物各復其根，抱一而已，無飾於外，斯聖王所以生成也。

天下研究方術的學派很多，都認為自己的見解高明到極致。那麼古來所謂的道術，究竟存在哪裡呢？大道真理應該是無處不在的。造化的神妙是怎麼降生的呢？人的聰明智慧又是怎麼發展出來？聖人所以降生，王業所以成功，都源於純一渾全的大道。

郭象注878稱「神明由事感而後降出」，成玄英疏：「神者，妙物之名；明者，智周為義。」這顯然來自易傳，成玄英為唐朝道士，據說深諳大易之道，魏晉玄學家稱老、莊、易為三玄，可匯通之處甚多。

〈說卦傳〉：「神也者，妙萬物而為言者也。」不言神創生萬物而稱妙，少了宗教氣味，流露讚嘆之情。《老子》首章：「故常无，欲以觀其妙……玄之又玄，眾妙之門。」第十五章：「古之善為道者，微妙玄通，深不可識。」第二十七章：「雖智大迷，是謂要妙。」妙以少女為義，八卦中屬兌卦，所謂无心之悅、无言之說，讓人歡喜讚嘆。俗語妙不可言，可能由此而來。毓老師曾改「妙萬物而為言」成「妙萬物而為然」，認為更明確。

〈繫辭傳〉稱：「智周乎萬物而道濟天下，故不過。」人的智慧應該周偏研究透徹萬事萬物，然後用來解決天下眾生的問題，一點也不會偏差。神明二字簡單講，神為天道自然的造化，明為人類知識智慧的發揚，長期積累而成光輝燦爛的文明。〈繫辭下傳〉第二章敘述文明的演進，從伏羲畫卦開始即稱：「以通神明之德，以類萬物之情。」第六章亦稱乾坤二卦「以體天地之撰，以通神明之德。」第八章：「苟非其人，道不虛行。」〈上傳〉末章總結：「神而明之，存乎其人。」天道自然之理必須由人去探索運用，才能真正落實於世間。北宋張載四句教所謂「為天地立心，為生民立命，為往聖繼絕學，為萬世開太平」，雖然不易，卻是正確的方向。易經卦序由復卦、无妄、大畜的內外兼修，開創了頤卦供養眾生的格局，亦在說明此理。《論語·衛靈公篇》記子曰：「人能弘道，非道弘人。」

道術與方術不同，大道無所不在，所謂放諸四海而皆準，如《中庸》所稱「建諸天地而不悖，百世以俟聖人而不惑。」方術則見仁見智，或囿於地域，或受限於情執，無法通達大道之全。先秦諸子勇於自信，都認為見地最高超越群倫，紛紛攻乎異端，斯害也已！正如《中庸》所稱「小德川流」，做不到「大德敦化」。真正通達道術的大家，應該兼容並蓄，如江海之下百川。〈繫辭下傳〉第五章記子曰：「天下何思何慮？天下同歸而殊途，一致而百慮，天下何思何慮？日往則月來，月往則日來，日月相推而明生焉……精義入神，以致用也；利用安身，以崇德也。過此以往，未之或知也；窮神知化，德之盛也。」天下道理殊途同歸，各人因其氣質與立場各有所見，未必全非，若能辨證綜合成更高的觀點仍可相通。莊子問明何由出？往來相推而明生焉，可為正解。神是造化不測之機，我們研究道理至通神處，就應善加運用以解決世間的問題，現實生活安頓了，還要不斷進修以提高德行。不管人怎樣努力思考，宇宙間還有太多我們所未知的現象，值得一代代人繼續鑽研參究，以成就聖德大業。入神已經甚高明，窮神可謂達到了最高境界。

前段是孔子對咸卦第四爻的感悟與推衍，爻辭稱：「貞吉，悔亡。憧憧往來，朋從爾思。」〈小象傳〉解釋：「貞吉悔亡，未感害也；憧憧往來，未光大也。」咸為下經闡揚人道的第一卦，字義為無心之感，人與生俱來的感情感受，真實卻未必正確合理，須下正心誠意的功夫才不致過頭而生悔。東想西想，徒亂人意而無成就，爻變為蹇卦可知。孔子在〈繫辭傳〉的大段發揮，提醒人法自然、正思維與重實踐。

同章稍後孔子解釋損卦第三爻：「三人行，則損一人；一人行，則得其友。」又稱：「天地絪縕，萬物化醇；男女構精，萬物化生……言致一也。」咸卦第四爻講一致，此處講致一，關係相當密切。一非僅量詞，而是完整不宜分割之意。天施地生，男女好合，都是結為一體。道家思想以老子為首最重視一：「道生一，一生二，二生三，三生萬物。萬物負陰而抱陽，沖氣以為和。」「天得一以清，地得一以寧，神得一以靈……萬物得一以生，侯王得一以為天下貞，其致之。」「聖人抱一為天下式。」「載營魄抱一，能無離乎？」「此三者不可致詰，故混而為一。」

〈繫辭下傳〉首章：「天下之動，貞夫一者也。」這與「侯王得一以為天下貞」幾乎同義。孔子曾問道於老子，一致、致一、一以貫之，應該都有受老子的啟發。〈彖傳〉講「大哉乾元」、「至哉坤元」，《春秋》講「改一為元」、「變一為元」，則是孔子更上層樓的創發，更賦予了生生不息的意涵。

現代社會充斥著各種領域的專家，也有其方術，但未必合乎道術。記得二〇〇八年九月十五日全球金融風暴後，重創世界經濟，當時英國女王曾問滿座的經濟學家，為何沒有人提出預警，大家無言以對。類似這樣的問題其實很多，值得深思。以上世紀台灣推行的教育改革廣設大學而論，當時由諾貝爾化學獎得主的李遠哲倡議，而今回顧檢討可謂徹底失敗，即為一例。

今世各個領域的博士充斥，許多費盡心血寫出來的博士論文究竟於人類文明發揮多少功效？我常開玩笑說，可能就只有四個人看過：候選博士與指導教授，另外請兩位審核委員，還未必細看，然後就歸檔不見天日。除非該文與政經社會民生密切相關，甚至影響重大決策，否則就是船過水無痕，不是嗎？今世學制專業分工過甚，跨領域溝通不易，亦非所謂科際整合與加強通識教育即可彌補。中華舊學重視通經致用，文史哲政經法都得涉獵，這點仍然值得深思參考。

聖生王成皆原於一，內聖外王之功都由一而生成，莊子的論斷精切，讀了讓人精神一振。原於一的原字，追本溯源，一探究竟，人生治學修為不可或缺。近代大儒熊十力曾著《原儒》一書，原學統、原外王、原內聖，欲以大易、春秋、禮運、周官互證，還孔子儒學真相。春秋治獄講原心定罪，易經比卦卦辭：「原筮，元永貞，无咎。」比是人際交往、國際外交之道，必須探問真實目的，若元永貞則可无咎。〈繫辭傳〉稱「原始反終」、「原始要終」，正本清源易獲善終。

聖功二字，見於蒙卦〈彖傳〉：「蒙以養正，聖功也。」人生啟蒙學習，勿空談心性，得內外兼修。道藏奇書《黃帝陰符經》：「聖功生焉，神明出焉。」《大學》講格致誠正修齊治平，大道理當如此。

不離於宗，謂之天人。不離於精，謂之神人。不離於真，謂之至人。以天為宗，以德為本，以道為門，兆於變化，謂之聖人【注880】。以仁為恩，以義為理，以禮為行，以樂為和，薰然慈仁，謂之君子【注881】。以法為分，以名為表，以參為驗，以稽為決，其數一二三四是也，百官以此相齒，以事為常，以衣食為主，蕃息畜藏，老弱孤寡為意，皆有以養，民之理也【注882】。

【郭象注880】凡此四名，一人耳，所自言之異。

【郭象注881】此四者名之粗迹，而賢人君子之所服膺也。

【郭象注882】民理既然，故聖賢不逆。

不離開大道宗旨的稱為天人；不離開大道精華的稱為神人；不違背大道真諦的稱為至人；以天為宗主，以德為基本，以道為門徑，能預知事物變化的稱為聖人。以仁愛施恩澤，以正義分辨事理，以禮儀制度規範行為，以音樂調和性情，溫和慈祥，稱為君子。以法度確定職分，以名分為表率，用各種考核方式檢驗行為，以稽查結果來進行決策，像一二三四數數般絲毫不爽。百官各司其職，日常推行政務。以生產衣食為主，生兒育女，並關心照顧老弱孤寡，這是一般百姓的生活內容。

郭象注880很簡略，成玄英的疏發揮較詳：「冥宗契本，謂之自然。淳粹不雜，謂之神妙。嶷然不假，謂之至極。以自然為宗，上德為本，玄道為門，觀於機兆，隨物變化者，謂之聖人。已上四人，只是一耳，隨其功用，故有四名也。」天人、神人、至人、聖人，其實一也，只是由體致用的方便稱號。天人與大道契合，深不可測，故稱冥宗。宗即大宗師的宗，該篇中亦提玄冥。冥有隱微不顯之義，逍遙遊篇中北冥鯤化鵬徙於南冥，楚之南有大樹稱冥靈壽命極長。

玄道為門，門為出入所必經，佛門道門儒門，不得其門而入，可能喪失悟道提升的機會。易中艮卦有高山、徑路與門闕之象，又有止欲修行之義，嗜欲深者天機淺，只能徘徊門外。觀卦卦形有大艮之象，卦辭稱：「盥而不薦，有孚顒若。」齋戒沐浴以承祭祀，欲窮千里目，更上一層樓。

「觀於機兆，隨物變化」八個字，正是行動世界的要領，這樣的聖人才能處事無礙。〈繫辭傳〉解釋豫卦第二爻述子曰：「知機其神乎……機者，動之微，吉之先見者也。君子見機而作，不俟終日……君子知微知彰，知柔知剛，萬夫之望。」又稱：「夫易，聖人之所以極深而研機也。唯深也，故能通天下之志；唯機也，故能成天下之務。」見機而作，當機立斷，隨機應變，感應敏銳出手解決問題。豫、隨、解三卦〈彖傳〉皆強調時機時勢準確掌握的重要：「豫之時義大矣哉！」「天下隨時，隨時之義大矣哉！」「解之時大矣哉！」

郭象注881亦簡略，成玄英的疏稱：「布仁惠為恩澤，施義理以裁非，運節文為行首，動樂音以和性，慈照光乎九有，仁風扇乎八荒，譬蘭蕙芳馨，香氣薰於遐邇，可謂賢矣。」這是論君子之賢，施義理運節文，確是處世必須講究的功夫。易學研究有義理、術數之分，義理並非空談心性哲學，〈說卦傳〉稱：「和順於道德而理於義，窮理盡性以至於命。」又稱：「昔者聖人之作易也，將以順性命之理。」應該是義理之學的本義。運節文即《中庸》所稱：「發而皆中節，謂之和。」易經兌卦為喜怒哀樂之情，下接渙卦為發散，再後即是節卦，〈大象傳〉稱：「君子以制數度，議德行。」

莊子一生據說做過漆園吏，楚威王聞其賢能，遣使持厚幣許以為曹相，為其推辭。如此看來，他並非精悍的事功中人，但仍有過經營管理的實務經驗，不論是否與愛好自由的個性有關，以他的聰明智慧說出以上那些話並不困難。〈秋水第十七〉有記述莊子無意仕途，應該確有其事，並非矯情。

民為邦本，本固邦寧。百姓對大道未必措意，可能日用而不知，飲食男女聚積財物卻時刻在心。老弱孤寡皆有以養，為政必須照顧民生，〈禮運大同篇〉所謂「老有所終，壯有所用，幼有所長，鰥寡孤獨廢疾者皆有所養，男有分，女有歸。」大同社會亦不過如此，絕未脫離人生實際。而易經同人、大有二卦十二爻所言，幾乎涵蓋盡大同篇約百字的全部內涵，易經經文創作在前，禮運大同在後，箇中關聯相當耐人尋味。

> 古之人其備乎【注883】！配神明，醇天地，育萬物，和天下。澤及百姓，明於本數，係於末度【注884】，六通四辟，小大精粗，其運无乎不在【注885】。其明而在數度者，舊法世傳之史尚多有之【注886】。其在於詩書禮樂者，鄒魯之士搢紳先生多能明之【注887】。《詩》以道志，《書》以道事，《禮》以道行，《樂》以道和，《易》以道陰陽，《春秋》以道名分。其數散於天下而設於中國者，百家之學時或稱而道之【注888】。

【郭象注883】古之人即向之四名也。

【郭象注884】本數明，故末度不離。

【郭象注885】所以為備。

【郭象注886】其在數度而可明者，雖多有之，已疏外也。
【郭象注887】能明其迹耳，豈所以迹哉！
【郭象注888】皆道古人之陳迹耳，尚復不能常稱。

古代聖哲的德行真是完備啊！全合神明之道，效法天地自然，化育萬物，調和天下，恩澤施及百姓。他們明白大道的根本，也孰悉具體的典章制度，天下安定，四季順暢，一切大小精粗之事運行全上軌道。他們的思想主張體現在規章制度上，世代相傳的史書上多有記載。關於《詩》《書》《禮》《樂》的，鄒魯一帶的學者和士大夫多能知曉。《詩》是通達心志，《書》是記載政事，《禮》是行為規範，《樂》是調和性情，《易》是闡述陰陽變化，《春秋》是正名定分。關於六經的陳述散播於全天下，還在中原諸國裡施行的，百家學者時常稱頌討論。

天下大亂【注889】，賢聖不明【注890】，道德不一【注891】，天下多得一【注892】察焉以自好【注893】。譬如耳目鼻口，皆有所明，不能相通。猶百家眾技也，皆有所長，時有所用【注894】。雖然，不該不徧，一曲之士也【注895】。判天地之美，析萬物之理【注896】，察古人之全。寡能備於天地之美，稱神明之容【注897】。是故內聖外王之道，闇而不明，鬱而不發【注898】，天下之人各為其所欲焉以自為方。悲夫，百家往而不反，必不合矣！後世之學者，不幸不見天地之純，古人之大體【注899】，道術將為天下裂【注900】。

【郭象注889】用其迹而無統故也。

【郭象注890】能明其迹，又未易也。

【郭象注891】百家穿鑿。

【郭象注892】各信其偏見，而不能都舉。

【郭象注893】夫聖人統百姓之大情而因為之制，故百姓寄情於所統而自忘其好惡，故與一世而得淡漠焉。亂則反之，人恣其近好，家用典法，故國異政，家殊俗。

【郭象注894】所長不同，不得常用。

【郭象注895】故未足備任也。

【郭象注896】各用其一曲，故析判。

【郭象注897】況一曲者乎？

【郭象注898】全人難遇故也。

【郭象注899】大體各歸根抱一，則天地之純也。

【郭象注900】裂，分離也。道術流弊，遂各奮其方，或以主物，則物離性以從其上而性命喪矣。

如今天下大亂，聖賢的思想主張得不到闡明，道德的標準也不齊一。天下的學者們大多是把一己的偏見當成真理，就像耳目鼻口各有作用卻不能相通，也像百家各有技能專長，有時有用，卻不夠完備全面，都是一曲之士而已。他們評判天地之美，分析萬物之理，考察古人思想全貌時，卻很少能全面具備天地之美，適合神明之容。所以內聖外王之道模糊不清得不到闡發，天下之人任意研究自己那一套，認為是最高的標準。真是可悲啊，百家思想執迷不悟越走越遠，必然不合於大道。後世的學者不幸見不到天地純一的真相，以及古代聖哲智慧的全貌，道術將變得愈加支離破碎了！

莊子這一段感慨應是發於真心，值得深入玩味。六經屬王官學，早先庶民階層難以與聞，孔子有教無類廣收門徒，讓民間俊彥亦得一窺宗廟之美百官之富，對華夏文明的發揚有大貢獻。七十子如顏淵等出身民間，子夏於夫子歿後教學於西河，還曾為魏文侯的王者師，易與春秋之傳與其有關。戰國後諸子百家爭鳴，各有獨到見解，蔚為大觀，莊子似乎對之都有肯定與批判。孔子期許一致而百慮殊途而同歸，而此處莊子認為往而不反雜而不純，道術將為天下裂，下段起先從墨家開始討論。

不侈於後世，不靡於萬物，不暉於數度【注901】，以繩墨自矯【注902】而備世之急【注903】，古之道術有在於是者。墨翟、禽滑釐聞其風而悅之，為之大過，已之大循【注904】。作為非樂，命之曰節用；生不歌，死无服。墨子氾愛兼利而非鬥【注905】，其道不怒【注906】；又好學而博，不異【注907】，不與先王同【注908】，毀古之禮樂【注909】。

【郭象注901】勤儉則瘁，故不暉也。

【郭象注902】矯，厲也。

【郭象注903】勤而儉則財有餘，故急有備。

【郭象注904】不復度眾所能也。

【郭象注905】夫物不足，則以鬭為是，今墨子令百姓皆勤儉各有餘，故以鬭為非也。

【郭象注906】但自刻也。

【郭象注907】既自以為是，則欲令萬物皆同乎己也。

【郭象注908】先王則恣其群異，然後同焉皆得而不知所以得也。

【郭象注909】嫌其侈靡。

不使後代染著奢侈的風氣，不浪費各種物資，不用禮法等級制度修飾，只嚴格約束自己以適應社會的急需，古來道術中有這一派。墨翟、禽滑釐聞說這種風尚很喜歡，但做得太過分了，限制私慾太嚴格。他們主張非樂和節用，生時不要唱歌，死時不要厚葬。墨子提倡博愛，大家互利不要互鬥，溫和相處不要動怒；他本人勤奮好學知識淵博，覺得自己對，希望大家也都這樣，這與前代聖王的主張不同，因而破壞了古代的禮樂制度。

黃帝有咸池，堯有大章，舜有大韶，禹有大夏，湯有大濩，文王有辟雍之樂，武王周公作武。古之喪禮，貴賤有儀，上下有等，天子棺槨七重，諸侯五重，大夫三重，士再重。今墨子獨生不歌，死不服，桐棺三寸而無槨，以為法式。以此教人，恐不愛人；以此自行，固不愛己【注910】。未敗墨子道【注911】，雖然，歌而非歌，哭而非哭，樂而非樂，是果類乎【注912】？其生也勤，其死也薄，其道大觳【注913】，使人憂，使人悲，其行難為也，恐其不可以為聖人之道【注914】，反天下之心，天下不堪。墨子雖獨能任，奈天下何！離於天下，其去王也遠矣【注915】！

【郭象注910】物皆以任力稱情為愛，今以勤儉為法而為之大過，雖欲饒天下，更非所以為愛也。

【郭象注911】但非道德。

【郭象注912】雖獨成墨而不類萬物之情。

【郭象注913】觳，無潤也。

【郭象注914】夫聖人之道，悅以使民，民得性之所樂則悅，悅則天下無難矣。

【郭象注915】王者必合天下之歡心而與物俱往也。

古代的樂章，黃帝有《咸池》，堯時有《大章》，舜時有《大韶》，禹時有《大夏》，商湯時有《大濩》，周文王時有《辟雍》，周武王和周公創作了《武》樂。古代制定的喪禮，貴賤都有一定的禮儀，上下級別不同，天子的內棺和外槨有七層，諸侯有五層，大夫有三層，士只有兩層。如今墨子獨自倡導生時不要唱歌，死時不要厚葬，只用三寸厚的桐木棺材，而且不要外槨，將此定為通行的法式。以此教人，恐怕不是愛人的道理，以此約束自己，也不算愛惜自己。我並不是批評墨子的主張，但他要求人們該唱歌時不唱歌，該哭泣時不哭泣，該快樂時不快樂，這是合乎人情的嗎？生時勞苦，死後薄葬，其道太苛刻了！只讓人憂愁悲傷，很難做到，算不上聖人之道啊！違反天下人心，天下人很難接受，就算墨子自己做到，又如何讓大家都聽從呢？脫離了人情的現實，離開王道太遠了！

《大學》：「民之所好好之，民之所惡惡之，此之謂民之父母。」《老子》：「聖人無常心，以百姓心為心。」墨子強人所難，確實遠離古聖先王之道。

舜的韶樂似乎意境甚高。《論語．述而篇》記載：「子在齊聞韶，三月不知肉味，曰：不圖為樂之至於斯也！」〈八佾篇〉：「子謂《韶》盡美矣，又盡善也；謂《武》盡美矣，未盡善也。」舜純孝禪讓，政績卓著，《尚書．益稷》稱頌：「簫韶九成，鳳凰來儀。」武王伐紂，大動刀兵，《武》樂則有殺伐之音。樂教很重要，《論語．泰伯篇》記子曰：「興於詩，立於禮，成於樂。」《禮記．樂記》：「王者功成作樂，治定制禮。」

易經謙、豫二卦一體相綜，緊接同人、大有二卦之後，即寓禮樂教化之旨。〈繫辭傳〉稱：「謙以制禮。」豫卦〈大象傳〉：「先王以作樂崇德，殷薦之上帝以配祖考。」治定功成之後，尚須制禮作樂，以教化人心。曲終曰成，見《論語．八佾篇》：「子曰：樂其可知也！始作，翕如也；從之，純如也，皦如也，繹如也，以成。」樂教非常重要，《孟子．萬章篇》：「孔子之謂集大成。集大成也者，金聲而玉振之也。金聲也者，始條理也；玉振之也者，終條理也。始條理者，智之事也；終條理者，聖之事也。」孔子稱為大成至聖先師，垂教後世終而復始，生生不息。

相較之下，墨子主張非樂，見識就真的膚淺了，拂性難能又不可貴。

墨子稱道曰：「昔禹之湮洪水，決江河而通四夷九州也，名山三百，支川三千，小者无數。禹親自操橐耜而九雜天下之川，腓无胈，脛无毛，沐甚雨，櫛疾風，置萬國。禹大聖也而形勞天下也如此【注916】。」使後世之墨者，多以裘褐為衣，以跂蹻為服，日夜不休，以自苦為極【注917】。曰：「不能如此，非禹之道也，不足為墨【注918】。」

【郭象注916】墨子徒見禹之形勞耳，未睹其性之適也。

【郭象注917】謂自苦為盡理之法。

【郭象注918】非其時而守其道，所以為墨也。

墨子稱讚大禹說：「從前大禹治理洪水時，疏通江河，使四夷九州暢通無阻，大川三百，支流三千，還有無數的小河。大禹親自拿著土筐和鏟子參與治水，使天下的江河都匯流入大海，累得腿肚乾瘦，汗毛磨光，冒著大雨，頂著狂風，結果封建萬國。禹是大聖人，還親自為天下如此操勞。」這些做法使後世的墨者大多身穿粗糙的皮衣和布衣，腳穿木屐或草鞋，日夜不停勞作，將吃苦耐勞看作人生最高的準則。他們說：「做不到這些，就不符合大禹之道，不配稱為墨家。」

大禹治水是中華民族顯赫的功業，但啟動君位世及家天下的體制卻難辭其咎。孟子時尚有「自禹而德衰」的批判，孔子作春秋撥亂反正，當然嚮往天下為公揚棄小康，但鑒於禹治洪水有功，欲言又止未予苛責。《論語・泰伯篇》記子曰：「禹，吾無間然矣！菲飲食，而致孝乎鬼神。惡衣服，而致美乎黻冕。卑宮室，而盡力乎溝洫。禹，吾無間然矣！」這和盛讚堯的盛德截然不同：「大哉！堯之為君也。巍巍乎，唯天為大，唯堯則之。蕩蕩乎，民無能名焉。巍巍乎，其有成功也。煥乎，其有文章。」

《尚書》論政事，〈堯典〉、〈舜典〉、〈皋陶謨〉為聖君賢相足法，〈甘誓〉之後三代爭奪天下足戒。〈大禹謨〉涉及今古文爭議，〈禹貢〉篇則似古代華夏的大地圖，詳細記述地理方物，所謂九州和大禹治水密切相關，後世如《大明一統志》、《大清一統志》、《皇輿全覽圖》等皆師其意。

> 相里勤之弟子五侯之徒，南方之墨者苦獲、己齒、鄧陵子之屬，俱誦《墨經》，而倍譎不同，相謂別墨【注919】；以堅白同異之辯相訾，以觭偶不仵之辭相應，以巨子為聖人【注920】，皆願為之尸【注921】，冀得為其後世，至今不決【注922】。

【郭象注919】必其各守所見，則所在無通，故於墨之中又相與別也。

【郭象注920】巨子最能辨其所是以成其行。

【郭象注921】尸者，主也。

【郭象注922】為欲係巨子之業也。

相里勤的弟子五侯之類的人，以及南方的墨家苦獲、己齒、鄧陵子之流，都誦讀《墨經》，觀點又有不同，稱為墨家的別派；用堅白同異的辯論互相攻擊，用奇數偶數並無不同的理論相應和。他們擁護墨家的首領巨子為聖人，奉他為主，希望承繼學統，但一直未有確定結果。

《孟子・滕文公篇》：「楊朱、墨翟之言盈天下，天下之言不歸楊則歸墨。」可見戰國時墨家成為顯學，惹得孟子想起而衛道。然而，秦漢統一後墨家似乎消失了蹤影，何以故？墨家有中心信仰與幫派組織，在列國分立時代尚無妨，中央集權後一定招忌，不可能允許其肆意發展。所以我對武俠小說中常提的丐幫高度懷疑，十幾萬人運作的經費何來？各級州縣衙門如何管制？

墨家的宗主稱巨子，然而其後似乎又分裂成幾派，不相統屬。這似乎是世間宗派難免之事，禪宗爭衣缽至買凶殺人最為驚悚，別墨、別佛、別儒，家人反目成睽，超脫談何容易？《韓非子・顯學》稱：「故孔、墨之後，儒分為八，墨離為三，取捨相反不同，而皆自謂真孔、墨，孔、墨不可復生，將誰使定世之學乎？」

墨家崇尚節儉固然是美德，要求太過亦違逆人情。老子尚清靜無為，自稱處世有三寶：「一曰慈，二曰儉，三曰不敢為天下先。」所謂「儉故能廣」。孔子批判管仲為相不儉；北宋司馬光有教子文〈訓儉示康〉稱：「儉，美德也，而流俗顧薄之。」易卦中是奢是儉，視時位而定。損卦講「懲忿窒慾」，卦辭「二簋可用享」；萃卦卦辭稱「用大牲吉」，第二爻卻稱「孚乃利用禴」，禴為薄祭，大牲則是厚祭。

《墨子》一書行文平易，淺白易懂，但稱為〈墨辯〉的幾篇卻相當艱深，被譽為中國古代的思維邏輯，與西方的邏輯學、佛教的因明學相類而不同，值得深入探討。

墨翟、禽滑釐之意則是【注923】，其行則非也【注924】。將使後世之墨者，必自苦以腓无胈、脛无毛，相進而已矣。亂之上也【注925】，治之下也【注926】。雖然，墨子真天下之好也【注927】，將求之不得也【注928】，雖枯槁不舍也【注929】，才士也【注930】！

【郭象注923】意在不侈靡而備世之急，斯所以為是。

【郭象注924】為之太過故也。

【郭象注925】亂莫大於逆物而傷性也。

【郭象注926】任重適性為上，今墨反之，故為下。

【郭象注927】為其真好重聖賢不逆也，但不可以教人。

【郭象注928】無輩。

【郭象注929】所以為真好也。

【郭象注930】非有德也。

墨翟和禽滑釐的用心是好的，做法卻有問題，將使後世的墨者必將勞苦自己，以致腿肚乾瘦，汗毛磨光，互相競爭罷了！結果擾亂天下的罪多，治理天下的功少。雖然如此，墨子真是希望天下好的，只是求之不得，把自己弄得形容枯槁都不放棄，他真是一位才學之士啊！

不累於俗，不飾於物，不苟於人，不忮於眾【注931】，願天下之安寧以活民命，人我之養畢足而止【注932】，以此白心，古之道術有在於是者。宋鈃、尹文聞其風而悅之，作為華山之冠以自表【注933】，接萬物以別宥為始【注934】；語心之容，命之曰心之行；以聏合驩，以調海內【注935】，請欲置之以為主【注936】。見侮不辱【注937】，救民之鬥，禁攻寢兵，救世之戰【注938】。以此周行天下，上說下教，雖天下不取，強聒而不舍者也【注939】，故曰上下見厭而強見也【注940】。雖然，其為人太多，其自為太少【注941】，曰：「請欲固置五升之飯足矣【注942】！」先生恐不得飽，弟子雖飢，不忘天下【注943】。日夜不休，曰：「我必得活哉【注944】！」圖傲乎救世之士哉【注945】！曰：「君子不為苛察【注946】，不以身假物【注947】。」以為无益於天下者，明之不如已也【注948】。以禁攻寢兵為外，以情欲寡淺為內，其小大精粗，其行適至是而止【注949】。

【郭象注931】忮，逆也。

【郭象注932】不敢望有餘也。

【郭象注933】華山上下均平。

【郭象注934】不欲令相犯錯。

【郭象注935】強以其道聏令合，調令合也。

【郭象注936】二子請得若此者立以為物主也。

【郭象注937】其於以活民為急也。

【郭象注938】所謂聏調。
【郭象注939】聏調之理然也。
【郭象注940】所謂不辱。
【郭象注941】不因其自化而強以慰之，則其功太重也。
【郭象注942】斯明自為之太少也。
【郭象注943】宋鈃尹文稱天下為先生，自稱為弟子也。
【郭象注944】謂民亦必當報己也。
【郭象注945】揮斥高大之貌。
【郭象注946】務寬恕也。
【郭象注947】必自出其力也。
【郭象注948】所以為救世之士也。
【郭象注949】未能經虛涉曠。

不為世俗所繫累，不用外物裝飾自己，不苟求別人，也不違逆群眾，希望天下太平安寧以全活民命。他人及自己的供養足夠就好，以此表白心願。古來道術中有這一派，宋鈃、尹文聞說這種風尚很喜歡。他們製作了一種像華山般上下全平的冠帽，以表達希望天下均平的心願，待人接物先分別善惡並寬容以對；討論人的內心活動，稱為心之行；用柔和的態度與人合作，以和調海內，希望安排這樣的人出任君王；受到欺侮並不認為是羞辱，以平息人間的爭鬥，禁止攻伐消弭戰禍。以此宗旨周行天下，上諫國君，下教百姓，雖然天下不用其言，還是繼續勸說不停。但是他們為別人考慮太多為自己考慮太少，說：「給我們準備五升米的飯就夠了，我唯恐你們吃不飽，我雖然飢餓，不能忘記天下人啊！」他們日夜不停地為天下人謀利益，說：「我們一定要好好生存下去！」他們真是了不起的救世之士啊！又說：「君子對人不苛求，不靠外物來成全自己。」認為對天下沒有利益的事情，與其研究清楚不如不去探討，對外主張平息征戰，對內主張清心寡慾，無論對任何事情也就是達到這種境界而已。

公而不黨，易而无私，決然无主【注950】，趣物而不兩【注951】，不顧於慮，不謀於知，於物无擇，與之俱往，古之道術有在於是者。彭蒙、田駢、慎到聞其風而悅之。齊萬物以為首，曰：「天能覆之而不能載之，地能載之而不能覆之，大道能包之而不能辯之，知萬物皆有所可有所不可，故曰選則不徧【注952】，教則不至【注953】，道則无遺者矣。」

【郭象注950】各自任也。

【郭象注951】物得所趣，故一。

【郭象注952】都用乃周。

【郭象注953】性其性乃至。

公正而不結黨，平易沒有私心，斷然清除成見，隨順萬物沒有異議，不顧慮不用智謀，對事物不加選擇，順其自然演進，古來道術中有這一派，彭蒙、田駢、慎到聞說這種風尚很喜歡，最重視將萬物齊一看待。他們說：「天能覆蓋萬物，不能承載萬物；地能承載萬物，不能覆蓋萬物。大道能包容萬物卻不加分別，知道萬物各有所可與不可，所以說若加選擇就不能全選徧，教化也不能全都教到，只有掌握了大道才會沒有任何遺漏。」

是故慎到棄知去己而緣不得已，泠汰於物以為道理【注954】，曰知不知，將薄知而後鄰傷之者也【注955】，謑髁无任而笑天下之尚賢也【注956】，縱脫无行而非天下之大聖【注957】，椎拍輐斷，與物宛轉【注958】，舍是與非，苟可以免，不師知慮，不知前後【注959】，魏然而已矣【注960】。推而後行，曳而後往【注961】，若飄風之還，若羽之旋，若磨石之隧，全而无非，動靜无過，未嘗有罪。是何故？夫无知之物，无建己之患，无用知之累，動靜不離於理，是以終身无譽【注962】。故曰：「至於若无知之物而已，无用賢聖【注963】，夫塊不失道【注964】。」豪桀相與笑之曰：「慎到之道，非生人之行，而至死人之理【注965】，適得怪焉【注966】。」

【郭象注954】泠汰，猶聽放也。

【郭象注955】謂知力淺，不知任其自然，故薄之而後鄰傷也。

【郭象注956】不肯當其任而任夫眾人，眾人各自能，則無為橫復尚賢也。

【郭象注957】欲壞其迹，使物不殉。

【郭象注958】法家雖妙，猶有椎拍，故未泯合。

【郭象注959】不能知是之與非，前之與後，賠目恣性，苟免當時之患也。

【郭象注960】任性獨立。

【郭象注961】所謂緣於不得已。

【郭象注962】患生於譽，譽生於有建。

【郭象注963】唯聖人然後能去知與故，循天之理，故愚知處宜，貴賤當位，賢不肖襲情，而云無用聖賢，所以為不知道也。

【郭象注964】欲令去知如土塊也。亦為凡物云云，皆無緣得道，道非徧物也。

【郭象注965】夫去知任性，然後神明洞照，所以為賢聖也。而云土塊乃不失道，人若土塊，非死如何！豪桀所以笑也。

【郭象注966】未合至道，故為詭怪。

所以慎到摒棄聰明去除偏見，一切順其自然而出於不得已，放任萬物自由發展以為道理，說明明不知道還自以為知道，這會傷害到自己的身心健康。他們不願承擔責任，嘲笑崇尚賢能，放縱不羈，沒有被人稱美的行為，卻批評天下的大聖。一舉一動像用錐子割削擊打隨應變化，不談是非，以求免於患累，不用智巧謀慮，不問先後，獨立自處不動如山。被人推拉才動一動，像飄風無定向，像鳥羽旋轉，像磨石轉動，以保全自己不受責備，動靜都沒過錯，不得罪任何人。這是甚麼緣故？世間沒有知覺的東西，根本不會有所建樹而引來禍患，也不會運用智巧而受牽累，動靜都不違背事理，所以終身不會得到讚譽。所以說：「能夠達到無知之物的境界就可以了，不需要甚麼賢人聖人，像土塊那樣就不會喪失大道。」豪傑們都嘲笑他說：「慎到的學說不是活人的行為準則，而是死人的道理，真是奇怪啊！」

田駢亦然，學於彭蒙，得不教焉【注967】。彭蒙之師曰：「古之道人，至於莫之是莫之非而已矣【注968】。其風窢然，惡可而言【注969】？」常反人，不聚觀【注970】，而不免於魭斷【注971】。其所謂道非道，而所言之韙不免於非【注972】。彭蒙、田駢、慎到不知道【注973】。雖然，概乎皆嘗有聞者也【注974】。

【郭象注967】得自任之道也。

【郭象注968】所謂齊萬物以為首。

【郭象注969】逆風所動之聲。

【郭象注970】不順民望。

【郭象注971】雖立法而魭斷無圭角也。

【郭象注972】韙，是也。

【郭象注973】道無所不在，而云土塊乃不失道，所以為不知。

【郭象注974】但不至也。

田駢的觀點也是這樣，他跟彭蒙學習，領悟甚深。彭蒙的老師說：「古來得道之人，就是修到甚麼也不肯定也不否定而已。他們教化人就像迅速颳過的風一樣，怎麼能用語言表達得清楚？」他們的主張常和人意見相反，很難受到關注，卻還是要與人應接，所謂的道並非真正的大道，所認為正確的難免錯誤。彭蒙、田駢、慎到並不真知大道。雖然這樣，他們都還是有些學問的人。

以本為精，以物為粗，以有積為不足【注975】，澹然獨與神明居，古之道術有在於是者。關尹、老聃聞其風而悅之，建之以常無有【注976】，主之以太一【注977】，以濡弱謙下為表，以空虛不毀萬物為實。

關尹曰：「在己无居【注978】，形物自著【注979】。其動若水，其靜若鏡，其應若響【注980】。芴乎若亡，寂乎若清。同焉者和，得焉者失【注981】。未嘗先人而常隨人。」

【郭象注975】寄之天下，乃有餘也。

【郭象注976】夫無有何所能建？

【郭象注977】自天地以及羣物，皆各自得而已，不兼他飾，斯非主之以太一耶？

【郭象注978】物來則應，應而不藏，故功隨物去。

【郭象注979】不自是而委萬物，故物形各自彰著。

【郭象注980】常無情也。

【郭象注981】常全者不知所得也。

將大道視為最精微，萬物則很粗淺，人生越積蓄越不足，應該心境恬淡只與大道為伍，古來道術中有這一派。關尹、老聃聞說這種風尚很喜歡，於是建立學說，以虛無寂靜為宗旨，以太一為思想核心，以柔弱謙下為外在行為的準則，將清淨無欲不毀萬物為內在的德行。關尹說：「自己不要有任何成見，讓萬物自然顯露，行動像流水，安靜像明鏡，感應像回聲反響。恍恍惚惚好像甚麼都不存在，沉寂像虛空，與萬物和諧相處，貪多務得反而喪失，從不搶先甘居人後。」

老聃曰：「知其雄，守其雌，為天下谿；知其白，守其辱，為天下谷【注982】。」人皆取先，己獨取後【注983】，曰受天下之垢【注984】；人皆取實【注985】，己獨取虛【注986】，无藏也故有餘【注987】，巋然而有餘【注988】。其行身也，徐而不費【注989】，无為也而笑巧【注990】；人皆求福，己獨曲全【注991】，曰苟免於咎【注992】。以深為根【注993】，以約為紀【注994】，曰堅則毀矣【注995】，銳則挫矣【注996】。常寬容於物【注997】，不削於人【注998】，可謂至極。關尹、老聃乎！古之博大真人哉！

【郭象注982】物各自守其分，則靜默而已，無雄白也。夫雄白者，非尚勝自顯者耶？尚勝自顯，豈非逐知過分以殆其生耶？故古人不隨無崖之知，守其分內而已，故其性全。其性全，然後能及天下；能及天下，然後歸之如谿谷也。

【郭象注983】不與萬物爭鋒，然後天下樂推而不厭，故後其身。

【郭象注984】雌辱後下之類，皆物之所謂垢。

【郭象注985】唯知有之以為利，未知無之以為用。

【郭象注986】守沖泊以待羣實。

【郭象注987】付萬物使各自守，故不患其少。

【郭象注988】獨立自足之謂。

【郭象注989】因民所利而行之，隨四時而成之，常與道理俱，故無疾無費也。

【郭象注990】巧者有為，以傷神器之自成，故無為者，因其自生，任其自成，萬物各得自為。

【郭象注991】委順至理則常全，故無所求福，福已足。

【郭象注992】隨物，故物不得咎也。

【郭象注993】理根於太初之極，不可謂之淺也。

【郭象注994】去甚泰也。

【郭象注995】夫至順則雖金石無堅也，忤逆則雖水氣無軟也。至順則全，忤逆則毀，斯正理也。

【郭象注996】進躁無崖為銳。

【郭象注997】各守其分，則自容有餘。

【郭象注998】全其性也。

老聃說：「知道甚麼是雄強，卻安於柔雌，甘居天下的溝谿；知道甚麼是清白榮耀，卻安於屈辱，甘做天下的川谷。」眾人都爭先，他卻獨自居後，說是承受天下的汙垢。人人追求實惠，他卻獨守清虛；因為從不積藏，反而綽有餘裕，他偉大而自足。立身行事一般人都追求幸福，他卻委屈以求全，說只求免禍就好。他深入大道的本根，以簡約為行事的綱領，說太堅固容易毀壞，太尖銳容易折斷。總是寬容萬物，不傷害別人，真是到了最高境界。

關尹和老聃，真是自古以來廣博偉大的真人啊！

寂漠无形，變化无常【注999】，死與生與，天地並與，神明往與【注1000】。芒乎何之？忽乎何適【注1001】？萬物畢羅，莫足以歸【注1002】，古之道術有在於是者。莊周聞其風而悅之。以謬悠之說，荒唐之言，无端崖之辭，時恣縱而不儻，不以觭見之也【注1003】。以天下為沉濁，不可與莊語【注1004】，以卮言為曼衍，以重言為真，以寓言為廣。獨與天地精神往來而不敖倪於萬物【注1005】，不譴是非【注1006】，以與世俗處【注1007】。其書雖瓌瑋而連犿无傷也【注1008】，其辭雖參差而諔詭可觀【注1009】。彼其充實不可以已【注1010】，上與造物者遊，而下與外死生、无終始者為友。其於本也，弘大而闢，深閎而肆；其於宗也，可謂調適而上遂矣。雖然，其應於化而解於物也，其理不竭，其來不蛻，芒乎昧乎，未之盡者【注1011】。

【郭象注999】隨物也。

【郭象注1000】任化也。

【郭象注1001】無意趣也。

【郭象注1002】故都任置。

【郭象注1003】不急欲使物見其意。

【郭象注1004】累於形名，以莊語為狂而不信，故不與也。

【郭象注1005】其言通至理，正當萬物之性命。

【郭象注1006】己無是非，故恣物而行。

【郭象注1007】形群於物。

【郭象注1008】還與物合，故無傷也。

【郭象注1009】不唯應當時之物，故參差。

【郭象注1010】多所有也。

【郭象注1011】莊子通以平意說己，與說他人無異也，案其辭明為汪汪然，禹亦拜昌言，亦何嫌乎此也！

空虛寧靜不露行跡，變化不測不拘常規，無生無死，與天地共存，與神明往來。恍惚茫昧要去何處？森羅萬象卻不知何所歸宿。古來道術中有這一派，莊周聞說這種風尚很喜歡，以荒謬虛遠的話語，誇張的談論，不著邊際的言詞，任意發揮自己的思想而不偏執一端，也不用奇談怪論來標榜自己。他認為天下人都沉迷於汙濁的境地，沒法用端莊嚴肅的話語交談，於是用變化無定的言論隨意說說，引用先哲說過的話令人相信為真，用假托的寓言來推廣自己的主張。獨自和天地的精神相往來，亦不傲視萬物，不責備眾人的是非，以此態度與世人相處。他寫的書雖新奇特別，卻也連續完整，語氣委婉與物無傷，使用的文辭雖然跌宕起伏變化很大，卻奇特優美引人入勝。他的書內容充實涵意無窮，上與造物者同遊，下與看破生死無終無始的人交友。他對大道的闡釋全面而通達，精深廣闊盡情發展，對大道的宗主可說精當而達到了最高境界。雖然思想高深，他能順應萬物變化，解釋其真相，涵義深遠，無跡可尋，渾沌茫昧，難以窮盡。

惠施多方，其書五車，其道舛駁，其言也不中。歷物之意，曰：「至大无外，謂之大一；至小无內，謂之小一。无厚，不可積也，其大千里。天與地卑，山與澤平。日方中方睨，物方生方死。大同而與小同異，此之謂小同異；萬物畢同畢異，此之謂大同異。南方无窮而有窮，今日適越而昔來。連環可解也。我知天下之中央，燕之北越之南是也。氾愛萬物，天地一體也。」

惠施以此為大，觀於天下而曉辯者，天下之辯者相與樂之。卵有毛，雞三足，郢有天下，犬可以為羊，馬有卵，丁子有尾，火不熱，山出口，輪不輾地，目不見，指不至，至不絕，龜長於蛇，矩不方，規不可以為圓，鑿不圍枘，飛鳥之景未嘗動也，鏃矢之疾而有不行不止之時，狗非犬，黃馬驪牛三，白狗黑，孤駒未嘗有母，一尺之捶，日取其半，萬世不竭。辯者以此與惠施相應，終身无窮。

桓團、公孫龍辯者之徒，飾人之心，易人之意，能勝人之口，不能服人之心，辯者之囿也。惠施日以其知與人之辯，特與天下之辯者為怪，此其柢也。然惠施之口談，自以為最賢，曰：「天地其壯乎！」施存雄而无術。南方有倚人焉，曰黃繚，問天地所以不墜不陷，風雨雷霆之故。惠施不辭而應，不慮而對，徧為萬物說，說而不休，多而无已，猶以為寡，益之以怪。以反人為實而欲以勝人為名，是以與眾不適也。弱於德，強於物，其塗隩矣。由天地之道觀惠施之能，其猶一蚉一虻之勞者也。其於物也何庸！夫充一尚可，曰愈貴道，幾矣！惠施不能以此自寧，散於萬物而不厭，卒以善辯為名。惜乎！惠施之才，駘蕩而不得，逐萬物而不反，是窮響以聲，形與影競走也。悲夫【注1012】！

【郭象注1012】昔吾未覽莊子，嘗聞論者爭夫尺棰連環之意，而皆云莊生之言，遂以莊生為辯者之流。按此篇教評諸子，至於此章，則曰其道舛駁，其言不中，乃知道聽塗說之傷實也。吾意亦謂無經國體致，真所謂無用之談也。然膏粱之子，均之戲豫，或倦於典言，而能辯名析理，以宣其氣，以係其思，流於後世，使性不邪淫，不猶賢於博奕者乎！故存而不論，以貽好事也。

惠施有多方面的學問，他著的書可以裝滿五輛車，可是道術駁雜不純，違背常理不合大道。他分析研究萬物的道理，說：「大到極點的東西沒有外圍，稱作大一；小到極點的東西沒有內核，稱作小一。平面沒有厚度，所以不能堆積成體，卻可大到千里。天與地一樣低，高山與湖澤一樣平。日正當中意謂即將偏斜，事物剛發生意謂將走向死亡。事物大部相同與小部相同有差異，稱為小同異；萬物也可說完全相同或完全不同，這叫大同異。南方可說沒有窮盡，也可說有窮盡；今天到越國去，而昨天就到了。連環可以解開。我知道天下的中央，在燕國之北、越國之南。所以一切分別皆非絕對，應當氾愛萬物，與天地合為一體。」

惠施認為這是天下最高的道理，便到天下各處去炫耀，解釋給那些善辯的人聽，大家都很喜歡。他們相聚大談蛋裡面有毛，雞有三隻腳，楚國的郢都就是整個天下，犬可以叫做羊，馬可以產卵，蝦蟆有尾巴，火不熱，山有口，車輪沒有著地，眼睛不能看，手指接觸不到物體，如果接觸到就不再分離，烏龜比蛇長，角尺畫不出方形，圓規畫不出圓形，榫眼與榫頭不吻合，飛鳥的影子不曾移動，飛逝的箭有不動不止之時，狗不是犬，黃馬加黑牛一共是三個，白狗是黑色的，喪母的小馬未曾有母親，一尺長的棍棒每天截去一半，萬世也不能分盡。詭辯家就拿這樣的命題與惠施應和，一輩子沒完沒了。

桓團、公孫龍等善辯之流，迷惑人心，改變人的想法，能服人之口不能服人之心，這是善辯之人的侷限。惠施每天用盡心力和人爭辯，也不過是與天下的辯者作怪，這是他的根柢。

然而惠施善辯，自以為最強，他說我大概像天地一樣偉大吧！惠施心存壓倒別人的雄心，卻並不懂真正的道術。南方有個奇異的人叫黃繚，他問天為甚麼不會墜落，地為什麼不會塌陷，風雨雷霆為甚麼會發生。惠施毫不謙讓就回答，不加思索就給答案。他全面闡述萬物的規律，說起來就喋喋不休，話多的沒完沒了，他還覺得講太少，又加進許多奇怪的事。實際違反人情，卻想勝過眾人以求聲名，所以與眾不和。他內在涵養十分薄弱，只向外物逞強，他走的這條路子不是大道啊！從天地大道去看惠施的才能，不過就像一隻蚊蟲在徒勞而已，對萬物有甚麼用呢？他的學問當作一方面的知識還可以，如果能進一步崇尚大道就好了。然而惠施不能在這方面安心下功夫，把自己的心力分散在萬物上不厭倦，最終只落得個善於辯論的名聲。真是可惜啊！以惠施的才氣，卻因放蕩不羈而無所收穫，追逐外物不能返歸正道，就像用聲音去壓倒反響，用形體和影子競走一樣徒勞無益。真是可悲啊！

有關惠施的這一大段，郭象全無批注，只在全書最後發表感想。注1012中稱過去未覽莊子時，聽聞論者談書中連環可解、尺捶不竭之議題，以為莊子亦辯者之流，後讀了莊子本書才知道聽塗說之誤。郭象亦認定詭辯無經國體致，為無用之談。

〈天下篇〉的主旨安在？我共占過兩次，一次是渙卦第五爻動且值宜變成蒙卦。爻辭稱：「渙汗其大號，渙王居，无咎。」〈小象傳〉：「正位也。」渙卦風生水起，正是由近及遠文化傳播之象，前接巽、兌二卦，巽是深入探討天命人事，有所了悟後表述為言說即兌，再由中心往外影響即渙。五爻居君位，大思想家發表主張，可超越時空無遠弗屆，啟蒙無數人心。

另一次為離卦初、四、上爻動，齊變為謙卦。離卦為文明永續之象，〈大象傳〉稱：「明兩作，離。大人以繼明照于四方。」薪盡火傳，光輝燦爛。初爻始創，四爻逐漸衰微甚至滅亡，上爻劫後復興，再現輝煌。謙卦為言之兼，立言兼顧天地人鬼神全面，亨通有終。遇離之謙，給人莫大啟示，離為上經自然演化的最後一卦，人類文明亦經生老病死乃至重生再造的歷程，如易道可信為實，文明永不毀滅。

若依三元九運之說，二〇二四年起舉世進入離九運的廿年，而今俄烏戰爭與中東烽煙瀰漫，大國爭霸糾結難消，甚至有升高為核戰三戰的風險。人類文明能安然度過劫難破舊立新嗎？今日的天下較諸莊子當時又錯綜複雜的多，真心企盼神降明出，聖生王成。

秋水　第十七

秋水為《莊子》中較長的名篇，所謂望洋興嘆、井底之蛙、邯鄲學步、見笑大方等成語，數千年來仍為人所引用，值得玩味。

秋水時至，百川灌河，涇流之大，兩岸渚崖之間，不辯牛馬【注1013】。於是焉河伯欣然自喜，以天下之美為盡在己。順流而東行，至於北海，東面而視，不見水端，於是焉河伯始旋其面目，望洋向若而歎曰：「野語有之曰：聞道百以為莫己若者。我之謂也。且夫我嘗聞少仲尼之聞而輕伯夷之義者，始吾弗信；今我睹子之難窮也，吾非至於子之門則殆矣，吾長見笑於大方之家【注1014】。」

【郭象注1013】言其廣也。

【郭象注1014】知其小而不能自大，則理分有素，跂尚之情無為乎其間。

秋天的大水依時令洶湧而至，眾多小河都匯入黃河，水量之大澎湃洶湧，兩岸與水中沙洲間相距遙遠，看不清牛馬形影。於是河伯沾沾自喜，以為天下最美好的東西都聚集在自己這裡。他順著水流向東而行，到了北海，向東遙望，完全看不到盡頭。於是河伯才改變洋洋自得的神色，仰望海神感嘆道：「俗話說懂得的道理多了，就以為天下沒有人能比得上自己。這正是說我啊！而且我還曾聽說有人看不上孔子的學問，不重視伯夷的道義，開始我還不相信。如今我看到大海您的難以窮盡，要不是來到這裡就糟糕了！我將永遠被參悟大道的人取笑。」

北海若曰：「井蛙不可以語於海者，拘於墟也；夏蟲不可以語於冰者，篤於時也；曲士不可以語於道者，束於教也【注1015】。今爾出於涯涘，觀於大海，乃知爾醜，爾將可與語大理矣【注1016】。天下之水，莫大於海，萬川歸之，不知何時止而不盈；尾閭泄之，不知何時已而不虛；春秋不變，水旱不知。此其過江河之流，不可為量數。而吾未嘗以此自多者，自以比形於天地而受氣於陰陽，吾在天地之間，猶小石小木之在大山也。方存乎見少，又奚以自多【注1017】！計四海之在天地之間也，不似礨空之在大澤乎？計中國之在海內，不似稊米之在太倉乎？號物之數謂之萬，人處一焉；人卒九州，穀食之所生，舟車之所通，人處一焉；此其比萬物也，不似毫末之在於馬體乎【注1018】？五帝之所連，三王之所爭，仁人之所憂，任士之所勞，盡此矣【注1019】。伯夷辭之以為名，仲尼語之以為博，此其自多也，不似爾向之自多於水乎【注1020】！」

【郭象注1015】夫物之所生而安者，趣各有極。

【郭象注1016】以其知分，故可與言理也。

【郭象注1017】窮百川之量而縣於河，河縣於海，海縣於天地，則各有量也。此發辭氣者，有似乎觀大可以明小，尋其意則不然。夫世之所患者，不夷也，故體大者快快然謂小者為無餘，質小者塊然謂大者為至足，是以上下誇企，俯仰自失，此乃生民之所惑也。惑者求正，正之者莫若先極其差而因其所謂。所謂大者至足也，故秋毫無以累乎天地矣；所謂小者無餘也，故天地無以過乎秋毫矣；然後惑者有由而反，各知其極，物安其分，逍遙者用其本步而遊乎自得之場矣。此莊子之所以發德音也。若如惑者之說，轉以小大相傾，則相傾者無窮矣。若夫覩大而不安其小，視少而自以為多，將奔馳於勝負之竟而助天民之矜誇，豈達乎莊生之旨哉！

【郭象注1018】小大之辨，各有階級，不可相企。

【郭象注1019】不出乎一域。

【郭象注1020】物有定域，雖至知不能出焉。故起大小之差，將以申明至理之無辯也。

北海若說：「不可以跟井底之蛙談論大海，因為它們受到居處狹小的限制；不可以跟夏天的蟲子談論冰雪，因為受到時令的侷限；不可以與見識淺陋的書生談論大道，因為他們受到禮教的束縛。如今你走出黃河兩岸，看到了大海，才知道自己的鄙陋，可以跟你談些大道了。天下的水沒有比大海更大的，千萬條河水都匯入大海，沒有停止的時候，而大海並不因此盈滿，海底的尾閭不停地排水，不知何時才會停止，而大海永不枯竭。無論春天或秋天，水位不變；無論水澇或乾旱，海水從不受影響。大海的容量遠遠超過江河的水流，而我從來沒有因此自滿，因為寄託形體於天地，稟受陰陽二氣，我在天地之間，就像塊小石頭小樹苗在大山上一樣，小到微不足道，又哪裡會自以為了不起呢？想想四海在天地之間，不就像螞蟻洞存在於大澤中嗎？中原大地處四海之內，不就像小米粒存在於大糧倉中嗎？人們用萬來形容事物的眾多，而人只是萬物之一；人住滿了九州，所有可以生產穀物糧食與舟車可以到達的地方，以人和萬物相比，那不就像馬身上的毫毛末端那麼小嗎？五帝相承、三王所爭，仁人所憂，扛責者所操勞，都是在這小小的天下啊。伯夷因辭讓而揚名，仲尼談論天下事被認為淵博，這都是自以為了不起，不就像你剛才以河水豐沛而自滿一樣麼？」

井底之蛙的比喻深入人心，又有坐井觀天自以為是之意。易經的井卦另有甚深涵義，前接困卦，後起革卦，為開發潛在資源紓困以期轉型成功。困卦上兌下坎，為澤中無水乾旱之象；井卦上坎下巽，有鑿井及泉以解亢旱之象。泉脈一旦開通，龐大的地下水庫可長期汲引，取之不盡用之不竭。卦辭稱：「改邑不改井，无喪无得，往來井井。」環繞井水之處即有人聚居，城邑可能各種原因改變而遭廢棄，民眾遷徙至新地仍需地上或地下水源充足。孟子講君子深造自得、資深逢源，禪宗講開發自性可生萬法，不增不減，不垢不淨，皆合井、革之義。井卦初爻爻辭：「井泥不食。」井底淤泥積塞。二爻爻辭：「井谷射鮒，甕敝漏。」井管破舊不堪，水淺只能養活些小魚小蝦。這倒頗似井底之蛙的生存情境，拘於墟篤於時。莊子於〈天下篇〉中批判百家眾技為一曲之士，難通大道，這裡則說曲士束於教，不可與之論道。

此處提到中國之在海內，又稱人聚九州，穀食之所生，舟車之所通，頗似《中庸》行文：

「是以聲名洋溢乎中國，施及蠻貊，舟車所至，人力所通，天之所覆，地之所載，日月所照，霜露所墜，凡有血氣者莫不尊親，故曰配天。」莊子以河伯與北海若相遇對話，亦與「小德川流，大德敦化，此天地之所以為大也」意境相似。老子則稱：「江海所以能為百谷王者，以其善下之。」百川匯海，小大之辨，恆給古今哲人興發感慨。

稊米與太倉之喻小大懸殊，所謂渺滄海之一粟，羨長江之無窮。稊為細小的米粒，亦為草木萌生的新葉。大過卦上兌澤下巽木，有澤滅木之象，二爻爻辭稱：「枯楊生稊。」枯萎的楊樹竟然長出了新葉，所謂移花接木又逢春，令人欣喜。

郭象注1017很長，怕人誤解莊子的真意，又犯了羨大嫌小的毛病，遂墜入無窮奔競之苦。逍遙遊裡的大鵬鳥與小麻雀自性具足，一旦澈悟無有高下的真自由後，便能體現齊物論的真平等。這與《老子》首章揭示大道為眾妙之門，次章又化解美惡、善不善的對立相爭同調。往下因河伯大天地而小毫末之問，北海若立與化解，即為此意。

河伯曰：「然則吾大天地而小毫末，可乎？」北海若曰：「否。夫物，量无窮【注1021】，時无止【注1022】，分无常【注1023】，終始无故【注1024】。是故大知觀於遠近，故小而不寡【注1025】，大而不多【注1026】，知量无窮【注1027】；證曏今故【注1028】，故遙而不悶【注1029】，掇而不企【注1030】，知時无止【注1031】；察乎盈虛，故得而不喜，失而不憂，知分之无常也【注1032】；明乎坦途【注1033】，故生而不悅，死而不禍，知終始之不可故也【注1034】。計人之所知，不若其所不知【注1035】；其生之時，不若未生之時【注1036】；以其至小求窮其至大之域，是故迷亂而不能自得也【注1037】。由此觀之，又何以知毫末之足以定至細之倪？又何以知天地之足以窮至大之域【注1038】？」

【郭象注1021】物物各有量。

【郭象注1022】死與生皆時行。

【郭象注1023】得與失皆分。

【郭象注1024】日新也。

【郭象注1025】各自足也。

【郭象注1026】亦無餘也。

【郭象注1027】攬而觀之，知遠近大小之物各有量。

【郭象注1028】鄉，明也。今故，猶古今。

【郭象注1029】遙，長也。

【郭象注1030】掇，猶短也。

【郭象注1031】證明古今，知變化之不止於死生也，故不以長而悒悶，短故為企也。

【郭象注1032】察其一盈一虛，則知分之不常於得也，故能忘其憂喜。

【郭象注1033】死生者，日新之正道也。

【郭象注1034】明終始之日新也，則知故知不可執而留矣，是以涉親而不愕，舍故而不驚，死生之化若一。

【郭象注1035】所知各有限也。

【郭象注1036】生時各有年也。

【郭象注1037】莫若安於所受之分而已。

【郭象注1038】以小求大，理終不得，各安其分，則大小俱足矣。若毫末不求天地之功，則周身之餘，皆為棄物；天地不見大於秋毫，則顧其形象，裁自足耳；將何以知細之定細，大之定大也！

河伯說：「那麼我以天地為大，以毫末為小可以嗎？」北海若說：「不可以。萬物的數量不可窮盡，時間的流逝沒有止境，得與失沒有不變的常規，事物的終結與起始亦無常準。所以具有大智慧的人能通觀遠近大小的各種事物，看到小的不認為就是小，看到大的不認為就是大，因為他知道事物的量是不可窮盡的；證驗明察古往今來時間推移的道理，長壽也不厭倦，命短也不企求，因為他知道時間永無止境；洞悉事物有盈虛消長，得亦不喜，失亦不憂，因為得失本無定規；明白人生到死就是條平坦大道，生亦不喜，死亦不以為禍，因為終了和開始無法由人。算算人能懂的東西，遠遠沒有不懂的東西多；活在世上的時間，遠遠沒有未生的時間多；以極為有限的人生智慧去探討無窮無盡的領域，當然迷茫而得不出答案。由此看來，又怎麼知道毫末就是最小，而天地就是最大的領域呢？」

郭象注1038總結得很好：「以小求大，理終不得，各安其分，則大小俱足矣。」以小求大，就有無量的求不得苦，大小各安其分，自性俱足，世勢太平和樂。乾卦元亨利貞，四德俱全，〈彖傳〉稱：「乾道變化，各正性命，保合太和，乃利貞。」

「量无窮，時无止，分无常，終始无故。」這四句論斷相當地道，看了讓人感喟不已。「計人之所知，不若其所不知。」講的完全正確。我們活在廿一世紀，對宇宙時空的奧秘不知道的還太多太多，真有一百數十億年前的大霹靂開天闢地嗎？如果有，那之前是甚麼？有甚麼沒有甚麼？宇宙星系無量，無論生生滅滅，未來還會繼續擴充嗎？還是會反向收縮最後又回到奇異點，然後再開始？科學家有言，我們目前的太空探測大約只知曉百分之五的物質，其他有百分之二十以上的暗物質探測不到，更有龐大的暗能量全屬未知。

我針對這樣的說法做過占測，得出大畜卦初、二爻動，齊變有艮卦之象。大畜下卦乾健行、上卦艮阻止，健行遇阻不易突破，初、二爻歷練尚淺，更難推進，遂有內外皆止之象。初爻爻辭：「有厲，利已。」〈小象傳〉：「不犯災也。」二爻爻辭：「輿脫輹。」車下連軸橫木脫落，無法行進。〈大象傳〉：「君子以多識前言往行以畜其德。」大畜前接復、无妄二卦，實即人類智識所及長期積累的資料庫，必須不斷擴充進展至上爻才能大通特通，盡曉天地宇宙的奧秘。上爻爻辭稱：「何天之衢，亨。」〈小象傳〉：「道大行也。」爻變成泰卦，天地交而萬物通，下接頤卦，徹底清楚廣宇悠宙的生態格局。人類目前所知確實有限，且寄望將來能突破吧！

我再問未來真能更進一步了解宇宙的奧秘嗎？為不變的蹇卦，外坎險內艮止，著實不易。〈大象傳〉稱：「君子以反身修德。」可能返求內心才是突破之機，古聖先賢各教大德的精誠修煉或許真有所見。曾任台灣大學校長的李嗣涔，一直持續研究特異功能，他於二十多年前亦聽過我一季易經入門的課，曾說因光速難以超越的限制，人類以發射重力火箭方式的太空旅行注定去不了哪裡，未來真要有所突破還得靠內心意念的凝煉投射，似乎亦有所見。

乾為天命流行，乾亦為心，心力不可思議，無遠弗屆，瞬息可至。〈下經〉演示與天道相應的人事，咸、恒二卦為首，〈彖傳〉末皆讚嘆：「觀其所感，而天地萬物之情可見矣！」「觀其所恆，而天地萬物之情可見矣！」〈雜卦傳〉：「咸，速也；恒，久也。」心力所感知如何能速呢？〈繫辭傳〉稱：「无有遠近幽深，遂知來物，非天下之至精，其孰能與於此……易，无思也，无為也，寂然不動，感而遂通天下之故，非天下之至神，其孰能與於此……唯神也，故不疾而速，不行而至。」其實易占就是起心動念提問，沒有任何時空距離的限制，所謂至精至變至神，這些都值得我們認真感悟。

延續前述的疑問，我最後問所謂暗能量應如何看待？得出不變的頤卦，這就明確顯示亦為一有續的生態結構，只是我們仍未能知悉內情而已。莊子〈養生主〉開篇即言：「吾生也有涯，而知也无涯，以有涯隨无涯，殆已！」董仲舒《春秋繁露．考功名》稱：「明所從生，不可為源；善所從出，不可為端。」南宋呂祖謙言：「理未易察，善未易明。」源與端永遠可能在更深處，不必輕下結論。

易卦六畫體現天地人三才的互動，實則不只如此。〈文言傳〉解乾卦君位飛龍在天稱：「大人者，與天地合其德，與日月合其明，與四時合其序，與鬼神合其吉凶，先天而天弗違，後天而奉天時。天且弗違，而況於人乎？況於鬼神乎？」大人修為至高，還在聖人賢人之上，可通天地人鬼神一切有形無形的存在。鬼神並非神秘，人死曰鬼，有深刻影響於後世者即神，雖已遁滅無形，卻或少或多仍發揮作用。暗物質仍有形，暗能量應無形，遠多於可見物質不足為奇。

謙、豐二卦的〈彖傳〉亦全面探討天地人鬼神的關係。謙和受益、豐滿招損，放諸宇宙而皆準。謙卦排序第十五，為九宮數；豐卦排序第五十五，為一到十總合的天地之數。豐卦〈彖傳〉末讚稱：「天地盈虛，與時消息，而況於人乎？況於鬼神乎？」易經的理氣象數確實值得玩味。

河伯曰：「世之議者皆曰：至精无形，至大不可圍。是信情乎？」

北海若曰：「夫自細視大者不盡，自大視細者不明【注1039】。夫精，小之微也；垺，大之殷也。故異便【注1040】，此勢之有也【注1041】。夫精粗者，期於有形者也【注1042】；无形者，數之所不能分也；不可圍者，數之所不能窮也。可以言論者，物之粗也；可以意致者，物之精也；言之所不能論，意之所不能察致者，不期精粗焉【注1043】。」

【郭象注1039】目之所見有常極，不能無窮也，故於大則有所不盡，於細則有所不明，直是目之所不逮耳。精與大皆非無也，庸詎知無形而不可圍者哉！

【郭象注1040】大小異，故所便不得同。

【郭象注1041】若無形而不可圍，則無此異便之勢也。

【郭象注1042】有精粗矣，故不得無形。

【郭象注1043】唯無而已，何精粗之有哉！夫言意者有也，而所言所意者無也，故求之於言意之表，而入乎無言無意之域，而後至焉。

河伯說：「世間愛議論的人都說：最精微的東西無形跡可尋，最巨大的事物無法限定範圍，這是真實可信的嗎？」北海若說：「從細微的東西去看巨大的事物，不可能看到全面的範圍；從巨大的事物去看細微的東西，不可能看的清楚。所謂精微，是小中之小；所謂巨大，是大中之大。它們各有其合宜之處，這是萬物固有的態勢。所謂精細與粗大，僅限於有形的東西；至於無形的事物，是無法用數量來剖析的；看不到外圍的東西，也無法用數量去計算。可以言語去描述的，只限粗淺的外表；必須用心意去體會的，才是內在精細的蘊含。言語不能描述，心意都難體會的，也就更無所謂精細或粗大了。」

是故大人之行，不出乎害人【注1044】，不多仁恩【注1045】；動不為利【注1046】，不賤門隸【注1047】；貨財弗爭【注1048】，不多辭讓【注1049】；事焉不借人【注1050】，不多食乎力【注1051】，不賤貪汙【注1052】；行殊乎俗【注1053】，不多辟異【注1054】；為在從眾【注1055】，不賤佞諂【注1056】；世之爵祿不足以為勸，戮恥不足以為辱【注1057】；知是非之不可為分，細大之不可為倪【注1058】。聞曰：道人不聞【注1059】，至德不得【注1060】，大人无己【注1061】。約分之至也【注1062】。

【郭象注1044】大人者，無意而任天行也。舉足而投諸吉地，豈出害人之途哉！

【郭象注1045】無害而不自多其恩。

【郭象注1046】應理而動，而理自無害。

【郭象注1047】任其所能而位當於斯耳，非由賤之故措之斯職。

【郭象注1048】各使分定。
【郭象注1049】適中而已。
【郭象注1050】各使自任。
【郭象注1051】足而已。
【郭象注1052】理自無欲。
【郭象注1053】已獨無可無不可，所以與俗殊。
【郭象注1054】任理而自殊也。
【郭象注1055】從眾之所為也。
【郭象注1056】自然正直。
【郭象注1057】外事不接於心。
【郭象注1058】故玄同也。
【郭象注1059】任物而物性自通，則功名歸物矣，故不聞。
【郭象注1060】得者，生於失也；物各無失，則得名去也。
【郭象注1061】任物而已。
【郭象注1062】約之以至其分，故冥也，夫唯極乎無形而不可圍者為然。

所以修為至高的大人處世，既不去傷害別人，也不會讚賞仁慈給人恩惠；無論做甚麼都不是為了私利，也絕不會看輕守門差役的人；不爭貨財，也不推重謙和辭讓；凡事從不借重他人力量，也不提倡自食其力，或鄙夷貪婪汙穢；行為不同流俗，卻也不標新立異；隨順大眾，並不鄙夷奉承諂媚；世間的高官厚祿都不動心，刑戮侮辱也不認為羞恥；知道是非界線很難劃分清楚，大小標準難以界定。聽人說：有道之人不求聞達於世，至德之人不計較得失，大人渾然忘我。這就是約束自我又恰如其分的最高境界。

莊子此處也提到大人的境界，可與易經的大人相參證。離卦象徵人類文明的永續發展，〈大象傳〉獨稱：「大人以繼明照于四方。」終而有始，薪盡火傳，永無止息。

河伯曰：「若物之外，若物之內，惡至而倪貴賤？惡至而倪小大？」

北海若曰：「以道觀之，物无貴賤【注1063】；以物觀之，自貴而相賤【注1064】；以俗觀之，貴賤不在己【注1065】。以差觀之，因其所大而大之，則萬物莫不大；因其所小而小之，則萬物莫不小；知天地之為稊米也，知毫末之為丘山也，則差數覩矣【注1066】。以功觀之，因其所有而有之，則萬物莫不有；因其所无而有之，則萬物莫不无；知東西之相反而不可以相无，則功分定矣【注1067】。以趣觀之，因其所然而然之，則萬物莫不然；因其所非而非之，則萬物莫不非；知堯、桀之自然而相非，則趣操覩矣【注1068】。」

【郭象注1063】各自足也。

【郭象注1064】此區區者，乃道之所錯綜而齊之也。

【郭象注1065】斯所謂倒置也。

【郭象注1066】所大者，足也；所小者，無餘也。故因其性足以名大，則毫末丘山不得異其名；因其無餘以稱小，則天地稊米無所殊其稱。若夫觀差而不由斯道，則差數相加，幾微相傾，不可勝察也。

【郭象注1067】天下莫不相與為彼我，而彼我皆欲自為，斯東西之相反也。然彼我相與為脣齒，脣齒者未嘗相為，而脣亡則齒寒。故彼之自為，濟我之功弘矣，斯相反而不可以相無者也。故因其自為而無其功，則天下之功莫不皆無矣；因其不可相無而有其功，則天下之功莫不皆有矣。若乃忘其自為之功而思夫相為之惠，惠之愈勤而偽薄滋甚，天下失業而情性爛漫矣，故其功分無時可定也。

【郭象注1068】物皆自然，故無不然；物皆相非，故無不非。無不非，則無然矣；無不然，則無非矣。無然無非者，堯也；有然有非者，桀也。然此二君，各受天素，不能相為，故因堯、桀以觀天下之趣操，其不能相為也可見矣。

河伯說：「無論對事物的表面現象還是內在本質，怎麼才能區分其貴賤，怎麼才能判定其大小？」北海若說：「以大道來看，萬物沒有貴賤之分；以萬物來看，都自以為貴而以他物為賤；以世俗觀點來看，貴賤不能由自己決定。以萬物都有差別來看，順著大的一面去觀察就認為它大，那麼萬物就沒有甚麼不是大的；順著小的一面去觀察就認為它小，那麼萬物就沒有甚麼不是小的。如果懂得天地雖大，在更大的事物前也小如米粒，毫末雖小，在更小的事物前也大如丘山，那就明白了事物之間相對差別的道理。依事物的功用來看，就其有用的一面去觀察就會認為有用，那麼萬物就都有用，從其沒用的一面去觀察就會認為沒用，那麼萬物就都沒用。懂得了東方與西方相反卻又缺一不可，就明白了事物各有功用的道理。從人們的價值趨向來看，就某種事物正確的一面去觀察，就會認為它正確，萬物就沒有甚麼不正確；就其錯誤的一面去觀察，就會認為它錯誤，萬物就沒有甚麼正確；知道唐堯和夏桀都自以為正確而相互否定對方，就明白了價值趨向不同的道理。」

昔者堯、舜讓而帝，之、噲讓而絕；湯、武爭而王，白公爭而滅【注1069】。由此觀之，爭讓之禮，堯、桀之行，貴賤有時，未可以為常也。梁麗可以衝城，而不可以窒穴，言殊器也。騏驥、驊騮一日而馳千里，捕鼠不如狸狌，言殊技也。鴟鵂夜撮蚤，察毫末，晝出瞋目而不見丘山，言殊性也【注1070】。故曰：蓋師是而无非，師治而无亂乎？是未明天地之理、萬物之情者也【注1071】，是猶師天而无地，師陰而无陽，其不可行明矣。然且語而不舍，非愚則誣也【注1072】。帝王殊禪，三代殊繼。差其時逆其俗者，謂之篡夫；當其時順其俗者，謂之義之徒。默默乎河伯！汝惡知貴賤之門、小大之家【注1073】！

【郭象注1069】夫順天應人而受天下者，其跡則爭讓之跡也。尋其跡者，失其所以跡矣，故絕滅也。

【郭象注1070】就其殊而任之，則萬物莫不當也。

【郭象注1071】夫天地之理，萬物之情，以得我為是，失我為非，適性為治，失和為亂。然物無定極，我無常適，殊性異使，是非無主。若以我之所是，則彼不得非，此知我而不見彼者耳。故以道觀者，於是非無當也，付之天均，恣之兩行，則殊方異類，同為皆得也。

【郭象注1072】天地陰陽，對生也；是非治亂，互有也；將奚去哉？

【郭象注1073】俗之所貴，有時而賤；物之所大，世或小之。故順物之跡，不得不殊，斯五帝三王之所以不同也。

從前唐堯、虞舜禪讓而稱帝，宰相子之、燕王噲禪讓而幾乎亡國；商湯、周武王武力爭奪而登上王位，白公勝爭奪王位卻遭殺身之禍。由此看來，爭奪或禪讓的禮制，唐堯和夏桀的行為，受到尊重或鄙夷，都因時而異，沒有定準。大木梁可以用來衝撞城門，卻不能用來堵塞洞穴，因為器物的作用不同。騏驥、驊騮一日可行千里，捕捉老鼠卻不如野貓和黃鼠狼，這是因為技能不同。貓頭鷹晚上可以抓跳蚤，看清毫毛的末端，然而大白天睜大眼睛卻看不到山丘，這是因為稟性不同。所以說：怎麼只看重對的一面而忽略不對的一面，看重治而忽略亂呢？這樣做是沒明白天地之理和萬物之實情啊！就像效法上天而忽略大地，效法陰氣而忽略陽氣一樣，不可行是很清楚的。然而人們還一直談論這種做法不肯放棄，不是愚笨就是有意欺騙。遠古帝王的禪讓各不相同，夏商周三代的繼承也不一樣。不合時宜違背習俗的，稱為篡逆之徒；合乎時宜順應習俗的，就是正義之士。別再說了河伯！你哪裡懂得貴賤之分、大小之別啊！

河伯曰：「然則我何為乎？何不為乎？吾辭受趣舍，吾終奈何？」

北海若曰：「以道觀之，何貴何賤，是謂反衍【注1074】，无拘而志，與道大蹇【注1075】。何少何多，是謂謝施【注1076】，无一而行，與道參差【注1077】。嚴乎若國之有君，其无私德【注1078】；繇繇乎若祭之有社，其无私福【注1079】；汎汎乎其若四方之无窮，其无所畛域【注1080】，兼懷萬物，其孰承翼【注1081】？是謂无方【注1082】。萬物一齊，孰短孰長【注1083】？道无終始，物有死生【注1084】，不恃其成【注1085】；一虛一滿，不位乎其形【注1086】。年不可舉【注1087】，時不可止【注1088】；消息盈虛，終則有始【注1089】。是所以語大義之方，論萬物之理也。物之生也，若驟若馳【注1090】，无動而不變，无時而不移【注1091】。何為乎？何不為乎？夫固將自化【注1092】。」

【郭象注1074】貴賤之道，反覆相尋。

【郭象注1075】自拘執則不夷於道。

【郭象注1076】隨其分，則所施無常。

【郭象注1077】不能隨變，則不齊於道。

【郭象注1078】公當而已。

【郭象注1079】天下之所同求。

【郭象注1080】泛泛然無所在。

【郭象注1081】物掩御群生，反之分內而平往者也，豈扶疏而承翼哉！

【郭象注1082】無方，故能以萬物為方。

【郭象注1083】莫不皆足。

【郭象注1084】死生者，無窮之變耳，非終始也。

【郭象注1085】成無常處。

【郭象注1086】不以形為位，而守之不變。

【郭象注1087】欲舉之令去而不能。

【郭象注1088】欲止之使停又不可。

【郭象注1089】變化日新，未嘗守故。

【郭象注1090】但當就用耳。

【郭象注1091】故不可執而守。

【郭象注1092】若有為不為於其間，則敗其自化矣。

河伯說：「那我該幹些啥？又不該幹些啥呢？我將怎樣推辭或接納，趨就或捨棄，我究竟應該怎麼辦？」北海若說：「從大道來看，甚麼是貴甚麼是賤，是反覆變化的，不必束縛你的心志而與大道相違。甚麼是少甚麼是多，其實是相互交替的，不要一成不變而與大道不一致。端莊嚴肅就像一國之君，沒有一點偏私的恩惠；悠然自得就像受人祭祀的土神，沒有偏私的賜福；心胸寬廣像無邊無際的大地，兼蓄包容萬物，沒有偏私庇護。宇宙萬物本是混沌齊一，孰優孰劣？大道沒有終始，萬物卻有死生，因而不能依仗一時的成功；時而空虛時而充實，不會固守於某一不變的形態。歲月流逝不停，時光永不終止，消退、生長、充實、空虛，終結後又重新開始。這就是我要告訴你的大道法則，以及你想聽的萬物之理。萬物一旦出生，就像駿馬飛奔一樣，無時不在變動轉化中。你應該幹甚麼？不應該幹甚麼？萬物都會自然地變化。」

「消息盈虛，終則有始。」即是大義之方，萬物之理，易經所述亦為如此。乾卦〈彖傳〉：「大明終始，六位時成。」蠱卦〈彖傳〉：「終則有始，天行也。」剝卦〈彖傳〉：「君子尚消息盈虛，天行也。」恒卦〈彖傳〉：「天地之道，恒久而不已也。利有攸往，終則有始也。」損卦〈彖傳〉：「損益盈虛，與時偕行。」

河伯曰：「然則何貴於道邪【注1093】？」北海若曰：「知道者必達於理，達於理者必明於權，明於權者不以物害己【注1094】。至德者，火弗能熱，水弗能溺，寒暑弗能害，禽獸弗能賊【注1095】。非謂其薄之也【注1096】，言察乎安危【注1097】，寧於禍福【注1098】，謹於去就【注1099】，莫之能害也【注1100】。故曰：天在內，人在外【注1101】，德在乎天【注1102】。知天人之行，本乎天，位乎得【注1103】，蹢躅而屈伸【注1104】，反要而語極【注1105】。」

【郭象注1093】以其自化。

【郭象注1094】知道者，知其無能也；無能也，則何能生我？我自然而生耳，而四支百體，五藏精神，已不為而自成矣，又何有意乎生成之後哉！

【郭象注1095】夫天心之所安，則危不能危；意無不適，故苦不能苦也。

【郭象注1096】雖心所安，亦不使犯之。

【郭象注1097】知其不可逃也。
【郭象注1098】安乎命之所遇。
【郭象注1099】審去就之非己。
【郭象注1100】不以害為害，故莫之能害。
【郭象注1101】天然在內，而天然之所順者在外，故大宗師云，知天人之所為者至矣，明內外之分皆非為也。
【郭象注1102】恣人任知，則流蕩失素也。
【郭象注1103】此天然之知，自行而不出乎分者也，故雖行於外，而常本乎天而位乎得矣。
【郭象注1104】與機會相應者，有斯變也。
【郭象注1105】知雖落天地，事雖接萬物，而常不失其要極，故天人之道全也。

河伯說：「既然如此，為什麼還要看重大道呢？」北海若說：「懂得大道的人必定通達事理，通達事理必定知道權變，知道權變就不會讓萬物傷害自己。有至德之人，火不能燒灼，水不能淹溺，嚴寒酷暑不能侵襲，禽獸不能傷害。這不是說他們故意去觸犯水火寒暑禽獸，而是能明察安危，安寧度過禍福，謹慎選擇取捨，所以不受任何傷害。所以說：天道含蘊於內，人事體現在外，德行須順應自然。明白了天道的規律與人事的法則，就得依乎天道，發為德行，根據不同情況或屈或伸，或進或退，返歸大道研究至理。」

知道達理明權，權變無方為甚深境界。《論語．子罕篇》記子曰：「可與共學，未可與適道；可與適道，未可與立；可與立，未可與權。」〈繫辭傳〉論處亂世的憂患九卦，最高的為巽卦，稱讚為「巽以行權」。

至德者火弗能熱，水弗能溺，莊子多篇皆有強調。〈逍遙遊〉中藐姑射之山的神人，大浸稽天而不溺，大旱金石流，土山焦而不熱。〈齊物論〉中的至人，大澤焚而不能熱，河漢沍而不能寒。〈大宗師〉中的真人，入水不濡，入火不熱。

河伯曰：「何謂天？何謂人？」北海若曰：「牛馬四足，是謂天；落馬首，穿牛鼻，是謂人【注1106】。故曰：无以人滅天【注1107】，无以故滅命【注1108】，无以得殉名【注1109】。謹守而勿失，是謂反其真【注1110】。」

【郭象注1106】人之生也，可不服牛乘馬乎？服牛乘馬，可不穿落之乎？牛馬不辭穿落者，天命之固當也。苟當乎天命，則雖寄之人事，而本在乎天也。

【郭象注1107】穿落之可也，若乃走作過分，驅步失節，則天理滅矣。

【郭象注1108】不因其自為而故為之者，命其安在乎！

【郭象注1109】所得有常分，殉名則過也。

【郭象注1110】真在性命之內。

河伯問：「甚麼是天然？甚麼是人為？」北海若說：「牛馬生來就有四隻腳，這是天然；用籠頭套住馬頭，繩索穿過牛鼻，就是人為。所以說：不要用人為的東西去破壞自然，不要用有意的作為傷害天命，不要拚命獲取虛名，要小心守護好天性而不迷失，這就叫返本歸真。」

夔憐蚿，蚿憐蛇，蛇憐風，風憐目，目憐心。

夔謂蚿曰：「吾以一足趻踔而行，予无如矣！今子之使萬足，獨奈何？」蚿曰：「不然。子不見夫唾者乎？噴則大者如珠，小者如霧，雜而下者不可勝數也。今予動吾天機，而不知其所以然。」

蚿謂蛇曰：「吾以眾足而行，而不及子之無足，何也？」蛇曰：「夫天機之所動，何可易邪？吾安用足哉【注1111】？」

蛇謂風曰：「予動吾脊脅而行，則有似也。今子蓬蓬然起於北海，蓬蓬然入於南海，而似无有，何也？」

風曰：「然。予蓬蓬然起於北海而入於南海也，然而指我則勝我，鰌我亦勝我。雖然，夫折大木，蜚大屋者，唯我能也，故以眾小不勝為大勝也。為大勝者，唯聖人能之【注1112】。」

【郭象注1111】物之生也，非知生而生也，則生之行也，豈知行而行哉！故足不知所以行，目不知所以見，心不知所以知，俛然而自得矣。遲速之節，聰明之鑒，或能或否，皆非我也。而惑者因欲有其身而矜其能，所以逆其天機而傷其神器也。至人知天機之不可易也，故損聰明，棄知慮，魄然忘其所為而任其自動，故萬物無動而不逍遙也。

【郭象注1112】恣其天機，無所與爭，斯小不勝者也。然乘萬物御群材之所為，使群材各自得，萬物各自為，則天下莫不逍遙矣，此乃聖人所以為大勝也。

獨腳的夔羨慕多腳的蚿，多腳的蚿羨慕無腳的蛇，無腳的蛇羨慕無形的風，無形的風羨慕不用行動就能看得很遠的眼睛，眼睛羨慕瞬間可到各處的心靈。

夔對蚿說：「我用一隻腳跳著走，誰都比不上我。現在看你用上萬隻腳走路，是怎麼辦到的呢？」蚿說：「不是這樣。你沒看過吐唾沫的情形嗎？噴出的唾沫大的像珠子，小的像霧水，混雜而下不可以數計。我只是依本能行走，自己也不知道為何能這樣。」

蚿對蛇說：「我用那麼多腳走路，還不及你沒腳走的快，這是甚麼原因啊？」蛇說：「我是依本能行動，本能怎麼會改變呢？我哪裡用得著腳呢？」

蛇對風說：「我是依靠運動脊背和腰部而行走，就像有腳一樣。如今你呼呼起於北海，呼呼吹到南海，好像沒有腳啊，是怎麼做到的呢？」風說：「是啊。我呼呼起於北海，呼呼吹到南海，人們用手指阻攔我，用腳踢我，都可勝過我。雖然這樣，折斷大木、掀翻高屋，也只有我能辦到。這是以眾多的小不勝而獲取大勝，獲取大勝只有聖人才能做到。」

孔子遊於匡，宋人圍之數匝，而弦歌不輟。子路入見曰：「何夫子之娛也？」孔子曰：「來，吾語汝。我諱窮久矣，而不免，命也；求通久矣，而不得，時也【注1113】。當堯、舜而天下无窮人，非知得也；當桀、紂而天下无通人，非知失也，時勢適然【注1114】。夫水行不避蛟龍者，漁夫之勇也；陸行不避兕虎者，獵夫之勇也；白刃交於前，視死若生者，烈士之勇也【注1115】；知窮之有命，知通之有時，臨大難而不懼者，聖人之勇也【注1116】。由，處矣！吾命有所制矣【注1117】！」

无幾何，將甲者進，辭曰：「以為陽虎也，故圍之。今非也，請辭而退。」

【郭象注1113】將明時命之固當，故寄之求諱。

【郭象注1114】無為勞心於窮通之間。

【郭象注1115】情各有所安。

【郭象注1116】聖人則無所不安。

【郭象注1117】命非己制，故無所用其心也。夫安於命者，無往而非逍遙矣，故雖匡陳羑里，無異於紫極閒堂也。

孔子周遊列國到了匡地，宋國人把他重重圍住，夫子依然彈琴教課不斷。子路求見老師說：「先生怎麼還這麼快樂呢？」

孔子說：「過來，我告訴你。我討厭困窘的處境已經很久，卻始終擺脫不了，這是命中註定啊！我想求通亦不得，這是時運所限。當堯、舜的時代，天下沒有困窮的人，並不是因為他們智慧高超；在桀、紂的時代，天下沒有處境順利的人，並不是因為他們智慧低下，完全是時勢使然。在水裡活動而不躲避蛟龍，這是漁夫的勇敢；在陸地活動而不躲避犀牛猛虎，這是獵人的勇敢；刀劍交錯於前視死如生，這是壯士的勇敢；知道處境困窘是命中註定，處境順利是時運造成，面臨大難而不畏懼，這是聖人的勇敢。仲由你安心吧，我的境遇是命中註定的。」

沒過多久，統領士卒的人進來道歉，說：「我們以為您是陽虎啊，所以才包圍這兒。現在搞清楚了，請接受我的道歉讓我們撤退。」

「水行不避蛟龍，陸行不遇兕虎。」似乎受了《老子》的影響，見第五十章：「蓋聞善攝生者，陸行不遇兕虎，入軍不被甲兵。兕無所投其角，虎無所措其爪，兵無所容其刃，夫何故？以其無死地。」

公孫龍問於魏牟曰：「龍少學先王之道，長而明仁義之行；合同異，離堅白；然不然，可不可；困百家之知，窮眾口之辯；吾自以為至達已。今吾聞莊子之言，汒焉異之。不知論之不及與？知之弗若與？今吾无所開吾喙，敢問其方。」

公子牟隱机大息，仰天而笑，曰：「子獨不聞夫埳井之蛙乎？謂東海之鼈曰：吾樂與！出跳梁乎井幹之上，入休乎缺甃之崖；赴水則接腋持頤，蹶泥則沒足滅跗，還虷、蟹與科斗，莫吾能若也！且夫擅一壑之水，而跨跱埳井之樂，此亦至矣。夫子奚不時來入觀乎【注1118】？東海之鼈左足未入，而右膝已縶矣【注1119】，於是逡巡而卻，告之海曰：夫千里之遠，不足以舉其大；千仞之高，不足以極其深。禹之時十年九潦，而水弗為加益；湯之時八年七旱，而崖不為加損。夫不為頃久推移，不以多少進退者，此亦東海之大樂也。於是埳井之蛙聞之，適適然驚，規規然自失也【注1120】。」

【郭象注1118】此猶小鳥之自足於蓬蒿。

【郭象注1119】明大之不游於小，非樂然。

【郭象注1120】以小羡大，故自失。

公孫龍問魏牟說：「我年少時學習古代聖王之道，長大後明白了行仁義的道理；提出「合同異」的主張，研究「離堅白」的命題；把不正確的說成正確，不可以的說成可以；難倒百家各派的學者，屈服大家的議論；我自以為最為通達。如今我聽了莊子的言論，感到茫然奇異。不知道是我論辯不及呢，還是智慧不如他？現在我只好不開口了，請問這是甚麼緣故？」

公子牟靠著几案嘆息，又仰天大笑道：「你沒聽說過井底之蛙的故事嗎？牠對東海裡的鱉說：我好快樂啊，我在外邊的井欄上跳來跳去，累了就到井內的破磚壁旁休息；在水裡游時井水架著腋窩，托著下巴；跳入泥中泥水埋沒腳背，看看那些小蟲、小螃蟹和小蝌蚪，都比不上我啊。我把持住整個井水，獨佔所有的快樂，先生何不常來參觀參觀呢？東海的鱉左腳還沒伸進去，右膝已被井口卡住了，於是只好慢慢退出來，並將大海的情況告訴井蛙：千里之遠無法形容其遼闊，千仞之高無法形容其深邃。大禹王之時，十年中有九年都淹水，而海水也沒有因此上漲；商湯之時八年中有七年大旱，海水也沒有減退。不因時間長短而改變，不因旱澇而有漲落，這是生活在大海中的快樂啊！井蛙聽了大吃一驚，茫然若失。」

〈齊物論〉一開頭即稱：隱机「南郭子綦隱机而坐，仰天而噓，荅焉似喪其偶。」很放鬆很舒服地靠在几案前，寬袍大袖遮住了他人視線，看不到几案了。魏牟是魏國的公子，故稱公子牟。這裡又提井底之蛙，缺甃之崖的甃字，井卦第四爻稱：「井甃，无咎。」〈小象傳〉：「修井也。」甃是井中磚砌的牆壁，崖是牆邊，缺甃之崖可見破落失修。

且夫知不知是非之境，而猶欲觀於莊子之言，是猶使蚉負山，商蚷馳河也，必不勝任矣【注1121】！且夫知不知論極妙之言，而自適一時之利者，是非埳井之蛙與？且彼方跐黃泉而登大皇，无南无北，奭然四解，淪於不測；无東无西，始於玄冥，反於大通【注1122】。子乃規規然而求之以察，索之以辯【注1123】，是直用管闚天，用錐指地也，不亦小乎？子往矣【注1124】！且子獨不聞夫壽陵餘子之學行於邯鄲與？未得國能，又失其故行矣，直匍匐而歸耳【注1125】。今子不去，將忘子之故，失子之業。

公孫龍口呿而不合，舌舉而不下，乃逸而走。

【郭象注1121】物各有分，不可強相希效。

【郭象注1122】言其無不至也。

【郭象注1123】夫遊無窮者，非察辯所得。

【郭象注1124】非其任者，去之可也。

【郭象注1125】以此效彼，兩失之。

現在你公孫龍的才智不夠明白是非，卻還想去了解莊子的言論，就像是要讓蚊子揹起大山，小蟲在大河裡跑一樣，肯定無法勝任。並且你的聰明還不夠格去談精深微妙的理論，就以為佔了上風而沾沾自喜，這不就像是淺井之蛙一樣嗎？況且莊子的理論下至地底上登雲天，不分南北通達無礙，深不可測；不分東西始於幽深玄妙，終於無所不通的大道境界。你卻用瑣碎的觀察與他詭辯，這簡直是用竹管去觀天，用錐子去測地一樣，不是太渺小了嗎？你走吧！你難道沒有聽說過燕國壽陵的小子到趙國邯鄲去學走路的事嗎？結果不但沒學會還忘掉了自己原來的走路方式，最後只好爬著回去。現在你還不離開，將會忘掉原有的技能，喪失本來的專業。

公孫龍聽後，驚的張大了嘴無法合攏，舌頭翹起放不下來，趕快逃走了。

以管窺天，所見者小。邯鄲學步，應是戰國時的傳說，莊子用來譏諷學人不成反而喪失自我，值得警惕。中國近代以來崇洋媚外者眾，沒學到精華只有糟粕，卻完全喪失了固有文化的神髓，可謂比比皆是。

莊子釣於濮水，楚王使大夫二人往先焉，曰：「願以境內累矣。」

莊子持竿不顧，曰：「吾聞楚有神龜，死已三千歲矣，王巾笥而藏之廟堂之上。此龜者，寧其死為留骨而貴乎？寧其生而曳尾於塗中乎？」二大夫曰：「寧生而曳尾塗中。」

莊子曰：「往矣！吾將曳尾於塗中【注1126】。」

【郭象注1126】性各有所安也。

莊子在濮水邊垂釣，楚王派兩位大夫去拜訪他，說：「我們希望將楚國的政務託付給先生。」莊子手持釣竿頭沒回，說：「我聽說楚國有隻神龜，已經死了三千年了，楚王將牠的甲骨用絲巾包好放在箱子裡，珍藏在廟堂上。這隻烏龜是願意死後留下骨頭讓人尊崇呢？還是寧願拖著尾巴活在爛泥中呢？」兩位大夫說：「當然是希望拖著尾巴活在爛泥中。」莊子說：「請回吧，我要拖著尾巴活在爛泥中。」

惠子相梁，莊子往見之。或謂惠子曰：「莊子來，欲代子相。」於是惠子恐，搜於國中三日三夜【注1127】。

莊子往見之，曰：「南方有鳥，其名鵷鶵，子知之乎？夫鵷鶵，發於南海，而飛於北海，非梧桐不止，非練實不食，非醴泉不飲。於是鴟得腐鼠，鵷鶵過之，仰而視之曰：嚇！今子欲以子之梁國而嚇我邪【注1128】？」

【郭象注1127】揚兵整旅。

【郭象注1128】言物嗜好不同，願各有極。

惠子在梁國當宰相，莊子去看望他。有人對惠子說：「莊子來，是想取代你當宰相。」於是惠子恐慌起來，派人在都城裡搜尋莊子，找了三天三夜。

莊子去見他說：「南方有種鳥，名叫鵷鶵，你知道嗎？鵷鶵從南海出發，飛往北海，途中除了梧桐樹不落下來休息，除了竹子的果實外不進食，除了甜美的泉水不喝。這時有隻貓頭鷹抓到一隻腐爛的老鼠，看到鵷鶵飛過時，抬頭盯著怒吼道：嚇！現在你也想為你的梁國而嚇我嗎？」

鵷鶵據說與鳳凰相似，只棲息於梧桐樹上，非醴泉不飲。舜時善政呈祥，鳳凰來儀。毓老師在台教學一甲子，曾稱：「不有梧桐樹，焉招鳳凰來？」

莊子與惠子遊於濠梁之上。莊子曰：「儵魚出游從容，是魚樂也。」惠子曰：「子非魚，安知魚之樂？」莊子曰：「子非我，安知我不知魚之樂【注1129】？」惠子曰：「我非子，固不知子矣；子固非魚也，子之不知魚之樂，全矣【注1130】。」莊子曰：「請循其本。子曰汝安知魚樂云者，既已知吾知之而問我，我知之濠上也【注1131】。」

【郭象注1129】欲以起明相非而不可以相知之義耳。子非我，尚可以知我之非魚，則我非魚，亦可以知魚之樂也。

【郭象注1130】令其本言而給辯以難也。

【郭象注1131】尋惠子之本言云：「非魚則無緣相知耳。今子非我也，而云汝安知魚樂者，是知我之非魚也。苟知我之非魚，則凡相知者，果可以此知彼，不待是魚然後知魚也。故循子安知之云，已知吾之所知矣。而方復問我，我正知之於濠上耳，豈待入水哉！」夫物之所生而安者，天地不能易其處，陰陽不能回其業，故以陸生之所安，知水生之所樂，未足稱妙耳。

莊子和惠子在濠水的橋上遊玩。莊子說：「鯈魚在水中悠游，一定很快樂吧！」惠子說：「你又不是魚，怎麼知道牠快不快樂？」莊子說：「你不是我，怎麼知道我不知魚之樂？」惠子說：「我不是你，確實不知道你；但你也不是魚，自然也不知道魚的快樂，這個結論沒問題吧？」莊子說：「我們還是回到原來的問題上來，你說你怎麼知道魚快樂，那就表示你已經承認我知道魚快樂，現在我告訴你，我是站在濠水橋上觀察到的啊！」

〈秋水篇〉的主旨為何？我占得漸卦五、上爻動，上爻值宜變為蹇卦，兩爻齊變為謙卦。漸為水流曲折終至大海之意，又以鴻雁群飛井然有序為象，五爻「鴻漸于陵」，突破困難飛登大山之巔，終償夙願。上爻爻辭：「鴻漸于陸，其羽可用為儀，吉。」功成不居，身退而不離群，正是修行有素的道家風範。謙亨有終，道通天地人鬼神。莊子以河伯與北海若對談，化解俗世許多拘執罣礙，逍遙齊物，通達之至。

田子方 第二十一

田子方據說是魏文侯的老師，名無擇，字子方。戰國初，三家分晉後的魏國獨強，孔門傳經的子夏於西河授徒，就曾為文侯的帝王師。文侯任用李克為相，主持變法，還拜吳起為將，開疆拓土，政績斐然。

田子方侍坐於魏文侯，數稱谿工。文侯曰：「谿工，子之師邪？」子方曰：「非也。無擇之里人也。稱道數當，故無擇稱之。」文侯曰：「然則子无師邪？」子方曰：「有。」曰：「子之師誰邪？」子方曰：「東郭順子。」文侯曰：「然則夫子何故未嘗稱之？」子方曰：「其為人也真【注1132】，人貌而天【注1133】，虛緣而葆真【注1134】，清而容物【注1135】。物无道，正容以悟之，使人之意也消【注1136】。無擇何足以稱之？」

子方出，文侯儻然終日不言，召前立臣而語之曰：「遠矣，全德之君子！始吾以聖知之言、仁義之行為至矣，吾聞子方之師，吾形解而不欲動，口鉗而不欲言【注1137】。吾所學者，直土梗耳【注1138】。夫魏真為我累耳【注1139】！」

【郭象注1132】無假也。
【郭象注1133】雖貌與人同，而獨任自然。
【郭象注1134】虛而順物，故真不失。
【郭象注1135】夫清者患於太潔，今清而容物，與天同也。
【郭象注1136】曠然清虛，正己而已，而物邪自消。
【郭象注1137】自覺其近。
【郭象注1138】非真物也。
【郭象注1139】知至貴者，以人爵為累也。

田子方陪坐於魏文侯的身邊，多次稱讚谿工。魏文侯問：「谿工是你的老師嗎？」田子方說：「不是。他是我的同鄉，因為論理都很精當，所以我稱讚他。」文侯又問：「那你沒有老師嗎？」田子方說：「有。」文侯問道：「你的老師是誰呢？」田子方說：「是東郭順子。」文侯又問：「那你為什麼從來沒提過呢？」田子方說：「他為人真誠樸實，相貌和普通人一樣，內心合乎自然，能隨順萬物而保有真性，心境清虛包容萬物。如果有人言行失道，他只是端正自己以使對方悔悟，自然消除惡念。我哪有資格去稱讚我的老師呢？」

田子方離開後，文侯若有所失整天不說話，將前面侍立的臣子召到跟前，說道：「那些全德的君子太高遠了！過去我以為聖智的言論和仁義的行為就是最高的了，如今聽說田子方的老師的境界，感覺形體放鬆不想動，嘴巴像被鉗住了一樣不想說話。我過去所學的那些東西簡直就像泥偶一樣沒有價值，治理魏國真成了我的包袱啊！」

陪伴尊長曰侍，侍從、侍候、侍衛，一般只有站立的份，侍坐表示身分特殊允許陪坐一旁。田子方為帝王師，故獲賜坐。《論語．公治長篇》：「顏淵、季路侍。子曰：盍各言爾志。」《孝經．開宗明義章》：「仲尼居，曾子侍。」弟子侍師應該都沒座位。毓老師生前我們去拜年或請益，會正襟危坐聽訓，而侍候他老人家的義子景興師兄常常只立於一旁。

二〇〇四年初夏溽熱不堪，其時陳水扁勝選連任，三一九槍擊案疑雲滿天，台灣對立抗爭嚴重時，我去老師家請益。他正要出門，遂引我到附近小公園鐵椅上談了一個多小時，我受命侍坐一旁，蚊蟲甚多擾人，老師也被叮卻巍然不動，當時情景仍歷歷在心。

田子方稱道同鄉賢人谿工，對境界更高的老師東郭順子卻未主動提及，這就是所謂的「無得而稱焉」，已經窮於讚嘆。《論語．泰伯篇》記子曰：「泰伯其可謂至德已矣，三以天下讓，民無得而稱焉。」《老子》首章：「道可道，非常道；名可名，非常名。」

田子方稱其師為人也真，又稱緣而葆真，道家修到最高稱真人，這在〈大宗師第六〉中已有詳盡說明。魏文侯一代雄主，聽了之後感慨理政責任沉重，耽誤他悟道修真，固然是莊子寓言，也值得事功中人參考。郭象注1139：「知至貴者，以人爵為累。」天爵人爵的觀念出自《孟子．告子篇》：「仁義忠信，此天爵也；公卿大夫，此人爵也。古之人修其天爵，而人爵從之。今之人修其天爵，以要人爵。既得人爵，而棄其天爵，則惑之甚者也，終亦必亡而已矣。」魏文侯已有人爵，仍欲修其天爵，難能可貴。

郭象注1135說得好：「夫清者患於太潔，今清而容物，與天同也。」伯夷是聖之清者，餓死首陽山於世無補。《漢書．東方朔傳》：「水至清則無魚，人至察則無徒。」《老子》：「天得一以清，地得一以寧。」又稱：「挫其銳，解其紛，和其光，同其塵。」天之清能容物，坤卦厚德載物，大政治家豈能孤高自賞？故而「王侯得一以為天下貞」。

什麼是容？《大學》引《尚書．秦誓》稱：「若有一个臣，斷斷兮无他技，其心休休焉，其如有容焉，人之有技，若己有之；人之彥聖，其心好之；不啻若自其口出，實能容之，以能保我子孫黎民，尚亦有利哉！」臨卦君臨天下，〈大象傳〉稱：「君子以教思无窮，容保民无疆。」

郭象注1136：「曠然清虛，正己而已，而物邪自消。」這與蒙卦發蒙、包蒙之理相通。「利用刑人，用脫桎梏。」刑為以身作則的典型之意，為師者身教重於言教，才能幫人擺脫種種習氣的桎梏而獲智慧的解脫。

溫伯雪子適齊，舍魯。魯人有請見之者，溫伯雪子曰：「不可。吾聞中國之君子，明乎禮義而陋於知人心，吾不欲見也。」至於齊，反舍於魯。是人也又請見。溫伯雪子曰：「往也蘄見我，今也又蘄見我，是必有以振我也。」出而見客，入而歎。明日見客，又入而歎。其僕曰：「每見之客也，必入而歎，何耶？」曰：「吾固告子矣：中國之民，明乎禮義而陋乎知人心。昔之見我者，進退一成規，一成矩，從容一若龍，一若虎【注1140】，其諫我也似子，其道我也似父【注1141】，是以歎也。」

仲尼見之而不言【注1142】。子路曰：「吾子欲見溫伯雪子久矣，見之而不言，何邪？」仲尼曰：「若夫人者，目擊而道存矣，亦不可以容聲矣【注1143】。」

【郭象注1140】槃辟其步，委蛇其迹。

【郭象注1141】禮義之弊，有斯飾也。

【郭象注1142】已知其心矣。

【郭象注1143】目裁往，意已達，無所容其德音也。

楚國的溫伯雪子到齊國去，途中在魯國住宿，魯人有請求拜訪他的，溫伯雪子說：「不行。我聽說中原國家的君子，懂得禮義卻不善了解人心，我不想見他們。」

到了齊國後，回程又住宿在魯國，那些魯國人又一次求見。溫伯雪子說：「過去要求見我，如今又要求見我，這些人一定有甚麼可啟發我的。」於是出來見客，回到屋裡嘆息不已。第二天再度見客，進屋又嘆息。他的僕人問：「每次您會見客人，回到屋裡都嘆息不已，這是為什麼啊？」溫伯雪子說：「我已經告訴過你，中原國家的君子懂得禮義卻不善了解人心。這些來求見我的人，進退舉止中規中矩，行動容貌如龍似虎，勸我時像子對父，開導我時又像父訓子，我就是為了這個嘆息啊！」

孔子拜訪溫伯雪子時一言不發，子路問：「老師想見溫伯雪子很久了，見面時又一句話都不說，為什麼呢？」孔子說：「像他那樣的人，只要眼光一掃就看得出已經得證大道，根本用不上言語表達啊！」

顏淵問於仲尼曰：「夫子步亦步，夫子趨亦趨，夫子馳亦馳；夫子奔逸絕塵，而回瞠若乎後矣！」

夫子曰：「回，何謂邪？」曰：「夫子步，亦步也；夫子言，亦言也；夫子趨，亦趨也；夫子辯，亦辯也；夫子馳，亦馳也；夫子言道，回亦言道也；及奔逸絕塵而回瞠若乎後者，夫子不言而信，不比而周，无器而民滔乎前，而不知所以然而已矣。」

仲尼曰：「惡！可不察與！夫哀莫大於心死，而人死亦次之【注1144】。日出東方而入於西極，萬物莫不比方【注1145】，有目有趾者，待是而後成功【注1146】，是出則存，是入則亡【注1147】。萬物亦然，有待也而死，有待也而生【注1148】。吾一受其成形，而不化以待盡【注1149】，效物而動【注1150】，日夜无隙【注1151】，而不知其所終【注1152】，薰然其成形【注1153】。知命不能規乎其前，丘是以日徂【注1154】。吾終身與汝交一臂而失之，可不哀與【注1155】！汝殆著乎吾所以著也。彼已盡矣，而汝求之以為有，是求馬於唐肆也【注1156】。吾服汝也甚忘【注1157】，汝服吾也亦甚忘【注1158】。雖然，汝奚患焉！雖忘乎故吾，吾有不忘者存【注1159】。」

【郭象注1144】夫心以死為死，乃更速其死；其死之速，由哀以自喪也。无哀則已，有哀則心死者，乃哀之大也。

【郭象注1145】皆可見也。

【郭象注1146】目見成功，足成行功也。

【郭象注1147】直以不見為亡耳，竟不亡。

【郭象注1148】待隱謂之死，待顯謂之生，竟無死生也。

【郭象注1149】夫有不得變而為无，故一受成形，則化盡無期也。

【郭象注1150】自無心也。

【郭象注1151】恆化新也。

【郭象注1152】不以死為死也。

【郭象注1153】薰然自成，又奚為哉！

【郭象注1154】不係於前，與變俱往，故日徂。

【郭象注1155】夫變化不可執而留也。故雖執臂相守而不能令停，若哀死者，則此亦可哀也。今人未嘗以此為哀，奚獨哀死邪！

【郭象注1156】唐肆，非停馬處也，言求向者之有，不可復得也。人之生，若馬之過肆耳，恆無駐須臾，新故之相續，不舍晝夜也。著，見也，言汝殆見吾所以見者耳。吾所以見者，日新也，故已盡矣，汝安得有之！

【郭象注1157】服者，思存之謂也。甚忘，謂過去之速也。言汝去忽然，思之恆欲不及。

【郭象注1158】俱爾耳，不問賢之與聖，未有得停者。

【郭象注1159】不忘者存，謂繼之以日新也。雖忘故吾而新吾已至，未始非吾，吾何患焉！

故能離俗絕塵而與物無不冥也。

顏淵請問孔子說：「老師行走我也跟著行走，老師快步我也跟著快步，老師奔跑我也跟著奔跑，可是當老師幾乎腳不沾地飛奔時，我只能乾瞪眼睛遠遠落後了！」孔子問：「回啊，你這是甚麼意思呢？」顏回說：「老師行走我也跟著行走，老師言談我也跟著言談；老師快步我也跟著快步，老師辯論我也跟著辯論；老師奔跑我也跟著奔跑，老師論道我也跟著論道；老師幾乎腳不沾地飛奔時，我只能乾瞪眼睛遠遠落後，意思是說老師不言就能取信於人，不用跟人親近就能合眾，沒有爵位權勢就能讓大家追隨，我不知道您是怎麼辦到的啊！」

孔子說：「不，這事必須弄明白。最大的悲哀是心靈的死亡，肉身的死還是次要的。太陽從東方升起，到西方落下，萬物莫不依此規律運行。有眼有腳的人依靠這個成就，日出則存，日落則亡。萬物也是一樣，有的依賴它而死，有的依賴它而生。我一旦稟受自然而有了形體，就得接受而逐漸走向終結，順應外物行動，日夜都不間斷，沒法知道最後會是怎樣，自然會變化為另一種形貌。既然知道命運無法預先窺測，所以只能每天不停地前進。我終身與你關係密切，如交臂相持卻仍在時光流轉中擦身而過，這不是很可哀嗎？你大概了解我顯露在外的言行，然而那已成過去，而你還追求以為仍在，這就像到空蕩蕩的市場去找馬一樣必不可得。我應該盡快忘掉過去的你，你也應該盡快忘掉過去的我。雖然，你有甚麼好憂慮的呢？雖然忘掉過去的我，現在的我仍有一些忘不掉的留存下來。」

這一段師徒間的對話問答引人深思。亦步亦趨、奔逸絕塵、哀莫大於心死、失之交臂，都成了後世常用的成語。《論語・子罕篇》：「顏淵喟然歎曰：仰之彌高，鑽之彌堅，瞻之在前，忽焉在後。夫子循循然善誘人，博我以文，約我以禮。欲罷不能，既竭吾才，如有所立卓爾。雖欲從之，末由也已。」莊子這一大段不知是否受了影響而有所託意，總之都相當動人。老師奔逸絕塵，最好的學生望塵莫及，所謂日新又新，聖之時者當之無愧。

不比而周，似乎也受《論語・為政篇》的影響：「子曰：君子周而不比，小人比而不周。」比是比附親近，小團體成立後容易黨同伐異，周卻是大開大闔廣闊周徧。比卦就是拉幫結派合縱連橫，仍是集團相爭；同人、大有二卦一體相綜，只要同樣是人應該大家都有，禮運大同的思想源出於此。周而不比，顯然境界殊勝得多。

心死大於身死，有剝極而復的意味。復卦〈彖傳〉稱：「復其見天地之心乎？」《禮記・禮運》明言：「人者，天地之心也。」北宋張載的「橫渠四句」膾炙人口：「為天地立心，為生民立命，為往聖繼絕學，為萬世開太平。」剝卦為肉身消殞入滅，復卦昭示終而復始的生生之道，不斷代代積累，終於成就離卦的文明永續，〈大象傳〉稱：「明兩作，大人以繼明照于四方。」

離為日為明，孔子以日出東方入于西方為喻，稱：「待是而後成功，是出則存，是入則亡。」是字為日正當中，〈繫辭傳〉稱：「易有太極，是生兩儀。」《論語・里仁篇》：「君子無終食之間違仁，造次必于是，顛沛必于是。」易經始於是終於是，乾卦初爻「潛龍勿用」，〈文言傳〉記子曰：「不見是而无悶。」未濟卦上爻：「有孚失是。」隨卦下卦震居後天八卦正東，上卦兌居正西，人出地入天、出生入死也是由東往西遷移。〈大象傳〉：「君子以嚮晦入宴息。」由明而晦，由勞而息。〈彖傳〉：「天下隨時，隨時之義大矣哉！」〈雜卦傳〉：「隨，无故也。」

《論語．子罕篇》：「子在川上，曰：逝者如斯夫！不舍晝夜。」宇宙大化，故故不留，剎剎生新，半點眷戀不得，只能努力向前。莊子〈大宗師〉論及藏舟於壑、藏山於澤那段，郭象注亦稱：「乃揭天地以趨新，負山岳以舍故。故不暫停，忽已涉新，則天地萬物无時而不移也。」易傳重時，除隨卦外，頤、大過、解、革卦〈彖傳〉稱「時大矣哉」；豫、遯、姤、旅卦稱「時義大矣哉」；坎、睽、蹇卦稱「時大矣哉」。真是「學而時習之，不亦悅乎！」

孔子見老聃，老聃新沐，方將被髮而乾，慹然似非人【注1160】。孔子便而待之，少焉見，曰：「丘也眩與，其信然與？向者先生形體掘若槁木，似遺物離人而立於獨也【注1161】。」

老聃曰：「吾遊心於物之初【注1162】。」

孔子曰：「何謂邪？」

曰：「心困焉而不能知，口辟焉而不能言【注1163】，嘗為汝議乎其將【注1164】。至陰肅肅，至陽赫赫，肅肅出乎天，赫赫發乎地【注1165】；兩者交通成和而物生焉，或為之紀而莫見其形【注1166】。消息滿虛，一晦一明，日改月化，日有所為【注1167】，而莫見其功【注1168】。生有所乎萌【注1169】，死有所乎歸【注1170】，始終相反乎无端而莫知乎其所窮【注1171】。非是也，且孰為之宗！」

【郭象注1160】寂泊之至。

【郭象注1161】無其心身，而後外物去也。

【郭象注1162】初未有而欲有，故遊於物初，然後明有物之不為而自有也。

【郭象注1163】欲令仲尼必求於言意之表也。

【郭象注1164】試議陰陽以擬向之無形耳，未之敢必。

【郭象注1165】言其交也。

【郭象注1166】莫見為紀之形，明其自爾。

【郭象注1167】未嘗守故。

【郭象注1168】自爾故無功。

【郭象注1169】萌於未聚也。

【郭象注1170】歸於散也。

【郭象注1171】所謂迎之不見其首，隨之不見其後。

孔子去拜訪老聃，老聃剛剛洗完頭，正披散頭髮讓它晾乾，動也不動像個木偶。孔子退避一旁等待，一會兒見了面，說：「我看花了眼嗎？還是真的如此？剛才先生身體一動也不動像根枯樹樁，好像遺忘了萬物離開人世而獨立自存。」老聃說：「剛才我的心思在萬物初始的境界裡遨遊。」

孔子說：「這是甚麼意思呢？」老聃說：「你的心中困惑沒法理解，嘴巴張開卻難以言說，我來為你說個大概吧。至陰之氣最寒冷，至陽之氣極炎熱，寒冷生於天，炎熱出自地，陰陽二氣相融合就產生萬物，一定有東西在主宰，只是看不見形象。萬物消長盛衰，或隱或現，日遷月移，每天都在發揮作用，只是我們看不見。萬物萌生，死有所歸，反覆變化無窮無盡，沒人知道其最後歸宿。除了日正為是的大道，還有什麼能做萬物的主宰！」

郭象注1171所稱「迎之不見其首，隨之不見其後。」引自《老子》第十四章，魏晉之人老莊之書熟透。

孔子曰：「請問遊是。」老聃曰：「夫得是，至美至樂也，得至美而遊乎至樂，謂之至人【注1172】。」

孔子曰：「願聞其方。」

曰：「草食之獸不疾易藪，水生之蟲不疾易水，行小變而不失其大常也【注1173】，喜怒哀樂不入於胸次【注1174】。夫天下也者，萬物之所一也。得其所一而同焉，則四肢百體將為塵垢，而死生終始將為晝夜而莫之能滑，而況得喪禍福之所介乎【注1175】？棄隸者若棄泥塗，知身貴於隸也【注1176】，貴在於我而不失於變【注1177】。且萬化而未始有極也，夫孰足以患心！已為道者解乎此【注1178】。」

孔子曰：「夫子德配天地，而猶假至言以修心，古之君子，孰能脫焉？」

老聃曰：「不然。夫水之於汋也，无為而才自然矣。至人之於德也，不修而物不能離焉，若天之自高，地之自厚，日月之自明，夫何修焉【注1179】！」

孔子出，以告顏回曰：「丘之於道也，其猶醯雞與【注1180】！微夫子之發吾覆也，吾不知天地之大全也【注1181】。」

【郭象注1172】至美無美，至樂無樂故也。

【郭象注1173】死生亦小變也。

【郭象注1174】知其小變而不失大常故也。

【郭象注1175】愈不足患。

【郭象注1176】知身之貴於隸，故棄之若遺土耳。苟知死生之變所在皆我，則貴者常在也。

【郭象注1177】所貴者我也，而我與變俱，故無失也。

【郭象注1178】所謂懸解。

【郭象注1179】不修不為而自得也。

【郭象注1180】醯雞者，甕中之蠛蠓。

【郭象注1181】比吾全於老聃，猶甕中之與天地矣。

孔子說：「請問怎麼悠遊於大道之中呢？」老聃說：「如果達到了這種境界，那是最美好最快樂的，遨遊其中的就稱為至人。」孔子說：「請告訴我遨遊其中的方法。」老聃答：「吃草的獸類不擔心更換生活的草澤，水中的蟲類不怕改變生活的水域，這是因為只做了很少的改變並未失去習慣的大環境，所以喜怒哀樂不會進入其心中。天下是萬物所共同生活的地方，生死於此，人的肉身四肢百骸總會化為塵土，就像晝夜交替一般不會亂套，何況其他得失禍福有甚麼好介意的呢？至人放棄一些身外之物就像拋棄泥土一樣，自性遠比那些可貴，千變萬化都不會喪失，永遠無窮無盡，有什麼值得掛懷的呢？那些澈悟了大道的人都了解。」

孔子說：「先生您的德行可與天地媲美，而仍借助至理真言以修養心性，古代的君子誰也不能免於這樣吧？」老聃說：「不是這樣。水從地下湧出並非有意如此，純屬自然。至人不必刻意修德，而萬物自然擁戴，就像天自然高，地自然厚，日月自然光明一樣，有甚麼好修的呢？」

孔子出去後，告訴顏回說：「我對於大道的了解，就像酒甕底的小飛蟲一樣吧？如果不是老子啟發了我的蒙昧，我真不知道天地的大全啊。」

郭象注1178：「所謂懸解。」已見於〈養生主第三〉，郭象注332：「以有係者為懸，則無係者懸解也，懸解而性命之情得矣。此養生之要也。」無懸念無罣礙，方得身心自在。易經家人、睽、蹇、解四卦相連，互為錯綜，極似佛家常稱的業障輪迴，睽、蹇之時用大矣哉！解之時大矣哉！悟道之人必須懂得適時放下，跳出輪迴之苦。養生主以庖丁解牛、游刃有餘為喻，解字以牛角刀為象，意境相通。

莊子見魯哀公。哀公曰：「魯多儒士，少為先生方者。」莊子曰：「魯少儒。」哀公曰：「舉魯國而儒服，何謂少乎？」莊子曰：「周聞之，儒者冠圜冠者，知天時；履方屨者，知地形；緩佩玦者，事至而斷。君子有其道者，未必為其服也；為其服者，未必知其道也。公固以為不然，何不號於國中曰：无此道而為此服者，其罪死。」

於是哀公號之五日，而魯國无敢儒服者，獨有一丈夫儒服而立乎公門。公即召而問以國事，千轉萬轉而不窮。莊子曰：「以魯國而儒者一人耳，可謂多乎[注1182]？」

【郭象注1182】德充於內者，不修飾於外。

莊子去拜見魯哀公。哀公說：「我們魯國有很多儒生，但很少有人研究先生的學問。」莊子說：「魯國的儒生很少啊！」哀公說：「整個魯國的人都穿儒服，怎麼還說儒生很少呢？」莊子說：「我聽說儒生頭戴圓形的帽子，代表懂得天時；腳穿方形的鞋子，代表懂得地理；配戴用五色絲繩繫著的玉玦，代表遇事能夠正確決斷。然而君子有那樣的本領未必穿那樣的服裝，穿那樣的服裝未必有那樣的本領。如果您認為不是這樣，何不在國中發布命令稱：沒有真學問的而穿儒服的處以死罪！」

於是哀公發布命令五天後，魯國沒人再敢穿儒服，只有一丈夫穿儒服立於公門外。哀公召他進來請教國事，無論多複雜的問題都應答自如。莊子說：「整個魯國只有這一位是真儒啊，怎麼說有很多呢？」這位大儒顯然就指孔子，教主是真儒，往後的徒子徒孫往往貌似而神違。

《禮記．儒行篇》專記孔子對哀公論儒，熊十力在《讀經示要》中特別推薦並疏解，值得參閱。篇首就是哀公問孔子穿的是否儒服，而孔子回答沒有所謂儒服，哀公再問儒行，孔子洋洋灑灑講了一大堆，外在的服裝哪有裡外如一的德行重要？「儒有上不臣天子，下不事諸侯。」不向權勢低頭，何等耿介？蠱卦幹蠱改革成功，上爻稱：「不事王侯，高尚其事。」〈小象傳〉：

「志可則也。」正合此義。「儒有合志同方，營道同術。」彼此相互砥礪切磋琢磨，敬業樂群光明磊落。「今眾人之命儒也妄，常以儒相詬病。」世俗不理解真儒精神，必須駁正。

莊子與魯哀公不同時代不可能見面，但反正是假託的寓言無傷。郭象注1182：「德充於內者，不修飾於外。」德充符第五敘述了不少外貌醜陋的人卻吸引眾人追隨，即為此理。

百里奚爵祿不入於心，故飯牛而牛肥，使秦穆公忘其賤，與之政也。有虞氏死生不入於心，故足以動人【注1183】。

宋元君將畫圖，眾史皆至，受揖而立，舐筆和墨，在外者半。有一史後至者，儃儃然不趨，受揖不立，因之舍。公使人視之，則解衣般礴贏。君曰：「可矣，是真畫者也【注1184】。」

【郭象注1183】內自得者，外事全也。

【郭象注1184】內足者，神閒而意定。

百里奚從來不把爵位和俸祿放在心上，所以飼養牛時把牛餵的非常肥壯，使秦穆公忘掉了他地位的卑賤而交付政事。帝舜從來不把生死放在心上，所以能打動人心。

宋元君想畫圖，召眾多畫師進宮，他們向宋君作揖行禮後站立一旁，舔筆調墨，還有一半站在門外。有位畫師最後才到，神情悠閒緩步走來，向宋君作揖行禮後也不候立，逕自回到住所。

宋君派人去探視，發現他已脫掉衣服，叉開雙腳坐在那裡，身上一絲不掛。宋元君知道後說：「好啊，這才是真正的畫師啊！」

文王觀於臧，見一丈夫釣，而其釣莫釣【注1185】；非持其釣有釣者也【注1186】，常釣也【注1187】。文王欲舉而授之政，而恐大臣父兄之弗安也；欲終而釋之，而不忍百姓之弗天也。於是旦而屬之大夫曰：「昔者寡人夢見良人，黑色而髯，乘駁馬而偏朱蹄，號曰：寓而政於臧丈人，庶幾乎民有瘳乎！」諸大夫蹴然曰：「先君王也。」文王曰：「然則卜之。」諸大夫曰：「先君之命，王其无它，又何卜焉！」

遂迎臧丈人而授之政，典法无更，偏令无出。三年，文王觀於國，則列士壞植散群，長官者不成德，斔斛不敢入於四境。列士壞植散群，則尚同也【注1188】；長官者不成德，則同務也【注1189】；斔斛不敢入於四境，則諸侯无二心也【注1190】。文王於是焉以為大師，北面而問曰：「政可以及天下乎？」臧丈人昧然而不應，泛然而辭，朝令而夜遁，終身无聞【注1191】。

顏淵問於仲尼曰：「文王其猶未邪？又何以夢為乎？」仲尼曰：「默，汝无言！夫文王盡之也【注1192】，而又何論刺焉！彼直以循斯須也【注1193】。」

【郭象注1185】聊以卒歲。

【郭象注1186】竟無所求。

【郭象注1187】不以得失經意，其於假釣而已。

【郭象注1188】所謂和其光，同其塵。

【郭象注1189】絜然自成，則與眾務異也。

【郭象注1190】天下相信，故能同律度量衡也。

【郭象注1191】為功者非己，故功成而身不得不退，事遂而名不得不去，名去身退，乃可以及天下也。

【郭象注1192】任諸大夫而不自任，斯盡之也。

【郭象注1193】斯須者，百姓之情，當悟未悟之頃，故文王循而發之，以合其大情也。

周文王到臧地去視察，看見一個老人在釣魚，可是甚麼也沒釣到，似乎不是手持釣竿有心釣魚的人，卻又經常在那邊垂釣。

文王想重用他而授予國政，又怕大臣和父兄輩難以接受；想放棄不舉用，又不忍百姓失去一位能幹的庇護者。於是一天清晨告訴大臣們說：「昨晚我夢到一位賢者，膚色甚黑蓄著長長鬍鬚，騎著雜色馬半邊蹄子是紅色，對我喊道：把你的政務交付給臧地的那位老者，百姓的苦難就可以解除了！」諸位大臣吃驚地說：「那位賢者就是先王啊！」文王說：「那我們來卜一卜吧？」諸大臣說：「這是先王的命令，您如果沒有別的想法，又何必占卜呢？」

於是文王就迎接那位臧地的老者把政務交給他，他並沒有更改過去的典章法規，也沒有發布任何偏頗的政令。三年後，文王到全國視察，看到貴族士人不再成群結黨，各地長官也不再宣揚自己治績，其他諸侯國的各種量器也不敢帶入周邦使用。士人不再結黨，表示尊重國政統一；各地長官不再宣揚自己治績，全國政務得以統一施行；其他諸侯國的各種量器也不敢帶入境內，說明不敢懷有二心。於是文王拜老者為太師，面向北請教說：「這樣的政局可以推廣到全天下嗎？」臧地丈人默不作聲，漫不經心地拒絕回答，早上被問，晚上就跑掉了，從此以後再沒有他的消息。

顏淵請教孔子說：「文王境界還不夠吧？不然為什麼還要假託做夢呢？」孔子說：「別作聲，別再講了！文王已經做得很好了，不要再去指謫他，他那樣做只是要順應當時人們的心態而已。」

卜以決疑，不疑何卜？但文王為釋眾疑，先編造夢境訴諸先王，再藉卜確認眾心，可謂敬慎之至。士人習於拉幫結派，黨同伐異，官僚喜誇政績，為政三年能轉變至此確實不易。文王激發雄心，欲由治國推及天下，以殷末時務不是要革命嗎？丈人功成身退似有深意。當然這是寓言，郭象注1188：「所謂和其光，同其塵。」語出老子第四章：「挫其銳，解其紛，和其光，同其塵。」第五十六章還加了兩句在前：「塞其兌，閉其門。」最後稱：「是謂玄同。」此處稱「尚同」。

這裡所稱的臧丈人，當然就是姜子牙，後輔佐周武王伐紂革命成功。姜太公後來也沒退休，而是在滅殷後受封於齊地，這是春秋時代稱霸的齊國的始祖。

列御寇為伯昏无人射，引之盈貫【注1194】，措杯水其肘上【注1195】。發之，適矢復沓【注1196】，

方矢復寓【注1197】。當是時，猶象人也【注1198】。伯昏无人曰：「是射之射也，非不射之射也。嘗與汝登高山，履危石，臨百仞之淵，若能射乎？」於是无人遂登高山，履危石，臨百仞之淵，背逡巡，足二分垂在外，揖御寇而進之。御寇伏地，汗流至踵。伯昏无人曰：「夫至人者，上闚青天，下潛黃泉，揮斥八極，神氣不變【注1199】。今汝怵然有恂目之志，爾於中也殆矣夫【注1200】！」

【郭象注1194】盈貫，謂溢鏑也。

【郭象注1195】左手如拒石，右手如附枝，右手放發而左手不知，故可措之杯水也。

【郭象注1196】矢去也，箭適去，復歃沓也。

【郭象注1197】箭方去未至的也，復寄杯於肘上，言其敏捷之妙也。

【郭象注1198】不動之至。

【郭象注1199】揮斥，猶縱放也。夫德充於內，則神滿於外，無遠近幽深，所在皆明，故審安危之機而泊然自得也。

【郭象注1200】不能明至分，故有懼，有懼而所喪多矣，豈唯射乎！

列御寇為伯昏无人表演射箭，將弓拉滿，並能放置一杯水在自己胳膊上。他開始發射，一箭接著一箭，全都命中目標。當專注射箭時，神情專注像尊雕像。伯昏无人說：「你這種射法是有心於射箭的射法，而不是無心於射箭的射法。我想嘗試一下與你一起攀登高山，站在高聳的石崖上，面臨百仞深淵，你還能射箭嗎？」

於是伯昏无人帶著列御寇攀上高山，站在高聳的石崖上，面臨百仞深淵。然後伯昏无人背對深淵向後退，腳一半懸在石崖外，向列御寇拱手請他往前行。列御寇嚇得趴在地上，汗流到腳跟。伯昏无人說：「至人上可以闚測青天，下可以潛行黃泉，逍遙奔馳於八方，而神情不變。現在你害怕到直眨眼睛，想要射中目標也太困難了吧！」

> 肩吾問於孫叔敖曰：「子三為令尹而不榮華，三去之而無憂色。吾始也疑子，今視子之鼻間栩栩然，子之用心獨奈何？」孫叔敖曰：「吾何以過人哉！吾以其來不可卻也，其去不可止也，吾以為得失之非我也，而无憂色而已矣。我何以過人哉！且不知其在彼乎？其在我乎？其在彼邪，亡乎我；在我邪，亡乎彼【注1201】。方將躊躇，方將四顧，何暇至乎人貴人賤哉【注1202】！」
>
> 仲尼聞之曰：「古之真人，知者不得說，美人不得濫，盜人不得劫，伏戲黃帝不得友【注1203】。死生亦大矣，而无變乎己，況爵祿乎！若然者，其神經乎大山而無介，入乎淵泉而不濡，處卑細而不憊，充滿天地，既以與人，己愈有【注1204】。」

【郭象注1201】曠然无係，玄同彼我，則在彼非獨亡，在我非獨存也。

【郭象注1202】躊躇四顧，謂無可無不可。

【郭象注1203】伏戲黃帝者，功號耳，非所以功者也。故況功號於所以功，相去遠矣，故其名不足以友其人也。

【郭象注1204】割肌膚以為天下者，彼我俱失也；使人人自得而已者，與人而不損於己也。其神明充滿天地，故所在皆可，所在皆可，故不損己為物而放於自得之地也。

肩吾問孫叔敖說：「你三次出任令尹並不感到榮耀，三次罷官也沒有憂傷。我起初還懷疑你是否真的如此，如今我看到你的面容這麼愉快，你心裡究竟是怎麼想的呢？」孫叔敖說：「我有什麼過人之處呢？我只是認為任官時不可推卻，罷官時也無法挽留，我認為得失不是由我決定，因此不會憂愁而已。我哪有什麼過人之處呢？再說，我不知道令尹這個職位是落在別人頭上呢？還是落在我的頭上？如果落在別人頭上，我就沒份；如果落在我的頭上，別人就沒份。我現在環顧四周，提醒自己謹慎小心，哪裡有空去顧及別人的寵貴或卑賤呢？」

孔子聽到這件事，說：「古代得道的真人，有智慧的人無法說服他，美女無法勾引他，強盜不能劫持他，伏羲、黃帝也沒法跟他交朋友。死生是多大的事啊，卻也不能使他有任何改變，何況是爵位俸祿呢？像這樣的人，他的精神穿越大山而不受阻礙，潛入深淵而不被沾濕，處於卑微的地位也不會困乏，充滿於天地之間，愈幫助別人自己愈充足。」

這裡又見「躊躇四顧」的形容，〈養身主第三〉述庖丁解牛後稱：「提刀而立，為之四顧，為之躊躇滿志，善刀而藏之。」躊躇絕非志得意滿的驕態，而是收斂自制，成語「頗費躊躇」即為此意。孫叔敖懂得官爵為人主賜與，不可患得患失隨之悲喜。《孟子》有天爵、人爵之辨，通達高士不可以人爵得失而棄其天爵。《孟子・告子篇》宣講生於憂患死於安樂之理，稱：「孫叔敖舉於海，百里奚舉於市。」《論語．公治長第五》記子張問曰：「令尹子文三仕為令尹，无喜色；三已之，无慍色。舊令尹之政，必以告新令尹。忠乎？」孔子肯定其忠，卻未輕許以仁。春秋戰國時代，這些前賢的事蹟廣為人知。

孔子最後的結論：「既以與人，己愈有。」源於《老子》終章：「聖人不積，既以為人己愈有，既以與人己愈多。」

楚王與凡君坐，少焉，楚王左右曰凡亡者三【注1205】。凡君曰：「凡之亡也，不足以喪吾存。夫凡之亡不足以喪吾存【注1206】，則楚之存不足以存存【注1207】。由是觀之，則凡未始亡而楚未始存也【注1208】。」

【郭象注1205】言有三亡徵也。

【郭象注1206】遺凡故也。

【郭象注1207】夫遺之者不以亡為亡，則存亦不足以為存矣。曠然無矜，乃常存也。

【郭象注1208】存亡更在於心之所措耳，天下竟無存亡。

楚王與凡君坐在一起，沒多久，楚王左右近臣就多次報告說凡國即將滅亡。凡君說：「凡國即使滅亡，也不足以消除它在我心中的永存。既然凡國即使滅亡不足以消除它在我心中的永存，那麼楚國雖然存在，也無法保證在我心中不滅亡。由此看來，凡國並沒有滅亡，而楚國也並未存在啊。」

郭象注1205說凡國有三亡徵，《中庸》所謂：「國家將亡，必有妖孽。」《韓非子》有亡徵篇，列出國家滅亡有四十七種徵兆，讀來令人怵目驚心，足為持國政者戒。

〈田子方第二十一〉全篇主旨為何？我占出大過卦初、三、四爻動，齊變為節卦。大過是非常時代往往出現些非常人物，田子方、東郭順子、溫伯雪子、老聃、百里奚、臧丈人、伯昏无人、孫叔敖等，節卦行事中節，德行堪為典範。大過初爻「藉用白茅，无咎。」懂得紓解民困，緩和亂世的諸多衝擊。三爻「棟橈，凶。」四爻「棟隆，吉。」能擔大任，維持動盪中的平衡。大過卦的〈大象傳〉稱：「澤滅木，君子以獨立不懼，遯世无悶。」這與〈文言傳〉所述孔子對乾卦初爻的解釋相通：「龍德而隱者也。不易乎世，不成乎名，遯世无悶，不見是而无悶，樂則行之，憂則違之，確乎其不可拔，潛龍也！」

史傳孔子見老子，曾有猶龍之嘆。莊子〈天運第十四〉記述：「吾乃今於是乎見龍！龍，合而成體，散而成章，乘乎雲氣而養乎陰陽。予口張而不能嗋，予又何規乎老聃哉！」該篇有相當大篇幅談老子對孔子的啟發，值得一觀。

知北遊　第二十二

〈知北遊〉主要是論道，仍以寓言表達。知是虛構的人名，人以世俗之智探究自然大道往往不合，所謂言語道斷心行處滅，道可道非常道，名可名非常名。

知北遊於玄水之上，登隱弅之丘而適遭无為謂焉。知謂无為謂曰：「予欲有問乎若：何思何慮則知道？何處何服則安道？何從何道則得道？」三問而无為謂不答也，非不答，不知答也。知不得問，反於白水之南，登狐闋之上而睹狂屈焉。知以之言也問乎狂屈。狂屈曰：「唉！予知之，將語若。」中欲言而忘其所欲言。知不得問，反於帝宮，見黃帝而問焉。黃帝曰：「无思无慮始知道，无處无服始安道，无從无道始得道。」

知問黃帝曰：「我與若知之，彼與彼不知也。其孰是邪？」

黃帝曰：「彼无為謂真是也，狂屈似之；我與汝終不近也。夫知者不言，言者不知，故聖人行不言之教【注1209】。道不可致【注1210】，德不可至【注1211】。仁可為也，義可虧也，禮相偽也。故曰：失道而後德，失德而後仁，失仁而後義，失義而後禮。禮者，道之華而亂之首也【注1212】。故曰：為道者日損【注1213】，損之又損之，以至於无為，无為而无不為也【注1214】。今已為物也【注1215】，欲復歸根，不亦難乎！其易也，其唯大人乎【注1216】！」

【郭象注1209】任其自行，斯不言之教也。

【郭象注1210】道在自然，非可言致者也。

【郭象注1211】不失德故稱德，稱德而不至也。

【郭象注1212】禮有常則，故矯效之所由生也。

【郭象注1213】損華偽也。

【郭象注1214】華去而朴全，則雖為而非為也。

【郭象注1215】物失其所，故有為物。

【郭象注1216】其歸根之易者，唯大人耳。大人體合變化，故化物不難。

知到玄水北邊遊覽，登上隱弅山，正好遇到无為謂。他對无為謂說：「我有問題想問你。怎樣思慮才能悟道？怎樣立身行事才能安於道？通過甚麼途徑和方法才能得道？」連續問了幾次无為謂都沒有回答，不是不想回答，而是不知怎麼回答。知沒得到答案，便返回白水南岸，登上狐闋山，看到了狂屈，以同樣的問題請教。狂屈說：「唉，我知道，馬上告訴你。」一會兒想講，又忘了要講甚麼。知沒問出所以然，回到黃帝的宮殿再向他請教。黃帝說：「无思无慮才能悟道，不刻意立身行事才能安於道，別專門去找方法途徑才能真正得道。」

知問黃帝說：「我與你知道這答案，而无為謂和狂屈說不知道，倒底誰對呢？」

黃帝說：「那個无為謂是真的懂，狂屈接近正確，我和你反而於道有些距離。真正懂得的人不會說，而會說的並不真懂，所以聖人施行不言之教。大道無法言傳，德行不容易做到，仁愛的事可以做，義行難免摻假盡量少幹，禮儀則是相互虛偽的表現。所以說：失去了道而後才有德，失去了德而後才有仁，失去了仁而後才有義，失去了義而後才有禮。禮這個東西華而不實，是世間禍亂的開始。所以說：追求大道要每天練習減少慾望，不斷減損直至無為的境界，自然無為便能無所不為。如今我們已經被欲望包圍，想要回歸本根不是很困難嗎？能夠做到純樸自然的只有大德之人吧？」

〈繫辭下傳〉第五章：「易曰：憧憧往來，朋從爾思。子曰：天下何思何慮？天下同歸而殊途，一致而百慮。天下何思何慮？日往則月來，月往則日來，日月相推而明生焉。寒往則暑來，暑往則寒來，寒暑相推而歲成焉。往者屈也，來者伸也，屈伸相感而利生焉。尺蠖之屈，以求伸也；龍蛇之蟄，以存身也；精義入神，以致用也；利用安身，以崇德也。過此以往，未之或知也；窮神知化，德之盛也。」這是孔子發揮解釋咸卦第四爻的爻辭，咸為人心所感，總是思緒紛呈不易靜定，此爻居位不正，爻變為蹇卦，空想難以成事。世間充滿了屈伸往來的現象，若能正心誠意看透其相反相成的本質，則可沉靜以對不受干擾。大道殊途同歸，百慮一致，如江海下百川，以之處世既無疑惑，還能篤行成就。爻辭前半稱：「貞吉，悔亡。」〈小象傳〉解釋：「未感害也。」以正心正念應世，就不會有患得患失之苦。黃帝回答知的提問，以無思無慮紓解何思何慮，與此相通。

黃帝長篇大論的回答，顯然多處與老子思想相通。道家思想喜稱黃老，黃帝不可能講出老子的話，當然這是莊子慣用的寓言。《老子》第五十六章：「知者不言，言者不知。」第二章：「聖人處無為之事，行不言之教。」第三十八章：「失道而後德，失德而後仁，失仁而後義，失義而後禮。夫禮者忠信之薄，而亂之首。前識者，道之華而愚之始。」第四十八章：「為道日損【注1213】，損之又損，以至於無為，無為而無不為。」第十六章：「歸根曰靜，是謂復命。」

生也死之徒【注1217】，死者生之始，孰知其紀【注1218】！人之生，氣之聚也；聚則為生，散則為死【注1219】。若死生為徒，吾又何患【注1220】！故萬物一也，是其所美者為神奇，其所惡者為臭腐；臭腐復化為神奇，神奇復化為臭腐。故曰：通天下一氣耳【注1221】。聖人故貴一。

【郭象注1217】知變化之道者，不以死生為異。

【郭象注1218】更相為始，則未知孰死孰生也。

【郭象注1219】俱是聚也，俱是散也。

【郭象注1220】患生於異。

【郭象注1221】各以所美為神奇，所惡為臭腐耳。然彼之所美，我之所惡也；我之所美，彼或惡之。故通共神奇，通共臭腐耳，死生彼我豈殊哉！

生與死相類，死亡也是新生的開始，誰真正清楚其中的規律？人活著是精氣的聚合，氣聚則生，氣散則死。若生死相類，又有什麼好憂慮的呢？世間萬物也是如此，而人們總是將自己認為美好的東西視為神奇，所厭惡的東西視為臭腐；然而臭腐會轉化為神奇，神奇也會轉化為臭腐。所以說整個天下萬物都是一氣形成，聖人很重視萬物的同一性。

《老子》第五十章：「出生入死。生之徒十有三，死之徒十有三，人之生，動之死地亦十有三。」氣聚則生，氣散則死，精氣神為人之三寶，亦為養生常識。〈繫辭上傳〉第四章：「原始反終，故知死生之說。精氣為物，遊魂為變，是故知鬼神之情狀。」化腐朽為神奇的成語，可能也受了〈知北遊〉的影響。

知為黃帝曰：「吾問无為謂，无為謂不應我，非不我應，不知應我也。吾問狂屈，狂屈中欲告我而不我告，非不我告，中欲告而忘之也。今予問乎若，若知之，奚故不近？」黃帝曰：「彼其真是也，以其不知也；此其似之也，以其忘之也；予與若終不近也，以其知之也。」

狂屈聞之，以黃帝為知言【注1222】。

【郭象注1222】明夫自然者，非言知之所得，故常昧乎無言之地。是以先舉不言之標，而後寄明於黃帝，則夫自然之冥物，概乎可得而見也。

知對黃帝說：「我問无為謂，无為謂沒有回答我，他不是不想回答我，而是不知道怎麼回答。我問狂屈，狂屈想告訴我卻沒有說出來，他不是不想告訴我，而是忘掉了該怎麼說。現在我向你請教，你說知道答案，可為什麼又說於道有些距離呢？」

黃帝說：「无為謂是真的懂大道，就因為他甚麼也沒說。狂屈接近正確，因為他忘掉了該怎麼說。我和你於大道確有距離，因為我們用言語來表述。」

狂屈聽到後，認為黃帝說的有道理。

天地有大美而不言，四時有明法而不議，萬物有成理而不說【注1223】。聖人者，原天地之美而達萬物之理，是故至人无為【注1224】，大聖不作【注1225】，觀於天地之謂也【注1226】。

【郭象注1223】此孔子之所以云予欲無言。

【郭象注1224】任其自為而已。

【郭象注1225】唯因任也。

【郭象注1226】觀其形容，象其物宜，與天地不異。

天地有大美卻從不言說，四季有明確的運轉規律也無論議，萬物有固定道理也從不辯說。聖人探究天地的美，明白萬物的道理，所以至人清靜無為，大聖人不輕易行動，他們都效法天地自然之道。

郭象注1123引孔子「予欲無言」，見《論語．陽貨篇》：「子貢曰：子如不言，則小子何述焉？子曰：天何言哉？四時行焉，百物生焉，天何言哉？」正合本段之義。郭象注1126：「觀其形容，象其物宜。」出自〈繫辭上傳〉第八章與十二章：「聖人有以見天下之賾，而擬諸其形容，象其物宜，是故謂之象。」

今彼神明至精，與彼百化【注1227】，物已死生方圓，莫知其根也【注1228】，扁然而萬物自古以固存【注1229】。六合為巨，未離其內【注1230】；秋毫為小，待之成體【注1231】。天下莫不沉浮，終身不故【注1232】，陰陽四時運行，各得其序【注1233】。惛然若亡而存【注1234】，油然不形而神【注1235】，萬物畜而不知，此之謂本根【注1236】，可以觀於天矣【注1237】。

【郭象注1227】百化自化而神明不奪。

【郭象注1228】夫死者已自死而生者已自生，圓者已自圓而方者已自方，未有為其根者，故莫知。

【郭象注1229】豈待為之而後存哉！

【郭象注1230】計六合在無極之中則陋矣。

【郭象注1231】秋毫雖小，非無亦無以容其質。

【郭象注1232】日新也。

【郭象注1233】不待為之。

【郭象注1234】昭然若存則亡矣。

【郭象注1235】絜然有形則不神。
【郭象注1236】畜之而不得其本性之根，故不知其所以畜也。
【郭象注1237】與天同觀。

大道神奇精妙，使萬物千變萬化，或死或生，或方或圓，不知根源何在，自古以來就是這樣。上下四方的空間多麼巨大，亦未超出大道的範圍；秋天的獸毛多麼細小，也須依賴大道才能有其形體。天下萬物都在大道的支配下或沉或浮，終身變化無常，陰陽四季的運行井然有序。大道似乎無法看清卻實際存在，自然而然沒有形體卻又神妙無比，萬物都得到其養育而不知。這就是萬物共有的根源，可以藉此來觀察天地自然。

郭象注1232以「日新也」解釋「不故」，宇宙大化剎剎生新，故故不留。〈雜卦傳〉：「隨，无故也。」「豐，多故也。」「革，去故也；鼎，取新也。」依卦序，復卦顯示生生不息，其後為无妄、大畜二卦。无妄〈大象傳〉稱：「茂對時育萬物。」大畜卦〈彖傳〉稱：「日新其德。」一再往下進入頤卦，形成一大的生態格局，萬物皆獲供養，〈彖傳〉稱：「頤之時大矣哉！」郭象注1236：「畜之而不得其本性之根，故不知其所以畜也。」正與易理相合。

齧缺問道乎被衣，被衣曰：「若正汝形，一汝視，天和將至；攝汝知，一汝度，神將來舍。德將為汝美，道將為汝居，汝瞳焉如新生之犢而无求其故。」言未卒，齧缺睡寐。被衣大悅，行歌而去之，曰：「形若槁骸，心若死灰，真其實知，不以故自持【注1238】。媒媒晦晦，无心而不可與謀。彼何人哉【注1239】？」

【郭象注1238】與變俱也。

【郭象注1239】獨化者也。

齧缺向被衣請教有關大道的問題，被衣說：「你要端正形體，集中你的視聽，天然的和氣就會降臨；收攝你的世俗智慧，專一你的思慮，真的智慧就會降臨。德行會變美好，大道入居心中，你瞪著眼睛像剛出生的小牛犢一樣，不再留心外界的事物。」

被衣的話還沒說完，齧缺已經睡著了。被衣非常高興，唱著歌走了，說道：「身體像枯乾的骨骸，內心像熄滅的灰燼，具備了真正的智慧，不再為外物煩心，渾渾沌沌進入無思無慮的境界，無法再與他談論日常俗務。這是甚麼樣的人啊！」

齧缺在〈齊物論〉中已然出現，與其師王倪有大段對話。被衣又是王倪的老師，當然都是虛構的人名。

舜問乎丞曰：「道可得而有乎？」曰：「汝身非汝有也，汝何得有夫道【注1240】？」舜曰：「吾身非吾有也，孰有之哉？」曰：「是天地之委形也。生非汝有，是天地之委和也；性命非汝有，是天地之委順也【注1241】；子孫非汝有，是天地之委蛻也【注1242】。故行不知所往，處不知所持，食不知所味【注1243】。天地之強陽氣也，又胡可得而有邪【注1244】？」

【郭象注1240】夫身者非汝所能有也，塊然而自有耳。身非汝所有，而況道哉！

【郭象注1241】若身是汝有者，則美惡死生，當制之由汝。今氣聚而生，汝不能禁也；氣散而死，汝不能止也。明其委結而自成耳，非汝有也。

【郭象注1242】氣自委結而蟬蛻也。

【郭象注1243】皆在自爾中來，故不知也。

【郭象注1244】強陽，猶運動耳。明斯道也，庶可以遺身而忘生也。

舜問丞：「大道可以獲得而擁有嗎？」丞說：「你的身體都不歸自己所有，怎麼還能擁有大道呢？」舜問：「我的身體不歸自己所有，那歸誰所有呢？」丞說：「你的身體不過是天地賦予你的而已。生存並非你所有，而是天地和氣所生；性命也非你所有，而是天地所賦予；子孫也非你所有，而是天地委託你生育。所以世人出門不知該去哪裡，在家不知做甚麼，吃飯不知道滋味。一切都是天地陰陽之氣運動而形成，怎麼可能自己就擁有呢？」

孔子問於老聃曰：「今日晏閒，敢問至道。」

老聃曰：「汝齋戒，疏瀹而心，澡雪而精神，掊擊而知。夫道，窅然難言哉！將為汝言其崖略。夫昭昭生於冥冥，有倫生於无形，精神生於道【注1245】，形本生於精【注1246】，而萬物以形相生，故九竅者胎生，八竅者卵生【注1247】。其來无迹，其往无崖，无門无房，四達之皇皇也【注1248】。邀於此者，四肢彊，思慮恂達，耳目聰明，其用心不勞，其應物无方【注1249】。天不得不高，地不得不廣，日月不得不行，萬物不得不昌。此其道與【注1250】！」

【郭象注1245】皆所以明其獨生而無所資借。

【郭象注1246】皆由精以至粗。

【郭象注1247】言萬物雖以形相生，亦皆自然耳，故胎卵不能易種而生，明神氣之不可為也。

【郭象注1248】夫率自然之性，遊無迹之途者，放形骸於天地之間，寄精神於八方之表；是以無門無房，四達皇皇，逍遙六合，與化偕行也。

【郭象注1249】人生而遇此道，則天性全而精神定。

【郭象注1250】言此皆不得不然而自然耳，非道能使然也。

孔子對老聃說：「今天有空，我想請教甚麼是最高的大道。」老聃說：「你先要齋戒，打掃你的心靈，清洗你的精神，排除世俗的智慧。大道深奧難以言說，我就跟你說個大概吧！那些看得見的事物是從我們看不到的地方生出來的，有形生於無形，形體生於精微，萬物由一形體產生另一形體，所以有九竅的人與獸是胎生，八竅的鳥類是卵生。誕生時沒有任何痕跡，死亡後也不知去向，找不到門路也不知皈依何處，四面都是寬敞通暢的大路。懂得這個道理的人，四肢強健，思慮通達，耳目聰明，用心不會疲勞，處事隨機應變。天若無大道不會高遠，地若無大道不會廣闊，日月若無大道不會運行，萬物若無大道不會昌盛，這就是大道的作用啊！」

且夫博之不必知，辯之不必慧，聖人以斷之矣【注1251】。若夫益之而不加益，損之而不加損者，聖人之所保也【注1252】。淵淵乎其若海【注1253】，巍巍乎其終而復始也【注1254】，運量萬物而不匱【注1255】，則君子之道，彼其外與【注1256】！萬物皆往資焉而不匱，此其道與【注1257】！

【郭象注1251】斷棄知慧而付之自然也。

【郭象注1252】使各保其正分而已，故無用知慧為也。

【郭象注1253】容姿無量。

【郭象注1254】與化俱者，乃積無窮之紀，可謂巍巍。

【郭象注1255】用物而不役己，故不匱也。

【郭象注1256】各取於身而足。

【郭象注1257】還用萬物，故我不匱。此明道之贍物，在於不贍，不贍而物自得，故曰此其道與。言至道之無功，無功乃足稱道也。

再說那些博學的人不一定真知，善辯的人不一定有智慧，聖人放棄這些做法。想加添甚麼又加添不了，想減損甚麼又減損不了，這才是聖人要保有的東西。它淵深難測如同大海，高大神奇終而復始，主宰萬物永不匱乏。世俗君子所談論的，只是外表的皮毛。萬物都獲得幫助而永不匱乏，這就是大道吧？

這一段對大道的描述，與井卦的意涵相似，其前為困卦，其後為革卦。困卦為澤中無水，必須鑿井汲取地下水，一旦開發成功泉水噴湧而出，不僅紓困，取之不盡用之不竭，進入往下革卦的創新境界。井卦卦辭：「无喪无得，往來井井。」〈彖傳〉解釋：「井養而不窮也。」大道就像那深藏的淵泉，濟助萬物永不匱乏。

中國有人焉，非陰非陽【注1258】，處於天地之間，直且為人【注1259】，將反於宗【注1260】。自本觀之，生者，喑醷物也【注1261】。雖有壽夭，相去幾何？須臾之說也。奚足以為堯、桀之是非【注1262】！果蓏有理【注1263】，人倫雖難，所以相齒【注1264】。聖人遭之而不違【注1265】，過之而不守【注1266】。調而應之，德也；偶而應之，道也【注1267】。帝之所興，王之所起也【注1268】。

【郭象注1258】無所偏名。
【郭象注1259】敖然自放，所遇而安，了無功名。
【郭象注1260】不逐末也。
【郭象注1261】直聚氣也。
【郭象注1262】死生猶未足殊，況壽夭之間哉！
【郭象注1263】物無不理，但當順之。

【郭象注1264】人倫有智慧之變，故難也。然其智慧自相齒耳，但當從而任之。

【郭象注1265】順所遇也。

【郭象注1266】宜過而過。

【郭象注1267】調偶，和合之謂也。

【郭象注1268】如斯而已。

中原一帶有人居住，既不偏陰也不偏陽，生存於天地之間，暫且為人，最終仍將返歸大道。從根本上來看，人活在世上只是氣聚而成，活長活短差得了多少？不過就是一剎那而已。怎麼夠格去判斷堯與桀的是非？瓜果有其生長規律，人倫關係較其複雜，遂按年齡大小來排序。聖人遇到這一類的人事從不違背，一旦過去也不再放在心上。以和諧順應的態度去處理，這是德；無心自然地配合，就是道。這就是帝業興盛，王業肇始的原因。

人生天地之間，若白駒之過隙，忽然而已【注1269】。注然勃然，莫不出焉；油然漻然，莫不入焉【注1270】。已化而生，又化而死【注1271】，生物哀之【注1272】，人類悲之【注1273】。解其天弢，墮其天袟【注1274】，紛乎宛乎【注1275】，魂魄將往，乃身從之，乃大歸乎【注1276】！不形之形，形之不形【注1277】，是人之所同知也【注1278】，非將至之所務也【注1279】，此眾人之所同論也【注1280】。彼至則不論【注1281】，論則不至。明見无值【注1282】，辯不若默。道不可聞，聞不若塞，此之謂大得【注1283】。

【郭象注1269】乃不足惜。

【郭象注1270】出入者，變化之謂耳，言天下未有不變也。

【郭象注1271】俱是化也。

【郭象注1272】死物不哀。

【郭象注1273】死類不悲。

【郭象注1274】獨脫也。

【郭象注1275】變化絪緼。

【郭象注1276】无為用心於其間也。

【郭象注1277】不形，形乃成；若形之，則敗其形矣。

【郭象注1278】雖知之，然不能任其自形而反形之，所以多敗。

【郭象注1279】務則不至。

【郭象注1280】雖論之，然故不能不務，所以不至也。

【郭象注1281】宛然不覺乃至。

【郭象注1282】闇至乃值。

【郭象注1283】默而塞之，則無所奔逐，故大得。

人生活於天地之間，就像白色的駿馬穿過細小的縫隙一樣，不過短短的一瞬間。萬物自然而然，從大道裡生出，又自然而然消逝回歸大道。通過變化生存於世間，又通過變化而死亡，活著的為此悲哀，人們為此而傷心。實際上死亡是擺脫捨棄了天然的束縛，魂魄飄飄蕩蕩消逝於遠方，而肉身也隨之消亡，這才是最終的歸宿啊！從沒有形體到有形體，再從有形體到沒有形體，這個過程是大家都知道的，那些修習大道的人對此並不在意，而眾人對此卻十分關注。真正得道的人不談生死問題，談論生死問題的人並未得道。說得清楚的見解不合大道，巧言善辯不如閉口不言。大道不可能透過言談而獲證，因此聽到別人夸夸其談時最好塞耳不聞，這才叫懂得了大道的奧妙。

弢是弓袋，袟是箭囊，解除毀棄人身這臭皮囊之意。人生短暫，如同白駒過隙一晃即逝，這個譬喻相當動人。賁卦為人生種種色相，第四爻爻辭稱：「賁如皤如，白馬翰如。」居職場高位勞神應對，早生華髮，時光飛逝，感慨良深。賁卦之前為噬嗑卦，弱肉強食凶狠鬥爭，其後為剝卦，繁華落盡遲早歸於殞滅。剝後為復卦，只有大道恆存生生不息。

郭象注1275：「變化絪緼。」絪緼為天地交合之氣，〈繫辭下傳〉第五章解釋損卦第三爻，稱：「天地絪緼，萬物化醇，男女構精，萬物化生……言致一也。」交纏合一，遂生生不息。

東郭子問於莊子曰：「所謂道，惡乎在？」莊子曰：「无所不在。」東郭子曰：「期而後可【注1284】。」莊子曰：「在螻蟻。」曰：「何其下邪？」曰：「在稊稗。」曰：「何其愈下邪？」曰：「在瓦甓。」曰：「何其愈甚邪？」曰：「在屎溺。」東郭子不應。莊子曰：「夫子之問也，固不及質【注1285】。正獲之問於監市履狶也，每下愈況【注1286】。

汝為莫必，无乎逃物【注1287】。至道若是，大言亦然【注1288】。周、徧、咸三者，異名同實，其指一也。」

【郭象注1284】欲令莊子指名所在。

【郭象注1285】舉其標質，言無所不在，而方復怪此，斯不及質也。

【郭象注1286】狶，大豕也。夫監市之履豕以知其肥瘦者，愈履其難肥之處，愈知豕肥之要。今問道之所在，而每況之於下賤，則明道之不逃於物也必矣。

【郭象注1287】若必謂無之逃物，則道不周矣，道而不周，則未足以為道。

【郭象注1288】明道不逃物。

東郭子問莊子說：「大道究竟存在何處？」莊子說：「大道無處不在。」東郭子說：「請指明一個具體的地方。」莊子說：「在螻蛄和螞蟻身上。」東郭子說：「怎麼在這麼卑下的地方？」莊子說：「在稊草和稗草上。」東郭子說：「怎麼愈說愈卑下了呢？」莊子說：「在磚瓦之中。」東郭子說：「怎麼說得更卑下了呢？」莊子說：「在屎尿裡。」東郭子聽了不再吭聲。

莊子說：「你的問題沒有觸及大道的實質。有一位名叫獲的官員詢問市場管理人員怎麼踩豬才能判斷其肥瘦，管理員回答越往豬腿下部踩越能明白其肥瘦。你不要只在某一事物上求道，因為所有的事物都能體現大道。至高無上的大道是如此，符合大道的言論也是如此。周、徧、咸三個字不同，實質相同，指涉的意義一樣。」

每下愈況是華人常用成語，也有說成每況愈下的，其實出自莊子。況是比方比喻，以形容某種情況。每況愈下於此亦通，從螻蟻、稊稗、瓦甓到屎尿，再卑下的東西裡都含有自然之道。

嘗相與遊乎无何有之宮，同合而論，无所終窮乎【注1289】！嘗相與无為乎！澹而靜乎！漠而清乎！調而閒乎【注1290】！寥已吾志【注1291】，无往焉而不知其所至【注1292】，去而來而不知其所止【注1293】，吾已往來焉而不知其所終【注1294】；彷徨乎馮閎，大知入焉而不知其所窮【注1295】。物物者與物无際【注1296】，而物有際者，所謂物際者也【注1297】；不際之際，際之不際者也【注1298】。謂盈虛衰殺，彼為盈虛非盈虛，彼為衰殺非衰殺，彼為本末非本末，彼為積散非積散也【注1299】。

【郭象注1289】若遊有，則不能周徧咸也。故同合而論之，然後知道之無不在，知道之無不在，然後能曠然無懷而遊彼無窮也。

【郭象注1290】此皆無為故也。

【郭象注1291】寥然空虛。

【郭象注1292】志苟寥然，則無所往矣；無往焉，故往而不知其所至；有往矣，則理未動而志已至矣。

【郭象注1293】斯順之也。

【郭象注1294】但往來不由於知耳，不為不往來也。往來者，自然之常理也，其有終乎！

【郭象注1295】馮閎者，虛廓之謂也。大知遊乎寥廓，恣變化之所如，故不知也。

【郭象注1296】明物物者，無物而物自物耳。物自物耳，故冥也。

【郭象注1297】物有際，故每相與不能冥然，真所謂際者也。

【郭象注1298】不際者，雖有物物之名，直明物之自物耳。物物者，竟無物也，際其安在乎！

【郭象注1299】既明物物者無物，又明物之不能自物，則為之者誰乎哉？皆忽然而自爾也。

我們一起嘗試到甚麼都沒有的地方去遨遊，用萬物齊一的觀點去討論問題，我們便會進入一種無窮無盡的玄妙境界啊！我們都將清靜無為，那樣恬淡而寧靜，淡漠而清淨，平和又安閒。我的心境空淨寧寂，不會到甚麼地方去，也不知道要去哪裡，到了那種境界再回到現實也不知該在哪裡停留。我往來於那種境界卻不知道它的邊際，只在無限的空曠中徘徊，我想即便是大智慧者進入那種境界，也無法找到邊際。主宰萬物的道與萬物之間並無界限之分，而事物之間所存在的界限，只是人為劃分並非真實，劃了界限也沒用。人們常說的盈虛衰落，盈虛並非真正的盈虛，衰落並非真正的衰落，所謂本末聚散，亦非真正的本末聚散。

珂荷甘與神農同學於老龍吉。神農隱几闔戶晝瞑，珂荷甘日中奓戶而入曰：「老龍死矣！」神農隱几擁杖而起，曝然放杖而笑【注1300】曰：「天知予僻陋慢訑，故棄予而死。已矣夫子！无所發予之狂言而死矣夫【注1301】！」

弇堈弔聞之，曰：「夫體道者，天下之君子所繫焉【注1302】。今於道，秋毫之端萬分未得處一焉【注1303】，而猶知藏其狂言而死，又況夫體道者乎【注1304】！視之无形，聽之无聲，於人之論者，謂之冥冥，所以論道，而非道也【注1305】。」

【郭象注1300】起而悟夫死之不足驚，故還放杖而笑也。

【郭象注1301】自肩吾已下，皆以至言為狂而不信也。故非老龍、連叔之徒，莫足與言也。

【郭象注1302】言體道者，人之宗主也。

【郭象注1303】秋毫之端細矣，又未得其萬分之一。

【郭象注1304】明夫至道非言之所得也，唯在乎自得耳。

【郭象注1305】冥冥而猶復非道，明道之無名也。

珂荷甘與神農一起在老龍吉那裡學習。一個白天裡，神農靠著几案，關門睡覺。中午時珂荷甘推開門進來說：「老龍吉死了！」神農靠著几案，雙手抱著拐杖站起來，「啪」的一聲丟下拐杖，笑著說：「老龍吉知道我見識淺陋，生性懶散，所以丟下我自個死了，我們的老師走了，他還沒有以狂言啟發我們就這樣死了！」

弇堈弔聽說了這件事，說：「那些得道的人，是天下君子的依靠。如今老龍吉對於大道的理解，連一根秋毫末端的萬分之一都沒有，還知道收藏自己的高論死去，更何況那些得道之人呢？大道看不到形體，聽不見聲音，人們討論時都說深奧難懂。所以說人們所談論的道，不是真正的大道。」

於是泰清問於无窮曰：「子知道乎？」无窮曰：「吾不知。」又問乎无為，无為曰：「吾知道。」曰：「子之知道，亦有數乎？」曰：「有。」曰：「其數若何？」无為曰：「吾知道之可以貴，可以賤，可以約，可以散。此吾所以知道之數也。」泰清以之言問乎无始曰：「若是，則无窮之弗知與无為之知，孰是而孰非乎？」无始曰：「不知深矣，知之淺矣；弗之內矣，知之外矣。」於是泰清中而歎曰：「弗知乃知乎！知乃不知乎！孰知不知之知【注1306】？」

无始曰：「道不可聞，聞而非也；道不可見，見而非也；道不可言，言而非也【注1307】；知形形之不形乎【注1308】！道不當名【注1309】。」无始曰：「有問道而應之者，不知道也；雖問道者，亦未聞道【注1310】。道无問，問无應【注1311】。无問問之，是問窮也【注1312】；无應應之，是无內也【注1313】。以无問待問窮，若是者，外不觀乎宇宙，內不知乎大初，是以不過乎崑崙，不遊乎太虛【注1314】。」

【郭象注1306】凡得之不由於知，乃冥也。

【郭象注1307】故默成乎不聞不見之域而後至焉。

【郭象注1308】形自形耳，形形者竟無物也。

【郭象注1309】有道名而竟無物，故名之不能當也。

【郭象注1310】不知故問，問之而應，則非道也。不應則非問者所得，故雖問之，亦終不聞也。

【郭象注1311】絕學去教，而歸於自然之意也。

【郭象注1312】所謂責空。

【郭象注1313】實无而假有以應者外矣。

【郭象注1314】若夫婪落天地，遊虛涉遠，以入乎冥冥者，不應而已矣。

於是泰清問无窮說：「你懂得大道嗎？」无窮說：「我不懂。」泰清又去問无為，无為說：「我懂。」泰清又問：「你懂，有具體內涵嗎？」无為說：「有。」泰清問：「具體內涵是甚麼？」无為說：「我知道可以處尊貴，可以處貧賤，可以收聚，可以分散。這是我所了解的道的內涵。」泰清拿无為的這些話去請教无始，說：「如果是這樣，无窮的不知道和无為的知道，究竟誰對誰錯呢？」无始說：「說不知道的人深奧難測，說知道的人相當淺薄；說不知道的人真正了解道的內涵，說知道的人只是看個外表。」於是泰清感嘆道：「自稱不知道的才是真正知道，自稱知道的並非真正知道！誰又懂得這種不知道的知道呢？」无始說：「道不可能聽到，能聽到的就不是道；不可能看見，能看見的就不是道；道不可以言傳，能言傳的就不是道。要曉得產生有形之物的道是無形的，大道無法用言語表達。」

无始又說：「有人問道就回答的，其實並不懂得道，那個前來問道的也沒法真正聽懂。大道無法詢問，問了也無法回答。無法詢問卻一定要問，問也白問；無法回答卻勉強回答，答得毫無內容。拿毫無內容的回答去應對毫無意義的詢問，這樣做對外不能觀察宇宙，對內不知萬物的起源，因此不能超越高遠的崑崙山，也無法遨遊於清虛寧寂的大道境界。」

光曜問乎无有曰：「夫子有乎？其无有乎？」光曜不得問，而孰視其狀貌，窅然空然，終日視之而不見，聽之而不聞，搏之而不得也。光曜曰：「至矣，其孰能至此乎！予能有无矣，而未能无无也，及為无有矣，何從至此哉【注1315】！」

【郭象注1315】此皆絕學之意也。於道絕之，則夫學者乃在根本中來矣。故學之善者，其唯不學乎！

光曜問无有說：「先生您是存在呢？還是不存在？」光曜沒聽到回答，便仔細觀察无有的形狀樣貌，發現他是那麼深邃虛寂，整天看不見形狀，聽不到聲音，也觸摸不到身體。光曜說：「太高了！誰能達到這種境界啊！我能達到虛無的思想境界，卻無法企及連虛無都沒有的化境，一旦刻意修習虛無，其實就已經是有了。我要怎樣才能達到無有的高超境界啊！」

這一段顯然受了《老子》第十四章的影響：「視之不見名曰夷，聽之不聞名曰希，搏之不得名曰微。此三者不可致詰，故混而為一。」

大馬之捶鉤者，年八十矣，而不失豪芒【注1316】。大馬曰：「子巧與？有道與？」曰：「臣有守也。臣之年二十而好捶鉤，於物无視也，非鉤无察也。是用之者，假不用者也以長得其用，而況乎无不用者乎，物孰不資焉【注1317】！」

【郭象注1316】拈捶鉤之輕重，而無毫芒之差也。

【郭象注1317】都無懷，則物來皆應。

大司馬家有位鍛造衣帶鉤的老人，已經八十歲了，而鍛造出的衣帶鉤沒有絲毫誤差。大司馬問：「你是有甚麼技巧呢？還是有甚麼道術呢？」老人說：「我遵循大道做事。我二十歲的時候就喜歡鍛造衣帶鉤，對其他事物完全不看，除了衣帶鉤都不關心。我之所以鍛造衣帶鉤這麼熟練，就是因為不浪費心力到別的事物上，能長期保持鍛造的能力。何況是處處都起作用的大道呢？萬事萬物哪有一樣不受大道的支持與影響呢？」

「物孰不資焉？」道生萬物，萬物皆資於道。乾卦〈彖傳〉：「大哉乾元！萬物資始，乃統天。」坤卦〈彖傳〉：「至哉坤元！萬物資生，乃順承天。」乾坤之後為屯卦，〈序卦傳〉：「有天地然後萬物生焉，盈天地之間者唯萬物，故受之以屯。屯者，盈也；屯者，物之始生也。」乾元即道，萬物資始資生，故而屯卦稱始生。

冉求問於仲尼曰：「未有天地可知邪？」仲尼曰：「可。古猶今也【注1318】。」冉求失問而退。明日復見，曰：「昔者吾問未有天地可知乎？夫子曰可，古猶今也。昔日吾昭然，今日吾昧然，敢問何謂也？」仲尼曰：「昔之昭然也，神者先受之【注1319】；今之昧然也，且又為不神者求邪【注1320】？无古无今，无始无終【注1321】，未有子孫而有子孫，可乎【注1322】？」冉求未對。仲尼曰：「已矣，未應矣！不以生生死【注1323】，不以死死生【注1324】。死生有待邪【注1325】？皆有所一體【注1326】。有先天地生者物邪？物物者非物，物出不得先物也，猶其有物也。猶其有物也，无已【注1327】。聖人之愛人也終无已者，亦乃取於是者也【注1328】。」

【郭象注1318】言天地常存，乃無未有之時。

【郭象注1319】虛心以待命，斯神受也。

【郭象注1320】思求更致不了。

【郭象注1321】非唯無不得化而為有也，有亦不得化而為無矣。是以夫有之為物，雖千變萬化，而不得一為無也。不得一為無，故自古無未有之時而常存也。

【郭象注1322】言世世無極。

【郭象注1323】夫死者獨化而死耳，非夫生者生此死也。

【郭象注1324】生者亦獨化而生耳。

【郭象注1325】獨化而足。

【郭象注1326】死與生各自成體。

【郭象注1327】誰得先物者乎哉？吾以陰陽為先物，而陰陽者即所謂物耳。誰又先陰陽者乎？吾以自然為先之，而自然即物之自爾耳。吾以至道為先之矣，而至道者乃至無也。既已無矣，又奚為先？然則先物者誰乎哉？而猶有物，无已，明物之自然，非有使然也。

【郭象注1328】取於自爾，故恩流百代而不廢也。

冉求向孔子請教說：「天地產生之前的狀況可以知道嗎？」孔子說：「可以。古代與今日是一樣的。」冉求不知道還要怎麼問，就退了下去，第二天又去見孔子，說：「昨天我問您天地產生之前的狀況可以知道嗎？先生說可以。古代與今日是一樣的。昨天聽了心裡還明白，今天又不懂了。請問這是為什麼呢？」孔子說：「昨天你心裡明白，是因為心神先領悟了；今天又不懂，是因為在具體的事物上去尋求。沒有古今，沒有始終，沒有子孫而卻說有子孫，可以這樣說嗎？」

冉求沒有回答，孔子說：「算了算了，不用回答了！不要因為自己活著就要求死的人也都復活，也不要因為自己死了就要求活的人也都死去。死亡與生存應該是相互依賴而存在吧？都發生在同一個事物上。天地產生之前就存在事物嗎？可產生萬物的不可能是具體的事物，因此萬物出現之前不可能有具體事物，然而還是有某種抽象的東西，就是大道。正因有道，萬物得以生生不息。聖人之所以愛人永無休止，就是效法大道啊。」

顏淵問乎仲尼曰：「回嘗聞之夫子曰：无有所將，无有所迎。回敢問其遊？」仲尼曰：「古之人外化而內不化【注1329】，今之人內化而外不化【注1330】。與物化者，一不化者也【注1331】。安化安不化【注1332】，安與之相靡【注1333】，必與之莫多【注1334】。狶韋氏之囿，黃帝之圃，有虞氏之宮，湯武之室【注1335】。君子之人，若儒墨者師，故以是非相韲也，而況今之人乎【注1336】！聖人處物不傷物【注1337】，不傷物者物亦不能傷也【注1338】。唯无所傷者，為能與人相將迎【注1339】。山林與！皋壤與！使我欣欣然而樂與【注1340】！樂未畢也，哀又繼之【注1341】。哀樂之來，吾不能禦，其去弗能止。悲夫，世人直為物逆旅耳【注1342】！夫知遇而不知所不遇【注1343】，知能能而不能所不能【注1344】。无知无能者，固人之所不免也【注1345】。夫務免乎人之所不免者，豈不亦悲哉！至言去言，至為去為【注1346】，齊知之所知，則淺矣【注1347】。」

【郭象注1329】以心順形而形自化。

【郭象注1330】以心使形。

【郭象注1331】常無心，故一不化；一不化，乃能與物化耳。

【郭象注1332】化與不化，皆任彼耳，斯無心也。

【郭象注1333】直無心而恣其自化耳，非將迎而靡順之。

【郭象注1334】不將不迎，則足而止。

【郭象注1335】言夫無心而任化，乃群聖之所遊處。

【郭象注1336】韲，和也。夫儒墨之師，天下之難和者，而無心者猶故和之，而況其凡乎！

【郭象注1337】至順也。

【郭象注1338】在我而已。

【郭象注1339】無心故至順，至順故能無所將迎而義冠於將迎也。

【郭象注1340】山林皋壤，未善於我，而我便樂之，此為無故而樂也。

【郭象注1341】夫無故而樂，亦無故而哀也。則凡所樂不足樂，凡所哀不足哀也。

【郭象注1342】不能坐忘自得，而為哀樂所寄也。

【郭象注1343】知之所遇者即知之，知之所不遇者即不知也。

【郭象注1344】所不能者，不能強能也。由此觀之，知與不知，能與不能，制不由我也，當付之自然耳。

【郭象注1345】受生各有分也。

【郭象注1346】皆自得也。

【郭象注1347】夫由知而後得者，假學者耳，故淺也。

顏淵問孔子說：「我曾聽先生說過：不要刻意去送走甚麼，也不要刻意去迎接甚麼。我想問到底該怎麼處世？」孔子說：「古人外表隨機應變，內心永遠保持寧靜，現在人內心變化無常，外表言行卻不能順物而變。能夠與外物一同變化的人，內心卻平靜而不變。既能安於變化也能安於不變化，這樣的人就能安然順應萬物，肯定不會去改變萬物。狶韋氏能在廣闊的精神苑囿中遨遊，黃帝還能在精神園圃中遊蕩，有虞氏就只能在有限的精神宮殿中徘徊，商湯、周武王的精神世界更狹小像間住室而已。到了後世所謂的君子，比如像儒家、墨家的老師們，就用是是非非的問題相攻擊，更何況現在這些人呢？聖人與外物相處並不傷害外物，不傷害外物的人，外物也不會去傷害他。正因為對萬物無所傷害，所以能與人們和平相處。茂密的山林，優美的水濱，使我欣欣然快樂無比。然而快樂的感覺還未消失，悲哀又接著到來。悲哀與歡樂的到來，我無法抗拒，其離去我也無法挽回。可悲啊，世俗的人簡直就是哀樂往來的旅店啊！人們知道自己所遇到的東西而不知道沒遇到的東西，能夠做自己做得到的事卻不能做自己做不到的事。有所不知有所不能，這是人們所難免的。如果硬要去免除人們所難以免除的事，豈不是太悲哀了嗎？最高的言論就是不言論，最高的作為就是不作為，認為人們所知道的都一樣，這種看法就太膚淺了。」

《老子》第六十章：「以道蒞天下，其鬼不神；非其鬼不神，其神不傷人；非其神不傷人，聖人亦不傷人。夫兩不相傷，故德交歸焉。」可與此段相印證。

逆旅就是旅舍，逆為迎接之意，旅舍為出外暫居之處，服務人員天天送往迎來。李白膾炙人口的名文〈春夜宴桃李園序〉云：「夫天地者，萬物之逆旅；光陰者，百代之過客。而浮生若夢，為歡幾何？古人秉燭夜遊，良有以也。況陽春召我以煙景，大塊假我以文章。」大塊即天地之間，莊子〈齊物論第二〉、〈大宗師第六〉皆有出現。逆字亦有不順之意，人生在世不如意事十之八九，確實辛苦，得學會逆境中因應之道。〈說卦傳〉：「屬往者順，知來者逆。是故易，逆數也。」逆亦有預測未來之意，了解過去較易，精準預料未來難得多，而易經結合易占，在這方面確實獨擅勝場。

〈知北遊第二十二〉全篇主旨為何？我占得益卦初、二、上爻動，齊變為坎卦。《老子》第四十八章：「為學日益，為道日損，損之又損，以至於無為，無為而無不為。」本篇論道，以清靜無為為尚，正合此意。損卦〈大象傳〉：「君子以懲忿窒欲。」〈彖傳〉：「損益盈虛，與時偕行。」益卦〈大象傳〉：「君子以見善則遷，有過則改。」〈彖傳〉：「天施地生，其益无方；凡益之道，與時偕行。」益卦初、二爻皆依自然法則行事，皆能獲吉；上爻求益過頭，反遭打擊，因用心偏而不正不全，內修不足，外求過甚，如此變凶，全局亦可能轉為坎險不安的深淵。本篇最前黃帝論道已有提出警告，值得我們深思。

從易經看莊子 / 劉君祖著 . -- 初版 . -- 臺北市 :
大塊文化出版股份有限公司 , 2024.12
面；　公分 . --（劉君祖易經世界；25）

ISBN　978-626-7594-02-5（平裝）

1. 易經　2. 莊子　3. 研究

121.17　　113015312

劉君祖易經世界25

從易經看莊子

作　者：劉君祖
封面畫作：吳冠德
封面設計：許慈力
責任編輯：李濰美
校　對：趙曼如、李昧、劉君祖
法律顧問：董安丹律師、顧慕堯律師
出　版：大塊文化出版股份有限公司
地　址：台北市 105022 南京東路四段二十五號十一樓
網　址：www.locuspublishing.com
讀者服務專線：0800-006689
電　話：(02) 87123898　傳真：(02) 87123897
郵撥帳號：18955675　戶名：大塊文化出版股份有限公司
總 經 銷：大和書報圖書股份有限公司
地　址：新北市 24890 新莊區五工五路二號
電　話：(02) 89902588（代表號）　傳真：(02) 22901658
初版一刷：二〇二四年十二月
定　價：新台幣五八〇元
Printed in Taiwan